高等职业教育房地产类专业精品教材❶

国家级职业教育房地产经营与管理专业教学资源库配套教材
房地产类X证书（职业技能等级证书）配套教材
全国住房和城乡建设职业教育教学指导委员会"十三五"规划教材
全国应用技术型院校房地产大赛配套教材
全国房地产行业从业人员技能培训配套教材

房地产经纪实务

第4版

主编 陈林杰　参编 梁慷 张雪梅

机械工业出版社
China Machine Press

图书在版编目（CIP）数据

房地产经纪实务 / 陈林杰主编 . —4 版 . —北京：机械工业出版社，2021.2（2025.1 重印）
（高等职业教育房地产类专业精品教材）

ISBN 978-7-111-67409-2

Ⅰ.房… Ⅱ.陈… Ⅲ.房地产业－经纪人－高等职业教育－教材 Ⅳ.F293.355

中国版本图书馆 CIP 数据核字（2021）第 018955 号

  本书是培养"房地产经纪实务能力"的专用教材。本书根据最新房地产行业动态和最新房地产经纪知识，紧扣房地产职业标准、房地产类 X 证书和企业实践，以房地产经纪业务的工作过程为主线，系统设计了房地产经纪门店开设、房源开拓、房屋供给信息录入与发布、客源开拓、交易配对与撮合成交、签订成交合同、税费结算与售（租）后服务等业务环节，每个环节由学习目标、技能要求、相关案例、经验、图表及资源库数字化资源等组成，注重学生工匠精神的养成。同时，本书在理论知识学习的基础上，还设计了房地产经纪综合实训和业务技能竞赛内容，重点突出了房地产经纪业务操作策略、操作流程以及操作技巧，注重工匠精神和双创精神的体现，趣味性、可学性和实用性强。

  本书可作为房地产类专业及相关专业的实用教材，也可作为房地产企业、经纪公司岗位培训、职业能力证书考试用书，还可作为从业人员必备的工具型实践参考图书和职业提升的实用读本。

出版发行：机械工业出版社（北京市西城区百万庄大街 22 号 邮政编码：100037）
责任编辑：施琳琳　　　　　　　　　　　　　　责任校对：马荣敏
印　　刷：固安县铭成印刷有限公司　　　　　　版　　次：2025 年 1 月第 4 版第 8 次印刷
开　　本：185mm×260mm　1/16　　　　　　　印　　张：19.5
书　　号：ISBN 978-7-111-67409-2　　　　　　定　　价：45.00 元

客服电话：(010) 88361066　68326294

版权所有·侵权必究
封底无防伪标均为盗版

第4版 前言

本书是房地产经营与估价专业核心课程教材,是培养"房地产经纪实务能力"的专用教材。本书于2017年出版了第3版,得到了许多同行和读者的肯定与喜爱,如今大家又在期盼第4版了。第4版对第3版的内容做了部分调整,但总篇幅没有太大的变化,主要调整如下。

删减的内容:①删减了与房地产职业标准关联度不大的知识。②删除了过时的技术。③删除了过时的业务流程。④删除了过时的案例与习题等。

增加的内容:①增加了与房地产职业标准关联度大的知识,符合1+X精神的课证融通。②增加了行业企业发展的新知识、新技术、新工艺、新方法以及新文化,深度对接职业标准和岗位要求,推动产业文化和优秀企业文化进教材。③增加了"互联网+"背景下房地产经纪相关变革创新内容。④增加了房地产大赛相关理论知识,并注重学生工匠精神的养成,成为房地产大赛的配套教材。⑤增加了数字化教学资源。

本书继续保留已经形成的特色和成效:①采用"基于房地产经纪业务的工作过程"设计教学内容,每个环节由学习目标、技能要求、相关案例、经验、图表及资源库数字化资源等组成。②理论与岗位实践相结合。既考虑基本理论知识和基本技能的学习,同时也强调学生可持续发展的技术素质需求,并结合房地产岗位技能证书要求,注重对学生实践能力的培养。③吸收最新教研成果和房地产行业最新科技知识。适应多样化的教学需要,体现对学生的素质教育和创新能力的培养。④注重实务,反映岗位核心能力。体现工学结合、学做合一。⑤资源丰富、方便教学。为教师提供的教学资源库包括课程标准、教学设计、项目、案例、习题库、模拟试卷、教学课件等。

限于编者的能力和水平，教材中的缺点和错误在所难免，敬请各位同行、专家和广大读者批评指正，以使本教材日臻完善。要特别强调的是，国内各高校担任"房地产经纪实务"课程教学的同行给了我们无数启迪和帮助，在此表示由衷的感谢。

本书引用了网上的一些相关资料，有可能会疏漏备注来源，在此表示歉意并致以由衷的谢意。此外，我们还要感谢中国建筑学会建筑经济分会领导以及机械工业出版社的大力支持。

联系邮箱：1927526399@qq.com。

全国房地产经营与估价专业委员会QQ群：282379766。

编者

2020年10月于南京

教学建议

一、学时安排

学时安排如下表所示。

房地产经纪实务	章	内容	理论学时	实践学时	备注
第一篇 房地产经纪基础知识	1	房地产经纪与房地产经纪行业	2	2	熟悉
	2	房地产经纪人与经纪机构、职业规范与诚信体系	2	2	掌握
第二篇 房地产经纪业务处理	3	房地产交易流程与经纪业务概况	2	2	掌握
	4	房地产居间业务	4	8	掌握
	5	房地产代理业务	2	2	熟悉
	6	房地产行纪拍卖业务与代办咨询服务	2	2	掌握
	7	房地产税费	4	4	掌握
	8	房地产经纪企业管理	2	2	掌握
第三篇 房地产经纪综合实训与业务技能竞赛	9	房地产经纪综合实训	2	另计	掌握
	10	房地产经纪业务技能竞赛	2	另计	掌握
第四篇 房地产经纪制度政策与相关知识	11	房地产经纪活动相关法律制度与政策	4～10	4	掌握
	12	房地产经纪相关知识	4～10	4	熟悉
合计			32～44	32	

注：1. 各章节所要求的学时仅供参考，可适当调整。

2. 第三篇另行安排综合实训与竞赛课程实践学时，建议2～4周。

二、教学方式与考核方法

在教学方式上,本书采用"案例引导、任务驱动"教学法,将所要学习的新知识隐含在几个典型的工作任务之中,学生通过对所给的任务进行分析、讨论,明确它大体涉及哪些相关知识,在教师的指导、帮助下,由易到难、循序渐进地完成一系列"任务",从而得到清晰的思路、方法和知识的脉络,最后实现学习目标。在完成任务的过程中,培养学生分析问题、解决问题的能力,从而激发他们的求知欲,培养其独立探索、勇于开拓进取的自学能力。

本书不仅注重传授房地产经纪知识和营销理论知识,还注重培养学生在房地产真实交易项目背景下的业务应用能力和经营策划活动技巧。本书在教学中主要采用真实交易项目教学法,包含模拟经纪公司实训教学法、任务教学法、案例教学法、情境教学法、小组研讨法等。这些方法主要体现了协作式、探究式的学习方式,教学方式以分组形式为主,在房地产交易项目实践过程中,教师应安排学生到企业中进行大量的实际调查和查阅大量的资料,以丰富教学内容,调动学生学习的兴趣,激发他们的学习热情和互动交流意识,使学生真正成为学习的主人。

在考核方法上,本书注重全面考察学生的学习状况,既关注学生对知识与技能的理解和掌握,又关注他们情感与态度的形成和发展;既关注学生学习的结果,又关注他们在学习过程中的变化和发展。评价的手段和形式应多样化,要将过程评价与结果评价相结合,定性与定量相结合,充分关注学生的个性差异,发挥评价的启发激励作用,增强学生的自信心,提高学生的实际应用技能。教师要善于利用评价所提供的大量信息,适时调整和改善教学过程。

1. 注重对学生学习过程的评价

对学生学习本书过程的评价,包括参与讨论的积极态度、自信心、实际操作技能、合作交流意识以及独立思考能力、创新思维能力等方面,如:

(1)是否积极主动地参与讨论和分析。

(2)是否敢于表达自己的想法,对自己的观点有充分的自信。

(3)是否积极认真地参与模拟实践和应用实践。

(4)是否敢于尝试从不同角度思考问题,是否有独到的见解。

(5)能否理解他人的思路,并在与小组成员的合作交流中得到启发与进步。

(6)是否有认真反思自己思考过程的意识。

2. 恰当评价学生的理论知识与实际操作技能

本书强调对理论知识的应用，在评价学生的学习效果时，要侧重对实践能力的考察。通过对参与课堂讨论的质量、分析能力、对新知识的接受和消化能力、学习迁移能力等多方面的考核，将其与基础理论知识考核相结合，评价学生的学习效果。实际操作能力与理论知识考核以 5∶5 的比例给予最终评定。

3. 重视对学生的启发

本书强调对学生进行启发式教学。在学生对每个模块知识点进行学习时，通过设置的工作任务内容和学习过程，从管理者或信息使用者的角度提出问题，启发学生思考、分析、判断，最后由教师加以归纳、总结。在学生思考和分析时，教师要注重引导和提示，最终达到学生"独立（或换位）思考—分析、推理、选择—归纳整理、深刻理解—吸收创新"逐层递进的能力目标。

目 录

第 4 版前言
教 学 建 议

第一篇　房地产经纪基础知识

第 1 章　房地产经纪与房地产经纪行业 ……………………………………… 2

　　学习目标 ……………………………………………………………………… 2
　　技能要求 ……………………………………………………………………… 2
　　案例 1-1　房地产经纪头部企业链家公司进入大数据时代 ……………… 2
　　案例 1-2　美国的房地产经纪业 …………………………………………… 3
　　1.1　经纪与房地产经纪 …………………………………………………… 4
　　1.2　房地产经纪业 ………………………………………………………… 7
　　1.3　房地产经纪业与现代服务业概述 ……………………………………12
　　1.4　房地产经纪行业管理概述 ……………………………………………13
　　1.5　房地产经纪行业管理的内容 …………………………………………15
　　1.6　中国房地产经纪行业的发展 …………………………………………18
　　思考题 ………………………………………………………………………21

第 2 章　房地产经纪人与经纪机构、职业规范与诚信体系 ………………22

　　学习目标 ……………………………………………………………………22

技能要求 ·· 22
　　案例 2-1　经纪人刘新犯错了 ··· 22
　　案例 2-2　经纪机构的平台模式：贝壳找房 ··································· 23
　　2.1　房地产经纪人 ··· 25
　　2.2　房地产经纪机构 ·· 28
　　2.3　房地产经纪职业规范 ·· 33
　　2.4　房地产经纪诚信体系 ·· 37
　　思考题 ·· 38

第二篇　房地产经纪业务处理

第 3 章　房地产交易流程与经纪业务概况 ·································· 41

　　学习目标 ·· 41
　　技能要求 ·· 41
　　案例 3-1　限购政策影响三起房地产交易 ····································· 42
　　案例 3-2　马某买房定金被没收 ·· 43
　　3.1　房地产转让的基本流程与合同 ··· 44
　　3.2　房地产租赁的基本流程与合同 ··· 54
　　3.3　房地产抵押的基本流程与合同 ··· 56
　　3.4　房地产经纪业务概况 ·· 62
　　思考题 ·· 66

第 4 章　房地产居间业务 ··· 67

　　学习目标 ·· 67
　　技能要求 ·· 67
　　案例 4-1　疫情影响房屋买卖　当事人能否援引"不可抗力"主张免责或解除合同 ···· 67
　　案例 4-2　高某该付多少违约金 ·· 69
　　4.1　房地产居间业务流程与合同 ·· 70
　　4.2　房地产居间业务的开设 ··· 76
　　4.3　房地产居间业务的房源管理 ·· 81
　　4.4　房地产居间业务的客源管理 ·· 85
　　4.5　房地产居间业务的促成 ··· 89
　　4.6　房地产居间业务操作 ·· 101

思考题 ··· 108

第5章 房地产代理业务 ·· 109

学习目标 ·· 109
技能要求 ·· 109
案例 5-1 房地产营销代理公司被炒 ··· 109
案例 5-2 房地产经纪公司业务失控遭损失 ··· 111
5.1 房地产代理业务流程与合同 ··· 112
5.2 二手房代理业务 ··· 113
5.3 新建商品房销售代理业务 ··· 119
5.4 租赁、抵押、置换以及权属登记代理业务 ··· 127
思考题 ··· 127

第6章 房地产行纪拍卖业务与代办咨询服务 ··· 128

学习目标 ··· 128
技能要求 ··· 128
案例 6-1 房地产租赁行纪：长租公寓的领先者魔方公寓 ······························· 128
案例 6-2 一起拍卖的五大疑点 ·· 130
6.1 房地产行纪和房地产拍卖 ··· 132
6.2 房地产经纪业务中的代办服务 ·· 134
6.3 房地产经纪业务中的咨询服务 ·· 136
思考题 ··· 138

第7章 房地产税费 ·· 139

学习目标 ··· 139
技能要求 ··· 139
案例 7-1 房屋契税突调高　税费分担纠纷消 ··· 139
案例 7-2 购房未果因限购　居间费用打折扣 ··· 140
7.1 房地产税费概况 ··· 140
7.2 商品房买卖税费 ··· 142
7.3 二手房买卖税费 ··· 145
7.4 房屋租赁税费 ··· 149
7.5 房屋抵押、评估、中介服务、公证费等相关税费 ····························· 150
7.6 房地产交易中的税费负担 ··· 152

7.7	房地产税费案例	154
思考题		155

第 8 章　房地产经纪企业管理　156

学习目标		156
技能要求		156
案例 8-1	我爱我家房地产经纪企业	156
8.1	房地产经纪企业发展战略的驱动因素与战略选择	158
8.2	房地产经纪企业运营管理	160
8.3	房地产经纪企业人力资源管理	163
8.4	房地产经纪企业的品牌战略与品牌管理	165
8.5	房地产经纪企业的客户关系管理	166
8.6	房地产经纪信息及其管理	169
8.7	房地产经纪业务的风险管理	174
思考题		179

第三篇　房地产经纪综合实训与业务技能竞赛

第 9 章　房地产经纪综合实训　182

学习目标		182
技能要求		182
9.1	房地产经纪综合实训课程的专业定位与教学理念	182
9.2	房地产经纪综合实训目标	183
9.3	房地产经纪综合实训内容及流程	185
9.4	房地产经纪综合实训教学方式与教学组织	186
9.5	房地产经纪综合实训教学进度计划与教学控制	188
9.6	房地产经纪综合实训教学文件	190

第 10 章　房地产经纪业务技能竞赛　192

学习目标		192
技能要求		192
10.1	房地产经纪业务的竞赛目的、竞赛意义和竞赛设计原则	192
10.2	房地产经纪业务的竞赛依据标准与竞赛内容	194

10.3　房地产经纪业务的竞赛规则 ……………………………………………………… 195
　　10.4　房地产经纪业务的竞赛组织 ……………………………………………………… 196
　　10.5　房地产经纪业务的竞赛过程管理 ………………………………………………… 197

第四篇　房地产经纪制度政策与相关知识

第 11 章　房地产经纪活动相关法律制度与政策 ……………………………………… 200

　　学习目标 ………………………………………………………………………………… 200
　　技能要求 ………………………………………………………………………………… 200
　　案例 11-1　规避政策　鸡飞蛋打 ……………………………………………………… 200
　　案例 11-2　农房买卖须谨慎　合同无效各担责 ……………………………………… 201
　　案例 11-3　分割办证有障碍　房屋政策须了解 ……………………………………… 201
　　11.1　法律基础知识 ……………………………………………………………………… 202
　　11.2　房地产法律法规概述 ……………………………………………………………… 204
　　11.3　建设用地制度与政策 ……………………………………………………………… 208
　　11.4　房地产开发建设经营管理制度与政策 …………………………………………… 214
　　11.5　房地产交易管理制度与政策 ……………………………………………………… 224
　　11.6　房地产权属登记制度与政策 ……………………………………………………… 236
　　11.7　房地产中介服务管理制度与政策 ………………………………………………… 241
　　11.8　房地产税收制度与政策 …………………………………………………………… 243
　　11.9　住房公积金制度与政策 …………………………………………………………… 251
　　11.10　物业管理制度与政策 ……………………………………………………………… 253
　　思考题 …………………………………………………………………………………… 256

第 12 章　房地产经纪相关知识 …………………………………………………………… 257

　　学习目标 ………………………………………………………………………………… 257
　　技能要求 ………………………………………………………………………………… 257
　　案例 12-1　阳光与风去哪儿了 ………………………………………………………… 257
　　12.1　建筑知识 …………………………………………………………………………… 258
　　12.2　房地产测绘知识 …………………………………………………………………… 262
　　12.3　城市和城市规划知识 ……………………………………………………………… 265
　　12.4　环境知识 …………………………………………………………………………… 271
　　12.5　房地产市场和投资知识 …………………………………………………………… 273

12.6 房地产价格和估价知识	279
12.7 金融知识	286
12.8 保险知识	290
12.9 统计知识	291
12.10 心理学知识	292
思考题	294

参考文献	**295**
参考网站	**298**

第一篇

房地产经纪基础知识

本篇是房地产经纪基础知识模块，主要内容包括：

1. 房地产经纪与房地产经纪行业，主要介绍了经纪的概念及其起源，房地产经纪的内涵、作用、活动方式，中国房地产经纪业产生与发展的历史、房地产经纪业的行业性质和意义，房地产经纪行业管理基本模式和行业组织。

2. 房地产经纪人与经纪机构、职业规范与诚信体系，主要介绍了房地产经纪人的权利与义务，房地产经纪人职业道德、心理素质、礼仪和知识结构等职业修养，房地产经纪人职业技能的构成和培养，房地产经纪机构的设立和注销，房地产经纪机构的基本类型、经营模式和组织系统，房地产经纪基本职业规范、争议处理、禁止行为以及房地产经纪诚信体系。

第 1 章

房地产经纪与房地产经纪行业

学习目标

1. 理解房地产经纪职业标准内容。
2. 理解工匠精神在房地产经纪业务中的体现。
3. 了解国内外房地产经纪业的发展状况。
4. 熟悉经纪的内涵、特点和作用,房地产经纪业的行业性质、管理模式和发展思路。
5. 掌握房地产经纪的概念、作用、活动方式和经纪收入的组成。
6. 掌握房地产经纪业的行业管理作用、基本框架和主要内容以及行业组织。

技能要求

1. 对当地房地产经纪业的发展现状进行调查分析。
2. 区分房地产经纪活动的类型。
3. 对当地房地产经纪企业的业务种类和业务操作流程等进行初步的调查分析。
4. 对当地房地产经纪行业管理的基本模式、主要内容进行初步调查和分析。
5. 有意识地培养自己的工匠精神和团队精神。

案例 1-1

房地产经纪头部企业链家公司进入大数据时代

链家公司成立于 2001 年,全国直营门店数量超 8 000 家,旗下经纪人近 15 万人,是我国房地产经纪行业的先行者和领跑者。链家提供二手房、新房、租房、旅居房产、海外房产等房产交易服务。链家拥有业内独有的房屋数据、人群数据、交易数据，并以数据技术驱动服务品质及行业效率的提升。链家数据中心技术研发团队约有 500 人，主要包括 Java、PHP、前端、移动端、测试、运维等多个团队。链家数据中心对其经纪业务的支持主要体现在以下几个方面。

- **楼盘字典**

链家楼盘字典收录了包括房源房间门牌号、户型图、属性、配套设施、历史业务数据等多维度信息，包括了全国 160 多个城市 1.1 亿套房屋数据。链家楼盘字典从房源录入的第一步便智能判别房源是否属实，确保房源的真实性。

- **大数据分析与应用**

用户画像：链家通过对用户与网站的交互过程中产生的成交数据、带看数据、搜索和点击数据等大数据的分析，形成用户画像。

智能推荐：链家根据用户画像预估用户中意房屋的类型，并智能为其推荐符合其需求的房源，推荐熟悉该小区、好评率高的经纪人为其服务。

房产评价：链家通过对历史成交数据的多维度分析来预测未来房价走势，评估房屋竞争力，为业主和经纪人提供决策参考。

- **信息无差别分享**

链家耗资近 4 亿元建立了楼盘数据库，容量达 1 200TB。基于楼盘数据库，链家不仅为客户提供透明房价，还提供房源历史成交数据、价格变动区间、房间户型图等所有能够帮助购房者进行有效决策的要素。依托互联网对数据进行标准化管理，实现信息的无差别共享，链家改变了房产行业中信息不透明的状况，也提高了买卖双方的效率。

- **重构交易流程**

链家利用移动互联网构建多功能全渠道的产品矩阵，大大增强了经纪人与客户之间的互通和互动，实现了房源、业主、客户和经纪人的高效关联。链家通过分析客户找房期间的高频交互数据，归纳客户交易行为的特征与偏好，帮助客户具象化其需求，建立客户与房源的关系图谱，从而实现精准匹配。链家为客户提供找房、看房、买房、过户等一条龙服务，剔除交易场景中冗余的流程，并重构交易场景中复杂的流程，实现客户体验和作业效率的双提升。

- **全新的经纪人平台**

链家通过构建互联网交易服务平台，实现买方、卖方、经纪人的连接与互通，实现线上线下业务环环相扣，形成房产服务闭环，大大提高了房产经纪的服务成单效率。同时，链家通过制定一系列标准化的服务流程和经纪人服务评价体系，建设了一个强支持、强服务、强管控的全新经纪人平台。

资料来源：链家公司人力资源部，作者整理而成。

📖 案例 1-2

美国的房地产经纪业

美国的房地产经纪业是相当发达的，每年开发的房屋有 95% 以上是通过房地产经纪机构销售的。美国的房地产法规有在联邦层面上的全美统一的法规，也有各州结合自身特点颁布的相关法规,还有行业协会颁布的规则,可谓多位一体,具体的法规有《联邦法》《执照法》《合同法规》《一般代理法规》《专业伦理法》等。美国目前持有房地产经纪人执照的有250万人之多,几乎占美国人口的1%,至于销售员则更多。在美国,房地产经纪人的地位很高,他们同律师、医生一样,属于白领阶层,其收入相当丰厚,有些经纪人本身就是律师。美国的房地产经纪业务的佣金率是相当高的,一般来说,对未开发土地的佣金率为销售总额的6%~10%,独户住宅的佣金率为5%~8%,大型商业用房地产的佣金率为3%~6%。尽管佣金率这样高,但一般的美国人在购买或销售房地产时,首先想到的仍然是寻找经纪人为其服务。据最新统计资料,在美国房地产的一期市场(我国通常称为新建商品房市场),通过经纪人销售的约占20%;二期市场(我国通常称为存量房地产市场),通过经纪人销售的占90%~95%。

资料来源:作者整理。

案例讨论

1. 链家公司的前景如何?
2. 从美国的房地产经纪业思考中国房地产经纪行业的未来前景。

学习任务

从互联网上了解我国房地产经纪行业情况和本地房地产经纪企业情况,写一份概况报告。

1.1 经纪与房地产经纪

1. 经纪的概念及其起源

(1)经纪的概念。经纪是经济活动中的一种中介服务行为,即经纪活动,具体是指以收取佣金为目的,为促成他人交易而从事的居间、代理、行纪等经纪业务的经济活动。

(2)经纪的起源。经纪的产生和发展是商品生产和商品交换发展的产物,是社会分工的必然结果。中国古代经纪人的行业组织最早可以追溯到唐代。在当今西方发达国家,经纪业相当发达,涉及许多行业。

2. 房地产经纪的内涵和必要性

(1)房地产经纪的内涵。房地产经纪指以收取佣金为目的,为促成他人房地产交易而从事居间、代理等经纪业务的经济活动。目前中国的房地产服务业有狭义和广义之分。狭义的是《中华人民共和国城市房地产管理法》(简称《城市房地产管理法》)中所称的房地产中介,它包括房地产经纪、估价、咨询;广义的包括为房地产经纪活动提供信息咨询服务和事务代理服务的各类服务性机构,如经纪、估价、咨询、研究、培训、软件和网络等。

(2)房地产经纪的必要性主要体现在以下4个方面。

1)房地产投资大、价格高昂,维持房地产这类存货的费用太高,在绝大多数情况下,一般经销商难以承受,因此房地产不宜通过经销商出售,只有借助在生产者与消费者之间提供中介服务的房地产经纪人。

2)房地产是不可移动的商品,无法像一般商品那样集中到固定的市场上进行展示、出售，其交易过程是要把购买者集中在房地产所在地，以达到认识和购买的目的。直接经销不经济，而房地产经纪人可以提供专业化的销售服务。

3）房地产商品交易的复杂性使得每笔交易的完成需要耗费时间，并且还要懂得相关法律和估价方法等知识，需要懂法律、财务、估价知识的复合型人才提供房地产经纪服务。

4）大多数房地产买主要通过向金融机构借款来筹措其大部分资金，经纪人熟悉抵押贷款的特殊规定，能帮助买主获得贷款。

3. 房地产经纪活动的方式

房地产经纪活动的方式主要有以下 3 种。

1）房地产居间。它指向委托人报告订立房地产交易合同的机会或者提供订立房地产交易合同的媒介服务，并收取委托人佣金的行为。

2）房地产代理。它指以委托人的名义，在授权范围内，为促成委托人与第三方进行房地产交易而提供服务，并收取委托人佣金的行为。

3）房地产行纪。它指房地产经纪机构受委托人的委托，以自己的名义与第三方进行交易，并承担规定的法律责任的商业行为。

4. 房地产居间与房地产代理的区别

房地产居间与房地产代理的区别在于：房地产代理人以代理权为基础代委托人进行民事法律行为，要进行独立的意思表示，而居间人并不代委托人进行民事法律行为，仅为委托人报告订约机会或作为订约媒介，并不参与委托人与第三方之间的关系，居间合同中，中介的职能是促成交易，无权代任何一方行为，居间人也没有将处理事务的后果移交给委托人的义务。简言之，居间人不得代委托人为法律行为，而代理人则代被代理人为法律行为。

5. 房地产经纪的特性和作用

（1）房地产经纪的特性。①房地产经纪的服务性。与其他经纪活动一样，房地产经纪活动是一种服务性的活动，房地产经纪业是服务性行业。服务是指行为主体通过该项活动使另一个主体即服务对象获得某种利益。依据中国产业结构的总体分类，房地产业属于第三产业。与房地产业中的开发业相比，房地产经纪、价格评估、咨询、物业管理等更具有服务业的性质。②房地产经纪的专业性。房地产是一种极为特殊的商品，交易方式特别复杂，需要具备房屋建筑、估价、金融、法律等多方面专业知识，由此带来房地产经纪的专业性。③房地产经纪的地域性。房地产空间的固定性使房地产经纪活动具有很强的地域性。

（2）房地产经纪的作用。①提供交易信息。房地产出售者或出租人通常不知道其房地产的欲购买者或承租人在哪里，也不知道其房地产的市场价格和租金水平；同样，房地产购买者或承租人通常也不知道哪里有其欲购买或承租的房地产，即使有了其欲购买或承租的房地产，也不清楚该房地产的市场价格和租金水平。可见，房源、客源、售价或租金等信息是一种稀缺的资源。房地产经纪人和机构通过自己的劳动，搜集了大量的房源、客源、价格、租金等信息，可以有偿提供给委托人。此外，在房地产交易中，交易双方之间一般存在着严重的信息不对称，需要房地产经纪人和机构为双方提供专业的咨询服务。②降低交易成本。房地产的交易行为通常为一次性的。如果交易者独自收集交易信息、寻找交易相对人，那么成本会相当高。加上交易双方互不相识，难以相互信任，沟通也会比较困难。由专业的房地产经纪人和机构提供服务，虽然需要支付佣金，但可以为交易双方节省大量时间，降低其交易成本。③提高交易效率。在房地产交易中，当事人需要了解市场行情、对方资信、交易房地产状况等大量信息。只有充分了解了这些信息后，才能做出交易决定。又由于房地产价值量大，交易双方都比较谨慎。因此，如果当事人自行交易，不仅会导致搜寻信息的成本很高，而且可能由于缺乏房地产专业知识而使交易效率低下，耗费很多精力、时间。由专业的房地产经纪人和机构为交易当事人提供相关的信息与服务，可以大大提高交易效率。此外，房地产经纪的作用还表现在保障交易安全、维护交易秩序、优化资源配置、提高人民群众居住水平等方面。

6. 房地产经纪的功能定位

房地产经纪作为一种专业经纪活动，受房地产市场自身特性的影响，具有自己独特的功能定位。房地产经纪的主要功能如下。

（1）沟通信息、消除失灵。事实上，房地产交易的复杂性、外部经济性以及由此产生的严重的信息不对称现象，会阻碍市场机制的发挥，导致市场失灵。当市场上出现信息不对称而产生大量问题的时候，根据经济学原理，可以通过发展市场交易中介机构来解决这些问题。由此可见，完善房地产市场服务体系，积极应对房地产商品的特殊性所导致的市场低效率，是房地产经纪存在和发展的理由。因此，需要由房地产经纪人搜集交易信息，与供需双方沟通，提供专业咨询。

（2）促成交易、提高效率。在房地产交易中，交易当事人往往缺乏房地产知识，这对房地产交易产生了阻滞效应，使得房地产交易效率低下。所以，房地产经纪可以通过为当事人提供专业服务，促成双方顺利、安全交易，提高交易效率。

（3）规范交易、保障安全。由于房地产价值量大，在当事人的全部财产中占有相当大的比重，因此，房地产交易的安全关系到当事人的重大利益。同时，房地产交易的不安全也会增加银行房贷风险，严重的情况还会危及社会稳定，具有社会风险性质。所以，需要房地产经纪来规范交易秩序、保障安全。

（4）公平买卖、维护权益。房地产交易中，标的价值量大，信息不对称，交易程序复杂，交易当事人受专业知识不足和交易经验匮乏所限，很难在交易中实现公平买卖，维护自身的合法权益，而通过房地产经纪则可以做到。

7. 房地产经纪收入

（1）房地产经纪的收入是佣金。佣金的性质是劳动收入、经营收入和风险收入的综合体，是对经纪机构开展经纪活动时付出的劳动、花费的资金和承担的风险的总回报。国家保护经纪机构拥有从事合法经纪活动并取得佣金的权利。

（2）佣金可分为法定佣金和自由佣金。法定佣金具有强制效力，当事人双方都必须接受，实际交易中的佣金不得高于或低于这一标准。自由佣金一经确定并写入合同，同样具有法律效力。经纪机构在签订经纪合同时，应将佣金的数量、支付方式、支付期限及中介不成功时中介费用的负担等明确写入合同。经纪人与委托人之间是雇用关系。中国香港房地产经纪业的佣金是全世界最低的，大约只有1%，而美国、加拿大为6%，新加坡、日本为2%，中国台湾也有3%。

（3）佣金标准的制定遵循以下原则：①有规定的在规定标准范围内协商收取。②无规定的按合同约定协商收取。③既无规定又无约定的，按当地当时提供的同类服务的平均水平收取。

（4）佣金与回扣。在经纪活动中，有一类与佣金貌似相同的东西，那就是回扣。虽然佣金与回扣有很多相似之处，都是商品经济发展的产物，在正常运作的条件下都能起到促进商品流通的作用，但两者之间有本质的差别：佣金是经纪机构开展经纪业务所得到的合理合法收入，佣金以经纪合同为依据，由委托人支付给经纪机构而不是具体经办业务的经纪人个人，只要经纪合同是合法的，佣金就是经纪机构正大光明的合法收入，而回扣是由卖方暗中转让给买方具体经办人的一部分让利，既不是风险收入，也不是劳动收入和经营收入，收受回扣属于违法违规行为。

1.2 房地产经纪业

1.2.1 房地产经纪业概述

1. 房地产经纪业的行业性质

房地产经纪业的行业性质主要体现在4个方面：①服务性。房地产经纪业是服务业，服务性是其行业属性。②中介性。房地产经纪的本质是中介服务，中介性是房地产经纪服务的市场立场。③信用性。房地产价值量大，房地产交易特别需要讲信用，信用性是房地产经纪服务的事业本质。④专业性。房地产交易专业性强，专业性是房地产经纪服务的功能基础。

2. 发展房地产经纪业的现实意义

发展房地产经纪业具有5个方面的现实意义：①有助于房地产市场的活跃和兴旺。②有利于房地产行业的持续稳定发展。③有助于住房制度改革的继续深化。④能促进人民居住生活水平的提高。⑤能促进国民经济发展，适应在房地产经济领域建立社会主义市场经济体制的要求。

1.2.2 房地产经纪业产生与发展的历史

1. 中国房地产经纪业产生与发展的历史

（1）1949年以前的中国房地产经纪业。中国房地产经纪业的历史源远流长，据有关文字记载，中国在3 000年前就出现了田地的交换和买卖。早在《宋史》中就有宋代"典卖田宅增牙税钱"的记载。据元《通制条格》卷十八《关市》记载的内容，在元代就存在大量从事房地产经纪活动的人，当时从事房地产经纪活动即房屋买卖说合的中介被称为"房牙"，这一称谓一直沿用到清代。1840年鸦片战争之后，在我国一些通商口岸城市，如上海，出现了房地产经营活动，于是房地产捐客应运而生。房地产捐客活动的范围十分广泛，有买卖、租赁、抵押等。在上海，房地产捐客大致分为两大类：一为挂牌捐客，以"房地产公司""房地产经租处"挂牌，一般在报纸上刊登房地产出卖或空屋出租广告，待顾客前来固定经营场所询问，成交则收取若干佣金；二为流动捐客，没有固定的办公场所，而以茶楼做活动场所，交换信息，撮合成交，收取佣金。捐客活跃了房地产市场，但多数经营做法不正，投机取巧，以致房地产市场混乱。总之，长达2 000多年的封建历史时期，中国有了一定规模的土地和房屋的租赁、买卖等经济活动，但所有这些都是以土地和房产的私有制为基础的。

（2）1949年以后中国内地房地产经纪业的发展。这一时期大体上可以分为下列5个时间段。

1）1949～1955年。新中国成立初期，稳定城市房地产秩序是开展经济建设、稳定人民生活的重要组成部分。首先，新政府接收了旧政府的房地产档案、确认产权归属、代管无主房屋、没收敌伪房地产、打击房地产投机和各种非法活动；其次，在全国各地先后建立了房地产管理机构，制定了有关政策规定，开展了大规模的房地产清查登记，以极高的效率建立了新政府的房地产管理秩序；最后，国家在极其紧张的财政经费中，拨出专款改造旧社会遗留下来的棚户区和贫民窟，建造新住宅，改善贫穷居民的居住生活条件。

2）1956～1965年。这期间，城市房屋和土地的所有制构成发生了根本性的变化，确立了公有制在社会主义城市房地产中的主体地位。

3）1966～1978年。这一时期，城市房地产管理工作遭到极大的破坏。由于住房作为"福利品"由国家分配，整个社会的房地产资源配置并不是通过市场交易，因此，在这一时期房地产经纪活动基本消失了，房地产经纪业发展停滞。

4）1979～1996年。中国内地现代房地产经纪业开始起步。随着经济体制改革的全面展开，在城市进行了城镇住房制度改革、城市土地使用制度改革和房地产生产方式改革，社会主义新时期的房地产业便萌生了。1987年10月25日，中国共产党第十三次全国代表大会，在中国社会主义经济发展史上第一次提出了建立房地产市场，确立了房地产市场的地位，宣告了中国社会主义房地产市场的诞生。1995年1月1日《城市房地产管理法》和1996年2月《城市房地产中介服务管理规定》（2001年8月15日修改）颁布施行后，房地产经纪行业的地位逐步为社会所承认。据不完全统计，到1996年年底，全国注册登记的房地产经纪机构已近万家，同时从事中介、代理、咨询服务的专职、兼职房地产经纪人有几十万人，而且房地产经纪企业和经纪人的数量还在迅速增加。深圳早在1988年就成立了"深圳国际房地产咨询股份有限公司"，上海自1993年12月出现了首家房地产经纪机构"新民经纪人事务所"。

5）1997年以后。中国内地现代房地产经纪业进入大发展阶段。为了提高房地产经纪人的素质，规范行业执业行为，2001年12月，中华人民共和国人事部㊀、建设部㊁联

㊀ 现为中华人民共和国人力资源和社会保障部。

㊁ 现为中华人民共和国住房和城乡建设部。

合颁发了《房地产经纪人职业资格制度暂行规定》，对房地产经纪人实行职业资格制度。2002年7月，我国举办了首次全国房地产经纪人执业资格认定考试。这在一定程度上提升了房地产经纪行业执业人员的水平，但是相对庞大的行业人数而言，具有房地产经纪人执业资格的人员比重还相当小，业内不规范执业、侵害交易双方利益的现象还时有发生。为了更好地监督和管理房地产经纪企业和经纪人的执业行为，2002年8月，建设部发布《关于建立房地产企业及执（从）业人员信用档案系统的通知》，指出房地产信用档案的建立范围包括房地产中介服务机构和房地产经纪人、房地产经纪人协理。房地产信用档案的内容包括基本情况、业绩及良好行为、不良行为等，以便为各级政府部门和社会公众监督房地产行为提供依据，为社会公众查询企业和个人信用信息提供服务，为社会公众投诉房地产领域违法违纪行为提供途径。2003年在国务院18号文件《关于促进房地产市场持续健康发展的通知》中，又强调要健全房地产中介服务市场规则，严格执行房地产经纪人执（职）业资格制度。随着房地产经纪业的发展，一些房地产交易活动较为活跃的城市，在政府房地产主管部门的指导下，开始成立房地产经纪行业组织。如1996年12月上海成立了房地产经纪人协会，在上海房地产经纪行业优秀企业的评选和执业经纪人培训方面做出了一定的贡献。随着房地产经纪业的发展壮大，全国性的房地产行业组织也应运而生。2004年7月，经批准，"中国房地产估价师学会"更名为"中国房地产估价师与房地产经纪人学会"。房地产经纪行业组织的成立标志着房地产经纪业已发展到一个新阶段，行业组织的自律管理作用将会越来越大，并将对房地产经纪业的健康发展起到积极的推动作用。

（3）1949年以后中国香港地区房地产经纪业的发展。房地产经纪公司在香港被称为地产代理公司，房地产经纪行业被称为地产代理业。在香港，地产代理起着促进房地产市场兴旺活跃的重要作用，大约70%的房地产交易是由地产代理促成的。① 20世纪五六十年代，香港的地产代理处于个人代理阶段，以独立个人的方式运作，地产代理之间交换信息的活动是建立在房地产经纪人彼此信任的基础上的，没有信用的地产代理为同行所不齿，很难在行业内立足。② 1968年是香港房地产经纪业发展的一个转折点，香港房地产经纪业开始由个人为主的经营方式向企业化转变。20世纪70年代末至80年代初，地产代理公司已经遍布香港各区，其经营业务由专营楼花逐步扩展至现楼市场；20世纪80年代末，房地产经纪业开始逐步网络化、信息化，从事的业务更加多元化，其业务范围扩展到策划、咨询、物业管理等方面，并逐步拓展中国内地及境外市场。③从20世纪90年代起，香港房地产经纪行业的公司数量、分行数量以及从业人数均稳步上升，是香港地产代理公司大力扩张的时期，不少公司已经成长为大型连锁集团，拥有遍布香港的分行网络、数百名员工，朝着集团化方向发展。1997年5月21日，香港颁布《地产代理条例》，标志着房地产经纪纳入了法治化管理的轨道，其运作更加规范、有效、专业。

（4）1949年以后中国台湾地区房地产经纪业的发展。① 1970年以前，为传统交易时期。台湾民间在出售房屋时，传统做法是由业主自行张贴"吉屋出售"的红纸条，或通过亲朋好友、左邻右舍提供资讯，寻找买主。② 1971～1980年，为中介雏形时期。1971年左右，台湾开始出现房地产介绍人的行业，从事代客买卖、租赁业务。③ 1980～1990年，为从零星户交易到中介公司建立时期。随着经济发展及房屋投资建造能力的提高，房产交易趋于活跃，1984年年底，台湾"经济部"正式开放"房屋介绍公司"办理登记，为创办房地产中介企业提供了有力保障。④ 1991～1996年，为中介发展时期。台湾1999年2月颁布了《不动产经纪业管理条例》，规定经营经纪业者，应向主管机关申请后，依法办理公司或商业登记。台湾经纪业涉及中介业务和代销业务两种类型。中介业务指从事不动产买卖、互易、租赁的居间或代理业务。代销业务指受起造人或建筑业的委托，负责企划并代理销售不动产业务。经纪业不得雇用未具备经纪人资格者从事中介或代销业务。经纪业设立的营业处所，至少应设置经纪人1名。营业处所经纪营业员超过20名时，应增设经纪人1名。经纪业者在办妥申报登记后，需加入登记所在地的同业公会后方可营业，并应于6个月内开始营业，逾期未开业者，由主管机关撤销其许可。根据经纪业的业务性质，应分别组织中介经纪业或代销经纪业的同业公会。

2. 西方国家房地产经纪业产生与发展的历史

西方各国在房地产交易出现的早期，就产生了从事房屋买卖中介的专业人员。但是，真正较为规范、完善的房地产经纪业，是近代才形成的。

纵观西方发达国家的房地产经纪业，一个普遍的特点是建立了较为完善的房地产经纪制度。美国的市场机制非常完善，美国早期的房地产交易主要由律师和公证人为买卖双方做见证，并处理产权、转让等具体事宜。美国行业协会在房地产经纪行业中的作用显著，政府和法律对中介机构的限制较少，整个中介市场比较活跃。英国和法国的特点是法律详尽、执法严厉，政府对房地产交易活动管理严格。

1.2.3 中国房地产经纪行业现状

2000年以来，房地产业高歌猛进，为中国城镇化发展、中国经济发展创下了丰功伟绩。全国仅存量住宅总资产的面积超过300万亿平方米，其总价值约为270万亿元，相当于2019年全国GDP的两倍以上。以存量房交易服务为主战场的房地产经纪行业也得到快速发展。2018年全国房地产行业企业法人单位数及从业人员数量如表1-1所示，2018年全国房地产行业企业法人单位主要经济指标如表1-2所示，2019年全国房地产交易数据如表1-3所示。

表1-1 全国房地产行业企业法人单位数及从业人员数量（2018年）

房地产子行业	企业法人单位（万个）	从业人员（万人）
房地产开发经营	20.6	371.5
物业管理	23.4	636.9
房地产中介服务	20.6	158.3
房地产租赁经营	8.2	85.9
其他房地产业	1.4	10.9
合计	74.2	1 263.5

资料来源：国家统计局。

表 1-2　全国房地产行业企业法人单位主要经济指标（2018 年）

房地产子行业	资产总计（亿元）	负债合计（亿元）	营业收入（亿元）
房地产开发经营	1 005 947.4	787 264.7	125 718.4
物业管理	30 666.7	21 627.7	9 066.1
房地产中介服务	13 305.2	9 756.8	3 277.6
房地产租赁经营	92 173.9	58 328.6	4 997.6
其他房地产业	17 394.3	12 511.4	636.3
合计	1 159 487.5	889 489.2	143 696

资料来源：国家统计局。

表 1-3　全国房地产交易数据（2019 年）

交易数据	二手房	新房	房屋租赁
交易量（万套）	426	1 420	7 000
交易额（万亿元）	6.7	13.9	1.7
交易面积（亿平方米）	3.9	15	45

资料来源：国家统计局，二手房、新房、租赁交易数据由贝壳研究院测算。

在中国房地产经纪业务类型中，二手房买卖是绝对主力。大部分房地产经纪人的主营业务是二手房买卖，刚入行的经纪人做租赁的比例会更高一些。现在新房代理与二手房中介的界限越来越模糊，一二手联动的效应明显。未来，中国将步入存量房为主的时代，二手房市场的空间会越来越大。

在中国房地产经纪从业人员中，68% 的从业者不满 30 岁，以年轻人为主。与欧美相比，中国房地产经纪从业人员整体仍非常年轻化，美国房地产经纪从业人员的年龄集中在 35～55 岁。据不完全统计，73% 的房地产经纪人是男性。房地产经纪行业工作非常辛苦，常年承受高压竞争、常态化加班，忍受风吹日晒去踩盘，空看、带看、获客也存在诸多不稳定性，但有获得高回报的潜力，因此更受男性的青睐。

目前，中国房地产经纪从业人员中接近 50% 的经纪人学历在专科及以上，但六成以上房地产经纪人尚未获得房地产经纪专业人员职业资格。这反映了目前国内房地产经纪行业从业门槛有待提高，从业人员的素质参差不齐，服务水平差异较大。

中国有超过 52% 的房地产经纪人从业时间不满 2 年，而在行业中沉淀 10 年以上的老将不足 5%。房地产经纪不是青春饭，也不是快餐。一名优秀的房地产经纪人，只有数年如一日地学习房地产交易知识，了解房屋建筑、社区配套，跑遍社区的每一个户型，了解项目的每一处细节，不断积累个人品牌信誉，才能成为真正意义上合格的、高绩效的经纪人。46% 的房地产经纪人每天的平均工作时长为 8～10 小时，31% 的经纪人每天的平均工作时长为 10～12 小时。

随着移动互联网和新媒体的发展，房地产经纪人的工作形态也在发生变化。过去，打电话、空看、带看等是工作的主体。但现在，也有部分房地产经纪人开始花时间去维护交易平台的房源信息，甚至运维个人公众号、建设个人品牌等。房地产经纪人花费时间最多的工作内容是前期寻找房源及客源，邀约客户及带看房源也占据了大部分时间。

基于贝壳经纪人调研数据，2019 年房地产经纪人的收入情况如下：年均收入为

7万～10万元（含10万元）；从业年限不足1年的经纪人，年均收入仅为3.8万元；当从业年限增长到3～5年后，年均收入提升到11.68万元；从业年限为20～30年的经纪人，年均收入达29.33万元；年均收入在30万元以上的占比为3.5%。从业年限越长，收入往往会越高。一二线城市经纪人的收入普遍好于三四线城市经纪人。

当前，中国内地房地产经纪业在经历快速发展之后正步入新的调整发展与完善规范的时期。一些具有一定规模、运作比较规范的大型房地产经纪机构已经出现，但从整体情况来看，目前中国房地产经纪业仍存在着从业人员素质不高、企业经营不够规范、法律法规仍不健全等问题，需要在进一步的管理和监督中不断完善和发展。

1.3　房地产经纪业与现代服务业概述

1. 服务业与现代服务业

（1）服务业。服务业是指生产和销售服务产品的生产部门和企业的集合。服务产品与其他产业的产品相比，具有非实物性、不可储存性和生产与消费同时性等特征。服务质量取决于：①服务过程的快捷性。②经纪人的服务态度。③消费者的心理感受。在我国国民经济核算实际工作中，将服务业视为第三产业，即将服务业定义为除农业、工业、建筑业之外的其他所有产业部门。

（2）现代服务业。现代服务业是指在工业化较发达阶段产生的，主要依托电子信息等高技术和现代管理理念、经营方式和组织形式发展起来的服务部门。它有别于商贸、住宿、餐饮、仓储、交通运输等传统服务业，以金融保险业、信息传输和计算机软件业、租赁和商务服务业、科研技术服务和地质勘查业、文化体育和娱乐业、房地产业及居民社区服务业等为代表。现代服务业的发展本质上来自社会进步、经济发展、社会分工的专业化等需求，具有智力要素密集程度高、产出附加值高、资源消耗少、环境污染少等特点。现代服务业既包括新兴服务业，也包括对传统服务业的技术改造和升级，其本质是实现服务业的现代化。

2. 房地产经纪业与现代服务业

依据我国产业结构的总体分类，房地产业属于第三产业。与房地产业中的房地产开发业相比，房地产经纪、估价、咨询、物业管理等更具有服务业的性质。同时，房地产业和经纪业作为知识密集型产业，在发展中与时代结合紧密，可以利用新兴的技术和管理理念对产业实施改造，具有现代服务业的性质。目前在我国，特别是在经济较发达的地区，房地产经纪机构的数量已发展到较大的规模，构成了房地产服务业的主要部分。因此房地产经纪业可以说是快速发展的现代服务业，这主要体现在3个方面。

（1）房地产经纪业以先进的信息技术为主要依托，信息整合、开发与利用能级大大提高。传统的房地产经纪业在信息利用的广度、信息开发的深度、信息整合的范围、信息技术的等级等方面都与现代服务业有着较大的差距。传统的房地产经纪业主要利用其所掌握的房源信息和客源信息，通过供需配对促成交易，其信息整合的范围仅限于同一经纪机构内部，其所利用的信息技术也无非是计算机数据库、局域网等普通信息技术。

依托于快速发展的信息技术,作为现代服务业的房地产经纪业可以通过建立全新的行业运行模式,采用最先进的信息技术,在更大范围内整合房地产市场及相关信息,进一步提高其促进房地产市场流通的功能,并通过对各类信息的深度加工,围绕房地产市场流通提供专业咨询、顾问等高附加值服务。例如,美国房地产经纪行业很早就建立了多重上市服务系统(multiple listing system,MLS),该系统整合了全行业的房源信息,大大提高了全行业促进房地产交易的社会经济功能。

(2)房地产经纪业知识和技术密集程度高,专业化分工向纵深发展。传统的房地产经纪业主要集中于住宅的租售居间、代理等,住宅市场以买卖为主的流通方式使得房地产经纪业并不太关注房地产使用过程中的问题,从业人员主要需要掌握房地产交易、产权登记的法律和实务操作知识与技能,以及相关的建筑、金融、市场营销知识等。而现代房地产经纪业更多地拓展到了种类繁多的商业房地产领域,大量涉及写字楼、商铺、购物中心、仓储和工业房地产市场,为金融、商业、物流、制造业等企业提供房地产租赁和购置的咨询、代理服务。新时代的房地产经纪人,不仅要掌握房地产专业知识,还要掌握相关产业的运行、业务流程、商品特征等专业知识,掌握为具体的对象产业服务所需要的房地产使用成本测算、房地产使用方案筹划等技能。这就要求大大提高房地产经纪业的知识和技术密集程度。

(3)房地产经纪企业规模扩大,按现代企业制度运行。传统的房地产经纪业通常以单纯的知识、智力、劳务输出为主,企业规模以中小型为主,家族企业、小型合伙企业是房地产经纪业常见的企业类型。但随着房地产流通形式的演进,房地产资产运营模式的变化,以及技术、知识密集程度的提高,现代房地产经纪企业需要具有更雄厚的资金以及与之相称的现代企业制度。从发达国家和地区的经验来看,一些房地产经纪业的大企业大多通过在资本市场上市,来形成雄厚的资金实力和上市公司所必须具备的现代企业制度。

1.4 房地产经纪行业管理概述

1. 房地产经纪行业管理的含义与作用

(1)含义。房地产经纪行业管理指由有关政府主管部门、房地产经纪行业组织对房地产经纪活动的主体、运作方式等实施的管理。其目的在于规范房地产经纪活动,并协调房地产经纪活动中所涉及的各类当事人(房地产经纪机构、房地产经纪人、房地产经纪活动服务对象)之间的关系。

(2)作用。房地产经纪行业管理是社会事务管理的一个组成部分,基本作用就是维护社会整体利益,即通过管理使房地产经纪活动符合社会整体规范,并最大限度地增进社会福利。它具体体现在:①规范房地产经纪服务活动。②协调行业内部各类主体之间以及行业与社会其他主体之间的关系,促进行业整体的高效运作和持续发展,维护和提高行业的整体利益。

2. 房地产经纪行业管理的基本原则

房地产经纪行业管理的基本原则主要有4个:①营造良好环境,鼓励行业发展。

②遵循行业规律，实施专业管理。③严格依法办事，强化行业自律。④顺应市场机制，维护有序竞争。

3. 房地产经纪行业管理的基本模式

管理模式即由管理主体、管理手段和机制组成的动态系统，不同管理模式在系统组成要素、系统结构、运作流程上存在着差异。房地产经纪行业管理主要有以下3种模式。

（1）行政主管模式。在这种模式下，政府行政主管部门承担了房地产经纪行业管理的绝大部分职能，管理手段以行政手段为主，如进行执业资格认证、登记备案与年检、制定收费标准和示范合同、行政监督等。目前中国香港地区就是采取这种模式。

（2）行业自治模式。在这种模式下，房地产经纪的直接管理主体是房地产经纪行业协会。行业协会不仅实施自律性管理职能，还受政府职能部门甚至立法机构的委托，行使对房地产经纪业的行政管理职能。在这种模式下，管理手段相对较为丰富，法律、行政、经济和自律等手段都有运用。目前中国台湾地区就是采取这种模式。中国台湾地区房地产经纪业的"同业公会"受当局行政主管部门委托，直接从事房地产经纪业的各项具体管理事务，主管部门只是对其实行指导和间接管理。

（3）行政与行业自律并行管理模式。在这种模式下，政府行政主管部门和房地产经纪行业协会都是强有力的管理主体，但两者的管理职能有所不同。美国房地产经纪业的行业管理就是采取这种模式。中国目前对房地产经纪业的管理方式与该模式比较接近，但政府行政主管部门的管理主体地位明显强于房地产经纪行业协会，房地产经纪行业协会的管理作用需要进一步加强。

4. 房地产经纪行业组织

（1）房地产经纪行业组织的性质和组织形式。①房地产经纪行业组织不是行政机构，因此不是按照国家的行政区域和行政级别来设立的，它的设立主要遵循按需设立的原则。全国可以建立全国性的房地产经纪行业组织，省、自治区、直辖市及设区的市可根据需要设立各地方的房地产经纪人行业组织。全国和地方及地方之间的房地产经纪行业组织之间并不是上下级的隶属关系，而是各自独立进行管理，当然各房地产经纪行业组织之间可以进行协作和交流。②房地产经纪行业的组织形式主要是房地产经纪行业学（协）会，是房地产经纪人的自律性组织，是社团法人。

（2）房地产经纪行业组织的管理职责。行业组织可经政府房地产管理部门授权，在授权范围内协助管理有关事务，履行下列职责：

- 保障经纪人依法执业，维护经纪人合法权益。
- 组织经纪人总结、交流工作经验。
- 组织经纪人进行业务培训。
- 组织经纪人开展对外交流。
- 进行经纪人职业道德和执业纪律教育、监督和检查。
- 调解经纪人之间在职业活动中发生的纠纷。

- 按照章程规定对经纪人给予奖励或处分。
- 法律、法规允许的其他职责。

（3）房地产经纪行业规则。制定自律性的行业规则是房地产经纪行业组织实施行业管理的重要手段。行业规则是公约，而不是国家法律法规和规章条例，是行业组织根据业内人员的共同意志和行业管理的需要制定的，它是平等的民事主体之间的一种约定。行业规则具有约束力，首先，这是因为它符合国家和政府的法律法规，法律法规对公民、法人有普遍的约束力。其次，行业规则是行业内各单位之间的一种平等约定，这种约定体现了共同的意愿。行业规则中做出的共同遵守行业规则的承诺，就是对各经纪单位自律管理的约束。

1.5 房地产经纪行业管理的内容

1. 房地产经纪行业管理的基本框架

对房地产经纪行业的管理有法律、行政、经济、舆论等手段，其管理框架主要体现在3个大的方面。

（1）专业性管理。①对房地产经纪活动主体实行专业资质、资格管理。很多国家对房地产经纪业的从业人员，建立了系统的教育和继续教育、资格考试、资格认定的制度，以保证房地产经纪业从业人员具备相应的专业知识和技能，同时对房地产经纪机构实行专业的营业资质和牌照管理。②对房地产经纪人的职业风险进行管理。房地产经纪活动所涉及的标的是具有高额价值的房地产，房地产经纪人在职业活动中的一些失误，常常会给客户造成巨大的经济损失，也会给房地产经纪人自身带来严重的民事法律后果。我们可以通过设立房地产经纪业赔偿基金、强制性过失保险制度等，来规避房地产经纪业的职业风险。③重视房地产经纪管理的地域性。房地产市场的地域性决定了房地产经纪业的运作也不可避免地带有很强的地域特征，因此对房地产经纪业的管理也应充分考虑不同地域的差别。

（2）规范性管理。①房地产经纪业执业规范。通过立法来制定房地产经纪业的执业规范，如美国房地产经纪业的《一般代理法规》、中国香港房地产经纪业的《地产代理条例》。②房地产经纪收费。由于房地产经纪提供的服务不如实体产品那样容易进行价值判别，所以房地产经纪机构与顾客在服务收费问题上较容易产生分歧，特别需要行业管理的协调作用。收费管理的最主要方式是制定具有法律约束力的房地产经纪服务佣金标准，通常是指其相对于房地产交易额的一定比率。③严令禁止房地产经纪机构赚取合同约定的佣金以外的经济利益，如房地产交易差价。

（3）公平性管理。房地产经纪业是以信息为主要资源的服务业，信息不对称所带来的种种后果都要求行业管理实施公平性管理，以保证行业内部各机构及从业人员之间的公平竞争和行业与服务对象之间的公平交易，主要有：①行业竞争与协作的管理。信息的共享性、积累性、时效性，使得房地产经纪业内部容易产生不正当竞争，这就迫切需要开展行业内的广泛协作，把竞争建立在协作的基础上。因此，行业竞争与协作的管理是房地产经纪行业管理的重要内容，美国全美房地产经纪人组织所建立的多重上市服务系统（MLS）是开展行业协作管理的典范。②行业诚信管理。可以通过法律、行政、教育、行业自律乃至评奖、设立信用保证金等种种方法来对房地产经纪机构及执业人员的信誉进行管理。③房地产经纪纠纷管理。可以通过建立常规的消费者投诉通道、明确仲裁和协调的主体、制定纠纷处理的法律性文件等手段来完善纠纷管理。

2. 中国内地现行房地产经纪行业管理的主要内容

（1）年检与验证管理。根据《城市房地产管理法》《城市房地产中介服务管理规定》等法律、法规和规章，由房地产经纪主管部门会同工商行政主管部门定期对房地产经纪机构及房地产经纪人进行年检和验证工作，这两项工作是加强行业管理、实施执行规范的重要措施。年检与验证管理实行定期、集中审查式的监督管理，具有时间固定集中、检查面广、检查内容全面等特点，具有其他监督管理方式无法替代的作用。年检与验证管理有利于监督房地产经纪机构及时办理变更登记，有利于对房地产经纪机构进行准确统计，有利于对房地产经纪机构进行综合检查、分析和评价。

1）年检涉及检查房地产经纪组织经营业务范围、注册地点、注册资金、持证从业人员是否有变动，以及在房地产经纪活动中是否遵纪守法，是否接受注册、备案等。对持有房地产经纪人执业资格证的人数低于规定标准的及其他不符合标准的，不予备案登记。房地产管理部门应当每年对房地产经纪机构内的执业人员条件进行年检，并公布年检合格的房地产经纪机构名单。对于年检不合格的，应限期整顿，经限期整顿仍不合格的，撤销备案证书，其今后不得从事房地产经纪活动。

2）验证是发证机关定期对房地产经纪人执业资格和房地产经纪人协理从业资格证明进行检查。各省级房地产管理部门或其授权的机构负责房地产经纪人（含协理）从业资格注册登记管理工作，每年度房地产经纪人（含协理）从业资格注册登记情况应报住房和城乡建设部备案。

（2）纠纷规避与投诉受理。从现实经济生活看，房地产经纪活动中常见的纠纷类型主要有：缔约过失造成的纠纷、合同不规范造成的纠纷、服务标准与收取佣金标准差异造成的纠纷。①房地产经纪行业主管部门可以通过以下手段来规避房地产经纪纠纷：一是制定示范合同文本；二是制定服务标准，明确服务要求和内容；三是加强对房地产经纪合同的监督管理。目前在房地产经纪行业中使用自行制作的合同文本的占有很大的比例。而且，为了方便重复使用，很多经纪机构将这种合同制作成固定的合同文本。一些地方政府的房地产行政主管部门要求房地产经纪机构将这种固定格式的经纪合同提交房地产行政管理部门审查。这就是一种对合同的监督管理。②对已经出现的房地产经纪纠纷，房地产行政主管部门及其他相关部门负责受理投诉、调节处理。房地产行政主管部门通常设置一些投诉通道，制定投诉受理程序，及时、有效地引导当事人解决房地产经纪纠纷。

（3）收费管理。根据规定，房地产中介服务收费实行明码标价制度，房地产经纪机构依照合同约定向委托人收取服务费，并开具发票。对房地产经纪服务费的管理主要是从"是否符合收费标准"和"是否明码标价"两个方面进行。凡违规行为,将受到相应的处罚。此外,在房地产经纪活动中,坚决禁止房地产经纪机构、房地产经纪人通过隐瞒房地产交易价格等方式,获取佣金以外的收益。

(4)信用管理。目前,我国房地产经纪行业的信用管理是纳入房地产全行业信用管理体系中实施的。①房地产信用档案系统的建立范围:房地产开发企业、房地产中介服务机构、物业管理企业和房地产估价师、房地产经纪人、房地产经纪人协理等专业人员。②房地产信用档案系统的内容:基本情况、业绩及良好行为、不良行为等。③房地产信用档案系统建设的意义:信用档案系统的建设可以为各级政府部门和社会公众监督房地产企业市场行为提供依据,为社会公众查询企业和个人信用信息提供服务,为社会公众投诉房地产领域违法违纪行为提供途径。④房地产信用档案系统建设的原则:全国房地产信用档案系统建设遵循"统一规划、分级建设、分步实施、信息共享"的原则。⑤分级管理制:住房和城乡建设部组织建立全国资质一级房地产企业及执业人员信用档案(简称"一级房地产信用档案")系统。资质二级(含二级)以下的房地产企业和执(从)业人员的信用档案(简称"二级房地产信用档案")系统,由地方住房和城乡建设委员会(房地产)行政主管部门组织建立。

3. 中国香港地区房地产经纪行业管理的主要内容

中国香港地区房地产经纪行业管理的主要方式是房地产经纪牌照管理,主要内容如下。

(1)管理机构。中国香港地区的地产代理监管局是专门管理房地产经纪行业的政府机构,主要负责牌照颁发和行政管理的工作。它是根据《地产代理条例》成立的一个财政独立的法定机构,其使命是提高地产代理业的服务水准,加强对消费者权益的保护,并鼓励公开、公正、诚实的物业交易。

(2)行业管理的主要内容。它包括:①设定代理机构和地产代理人从事代理活动的基本资质,使执业的机构和个人具有相当的专业知识和工作经验。②建立监察机构,对地产代理活动进行监督,调解地产代理人与委托人的纠纷,对违纪的地产代理机构和个人进行相应的惩处。③推行书面代理合约,减少纠纷。

(3)行业管理法规。在中国香港,规范地产代理活动的法律除了《地产代理条例》外,主要还有《地产代理常规(一般责任及香港住宅物业)规例》及《地产代理(裁定佣金争议)规例》,它们具有较强的适应性,对规范代理活动起到了有效的作用。

4. 中国台湾地区房地产经纪行业管理的主要内容

依托行业公会管行业是中国台湾地区房地产经纪行业管理的基本制度,即业必归会。中国台湾地区房地产经纪业的"同业公会"受当局行政主管部门委托,直接从事房地产经纪业的各项具体管理事务,而主管部门只是对其实行指导和间接管理。"同业公会"是由中国台湾多家大型房屋中介公司发起组织的。行业管理的具体事务均由公会承担,有关房地产经纪行业发展的大事,主管部门负责指导,公会负责具体操作。公会在培训行业队伍、指导企业自律、组织企业交流、协调企业关系等方面做了大量具体的工作。总之,依托行业自身组织管理行业,实现行业"自治",是中国台湾地区房地产经纪行业管理的特色。

5. 美国房地产经纪行业管理的基本制度

美国没有全国统一的房地产经纪行业管理，由各州自行制定相关法律实施行业管理。①美国各州政府多数都设有专门机构对房地产经纪行业进行管理，主要职责是制定有关管理规则、管理房地产经纪机构的设立、房地产经纪人与销售员执业资格牌照发放、审定执业资格考试及教育训练的内容、审批从事执业课程教育的学校的资格、处理房地产交易客户的投诉等。各州政府还设有调查机构和专门的监察机构负责调查和处理违规执业案例。尽管美国各州对房地产经纪人资格与职业行为的要求不尽相同，但其基本精神是一致的，即规定经纪从业人员需具备各项资格及符合标准方给予发放房地产销售人执照，以此来保证经纪人的专业水平，保障消费者权益。②美国房地产经纪人执照分为两类：经纪人执照和推销员执照。经纪人执照允许持有人独立地进行经纪活动；推销员执照则允许持有人替一个经纪人服务，佣金是付给经纪人的，再由经纪人分给推销员。③美国的房地产业有一些全国性和地方性协会。这些协会的宗旨是提高从业人员的行为标准和保护公众的利益。④美国许多州都专门设置"房地产复原基金"，该基金设置的目的是使一般委托人在由于某一持照人员的原因而导致财产损失时，能得到复原基金的救济。该基金是依靠领照经纪人在申请注册时所缴纳的特别规费来维持的。⑤美国房地产经纪佣金，通常情况下是以总销售金额的一定百分数提取，百分数的大小因所销售的房地产种类而异。独户住宅的佣金通常是 5%～8%，平均为 6.5% 左右。大型商业用地收取的佣金比例较低，为 3%～6%，但对未开发土地收取的佣金比例则高达 6%～10%。

1.6 中国房地产经纪行业的发展

1. 房地产经纪行业发展的指导思想

房地产经纪行业是房地产业不可缺少的组成部分，处于流通环节，常常受制于房地产业的发展。根据发达国家的经验，增量房地产开发发展到一定程度就会呈现递减态势，但存量房地产交易将持续发展。在我国，从长远看，以存量房地产交易为主要对象的房地产经纪行业，将在房地产业中占据越来越重要的地位。在这种背景下，未来房地产经纪行业的发展必须有科学的指导思想。这种指导思想的重要性主要体现在以下几个方面。

（1）形成全行业共同遵守的基本准则。在专业化分工更加细化，商品流通过程更加复杂，现代计算机网络使信息流通更加直接，社会需求更加多样化的现代社会中，房地产经纪行业应以合法经营、规范运作、公平竞争为基本标准，进一步规范自身的行为。

（2）明确不断进步的共同目标。房地产经纪行业应以严格自律、加强合作、行业进步为不断发展的目标导向。房地产经纪全行业必须通过严格自律、自我约束来取信于消费者、取信于社会，从而为自身的发展创造广阔的空间，以与时俱进的姿态不断追求全行业的整体进步。

（3）全面加强信息合作。房地产经纪对信息完整性、时效性的要求，需要房地产经纪人之间、经纪人与经纪机构之间、经纪机构与经纪机构之间，在平等互利的基础上加强合作，通过合作大大提高信息资源的有效性以及经纪活动的效率，从而有助于促进全行业健康、可持续发展。

2. 房地产经纪行业管理模式选择

我国现阶段宜吸收"行政与行业自律并行管理模式"和"行业自治模式"中的有利部分来设计新型的房地产经纪行业管理模式。在此基础上，通过今后相当长一个时期的实践，争取在条件具备时向行业自治模式过渡。当前，新型的房地产经纪行业管理模式的设计，应该以行业组织为主要管理平台，在适当强化行业组织自律管理作用的基础上，划分政府部门与行业组织的职能，形成行政与行业自律并行管理的基本管理框架。

目前实施政府部门退出管理第一线、由行业组织承担全部行业自我管理职能的新模式比较困难。政府要关心、支持、培育、发展房地产经纪行业组织。同时，房地产经纪行业组织要加强自身建设，充分依靠企业办会，完善自身的组织构架和运作机制，增强管理能力。

可以预见，随着政府逐步完成职能转变，行业组织体制改革的推进、行业组织自律管理平台的建立、自我管理能力的提高，最终应当将行业自治模式作为房地产经纪行业管理的目标模式。

3. 房地产经纪行业发展的对策思路

（1）加快行业法制建设，健全房地产经纪法律制度。

（2）理顺行业管理主体关系，探索新型行业管理体制，逐步建立以房地产经纪行业组织自律平台为基础的行业管理模式。

（3）健全房地产经纪管理制度，优化房地产经纪行业管理。①健全房地产经纪企业和从业人员市场准入与退出制度，不断提升房地产经纪行业整体水平。②规范房地产经纪合同管理与建立署名制度，加强对房地产经纪合同的监管。③完善房地产经纪收费管理制度。④建立房地产交易资金监管制度与执业保证金制度。⑤优化房地产登记手续代办管理制度。⑥建立房地产经纪企业及其从业人员信用信息公示制度。

（4）发挥行业组织作用，健全行业自律管理的运行机制。

（5）提高行业素质，促进行业持续发展。

4. 发展房地产网络经纪

房地产经纪业要迅速发展，必须利用快捷的网络途径，近距离接近客户，尽可能广泛地占有市场。网络经纪模式最大的特点是打破了时间、空间的限制，从而更好地服务于消费者，有效提高了企业的竞争能力。

（1）房地产网络经纪具备以下优势。

1）房源信息更直观、全面，购房效率高。相对于传统的实体店，网上门店可以更集中、更丰富地展示房源信息，传播的范围更广。购房者可以在网上了解房源的价格、地段、户型以及实物照片、视频等信息，不必四处奔波选房，从而大大提高了购房效率。购房者在网上看到上千甚至上万套房源，可以随时进行比较，充分了解各套房源之间的优劣。

2）降低经纪机构运营成本。网络经纪模式可以省去实体门店支出，节约房租、宣传印刷和人力成本，降低总体的运营费用。房地产经纪公司也会相应降低服务费来吸引更多的客户，使得购房者获得相对较低的购房费用，既节约了时间，也节约了成本。

3）突破时间和空间制约使服务无时不在。通过房地产门户网站的网络平台能够突破实体门店在时间和空间上的制约。同时，网络具备良好的互动性和时效性，在线网络经纪人能够随时给消费者带来最详细的信息，能有效避免天气或者其他原因带来的阻碍。

4）可实现个性化和特色服务。通过网络广阔的空间，网络经纪人与客户实现了更好的沟通和交流。网络经纪人还可以通过搜房博客或博客圈宣传和包装自己，通过自身个性化设计和特色的服务理念吸引消费者，形式更多样，特色更鲜明。

5）利用网络平台打造企业品牌。房地产经纪企业通过网络多媒体立体、全方位的展示，树立自己的品牌形象，取得品牌效应，以在最短的时间内取得最快、最广的传播效果。事实证明，利用人海战术疯狂开店扩张的模式已经行不通了，这样的高成本不仅给房地产经纪企业造成沉重负担，而且消费者也要承受高昂的服务费用，经纪战略阵地向网络转型势在必行。在市场环境已逐渐成熟的条件下，谁越早进入网络平台谁的机会就越多，收益就越大，机会成本就相对越低。

（2）中国房地产网络经纪发展有以下对策。

1）引入独立网络经纪人制。所谓独立网络经纪人，是通过网络以个人身份与经纪公司或网站相互合作的模式代理楼盘销售。

2）房地产经纪网站发展多种服务。虽然房地产网站提供的信息服务是免费的，但可以通过其他的服务得到盈利。网站可以与一部分充分利用信息的会员建立更密切的关系，网站的经济来源将不仅仅是会员费，还有充分利用信息后的利润分成。另外，通过拓展业务链条争取生存空间，可尝试在用户使用网站信息进行二手房买卖时，到网站指定的银行贷款，根据贷款额，网站再从银行获得相应返佣。网站还可通过提供二手房买卖担保、评估、检测甚至民间借贷等业务服务获得回报。

3）房地产经纪网站可开发终端收费模式。在目前大多数房地产网站上，二手房的相关内容多是以"非管理"的论坛方式，由经纪人自由发布，在无管理的情况下极易出现虚假房源甚至欺诈等问题。因此网络经纪人一定要实名出现在网络上，还要建立一套经纪人的考评系统。网络经纪人一次违规，就应被清除，以保证经纪人的信誉和网站的可靠性。在此基础上，可向在网上发布和注册的房地产经纪人按年收取费用，还可发展一些有前瞻性的房地产经纪企业内的经纪人全员购买该服务。

4）房地产经纪企业可提供菜单式服务。随着网络经纪人的增加，更个性化的服务与更经济的价格成为争夺和吸引客户的主要手段。因此，网络经纪人向客户提供菜单式服务将成为趋势。网络增强了购房者和房主的自主性，他们自己承担了许多原先由房地产经纪人负责的工作。例如，房产经纪人仅负责为房产打广告，或替人出具合同，其余工作由客户自行安排，他们可以自己安排从房屋估价到看房等活动。

5）完善社会监管机制和市场网络服务配套体系。首先要建立相关的法律法规配套体系。中国要有自己的房地产网站管理法，推动房地产网上交易的健康发展，为房地产网站运营创造一个良好的法律政策环境。其次在房地产网站准入规则上下功夫，尝试建立起一套规范、科学、统一但又符合地方特色的标准。再次是从行业经营的角度看，要发展网络技术，借鉴 MLS 完善网上服务平台、改进网上销售模式。MLS 如今已适用于 95% 的美国房地产交易。从长远看，由于发达国家纷纷引进 MLS，所以建立和完善国内 MLS，还可以增进国家间、地区间的交流与合作。当然，限于房地产业与网络自身的特点，房地产网络经纪并不能完全取代传统门店经纪模式的独立运作。因此，将网络模式与传统模式进行完美结合，优势互补，才是未来中国房地产经纪业的发展之道。

思考题

1. 比较一下房地产经纪行业与其他服务业的异同点。
2. 思考房地产经纪与房地产开发的关系。
3. 比较区分房地产经纪活动的方式、特点。

第 2 章

房地产经纪人与经纪机构、职业规范与诚信体系

学习目标

1. 了解房地产经纪人与经纪机构、职业规范、职业道德与诚信体系的基本概念。
2. 熟悉房地产经纪人、经纪机构的权利与义务,房地产经纪机构的设立和业务类型。
3. 掌握房地产经纪职业道德、房地产经纪人的素质、知识技能的构成和培养。
4. 掌握房地产经纪机构经营模式、组织结构和岗位设置。
5. 掌握房地产经纪活动的基本职业规范、禁止行为和房地产经纪违规执业的法律责任。

技能要求

1. 具备从事房地产经纪职业的能力和素质。
2. 具备对当地房地产经纪企业的经营模式和组织结构等进行初步调查分析的能力。
3. 领会房地产经纪职业规范,具备调查和分析房地产经纪活动中禁止行为的能力。
4. 具备房地产经纪活动争议处理的基本能力。
5. 养成勇于克服困难的精神和精益求精的工匠精神,具有较强的忍耐力。

案例 2-1

经纪人刘新犯错了

随着房地产行业的蓬勃发展,嘉业房产经纪公司在房地产销售行业暂居一席之地。为了取得好的销售成绩,公司对外招聘了 4 名销售人员,并对他们进行培训,培训模式采用老员工带新员工熟悉小区户型、配套、物业等。经理针对技巧方面单独培训,培训后两个月进行考核，在整个销售环节中4名新人表现都很好。

5月初是房地产的销售旺季，老员工都忙着接待自己的客户。作为新人只能在旁边学习，薪资也不足2 000元。刘新为了能早点脱离"新人"的称号，用一个星期的时间用电话拜访的方式约来了近10组客户，现场经理也看到了刘新的努力。刘新在与客户交谈的整个过程表现很好，并且客户走后，小刘每天给他的客户发祝福短信，希望能收到好的效果。几天过去了，客户对小刘介绍的房产交了定金，3天内付了全款。但在办理房屋交接手续时，客户认为有一项费用小刘在交谈过程中只字未提，而此项费用的金额是1 660元。客户自己不愿承担此费用，并找到公司李总，李总对事情做了充分了解，小刘同时说明是自己在交谈的过程中存在失误，想到客户连房款几十万元都付了，不会在意其他小数额。小刘在认识到自己错误的同时给了客户1 660元，并诚恳地向客户道歉。客户在决定购房时已对房产的相关费用做了充分了解，知道哪些费用是客户自己承担的。看到小刘对待自己的态度和他在这件事上所做的表现，他原谅了小刘，并把1 660元还给小刘。但公司已决定开除刘新，认为他在接待客户时对客户有所隐瞒，也影响到公司的名誉。客户找到了李总，向公司领导求情，希望公司再给刘新一次机会，这是刘新的第一份工作，这对刘新的打击很大，客户还相信刘新在以后的生活和工作中一定会实事求是，踏踏实实地做好。公司领导商议后认为刘新的业务能力很突出，对待错误也很诚恳。公司决定再给刘新一次机会。

资料来源：南宁市贵港商会，http://www.nnggshh.com/。

案例 2-2
经纪机构的平台模式：贝壳找房

贝壳找房2018年由链家网升级而来，是以技术驱动的品质居住服务平台，聚合和赋能全行业的优质服务者，打造开放的品质居住服务生态，致力于为3亿家庭提供包括二手房、新房、租赁、装修和社区服务等全方位居住服务。贝壳找房发展迅猛，覆盖全国近300个城市，服务近3亿社区家庭，链接近100万职业经纪人和10万家门店，赋能几十个品牌。贝壳找房平台模式的主要内容如下所述。

1. 打造安心交易流程。房产交易中诸如交易流程烦琐、问题信息繁多且不透明、产权与资金的安全性存在风险等问题，严重困扰了购房者，特别是交易安全的问题更是关系到每个人、每个家庭的幸福。贝壳找房用科技赋能交易服务，全方位保障交易安全和作业效率，为消费者提供更安全、更高效、更舒心的房产交易服务，实现了交易业务的作业线上化、数据化；通过交易作业系统，将线下作业场景和线上系统打通，实现了各个业务环节终端的数据采集，再通过对数据的加工、汇总，形成数据化能力，助力业务的风险把控与管理效率的提升。同时，线上化和数据化又可以激发智能化，降低运营成本，提升作业效率，反向促进线上化持续迭代，打造高效业务运作闭环。

2. 上线真房源数据库"楼盘字典"。由于房地产交易信息的不对称和渠道的参差不齐，如何获取到房屋的真实价格与销售状态，一直是困扰找房者的痛点。贝壳找房作为服务于整个行业的开放平台，发挥自己的专业优势和信息优势，通过"楼盘字典"和全生命周期的真房源验真系统，帮助平台合作新经纪品牌商家提高真房源的管理能力，助力全行业的经营者,给消费者提供安全安心的居住消费体验。该系统收录了超过1亿套房屋,对于一套房屋用433个字段描述,20万经纪人参与动态维护。依托楼盘字典的底层基础数据,结合业主、客户、经纪人、平台之间深度连接产生的海量交互数据,贝壳找房打造和升级了全生命周期的真房源验真系统,提高了买卖双方的找房体验和交易效率。贝壳的真房源验真系统,可对房源的上架、展示、下架进行全生命周期管理,7×24小时实时比对房源特征,捕捉房态信息进行辨别,经过智能数据模型测算,对全量房源进行精准打分,并通过流程管理确保贝壳平台真房源管理的有效性。此外,贝壳在真房源核查、管理制度、申诉流程、鼓励机制等多方面制定并执行严格标准,保障房源的真实性。

3. 准确预估房屋真实市场价值。价格是买房、卖房或者租房时考虑的重要因素之一。贝壳找房依托海量真实成交和在售数据,给出的房屋估价准确率达90%。贝壳找房自主研发的贝壳估价产品基于海量真实成交及挂牌信息,可为买卖双方提供权威、准确、可靠的房地产价格预估参考。贝壳估价,让行业更透明。

4. 重塑消费者体验。一直以来,房产经纪人常常面临着外界的误解,其根本原因在于虚假信息泛滥、行业经营模式老化、经纪人收益分配机制不完善等。贝壳找房利用数据、算法、硬件等资源优势,通过开放数据资源和技术能力,精准连接供需两端,重塑人、房、客、数据的交互,让线上线下共生融合于平台,打造"新居住"品质服务生态,为消费者提供安全、安心、便捷和有品质的居住服务体验。为了解决看房难问题,提高看房效率,贝壳找房推出了如视VR。如视VR能真实还原房屋细节,让用户实现视觉在画面中的自由游走,用户在线上即可获得类似线下看房的体验,极大地提升了经纪人和用户的看房效率。

5. 细致贴心的全方位服务。为了让用户享受高品质的购房服务,重构整个新房交易链条,贝壳找房针对新房交易用户打造了"贝壳心选",将过去行业"为房找客"转变为"为客找房"。同时,为确保服务品质,贝壳找房建立了信用评价体系,聚合优质经纪品牌和从业者入驻平台成为服务者,入驻服务者有相应的贝壳分,分值高的将得到激励,分值低的会被降权甚至被淘汰。

6. 推动行业共享与竞合。贝壳找房在2018年推出ACN(Agent Cooperation Network)经纪人合作网络,有效解决了"房""客"和"人"(经纪人)之间的联动难题,用合作、共享、品质的理念进一步优化业界生态。ACN经纪人合作网络在遵守房源信息充分共享等规则前提下,同品牌或跨品牌经纪人之间以不同的角色共同参与一笔交易,成交后按照各个角色的分佣比例进行佣金分成的一种合作模式。贝壳找房打破了行业内部信息孤岛,促进了行业良性竞争。

资料来源:贝壳找房公司黄宁、汪中伟、郑菊,作者稍加整理而成。

案例讨论

1. 从激励理论角度分析李总以后应该如何避免此类情况的发生。
2. 贝壳找房的发展前景如何?

学习任务

调查了解本市房地产经纪企业的经营模式、组织结构和职业规范,写一份概况报告。

2.1 房地产经纪人

2.1.1 房地产经纪人的权利和义务

1. 房地产经纪人职业能力证书

我国房地产经纪人职业资格考试和注册制度被取消，职业资格证书转变为职业能力证书。目前，由中国房地产经纪人学会组织房地产经纪人职业能力证书的考试与发证，房地产经纪人按职业能力分为两类，即房地产经纪人和房地产经纪人协理。

2. 房地产经纪人的权利

房地产经纪人享有的权利，主要有7项：

（1）依法从业，依法发起设立房地产经纪业务。

（2）署名，获取报酬。加入房地产经纪机构，承担房地产经纪机构关键岗位，执行房地产经纪业务并获得合理报酬。

（3）要求委托人提供与交易有关的资料。

（4）拒绝违法指令。经所在房地产经纪机构授权，订立房地产经纪合同等重要文件，有权拒绝执行委托人发出的违法指令。

（5）保护劳动成果和知识产权。

（6）接受培育。

（7）其他，如指导房地产经纪人协理进行各种房地产经纪业务。

3. 房地产经纪人的义务

房地产经纪人应当履行的义务，主要有6项：

（1）不越权从业，遵守法律、法规、行业管理规定和职业道德。

（2）不得同时受聘于两个或两个以上房地产经纪机构执业业务。

（3）维护委托人的合法权益，向委托人披露相关消息，充分保障委托人的权益，完成委托任务。

（4）为委托人保守商业机密。

（5）接受国务院建设行政主管部门和当地地方政府房地产行政主管部门的监督检查。

（6）参加培训，接受职业继续教育，不断提高业务水平。

2.1.2 房地产经纪人的职业道德

1. 道德和职业道德

（1）道德。道德是由一定社会经济关系决定的，依靠社会舆论、传统习俗和内心信念的约束力量来实现，调整人们之间以及个人与社会之间的行为规范的总和。

（2）职业道德。职业道德是同人们的职业活动密切联系的、具有自身职业特征的道德准则规范的总和。职业道德调整的关系：一是调整同一职业内部人员之间的关系，二是调整职业与职业之外对象之间的关系。

2. 房地产经纪职业道德的内涵、形成及作用

（1）房地产经纪人职业道德的内涵。房地产经纪人职业道德是指房地产经纪业的道德规范，是房地产经纪人就这一职业活动所共同认可并拥有的思想观念、情感和行为习惯的总和。

1）房地产经纪人职业道德的思想观念从内容上讲，主要涉及3个方面：

- 职业良心，涉及对执业活动的"守法""诚实""守信"等执业原则、经纪人收入来源、经纪服务收费依据和标准等一些重大问题的认识。
- 职业责任感，涉及房地产经纪人对自身责任及应尽义务的认识。
- 执业理念，主要是指对市场竞争、同行合作等问题的认识和看法。

2）房地产经纪人职业道德的情感层面涉及房地产经纪人的职业荣誉感、成就感及在执业活动中的心理习惯等。

3）房地产经纪人职业道德的行为习惯是最能显示职业道德状况的层面，包括房地产经纪人遵守有关法律、法规和行业规则以及在执业过程中仪表、言谈、举止等方面的修养。

（2）房地产经纪人职业道德的形成。房地产经纪人职业道德是一种在房地产经纪人的思想、情感和行为等方面所形成的内在修养，其形成过程如下：①从整个行业的角度讲，它是通过广大从业人员的长期实践摸索，有关管理者或研究者的总结、提炼以及一些成功人士的身体力行，并经由行业团体的集体约定而形成的。②对于具体的从业人员个体而言，职业道德是通过一定的教育训练、行业氛围的熏陶、社会舆论的引导而形成的。

（3）房地产经纪人职业道德的作用。房地产经纪的有关法律法规、行业规范与房地产经纪人职业道德有着共同的作用，即调节房地产经纪行业从业人员与服务对象，以及从业人员之间的关系。但两者在作用机制上有着明显的区别：法律法规和行业规范均属于外在的规定，主要通过法律手段、行政手段及行业管理手段来约束房地产经纪人，而房地产经纪职业道德则是指内化于房地产经纪人思想意识和心理、行为习惯的一种修养，它主要通过良心和舆论来约束房地产经纪人。职业道德虽然不如法律、法规和行业规则那样具有很大的强制性，但它一旦形成，则会从房地产经纪人的内心深处产生很大的约束力，使房地产经纪人更加主动地去遵循有关法律、法规和行业规则。房地产经纪人职业道德对房地产经纪业的规范运作和持续发展会产生重大的积极作用。

3. 房地产经纪人职业道德的基本要求

（1）守法经营。遵纪守法是每个公民的基本道德修养，房地产经纪人更应牢固树立这一思想观念，并理解其对自己的职业活动的特殊意义。房地产是不动产，其产权交易必须通过有关的法律程序才能得以完成，因此，房地产经纪人必须在严格遵守有关法律、法规的基础上促成他人的房地产交易成交，并在经纪活动的各个环节，如接受委托、签订合同、刊登广告、收取佣金等环节，都必须遵守有关法律、法规。

（2）以"诚"为本。①真诚，真心以客户的利益为己任。如一个经纪机构如果在交易商品未成交时即收取所谓的"看房费"，或者获取佣金以外的其他经济利益，往往会失信于客户。从"真诚"的要求出发，房地产经纪人正确的做法应该是"不成交不收费""佣金是唯一收入"。②坦诚，诚实地告知客户自己所知道的。这样，交易不容易产生后续纠纷，也有助于客户对房地产经纪人及其机构产生信赖感。

（3）恪守信用。房地产经纪人应牢固树立"信用是金"的思想观念，要言必信，行必果；不信口开河、随意许诺，避免失信。

（4）尽职守责。①房地产经纪人的职业责任就是促进市场交易，加快交易进程。经纪活动中的许多环节都是必不可少的，经纪人绝不能为图轻松而省略，也不能马马虎虎，敷衍了事。②房地产经纪人是以自己拥有的房地产专业知识、信息和市场经验来为客户提供服务的，必须不断提高自己的专业水平才能不断提高服务质量。③在交易活动中，经纪人应该替客户严守秘密，充分保护客户的利益。④维护公司信誉、品牌，必须做到在聘用合同期内忠于自己的机构，不随意"跳槽"或"脚踩两只船"，不做有损公司信誉、品牌的事情。

（5）公平竞争，团结合作。面对激烈的房地产市场竞争，房地产经纪人应该以坦然的心态、公平的方式参与竞争。那些诋毁同行、恶意削价等不正当竞争方式，实质上是不敢进行公平竞争的表现。竞争与合作是房地产经纪人时刻面对的问题，而"公平竞争、团结合作"是制胜的前提，是房地产经纪人的最佳选择。

2.1.3 房地产经纪人的职业修养

1. 房地产经纪人的心理素质

（1）自知、自信。自知是指对自己的了解，自信是指在自知基础上形成的一种职业荣誉感、成就感和执业活动中的自信力。

（2）热情、乐观、开朗。在人与人的交往中，乐观、开朗的人使人容易接近，房地产经纪人如果具备这种性格则更受人欢迎，应主动培养自己乐观、开朗的气质。

（3）坚韧、奋进。在实践中，房地产经纪工作中会经常遭到挫折，房地产经纪人不仅要以乐观的心态来面对挫折，还需要以坚韧不拔的精神来化解挫折，不断奋进。

2. 房地产经纪人的礼仪修养

（1）仪容和着装。房地产经纪人的仪容和着装在总体上应给人整洁、稳重和易于接近的感觉。①在仪容上要保持个人清洁。②在着装上应端庄，树立自己良好的专业形象。③个人妆饰应大方、得体，一般男士不必化妆，女士应化淡妆。

（2）电话中的礼仪。电话是客户与经纪人接触的主要方式，如果经纪人通过电话给客户留下了良好的印象，就有利于与客户的进一步接触。因此，电话礼仪非常重要。首先，要采用正确的接听方式及用语，如"您好！很高兴为您服务"。其次，应该始终带着微笑接听电话。

（3）接待客户时的仪态。接待客户时都要乐观开朗，使人容易接近，仪态上要注意：①有顾客上门时，经纪人应面带微笑地说："欢迎光临！"②房地产经纪人与客户交谈时，应注重与客户的目光交流，初步了解客户心理活动。引领客户看房或观看房屋模型时，经纪人应走在客户侧前方半步左右，用手势引领前进方向，并经常侧脸看着客户说："这边请。"③带客户离开时，应将客户送到门口，为客户拉开大门，然后双手、重叠放在身前，略为欠身，同时面带微笑地向客户道别。

3. 房地产经纪人的知识结构

房地产经纪活动具有专业性和复杂性，房地产经纪人必须拥有完善的知识结构。

（1）房地产经纪相关基本理论与实务知识，这是房地产经纪人知识结构的核心。

（2）相关的专业基础知识，包括经济学基础知识（市场和市场营销知识）、法律知识、社会心理知识、房地产专业知识、计算机等科学技术知识以及至少一门外语。掌握了相关的专业基础知识，房地产经纪人就能够在工作中得心应手。

（3）较高的文化修养。房地产经纪人拥有较高的文化修养则使人容易接近，更受人欢迎，因而更容易提高工作业绩。

2.1.4 房地产经纪人的职业技能

1. 房地产经纪人职业技能的构成

熟悉房地产市场的流通环节，具有熟练的实务操作的技术和技能，如收集信息的技能等。①具有房地产市场分析能力。②具有房地产经纪业务拓展能力。③能够熟练运用房地产法律、法规和行业管理的各项规定开展房地产居间代理业务。④具有客户管理能力。⑤具有团队建设能力。⑥有较强的创新和开拓能力，能创立房地产经纪企业的品牌并提高品牌能力。

2. 房地产经纪人职业技能的培养

为培养丰富的职业技能，房地产经纪人可以从以下4个方面下功夫：①认真学习有关房地产经纪业务操作方法。②在工作中反复练习，不断实践。③形成日常良好的工作习惯，热情、乐观、开朗，注重工作礼仪。④勤于思考、善于总结，不断进取。

2.2 房地产经纪机构

2.2.1 房地产经纪机构的设立

1. 房地产经纪机构及其权利与义务

（1）房地产经纪机构。房地产经纪机构是指按照国家法律和有关规定成立的，在房地产转让、租赁、抵押等经营活动中，以收取佣金为目的，为促成他人交易而进行居间、代理、行纪及其他相应服务的组织，包括公司、合伙机构和个人独资机构。房地产经纪机构具有专业性：①从业人员基础知识、操作水平的专业性。②经纪企业组织分工的专业性。房地产经纪机构的功能：①介绍功能。②顾问功能。③咨询功能。④议价功能。房地产经纪机构的工作主要是：代表卖方、买方或买卖双方出售、出租或购买、租用物业。

（2）房地产经纪机构享有的权利。

- 享有规定的经营权利，依法开展经营活动，并收取佣金。
- 按照国家有关规定制定机构内部的规章制度。

- 当委托人隐瞒与委托业务有关的重要事项、提供不实信息或者要求提供违法服务时，有权终止经纪业务。
- 由于委托人的原因，造成房地产经纪机构或房地产经纪人的经济损失的，有权向委托人提出赔偿要求。
- 可向房地产管理部门提出实施专业培训的要求和建议。
- 法律、法规和规章制度规定的其他权利。

（3）房地产经纪机构应当履行的义务。

- 依照法律、法规和政策开展经营活动。
- 认真履行房地产经纪合同，督促房地产经纪人认真开展经纪业务。
- 维护委托人的合法权益，按照约定为委托人保守商业秘密。
- 严格按照规定标准收费。
- 接受房地产管理部门的监督和检查。
- 依法缴纳各项税金和行政管理费。
- 法律、法规和规章规定的其他义务。

2. 房地产经纪机构设立的条件和程序

（1）房地产经纪机构设立的条件。房地产经纪机构的设立应符合《中华人民共和国公司法》《中华人民共和国合伙企业法》《中华人民共和国个人独资企业法》《中华人民共和国中外合作经营企业法》《中华人民共和国中外合资经营企业法》《中华人民共和国外商独资经营企业法》等法律法规及其实施细则和工商登记管理的规定。设立房地产中介服务机构，应当向当地工商行政管理部门申请设立登记，所需具备的条件如下：

1) 有自己的名称、组织机构。
2) 有固定的服务场所。
3) 有规定数量的财产和经费。
4) 有足够数量的专业人员。从事房地产咨询业务的，具有房地产及相关专业中等以上学历、初级以上专业技术职称人员须占总人数的50%以上；从事房地产估价业务的，须有规定数量的房地产估价师；从事房地产经纪业务的，须有规定数量的房地产经纪人。
5) 法律、法规规定的其他条件。

（2）房地产经纪机构设立的程序。

1) 首先由当地房地产行政管理部门对其人员条件进行前置审查。
2) 经审查合格后，再向当地工商行政管理部门申请办理工商登记。
3) 房地产经纪机构在领取工商营业执照后的一个月内，应当持营业执照、章程、机构人员情况的书面材料到登记机构所在地房地产行政管理部门或其委托的机构备案。

（3）房地产经纪机构的资质审批。房地产经纪机构的资质等级的评定没有统一的标准，各地根据当地实际情况从注册资金、从业人员、办公面积、经营业务范围等方面制定了不同的房地产经纪机构资质等级的评定标准。如广州市房地产经纪机构资质分为

一、二、三级。

3. 房地产经纪机构的注销

（1）机构变更。房地产经纪机构（含分支机构）的名称、法定代表人（执行合伙人、负责人）住所、注册房地产经纪人等备案信息发生变更的，应当在变更后30日内，向原备案机构办理备案变更手续。

（2）机构注销。房地产经纪机构的注销，标志着其主体资格的终止。注销后的房地产经纪机构不再有资格从事房地产经纪业务，注销时尚未完成的房地产经纪业务应与委托人协商处理：①可以转由他人代为完成。②可以终止合同并赔偿损失。③在符合法律规定的前提下，经委托人约定，也可以用其他方法。房地产经纪机构的备案证书被撤销后，应当在规定的期限内向所在地的工商行政管理部门办理注销登记。房地产经纪机构歇业或因其他原因终止经纪活动的，应当在向工商行政管理部门办理注销登记后30日内向原办理登记备案手续的房地产管理部门办理注销手续，逾期不办理视为自动撤销。

2.2.2 房地产经纪机构的基本类型

1. 不同企业性质的房地产经纪机构

房地产经纪机构的企业性质主要有4种：①房地产经纪公司，承担有限责任。②合伙制经纪机构，承担无限连带责任。③个人独资房地产经纪机构，承担无限连带责任。④房地产经纪分支机构（有境内房地产经纪机构在境内设立的分支机构；境外房地产经纪机构在境内设立的分支机构；境内房地产经纪机构在境外设立的分支机构），能独立开展经纪业务，但不具备法人资格。分支机构以其全部财产对外承担责任，不足部分由设立该分公司的经纪机构承担清偿责任。

2. 不同业务类型的房地产经纪机构

按业务类型划分，房地产经纪机构有4种：①以租售代理居间为重点的实业型房地产经纪机构。②以房地产营销策划、投资咨询为重点的顾问型房地产经纪机构。③管理型房地产经纪机构。④全面发展的综合性房地产经纪机构。

2.2.3 房地产经纪机构的经营模式

1. 房地产经纪机构经营模式与类型

（1）经营模式。房地产经纪机构的经营模式是指房地产经纪机构承接及开展业务的渠道及其外在表现形式。

（2）经营模式类型。根据房地产经纪机构是否通过店铺来承接和开展房地产经纪业务，可以将房地产经纪机构的经营模式分为无店铺模式和有店铺模式。

1）无店铺模式。房地产经纪机构并不依靠店铺来承接业务，而是主要靠业务人员乃至机构的高层管理人员直接深入各种场所与潜在客户接触来承接业务。这类机构通常有两种：①以个人独资形式设立的房地产经纪机构，往往没有固定的办公场所，其所面向的客户大多是零星客户。②面向机构客户和大宗房地产业主的房地产经纪机构，如专营新建商品房销售代理的房地产经纪机构,不过这类机构通常有固定的办公场所。

2)有店铺模式。房地产经纪机构通常依靠店铺来承接业务,通常是面向零散房地产业主及消费者,从事二手房买卖居间和房地产租赁居间、代理的房地产经纪机构。有店铺模式又可根据店铺数量的多少分为3种:①单店模式,只有一个店铺,通常也是经纪机构唯一的办公场所,这是大多数小型房地产经纪机构所采取的形式。②多店模式,指一个房地产经纪机构拥有几个店铺的模式,这些不同店铺分别由房地产经纪机构及其设立的分公司来经营,这些店铺也是它们各自的办公场所。这是一些小型房地产经纪机构有了初步发展以后常采取的经营模式。③连锁店模式,是一些大型房地产经纪机构所采取的经营模式,采取信息共享、连锁经营的方式。这一模式包括直营连锁经营模式和特许加盟经营模式两种。

(3)网上联盟经营模式。目前,房地产经纪行业内还出现了一个新的经营模式——由一家房地产专业网站联合众多中小房地产经纪机构乃至大型房地产经纪机构而组成的网上联盟经营模式,联盟内的各成员机构均可通过一个专业的房地产网站来承接、开展业务。从目前情况来看,参与这种网上联盟的房地产经纪机构大多主要从事二手房买卖和房屋租赁的居间、代理,通常参与机构还同时保留其有形的店铺。

2. 有店铺经营模式的演进

有店铺经营模式的演进:单店模式→多店模式→连锁店模式。

3种有店铺经营模式的比较,如表2-1所示。

表2-1 3种有店铺经营模式的比较

模式类型	专业化程度	规模经济要素	管理成本	决策效率	品牌吸引力
单店模式	低	无	管理层次少,管理费用低;监督成本少,可有效控制飞单现象	决策快,但决策人素质有限,做出错误决策的可能性大	无品牌
多店模式	低	小	管理费用低	决策快,但正确性无保证	无品牌
连锁店模式	有总部的技术支持,有利于专业化程度的提升;有体制保证	门店间市场信息共享;广告、网络软硬件配置、人才招聘和培训集中进行	管理层次多、成本高;监督成本高;为控制门店业务安全性而采取统一管理,业务上移,可能导致运营效率的下降	决策时效性差一些,但决策人素质高,而且有决策系统支持部门,决策正确率高	有一定的知名度和品牌影响力;可保证交易安全性,在行业不规范时期,对顾客的吸引力相对较强

3. 直营连锁与特许加盟连锁

(1)直营连锁经营模式。直营连锁经营,即由一个公司所有,统一经营管理,具有统一的企业识别系统(CIS),实行集中采购和销售,由两个或两个以上连锁分店组成的一种形式。与一般零售的连锁经营有所不同,现代房地产经纪机构连锁经营的目的主要是获得更多信息资源,并借助网络技术实现运营成本的降低,企业对各分店可通过统一的信息管理、统一标准化管理和统一广告宣传形成规模效益。

(2)特许加盟连锁经营模式。特许经营起源于美国,是指特许者将自己所拥有的商标、商号、产品、专利和专有技术、经营模式等以特许经营合同的形式授予被特许者使用，被特许者按合同规定，在特许者统一的业务模式下从事经营活动，并向特许者支付相应的费用。特许经营具有以下4个共同点：①权利所有者对商标、服务标志、独特概念、专利、经营诀窍等拥有所有权。②权利所有者授权其他人使用上述权利。③在授予合同中包含一些调整和控制条款，以指导受许人的经营活动。④受许人需要支付权利使用费和其他费用。对特许人而言，一方面，可不受资金限制，迅速扩张规模；另一方面，对于那些资金有限、缺乏经验，但又想投资创业的人来说，就可得到一个已被实践证明行之有效的商业模式和经营管理方法，以及一个价值很高的品牌的使用权，还可以得到特许人的指导和帮助，所有这些将大大减低投资创业风险。

2.2.4 房地产经纪机构的组织系统

1. 房地产经纪机构的组织结构形式

（1）直线-参谋组织结构形式，也称直线-职能制，是在直线制基础上发展起来的。其特点是为各层次管理者配备职能机构或人员，充当同级管理者的参谋和助手，分担一部分管理工作，但这些职能机构或人员对下级管理者无指挥权。

（2）分部式组织结构形式。对于一些大型房地产经纪机构由于规模很大，业务繁多，不适合采用高层管理者高度集权的直线-参谋形式，就需要采用分部式组织结构或事业部形式，通常按区域设分部。这是目前大多数房地产经纪机构比较常用的组织结构形式。

（3）矩阵制组织机构形式，是介于直线-参谋制与分部式组织结构之间的一种过渡形态，它可吸收这两种形式的主要优点而克服其缺点。但是矩阵制的双重领导违反了统一指挥原则，又会引起一些矛盾，在实际运用中高层管理者要注意协调职能部门与横向机构间出现的矛盾和问题，横向机构一般按经营项目设置。

（4）网络组织结构形式，是一种最新的组织形式，公司总部只保留精干机构，而将原有的一些基本职能分包出去，由自己的附属企业和其他独立企业来完成。公司成为一种规模较小，但可发挥主要商业职能的核心机构——虚拟组织，依靠长期分包合同和电子信息系统同有关各方面建立紧密联系。

2. 房地产经纪机构的部门设置

（1）业务部门。业务部门包括公司总部的业务部门和连锁店（办事处）。公司总部的业务部门可根据需要进行不同的设置：①根据物业类别不同进行设置，如住宅部、办公楼部、商铺部等。②根据业务类型不同进行设置，如置换业务部、租赁部、销售部等。③根据业务区域范围进行设置，如东区业务部、西区业务部等。

（2）业务支持部门。业务支持部门主要有交易管理部、评估部、网络信息部、研展部。

（3）客户服务部门。客户服务部门一般按业务类型分组开展客户服务。

（4）其他部门。其他部门主要是指一些常设部门，如行政部、人事部、财务部等。

3. 房地产经纪机构的岗位设置

（1）岗位设置的基本原则。①"因事设岗、因岗设人"是企业内部岗位设置的基本原则，做到岗位设置精干、高效。②工作丰富化也是企业岗位设置时不容忽视的一条原则，岗位工作量要饱满，工作内容尽量丰富多彩。

（2）主要工作序列及工作岗位。房地产经纪机构主要按5个工作序列设置工作岗位：

1）销售序列。销售序列有销售员岗位、案场销售经理岗位、连锁店经理岗位、销售副总经理岗位。

2）研发序列。研发序列有项目开发岗位、市场调研岗位、信息管理岗位、专案研究岗位、市场研究岗位。

3）管理序列。管理序列有部门经理岗位、副总经理岗位、总经理岗位。

4）业务辅助序列。业务辅助序列有办事员、咨询顾问等岗位。

5）辅助序列。辅助序列有会计、出纳等岗位。

2.3 房地产经纪职业规范

1. 房地产经纪活动的原则

房地产经纪活动应当遵循自愿、平等、诚实信用的原则，房地产经纪人应恪守职业规范和职业道德。

（1）自愿、平等原则。房地产经纪活动是一种民事行为，双方是平等民事主体，因此房地产经纪活动是在双方自愿、平等、协商的基础上进行的，任何一方的意思都不能也不可能高于另一方。

（2）诚实信用原则。房地产经纪活动是一种中介活动，坚持诚实信用的原则对于从事中介活动的房地产经纪人来说是必须遵循的准则。

2. 房地产经纪基本职业规范

房地产经纪基本职业规范主要体现在8个方面。

（1）告示责任。为使委托当事人在与房地产经纪机构签订经纪合同之前，对其主体资格有一定的了解，以初步确保经纪合同的效力，房地产经纪机构及分支机构应当在经营场所公示下列内容：

1）营业执照。

2）房地产经纪机构备案的证明。

3）佣金标准及国家关于佣金的有关规定。

4）服务内容、服务标准、职业规范及投诉电话等。

5）主管部门制定的房地产经纪合同示范文本。

（2）告知责任。房地产经纪机构在接受委托时，应当由房地产经纪人向委托人书面告知下列与委托业务相关的事项：

1）委托项目相关的市场行情、可选择的房地产交易方式。

2）法律、法规和政策对房地产交易的限制性、禁止性规定。

3）应由委托人协助的工作、提供的必要文件和证明。

4）房地产交易应办理的手续、由委托人缴纳的税费以及房地产经纪机构可为委托人代办的事项。

5）交易物在权属、质量、安全、环境等方面存在的瑕疵及可能产生的法律后果。

6）发票的样式和内容。

7）经纪业务完成的标准。因告知不清或者告知不实，给委托人造成经济损失的，房地产经纪机构应当承担相应责任。

（3）房地产经纪合同。房地产经纪机构向委托人提供房地产经纪服务，应当与委托人签订书面的房地产经纪合同。房地产经纪合同应当包括下列主要内容：

1）经纪事项及其服务要求和标准。

2）合同当事人的权利、义务。

3）合同履行的期限。

4）佣金的支付标准、数额、时间。

5）交易物质量、安全状况及责任约定。

6）违约责任和纠纷解决方式。

7）双方约定的其他事项。

（4）重要文书署名。房地产经纪合同和书面告知材料等重要文书应当由房地产经纪机构授权的房地产经纪人签章。

（5）佣金。未完成房地产经纪合同委托事项的，房地产经纪机构不得收取佣金，但可以依据约定要求委托人支付从事房地产经纪活动支出的必要费用。

（6）经纪业务的承接。房地产经纪业务应当由房地产经纪机构承接，房地产经纪人不得以个人名义对外承接房地产经纪业务和收取任何费用。

（7）经纪人的职业范围：①房地产经纪人经所在房地产经纪机构授权，可以独立开展房地产经纪活动。②房地产经纪人不得同时在两个及以上房地产经纪机构从事房地产经纪活动。

（8）回避制度。为保持经纪活动的公正性，房地产经纪人应当回避：①与房地产交易一方当事人有利害关系的（但征得另一方当事人同意的除外）。②委托当事人要求回避的。合同的当事人有委托人和经纪机构。

3.房地产经纪活动中的争议处理

在履行房地产经纪合同过程中，因房地产经纪人或其所原在的房地产经纪机构的故意或过失，给当事人造成经济损失的，均由房地产经纪机构承担赔偿责任。房地产经纪机构在向当事人进行赔偿后，可以向有关责任人追偿全部或部分赔偿费用。当事人之间对房地产经纪合同的履行有争议的，可以通过以下方式处理：

（1）协商解决。

（2）如双方协商不成，可投诉、调解。

（3）如经调解不能达成协议，可仲裁处理。

（4）合同中无仲裁条款的，可向法院提起诉讼。

4. 房地产经纪活动中的禁止行为

经纪机构、经纪人应在与委托人签订经纪合同之前，将其在当时根据惯常经验所能预测到的情况和风险如实地告知委托人。经纪人执业中常见的违规操作：一是赚取不正当差价；二是隐瞒重要的交易信息；三是不当承诺与不当诱导；四是不当收取佣金；五是不当代理。在房地产经纪活动中，房产经纪机构、房地产经纪人不得有下列行为：

1）明知交易物或交易方式属法律法规所禁止的范围，仍提供房地产经纪服务。
2）通过隐瞒房地产交易价格等方式，获取佣金以外的收益。
3）隐瞒重要事实或虚构交易机会、提供不实信息和虚假广告。
4）用欺诈、贿赂等不正当手段促成房地产交易。
5）与他人串通，恶意损害委托人利益，或胁迫委托人交易。
6）泄露委托人商业秘密或利用委托人商业秘密牟取不正当利益。
7）允许他人以自己的名义从事房地产经纪活动。
8）法律、法规禁止的其他行为。

5. 房地产经纪违规执业的法律责任

房地产经纪人违规执业，按照其违反规定的性质不同及所承担法律责任和方式的不同，可分为民事责任、行政责任和刑事责任3个方面。

（1）民事责任。根据民事违法行为所侵害的权利的不同，民事责任可以分为违约责任和侵权责任，这种区分是民事责任最根本的区分。

1）违约责任。违约责任是当事人因违反合同义务而应承担的民事责任，违约责任是以有效合同为前提。违约责任的构成要件：一是必须有违约行为，二是无免责事由。违约行为包括履行不能、履行延迟、履行不当和履行拒绝4种情况。履行不能是指因可归于债务人的事由致合同不能履行，也称合同不履行；履行迟延是指履行期满而未能履行的债务，因可归债务人的事由未履行所发生的延迟，这是时间上的不完全履行；履行不当是指债务人没有完全按合同内容所为的履行，也称瑕疵履行，如履行数量不足、地点不妥、方法不当等；履行拒绝是指债务人在债务成立后履行期届满前，能履行而明示不履行的意思表示。当事人一方明确表示或者以自己的行为表明不履行合同义务的情况，称为预期违约。如，甲委托乙出卖房产，而在合同期内甲私自将房产出售于丙，此行为表示甲将不同意履行与乙的合同，此时甲即为预期违约。我国对于违约行为，采取以继续履行为主赔偿为辅的救济原则。对于因履行迟延、履行不当或履行拒绝的行为，原则上均可请求继续履行或补充履行。除金钱外，债务发生履行不能，以及债务标的不适宜强制履行，或债权人在合理期限内未请求履行债务已超过诉讼时效的，不得请求强制履行。因迟延履行给付违约金后，不免除违约人的合同义务，仍应继续履行。

免责事由包括：①不可抗力。②自己有过失，违约行为发生后相对人应采取措施防止损失扩大，如未采取措施导致扩大的损失，不得就扩大部分的损失请求赔偿。③约定免责事由，但根据《中华人民共和国民法典》（简称《民法典》）"合同编"规定，造成对人身伤害及因故意或重大过失造成的对方财产损失的免责条款为无效。

承担违约责任的方式主要有：一是强制实际履行；二是违约金，约定的数额应与损失大致相当；三是损害赔偿，在违约人继续履行或采取补救措施后，相对人还有损失的，可请求损害赔偿；四是在合同未成立或成立之后无效被撤销，无法请求违约责任的情况下，在合同成立以前缔约上有过失的一方应承担缔约过失责任。缔约过失责任虽不属于违约责任，但与合同有关，属于合同责任。缔约过失的条件是：当事人一方违反合同义务；当事人一方有过失；另一方有损失。缔约过失责任的赔偿范围以实际损失为原则。赔偿的范围包括实际损失和预见期利益，不得超过违约人缔约时预见到的或可能预见到违约可能造成损失。在当事人违约行为侵害对方人身或财产的，对方有请求违约损害赔偿或侵权赔偿的选择权。例如承租人损毁租赁房屋，既是违约行为，又是侵害他人财产所有权的行为，因而发生两个损害赔偿请求权的竞合，出租人可择一行使。

2）侵权责任。侵权责任是指侵犯债权之外的其他权利而应承担的民事责任，包括一般侵权行为和特殊侵权行为。侵权行为指因过错侵害他人的财产或人身并承担民事责任的行为，仅指一般侵权行为。侵权责任的构成要件，一是有侵权行为，二是无免责事由。侵权行为的构成要件有：行为违法，包括作为和不作为；有损害事实；违法行为与损害事实之间有因果关系；主观过错，包括故意和过失。违法行为包括作为和不作为。作为是指法律规范规定或约定了当事人禁止某种行为，而为此种行为，造成损害结果。不作为是指法律规范规定或约定当事人有特定义务，而不履行义务，放任损害结果的发生。损害包括财产损害和人身损害。财产损害又包括积极的财产损害和消极的财产损害。积极的财产损害指财产的毁损灭失、财产权利的消失或财产价值的减少；消极的财产损害指本可以取得的财产利益却因他人的妨碍而没有取得。

免责事由包括：阻却违法性事由，包括正当防卫和紧急避险；不可抗力；受害人过错。

承担侵权责任的主要方式有：一是停止侵害；二是排除妨碍；三是消除危险；四是返还财产；五是恢复原状；六是赔偿损失；七是消除影响，恢复名誉；八是赔礼道歉。

（2）行政责任。房地产经纪机构和房地产经纪人违反有关行政法律、法规和规章的规定，行政主管部门或其授权的部门可以在其职权范围内，对违法房地产经纪机构或房地产经纪人处以与其违法行为相应的行政处罚。行政处罚的种类包括：警告、罚款、没收违法所得和非法财物、责令停产停业，暂扣或者吊销许可证或者吊销营业执照、行政拘留和法律、行政法规规定的其他行政处罚。

1）房地产经纪机构不在经营场所告示或告示不清的，由房地产管理部门给予警告，责令改正，可以并处 3 000 元以下罚款。

2）未办理注册手续擅自从事房地产经纪活动的，由房地产管理部门责令停止房地产经纪活动，可处并以 1 万元以下罚款。

3）房地产经纪人不履行告知义务或告知不清的，严重损害委托人利益的，由房地产管理部门责令改正，可以并处 1 万元以下罚款。

4）房地产经纪人实施禁止行为的，由房地产管理部门责令改正，可以并处 3 万元以下罚款。

5）行政管理部门的工作人员在房地产经纪活动监督管理中，玩忽职守、滥用职权、徇私舞弊、行贿受贿的，尚不构成犯罪的，依法给予行政处分。

（3）刑事责任。房地产经纪人和房地产经纪机构在经营活动中，触犯刑法的，应当追究有关责任人的刑事责任。已经由行政机关处理的，行政机关应及时移送司法机关处理。

2.4 房地产经纪诚信体系

2.4.1 诚信与房地产经纪

1. 诚信的内涵与发展

诚信的词源学含义就是诚实守信，意指一个人在心意、言语和行动上对自身、对他人、对社会真诚无妄、信实无欺、信任无疑。诚信是具体的，总是同社会的一定历史阶段相联系的，而不是可以适用于任何阶段的抽象准则。现代的诚信原则包含着两个方面的内涵：①诚信是市场经济的原则，是对市场经济条件下从事商品交换、各种方式的融投资等经济活动进行约束的原则。②诚信原则不是一个仅仅靠习俗和舆论约束的道德规定，而是必须以法律、制度作为基础的道德规定。真正的制约只能靠法律和制度，通过法律和制度，让失信的人付出的成本远远大于他从失信中所获的收益。当然同时也应辅之舆论的力量和道德的说服。

2. 中国房地产经纪业的诚信现状

目前，中国房地产经纪业的诚信现状堪忧，具体而言，不诚信行为主要有以下几种：

（1）赚取不正当差价。
（2）不当收取佣金甚至骗取中介费。
（3）业务操作简单化，不规范。
（4）不告知甚至有意隐瞒重要信息。
（5）不当承诺和不当诱导。
（6）不当代理。

2.4.2 房地产经纪诚信体系的建立

"诚信体系"就是"诚信"得以实现的保证体系，如法律、制度、舆论、教育等诸多方法、手段就构成了一个系统，这就是"诚信体系"。建立房地产经纪诚信体系的目的是保证诚信原则在房地产经纪服务领域的贯彻为价值目标，这一诚信体系应包含以下几个主要方面：

（1）信用制度。建立完善的、符合当前房地产经纪服务需要的关于房地产经纪业的法律、法规和制度，为诚信体系提供一个坚实的制度基础。

（2）信用管理。监督法律、制度实施，确保诚信原则得以贯彻执行。

（3）信用信息。汇集市场主体诚信状况的各种信息，形成信用数据库。

（4）信用环境。建立一个各种市场信息公开、广泛采用现代信息技术的环境。

（5）信用教育。通过信用教育，将制度规定提升为道德自律的过程。

思考题

1. 如何认识房地产经纪的职业规范？
2. 怎样培养和提高房地产经纪人的职业技能？
3. 如何认识房地产经纪人的职业道德？

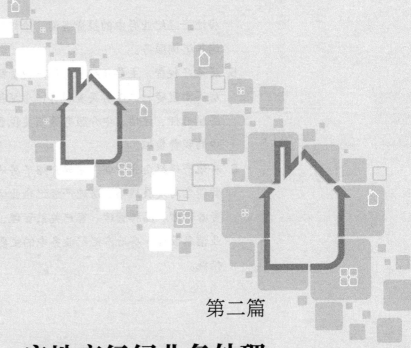

第二篇
房地产经纪业务处理

本篇是房地产经纪业务处理模块，主要内容包括：

1. 房地产交易流程与经纪业务概况，主要介绍了房地产转让的基本流程与商品房买卖合同、房屋买卖合同，介绍了房地产租赁的基本流程与合同、房地产抵押的基本流程与合同，介绍了房地产经纪业务的分类、基本流程和经纪合同。

2. 房地产居间业务，主要介绍了二手房居间业务基本流程与合同、房地产居间业务的开设、房地产居间业务的房源管理、客源管理、影响房地产居间业务成交的因素、客户接待技巧、居间业务促成技巧。

3. 房地产代理业务，主要介绍了房地产代理业务基本流程与合同、新建商品房销售代理业务基本流程与合同。

4. 房地产行纪拍卖业务与代办咨询服务，主要介绍了房地产行纪和房地产拍卖、房地产经纪业务中的房地产权属登记备案代办、房地产抵押贷款手续代办，以及房地产经纪业务中的投资咨询、价格咨询以及法律咨询等咨询服务。

5. 房地产税费，主要介绍了房地产税费概况，包括商品房买卖税费、二手房买卖税费、房屋租赁税费，以及房屋抵押、评估、中介服务等相关税费和房地产交易中的税费负担。

6. 房地产经纪企业管理，主要介绍了房地产经纪企业经营理念与发展战略、房地产经纪企业运营管理、人力资源管理、品牌管理、客户关系管理、房地产经纪企业信息管理、房地产经纪业务中的主要风险以及防范措施。

第 3 章

房地产交易流程与经纪业务概况

学习目标

1. 了解房地产抵债、作价投资入股、兼并、合并的基本流程以及建设工程抵押流程。
2. 熟悉房地产转让的类别、房地产交换、赠与基本流程、土地使用权抵押流程以及相应合同。
3. 掌握房地产买卖的基本流程、买卖合同的主要条款,房屋出租、转租的流程以及房屋租赁合同。
4. 掌握房地产抵押流程、抵押合同的内容。
5. 掌握房地产经纪业务的分类、基本流程和经纪合同。

技能要求

1. 遵循房地产经纪职业标准相关内容。
2. 在房地产经纪业务中体现工匠精神。
3. 具备操作完成房地产买卖、租赁、抵押的能力。
4. 组织签订一般的房地产交易合同。
5. 分析一般的房地产交易合同纠纷。
6. 组织签订房地产经纪合同。

案例 3-1

限购政策影响三起房地产交易

1. 限购政策未预料　买卖双方均无责

2010年9月10日，黄某和薛某在某中介公司的介绍下达成房屋买卖协议，约定薛某将温州某小区的两套房屋（期房，需合并使用）出售给黄某。合同签订后，黄某向薛某支付了定金100万元。2010年10月12日，温州市人民政府发文规定本市户籍居民家庭只能在本市新购买一套商品住房或二手存量房，对违反规定购房的，不予受理房地产登记申请。故黄某无法同时购买该两套房屋，双方均认为对方应负违约责任。后黄某向法院起诉要求薛某解除合同并双倍返还定金。

法院认为，双方签订的房屋买卖合同的标的物为两套房屋且必须合并使用，根据政府文件的规定，黄某不能同时购买两套住房，房屋买卖合同客观上无法履行。由于合同无法履行是因政府房产宏观调控所致，双方均不承担违约责任，遂判决解除合同，薛某返还黄某定金100万元。

评析：由于合同在调控政策实施前订立，交易双方对政策均无法预知，其后确因限购、禁购政策导致房屋买卖合同无法继续履行的，当事人均可以请求解除合同，买受人同时可以请求返还购房款或定金，出卖人起诉或反诉请求买受人继续履行合同、承担违约责任或适用定金罚则的，不予支持。

2. 房屋限购已规定　解除合同失定金

2011年6月15日，岑某与某房地产开发公司（以下简称"房开公司"）签订商品房认购协议两份，约定认购宁波某小区商品房两套；岑某还出具购买承诺书，承诺于同年7月31日之前与该房开公司签订商品房买卖合同并保证符合宁波市住房限购政策具备购房条件等；如未能按约签订合同，每逾期1日支付房款总价万分之二的违约金；逾期7日以上，房开公司有权解除合约，岑某自愿放弃定金等。2011年12月26日，岑某提出自己不符合限购政策规定的购房条件，房开公司对此明知却仍收取款项显属恶意，起诉请求判令房开公司返还已付定金20万元和预付款200万元，并赔偿利息损失。

经法院主持调解，双方当事人同意解除协议，房开公司返还岑某预付款200万元，并支付利息损失7万元；岑某放弃对20万元定金及利息的主张。

评析：限购政策实施后，市场参与者对调控内容已知悉，交易时对买受人购房资格的审查均有审慎审查和注意义务。

3. 限贷政策已明知　解除合同无依据

2011年4月30日，景某与某房开公司签订订购单约定，景某购买位于台州某小区的住宅，买受人签订房屋定购单前已充分了解相关银行的贷款政策及其他相关法律，如无法办理银行按揭贷款或贷款数额不足的，买受人应一次性付款或按出卖人要求增加支付首付款。同年5月11日双方签订商品房买卖合同。合同签订后，景某共支付购房款63万元，余款未支付。2012年4月24日，景某向法院起诉，以银行限贷不能办理按揭贷款为由，请求解除合同，房开公司退还购房款63万元并支付利息5万元。

法院认为，2011年1月26日，国务院办公厅发文出台了限购、限贷等宏观调控措施，而本案交易发生在政策出台后。双方当事人签订的房屋订购单及商品房买卖合同约定：无法办理银行按揭贷款的，买受人应一次性付清款项。这表明双方交易时对限贷政策均有了解和预期，也约定了应对措施。故景某以限贷为由请求解除合同缺乏依据，对其主张不予支持。

评析：商品房按揭贷款根据所购房是首套、二套等实行差别化利率直至限贷是房产宏观调控的重要内容。对于房贷政策调整前订立的合同约定以按揭贷款方式付款，因首付款比例提高、不能办理按揭贷款等确实影响到买受人的履约能力，导致合同无法继续履行的，除另有约定外，买受人可以请求解除合同、返还购房款或定金。房贷政策调整后，因交易双方对此均有了解，买受人应根据自己的实际情况，充分注意到贷款条件、成本和审批要求，合理商定无法从银行获得贷款时的后续处理方法，慎重决定。

资料来源：《2003-2012房地产宏观调控背景下浙江房地产审判白皮书》。

案例 3-2

马某买房定金被没收

卖方郭某与买方马某以及居间方深圳市嘉誉城房地产经纪有限公司三方居间房地产买卖合同一案，卖方与买方及居间方签订编号为002644的《房地产买卖合同》，合同签订后，卖方依据合同约定办理了赎楼公证委托，买方把定金人民币10万元支付给居间方托管，但此后买方拒绝再继续履行合同。

卖方先后委托律师向买方的实际居住地、身份证上的住所地以及工作地发出3份催告律师函，要求买方尽快履行房地产买卖合同约定的配合赎楼义务并签订正式的房地产买卖合同。卖方同时委托律师向居间方发出律师函，要求尽快催告买方前来履行合同，居间方在接到卖方律师的催告函后向买方发出催告函，要求尽快履行三方签订的房地产买卖合同。

经卖方和居间方多次催告，买方仍然拒绝履行三方签订的房地产买卖合同，并要求居间方退还定金。买方的行为最终导致三方签订的《房地产买卖合同》无法履行。卖方因此向深圳市福田区人民法院起诉要求：

- 请求判令解除卖方和买方及其居间方签订的编号为002644的《房地产买卖合同》，并判令没收买方交付之定金人民币10万元。
- 请求判令居间方把买方交付之定金人民币10万元支付给卖方。
- 请求判令买方、居间方承担诉讼费用。

一审审判：

一审法院受理后依法向买方送达案件资料和开庭传票，买方均拒签，一审法院最终依法公告送达。开庭时买方未到庭，一审法院依法开庭审理并缺席判决依法支持了卖方的所有诉讼请求。

一审判决公告送达法律文书的最后10天，买方向法院领取判决书并向深圳市中级人民法院提出上诉，要求驳回卖方的诉讼请求并返还定金。

二审判决：

深圳市中级人民法院开庭审理认为，从案件的证据来看，被上诉人即卖方委托律师向上诉人买方发出三份律师催告函，且在起诉前还在《深圳特区报》登报催告，要求买方尽快前来履行合同。居间方在接到被上诉人委托的律师发出的律师催告函后，也向上诉人发出了催告函。因此被上诉人和居间方均依法履行了合同的催告义务，但是上诉人仍然拒绝履行合同约定之义务，属于违约行为，且该违约行为最终导致合同无法履行，因此构成根本性违约，无权要求卖方返还定金。

资料来源：根据佛山房地产律师资料整理。

案例讨论

1. 分析限购政策对房地产交易的影响。
2. 对这些合同纠纷案的判例进行分析，如何避免此类纠纷？

学习任务

考察本地房地产交易合同、房地产经纪业务基本流程和经纪合同。

房地产经纪活动的目的是促成房地产交易。房地产交易，指房地产的所有权、使用权及其他项权利的有偿取得或转让，是一种特定的法律行为，其内容主要包括房地产转让、房屋租赁和房地产抵押。房地产买卖是权利的转让，租赁是债权经营行为。

3.1 房地产转让的基本流程与合同

3.1.1 房地产转让的基本流程

房地产转让是指房地产权利人通过买卖、赠与、交换或其他合法方式将其房地产转移给他人的行为，具体形式如表 3-1 所示。

表 3-1 房地产转让形式

	转让形式	转让具体形式	转让结果
房地产转让	买卖	商品房预售（期房买卖）、商品房预售合同转让 商品房销售 二手房买卖 房屋在建工程转让	房地产权属转移
	赠与		
	交换		
	其他合法方式	以房地产作价入股 以房地产抵债 企业被收购、兼并或合并	

1. 房地产买卖的基本流程

房地产买卖是房地产转让最基本的形式。目前房地产买卖主要有商品房预售、商品房预售合同转让、商品房销售、二手房买卖、房屋在建工程转让等类型。

（1）商品房预售基本流程。商品房预售指房地产开发企业在取得预售许可证后将正在建设中的房屋预先出售给承购人，由承购人支付定金或价款的行为。

1）商品房预售条件：①已交付全部土地使用权出让金，取得土地使用权证书。②持有建设工程规划许可证。③按提供预售的商品房计算，投入开发建设的资金达到工程建设总投资的25%以上，并已经确定施工进度和竣工交付日期。④向县级以上人民政府房产管理部门办理预售登记，取得商品房预售许可证明。

2）商品房预售的一般流程为：

预购人通过中介、媒体等渠道寻找中意楼盘→预购人查询该楼盘的基本情况→预购人与开发商签订商品房预售合同→办理预售合同文本登记备案→商品房竣工后，开发商办理初始登记，交付房屋→与开发商签订房屋交接书→办理交易过户、登记领证手续。

（2）商品房预售合同转让基本流程。商品房预售合同转让是指商品房预售合同经登记备案后，买受人将其向房地产开发企业预购的商品房再转让给他人的行为。商品房预售合同转让的一般流程为：

预购人将经交易中心登记备案的预售合同通过中介等渠道寻找受让人→签订预售合同权益转让书→预售合同转让登记备案。

（3）商品房销售基本流程。这里所说的商品房销售，是指房地产开发商将其依法开发并已建成的商品房通过买卖转移给他人的行为。商品房销售的一般流程为：

购房人通过中介、媒体等渠道寻找中意楼盘→购房人查询该楼盘的基本情况→购房人与商品房开发商订立商品房买卖合同→交易过户登记。

（4）二手房买卖基本流程。二手房买卖是指房屋产权人将其依法拥有产权的房屋（但不包括通过商品房开发而取得产权的房屋）通过买卖转让给他人的行为。二手房买卖的一般流程为：

购房人或卖房人通过中介、媒体等渠道寻找交易对象→交易双方签订房屋买卖合同→交易过户登记。

（5）房屋在建工程转让基本流程。房屋在建工程转让是指房屋在建工程权利人在房屋建设期间，将在建房屋及土地使用权全部或部分转移给他人（包括共有权利人）的行为。在建工程转让的一般流程为：

房屋在建工程权利人向房地产管理部门提出在建工程转让申请→房地产管理部门对申请进行审核、批复→转让双方签订在建工程转让合同→受让方办理交易过户登记领证手续。

2. 房地产交换基本流程

房地产交换的主要含义是房地产产权的互换，但在目前特定阶段，房地产交换还包括公房与公房的交换、公房与私房的交换。房地产交换基本流程：

换房人通过房地产经纪机构等渠道寻找房源→交换双方签订公（私）有住房差价换房合同→到房地产登记机构进行换房合同登记备案和审核→交换双方支付差价款和相关税费→产权交易过户或办理公房租赁变更手续，领取房地产权证或公房租赁凭证。

3. 房地产赠与基本流程

房地产赠与可分为生前赠与和遗赠两种。

（1）生前赠与基本流程：

赠与人与受赠人签署赠与书、受赠书，赠与书与受赠书经公证机关公证后有效→赠与双方持经公证的赠与书、受赠书、房地产权证等资料到房地产登记机构办理赠与登记领证手续。

（2）遗赠基本流程：

房地产权利人生前订立遗嘱，承诺将其自有的房地产在其死后全部或部分赠送给受赠人，此遗赠书也须经公证机关公证后才有效→房地产权利人死亡，遗嘱生效，受赠人表示接受赠与→受赠人持有关合法文件到房地产登记机关申请办理过户登记领证手续。

4. 以房地产抵债基本流程

以房地产抵债基本流程：

确定债权、债务→确定房地产及其价值→订立房地产抵债合同→债权、债务双方将抵债合同、原房地产权证等相关资料向房地产登记机关申请办理交易过户登记领证手续。在缴纳规定的契税、交易手续费等税费后领取房地产权证。

5. 以房地产作价入股基本流程

房地产作价入股基本流程：

合资双方订立合资合同、章程等文件，并报国家有关部门批准→合资双方将合同、章程、批准证书、评审确认书等以及合同中涉及以房地产作价投资的清单向房地产登记机关申请办理交易过户登记领证手续。在缴纳规定的契税、交易手续费等税费后领取房地产权证。

6. 兼并、合并的基本流程

因企业兼并、合并而使房地产权属随之转移的，属于房地产转让，而不是单纯的权利人名称变更。兼并、合并的一般流程为：

企业按国家有关规定报有关部门批准，实施兼并、合并→企业将有效的关于兼并、合并的法律文件以及随之转移的房地产权利证书等有关资料到房地产登记机关申请办理转让过户登记领证手续。在缴纳规定的契税、交易手续费等税费后领取房地产权证。

3.1.2 商品房买卖合同

商品房买卖合同是指房地产开发商在销售自己所开发的商品房时，与购房者签订的买卖合同。住房和城乡建设部及国家工商行政管理总局⊖2014年联合发布了新版《商品房买卖合同示范文本》。新修订的合同示范文本分为预售合同和现售合同两个文本，即《商品房买卖合同（预售）示范文本》（GF-2014-0171）和《商品房买卖合同（现售）示

⊖ 2018年3月，根据国务院机构改革方案，组建中华人民共和国国家市场监督管理总局，不再保留国家工商行政管理总局。

范文本》（GF-2014-0172）。与 2000 年版《商品房买卖合同示范文本》相比，新版更加注重买受人权益的保障。

新修订的合同示范文本完善了有关商品房交付条件和交付手续的规定，增加了房屋交付前买受人查验房屋的环节，明确了出卖人的保修责任和最低保修期限，细化了业主对建筑物专有和共有部分享有的权利。在预售合同中新增了商品房预售资金监管条款，明确出卖人应将出售商品房的全部房价款存入预售资金监管账户。

1.《商品房买卖合同（预售）示范文本》
预售合同共 24 页，内容包括：

- 说明
- 专业术语解释
- 第一章　合同当事人
- 第二章　商品房基本状况
- 第三章　商品房价款
- 第四章　商品房交付条件与交付手续
- 第五章　面积差异处理方式
- 第六章　规划设计变更
- 第七章　商品房质量及保修责任
- 第八章　合同备案与房屋登记
- 第九章　前期物业管理
- 第十章　其他事项

其中，专业术语解释如下。

- 商品房预售：是指房地产开发企业将正在建设中的取得《商品房预售许可证》的商品房预先出售给买受人，并由买受人支付定金或房价款的行为。
- 法定代理人：是指依照法律规定直接取得代理权的人。
- 套内建筑面积：是指成套房屋的套内建筑面积，由套内使用面积、套内墙体面积、套内阳台建筑面积三部分组成。
- 房屋的建筑面积：是指房屋外墙（柱）勒脚以上各层的外围水平投影面积，包括阳台、挑廊、地下室、室外楼梯等，且具有上盖，结构牢固，层高 2.20m 以上（含 2.20m）的永久性建筑。
- 不可抗力：是指不能预见、不能避免且不能克服的客观情况。
- 民用建筑节能：是指在保证民用建筑使用功能和室内热环境质量的前提下，降低其使用过程中能源消耗的活动。民用建筑是指居住建筑、国家机关办公建筑和商业、服务业、教育、卫生等其他公共建筑。
- 房屋登记：是指房屋登记机构依法将房屋权利和其他应当记载的事项在房屋登记簿上予以记载的行为。

- 所有权转移登记：是指商品房所有权从出卖人转移至买受人所办理的登记类型。
- 房屋登记机构：是指直辖市、市、县人民政府建设（房地产）主管部门或者其设置的负责房屋登记工作的机构。
- 分割拆零销售：是指房地产开发企业将成套的商品住宅分割为数部分分别出售给买受人的销售方式。
- 返本销售：是指房地产开发企业以定期向买受人返还购房款的方式销售商品房的行为。
- 售后包租：是指房地产开发企业以在一定期限内承租或者代为出租买受人所购该企业商品房的方式销售商品房的行为。

2.《商品房买卖合同（现售）示范文本》

现售合同共22页，内容包括：

- 说明
- 专业术语解释
- 第一章　合同当事人
- 第二章　商品房基本状况
- 第三章　商品房价款
- 第四章　商品房交付条件与交付手续
- 第五章　商品房质量及保修责任
- 第六章　房屋登记
- 第七章　物业管理
- 第八章　其他事项

其中，专业术语解释如下。

- 商品房现售：是指房地产开发企业将竣工验收合格的商品房出售给买受人，并由买受人支付房价款的行为。
- 其他条目与预售合同相同。

房地产经纪人在从事经纪活动时，必须要对以上合同的主要条款逐条逐句分析领会，认真协助交易双方订立，不能忽视任何一个条款的作用，尤其要提醒交易双方在违约责任和争议处理办法方面的条款上仔细斟酌，妥善填写。

3.1.3　房屋买卖合同

房屋买卖合同，这里主要指二手房买卖合同。

1. 主要合同条款

依据我国《民法典》"合同编"及业务实践，二手房买卖合同的主要条款有以下几项。

（1）当事人的名称或姓名、住所。主要是：确定当事人的具体情况、地址、联系方式等,以免出现欺诈情况;双方应向对方做详细、清楚的介绍或调查;应写明是否为共有财产、是否为夫妻共同财产或家庭共同财产。

(2)标的。应写明:房屋位置、性质、面积、结构、格局、装修、设施设备等情况;房屋产权归属,要与(1)衔接;原售房单位是否允许转卖;是否存在房屋抵押或其他权利瑕疵;是否有私搭乱建部分;房屋的物业管理费用及其他交费状况;房屋相关文书资料的移交过程。

(3)价款。这里也是最主要的内容,主要写明:总价款、付款方式、付款条件、如何申请按揭贷款、定金、尾款等。

(4)履行期限、地点、方式。主要写明:交房时间、条件;办理相关手续的过程;配合与协调问题;双方应如何寻求中介公司、律师、评估机构等服务;各种税费、其他费用如何分摊;遇有价格上涨、下跌时如何处理。

(5)违约责任。主要说明:哪些是违约情形;如何承担违约责任;违约金、定金、赔偿金的计算与给付;在什么情况下可以免责;担保的形式;对违约金或定金的选择适用问题。

(6)解决争议的方式。主要约定解决争议是采用仲裁方式还是诉讼方式,需要注意的是,如果双方同意采用仲裁的形式解决纠纷,应按照《中华人民共和国仲裁法》的规定写清明确的条款。

(7)合同生效条款。双方在此约定:合同生效时间;生效或失效条件;当事人不能为自己的利益不正当地阻挠条件成就或不成就;生效或失效期限;致使合同无效的情形;几种无效的免责条款;当事人要求变更或撤销合同的条件;合同无效或被撤销后,财产如何进行返还。

(8)合同中止、终止或解除条款。合同当事人可以中止、终止或解除房屋买卖合同。有必要在此明确:约定合同中止、终止或解除的条件;上述情形中应履行的通知、协助、保密等义务;解除权的行使期限;补救措施;合同中止、终止或解除后,财产如何进行返还。

(9)合同的变更与转让。在此约定合同的变更与转让的条件或不能进行变更、转让的禁止条款。

(10)附件。在此说明:本合同有哪些附件;附件的效力,等等。

2. 签订二手房买卖合同的注意事项

(1)共有人的权利。房地产权利登记分为独有和共有。共有,指两个以上权利人共同拥有同一房地产,买卖房地产签订合同时,房地产权证内的共有人应在合同中签字盖章。原职工已购公有住房上市出售的,参加房改购房时的同住成年人应在合同中明确表示同意出售,并签字盖章;因故无法在合同中签字盖章的,应出具同意出售的其他证明。

(2)权益转移。出卖人将原购人的商品住房出售的,开发公司提供的住宅质量保证书和住宅使用说明书应一并转移给买受人,买受人享有"两书"规定的权益。

(3)房屋质量。质量条款是买卖合同的必要内容,买卖的房屋应能保持正常使用功能。房屋超过合理使用年限后若继续使用的，产权人应委托具有相应资质等级的勘察、设计单位鉴定。

（4）承租人优先购买权。买卖已出租房屋的，出卖人应当在出售前三个月通知承租人，承租人在同等条件下有优先购买权。如承租人放弃优先购买权，买受人购房后应继续履行租赁合同，并与承租人签订租赁主体变更合同。房屋租赁应收取的租金，房屋产权转移前归出卖人所有，转移后归买受人所有。

（5）集体所有土地上房屋的买卖对象。集体所有土地上的居住房屋未经依法征用，只能出售给房屋所在地乡（镇）范围内具备居住房屋建设申请条件的个人。非居住房屋只能出售给房屋所在地乡（镇）范围内集体经济组织或者个体经济者。

（6）住房户口迁移。已投入使用的住房买卖，除房屋交接和权利转移外，住房内的原有户口是否及时迁出也会影响合同的履行。当事人可在补充条款内约定户口迁移条款。

（7）维修基金交割。房地产买卖合同生效后，当事人应将房地产转让情况书面告知业主管理委员会和物业管理单位，并办理房屋维修基金户名的变更手续，账户内结余维修基金的交割，当事人可在补充条款中约定。

（8）物业管理费、公用事业费具结。由于物业管理费和一些公用事业费（如有线电视、自来水、管道煤气等）是以房屋单位为账户的，所以签订二手房买卖合同还应注意对这些费用的具结方式、期限以及对房屋买卖的影响等进行约定。

南京市存量房买卖合同

（　）房买卖合同字号

签约须知

一、本合同适用于存量房屋买卖。

二、请用钢笔、毛笔等不易褪变色且不易擦除的书写工具填写。

三、本合同的任何涂改，均应由甲乙双方在涂改处签署确认。

四、在"□"中打"√"表示选中，打"×"表示不选中。除违约责任可以复选外，其他均为单选。

五、本合同条款空白处由买卖双方商定填写。

六、请仔细斟酌第四条和第六条的具体含义，采取相应措施，以保护自己的合法权益，并以免侵害他人合法权益。

七、请仔细阅读面积误差特别提示和特别条款，以免引发纠纷。

八、通过经纪机构促成交易的，务必如实签填经纪栏内容，以切实保护自己的合法权益。

以上须知和本合同条款内容，请仔细阅读，以切实保证自身的合法权益。

南京市存量房买卖合同

甲方（卖方）：<u>张三</u>

乙方（买方）：<u>李四</u>

经纪机构：<u>南京中广置业有限公司</u>

甲、乙双方遵循平等自愿和诚实信用原则，经协商一致，就下列房屋买卖事项订立本合同。

第一条　甲方自愿将其房屋出售给乙方，乙方也已充分了解该房屋具体状况，并自愿买受该房屋。该房屋具体状况如下：

（一）坐落于南京市<u>鼓楼区华侨路 888 号 1288 室</u>，建筑面积 <u>100</u> 平方米，房屋用途为住宅；

（二）出售房屋的所有权证证号为<u>鼓改字第 12345 号</u>，丘号为 <u>123456-I-8</u>；

（三）房屋平面图及其四至范围见附件一；

（四）房屋占用范围内的土地使用权为☑出让取得，土地使用年限自 <u>2000</u> 年 <u>10</u> 月 <u>1</u> 日至 <u>2070</u> 年 <u>10</u> 月 <u>1</u> 日；☒划拨取得。

该房屋占用范围内的土地使用权随该房屋一并转让。

该房屋的相关权益随该房屋一并转让。

第二条　甲方保证已如实陈述上述房屋权属状况和其他具体状况，保证该房屋不受他人合法追索。

第三条　甲、乙双方经协商一致，同意上述房屋转让价款为人民币（小写）<u>800 000</u> 元，（大写）<u>捌拾万元</u>，其中含定金（小写）<u>20 000</u> 元，（大写）<u>贰万元</u>，尾款（小写）<u>0</u> 元，（大写）<u>零元</u>。

第四条　乙方的付款方式和付款期限按下列约定：

☑乙方同意在以下规定期限内将房屋转让价款解交南京市房地产交易市场设立的资金托管专用账户：

1. 2007 年 9 月 1 日前将自有资金人民币（小写）<u>240 000</u> 元，（大写）<u>贰拾肆万元</u>解交托管账户。

2. 甲方同意乙方向工商银行申请个人住房抵押贷款，总额为人民币（小写）<u>560 000</u> 元，（大写）<u>伍拾陆万元</u>，用于支付房屋转让价款的余款。乙方同意于 <u>2014</u> 年 <u>9</u> 月 <u>15</u> 日前与贷款银行签订借款合同。同时委托银行将贷款资金全部划入南京市房地产交易市场托管资金专用账户。若乙方不能按计划贷足或者银行不同意贷款申请的，则转让价款的不足部分，乙方同意在银行贷款批准或者不批准之日起 3 日内以现金解交托管账户。

3. 甲方同意乙方自留尾款 <u>0</u> 元，不存入托管账户，在房屋交付时，甲、乙双方自行交割。

☒甲、乙双方同意按以下付款方式和付款期限支付房价款，并自行承担房屋转让价款安全的全部责任：

（注：不办理房屋转让价款资金托管的交易双方可选中该项，并商议填写相关内容）

经纪机构及其人员均应严格执行国家和地方政府有关规定，不得以任何形式代收代付房屋转让价款。

乙方未按规定支付房价款的，则按下列约定承担违约责任：

乙方无法以现金方式补足贷款资金不足部分的，甲乙双方同意解除本合同并撤销该房屋买卖的转移登记申请，同时乙方☒不承担违约责任。☑承担违约金肆仟元。

☑乙方逾期支付房价款的，每逾期一天，按应付到期房价款的<u>万分之四</u>支付违约金。

☑乙方逾期支付房价款超过<u>十</u>天，且所欠应付到期房价款超过<u>伍仟</u>元的，甲方有权解除本合同。甲方在解除合同后三天内将已收房价款退还乙方，所收定金不予退还；并有权要求乙方支付占总房价款<u>百分之五</u>的赔偿金。

☒不承担违约责任。

第五条　甲、乙双方定于<u>2014 年 9 月 20 日</u>时正式交付该房屋；甲方应在正式交付房屋前腾空该房屋。

双方定于<u>2014 年 9 月 30 日</u>前向有关部门申请办理相关附属设施和相关权益的更名手续。

甲方应在<u>房屋产权过户</u>前将其落户于该房屋的户籍关系迁出。

甲方未按规定履行以上义务的，则按下列约定承担违约责任：

☑甲方逾期交付房屋的，每逾期一天，按总房价款的<u>万分之四</u>支付违约金。

☑甲方交付房屋的附属设施或装饰装修不符合约定的，按不符部分的☒约定价值☑评估价值☒市场价格承担赔偿责任。

☑甲方逾期交付房屋超过十天的，乙方有权解除本合同。甲方应在乙方解除合同后三天内将已收房价款和双倍定金返还乙方，并按总房价款的<u>百分之五</u>支付赔偿金。

☒不承担违约责任。

第六条　甲、乙双方确认，虽然房屋所有权证未做记载，但依法对该房屋享有共有权的权利人均已书面同意将该房屋出售给乙方。

第七条　甲、乙双方同意，在本合同生效后十日内，共同向房屋权属登记机关申请办理房屋所有权转移登记：

☑（经纪机构促成的交易适用）经纪机构应在甲、乙双方申请办理房屋所有权转移登记前，按《南京市存量房网上交易管理办法》的规定为甲、乙双方房屋所有权转移登记申请书的网上操作服务。

甲、乙双方应在经纪机构的网上操作服务后三天内持申请书及其他登记资料向房屋权属登记机构申请房屋权属转移登记。

☒（甲、乙双方自行成交的适用）甲、乙双方应在申请办理房屋权属转移登记前通过南京市房地产交易市场的网上操作服务打印房屋所有权转移登记申请书，并在三天内持申请书及其他登记资料向房屋权属登记机构申请房屋权属转移登记。

乙方领取《房屋所有权证》后，双方应按有关规定向土地管理部门申请办理该房屋土地使用权变更手续。

办理以上手续应当缴纳的税费，由☑甲、乙双方按国家规定各自承担。

第八条　该房屋毁损、灭失的风险自☑房屋正式交付之日☑权利转移之日起转移给乙方。

第九条　该房屋自权利转移之日起三个月内被依法拆迁的（拆迁时间以乙方搬迁时间为准），双方按下列约定处理：

☑房屋拆迁补偿款高于（含本数）本合同约定房价款的，甲、乙双方之间不因房屋拆迁产生新的权利义务；房屋拆迁款低于本合同约定房价款的，乙方有权要求甲方给予占差额__%的经济补偿。

☒

第十条 该房屋正式交付时，物业管理、水、电、燃气、有线电视、通信等相关杂费，按下列约定处理：

甲方结清已发生的费用，甲方已经预缴的费用，其权益由乙方享有，双方不再另行结算。

第十一条 甲方、乙方、经纪机构均自愿遵守《南京市存量房网上交易管理办法》有关规定，一方因违反《南京市存量房网上交易管理办法》有关规定给他方合法权益造成损害的，应承担相应的赔偿责任。

第十二条 本合同未尽事宜，甲、乙双方可另行订立补充条款或补充协议。补充条款或补充协议以及本合同的附件均为本契约不可分割的部分。

第十三条 本合同自甲、乙双方签订之日起生效。

第十四条 甲、乙双方在履行本合同中若发生争议，应协商解决。协商不成的，☑依法向人民法院起诉☒提交南京仲裁委员会仲裁。

第十五条 本合同一式五份。其中甲方留执二份，乙方留执二份，为申请房屋所有权转移登记提交房屋权属登记机关一份。

第十六条 甲、乙双方约定补充条款如下：

附件一 房屋平面图和四至范围
（略）

附件二 租赁、抵押、相邻等关系及其处理办法

1. 房屋出卖前已出租给王五，甲方负责在房屋交付前解除租赁关系，有关责任和费用由甲方承担。

2. 房屋出卖前已设定抵押权，担保债务贰拾万元。甲方负责在乙方支付第一期房款前解除抵押，并注销相应的抵押登记，有关责任和费用由甲方承担。

3. 房屋阳光权受华侨路52号大楼妨害，其标准低于政府规定最低标准，乙方取得房屋后无权提出异议。

附件三 室内附属设施和装修情况

（一）附属设施

1. 水 市政直供，户外独立水表
2. 电 8kW，户外磁卡电表
3. 燃气 管道煤气
4. 有线电视 南京有线电视网
5. 通信 南京电信固定电话一门，网通10兆宽带到户
6. 其他

（1）单元可视对讲门禁
（2）与物管连接户内紧急求救系统等
（二）装修情况
择其要点简要描述（略）。
（此页无正文）

甲方（签章）：　　　　　　　　乙方（签章）：
证照 | 身份证号码：　　　　　　证照 | 身份证号码：
法定代表人：　　　　　　　　　法定代表人：
地址：　　　　　　　　　　　　地址：
联系电话：　　　　　　　　　　联系电话：
代理人（签章）：　　　　　　　代理人（签章）：
签约日期：　　　　　　　　　　签约日期：
经纪栏（以下适用于经纪机构促成的交易）
为甲、乙双方提供服务的经纪机构及其经办经纪人如下。
经纪机构（签章）：
备案证书号码：
经纪人（签章）：
执业证书号码：
主要服务内容：

3.2 房地产租赁的基本流程与合同

3.2.1 房屋租赁的基本流程

房屋租赁行为一般包括投资新建房屋的期权预租、现房出租、存量房屋的出租和转租。房屋租赁实际上是房屋流通的一种特殊形式，它是通过房屋出租逐步实现房屋价值，从而使出租人得到收益回报的一种房地产交易形式。房屋租赁同房地产买卖是房地产交易行为中最常见的两种形式。房屋租赁主要有房屋出租和房屋转租两种方式。

1. 房屋出租基本流程

房屋出租是指房屋所有权人将房屋出租给承租人居住或提供给他人从事经营活动或以合作方式与他人从事经营活动的行为。其一般流程如下。

（1）出租方或承租方通过中介等渠道寻找合适的承租人或出租房源。经纪人在从事房屋租赁经纪活动时，首先要确认出租人及承租人按规定出示的合法文件：①对出租人而言，其出租的房屋必须是其所有的房地产，一般以房地产管理部门颁发的房地产权证为凭，已抵押的房屋出租，应得到抵押权人的同意，共有房屋出租则应得到共有人的同意。售后公房，则必须经过购房时同住成年人的同意。②对承租人而言，则必须提供有效的身份证件，单位则须提供工商注册登记证明。

（2）签订房屋租合同。签订房屋租赁合同时可参照示范文本，也可由租赁双方自行拟订合同。合同中，特别应明确出租房屋的用途，不得擅自改变原使用用途。

（3）将房屋租赁合同及相关材料报送到租赁房屋所在地的房地产登记机关申请办理房屋租赁合同登记备案。

（4）领取房屋租赁证，缴纳相关税费。

2. 房屋转租基本流程

房屋转租是指房屋承租人在租赁期间将承租的房屋部分或全部再出租的行为。其一般流程如下。

（1）原承租人取得原出租人的书面同意，将其原出租的房屋部分或全部再出租。

（2）原承租人与承租人签订房屋转租合同。

（3）将转租合同和原房屋租赁证报送到房地产的登记机关办理房屋转租合同登记备案。

（4）领取经注记盖章的原房屋租赁证，缴纳有关税费。

特别要指出的是，房屋转租除必须符合一般房屋租赁的必要条件，还必须注意以下几点：①房屋转租必须取得原出租人的书面同意。②转租合同的终止日期不得超过原租赁合同的约定。③转租合同生效后，承租人必须同时履行原租赁合同的权利义务。④转租期间，原租赁合同变更解除或终止的，转租合同随之变更、解除或终止。

3.2.2 房屋租赁合同

1. 房屋租赁合同的含义

租赁合同是出租人与承租人签订的，用于明确租赁双方权利义务关系的协议。租赁是一种民事法律关系，在租赁关系中出租人与承租人之间所发生的民事关系主要是通过租赁合同确定的。《城市房地产管理法》规定：房屋租赁，出租人和承租人应当签订书面租赁合同，约定租赁期限、租赁用途、租赁价格、修缮责任等条款，以及双方的其他权利和义务。房屋租赁合同，指出租人在一定期限内将房屋转移给承租人占有、使用、收益的协议。房屋买卖合同是将房屋的占有、使用、收益、处分等权利转移给买受人，而房屋租赁合同是将房屋转移给承租人占有、使用并取得收益，而房屋仍属出租人所有，承租人不能对房屋行使处分权，租赁期满，承租人就必须将承租房屋归还出租人。房屋租赁合同与房屋买卖合同的区别，如表 3-2 所示。

表 3-2 房屋租赁合同与房屋买卖合同的区别

	买卖合同反映内容	租赁合同反映内容
权益	转移房屋占有、使用、收益、处分权利给买受人	转移房屋占有、使用权给承租人；承租人没有房屋的处分权
收益	原房屋所有人获取房屋价款	房屋所有人获取房屋租金收益
合同完结	买卖交易完成，房屋与原所有人的关系宣告结束	租赁期满，承租人须将房屋归还出租人

2. 房屋租赁合同示范文本

政府规定房屋租赁必须登记备案，并适时推出了房屋租赁合同的示范文本。房屋租赁合同的内容须具备以下条款：

（1）当事人姓名或者单位名称及住所。

（2）房屋的坐落地点、面积、结构、附属设施及设备状况。

（3）租赁用途。房屋的租赁用途指房屋的使用用途，一般按房地产权证上载明的用途使用，未经有关部门的批准，承租人不得擅自更改租赁房屋规定的使用用途。

（4）房屋交付日期。

（5）租赁期限。应设定租赁期限，同时还应注明如续租，应在届满前提出，并重新签订租赁合同。

（6）租金及支付方式和期限。含违约逾期支付时如何处理。

（7）房屋的使用要求和修缮责任。房屋的修缮责任一般由出租人承担，但双方另有约定的除外。

（8）房屋返还时的状态。一般要求恢复原状。

（9）违约责任。

（10）当事人约定的其他条款。

在上述条款中，租赁期限、租赁用途、租金及交付方式、房屋的修缮责任是《城市房地产管理法》规定的必备条款。

关于房屋租赁合同示范文本，我国各个地区都不太一样，可参考所在城市房地产主管部门的规定。

3.3 房地产抵押的基本流程与合同

3.3.1 房地产抵押的基本流程

房地产抵押，指债务人或者第三人以不转移占有的方式向债权人提供土地使用权、房屋和房屋期权作为债权担保的法律行为。在债务人不履行债务时，债权人有权依法处置该抵押物并就处置所得的价款优先得到偿还。房地产抵押按房地产的现状主要可分为土地使用权抵押、建设工程抵押、预购商品房期权抵押、现房抵押。

1. 土地使用权抵押流程

土地使用权抵押指以政府有偿出让方式取得的土地，且土地上尚未建造房屋的土地使用权设定抵押。在我国，土地所有权不能抵押，以行政划拨方式取得的土地使用权不能单独抵押。土地使用权抵押的一般流程如下。

（1）债务合同（主合同）依法成立，为履行债务合同，抵押人提供其依法拥有的土地使用权做担保。房地产经纪人在从事土地使用权抵押经纪活动中要注意区分土地使用权取得的方式，以出让或转让方式取得的土地使用权设定抵押，应符合以下条件：①该土地使用权的出让金必须全部付清，并经登记取得土地使用权证。②该土地使用权所担保的主债权限于开发建设该出让或转让地块的贷款。③所担保的债权不得超出国有土地使用权出让金的款额。④土地使用权设定抵押不得违反国家关于土地使用权出让、转让的规定和出让合同的约定。

（2）抵押人与抵押权人签订土地使用权抵押合同（从合同），将依法取得的土地使用权设定抵押。当抵押人不能履行到期债务时，抵押权人有权依法处置抵押物。

（3）抵押双方将抵押合同、债务合同及房地产权属证书等有关资料报送到房地产登记机关办理抵押登记。

（4）领取房地产其他权利证明及经注记的房地产权属证书。按国家有关规定，房地产其他权利证明交抵押权人保管，而房地产权利证书经注记后应归还给产权人，抵押权人不能擅自扣押房地产权利证书。

（5）债务履行完毕，抵押双方向房地产登记机关申请办理抵押注销手续。

出让土地使用权抵押登记要查验的资料：当事人身份证明、《土地出让合同》《房地产抵押合同》《贷款合同》《土地使用权证》或《房地产权证》。

2. 建设工程抵押

建设工程抵押，指房屋建设工程权利人在房屋建设期间将在建的房屋及土地使用权全部或部分设定抵押。建设工程抵押，其一般流程如下。

（1）债务合同成立，抵押人提供其合法拥有的在建房屋及土地使用权做担保。

这一行为应符合以下条件：

1）抵押人必须取得了土地使用权证，并应有建设用地规划许可证、建设工程规划许可证和施工证；

2）投入开发建设的资金达到工程建设总投资的 25% 以上；

3）建设工程抵押所担保的债权不得超出该建设工程总承包合同或者建设工程总承包合同约定的建设工程造价；

4）该建设工程承包合同是能形成独立使用功能的房屋的；

5）该建设工程范围内的商品房尚未预售；

6）已签有资金监管协议；

7）符合国家关于建设工程承发包管理的规定；

8）已确定施工进度和竣工交付日期。

经纪人在从事建设工程抵押经纪活动中应特别把握以下几点：建设工程所担保的主债权仅限于建造该建设工程的贷款；建设工程抵押必须服从专门机构的监督；不得设定最高额抵押。

（2）抵押人与抵押权人签订抵押合同，将在建房屋及相应的土地使用权抵押，当债务不能履行时，抵押权人有权依法处置抵押物。

在签订抵押合同时，我们应着重查验抵押房地产的合法有效证件，并到房地产登记机构查阅抵押物是否已预售、转让，或已设定抵押，或被司法机关查封，等等；同时，由于建设工程抵押实质是一种期权抵押，明确抵押物的部分、面积及规划用途就显得十分重要。当债务人不能及时清偿债务时，可以及时处置抵押物以清偿贷款。

（3）抵押双方持债务合同（主合同）、抵押合同及房地产权利证书、建设工程规划许可证等有关资料到房地产登记机关办理抵押登记。

（4）抵押权人保管房地产其他权利证明，房地产权利人领取经注记的房地产权利证明和建设工程规划许可证。

（5）债务履行完毕，抵押双方持注销抵押申请书、经注记的土地使用权证、建设工程规划许可证到房地产登记机构办理注销抵押手续。

在建工程抵押登记要查验的资料：建设用地批准文件、土地使用证或土地出让合同、建设工程规划许可证、建筑工程承包合同、抵押合同、贷款合同。

3. 预购商品房期权抵押

（1）预购商品房期权抵押。它是指商品房预购人将已经付清房款或部分付清房款的预购商品房期权设定抵押。未付清房款的预购房设定抵押应符合以下条件：①抵押所担保的主债权仅限于购买该商品房的贷款。②不得设定最高额抵押。③符合国家关于商品房预售管理的规定。

（2）预购商品房抵押的基本流程如下。

1）商品房预购人与商品房开发经营企业签订商品房预购合同，全部付清或部分付清房价款。

2）持商品房预售合同到房地产登记机关登记备案。

3）将预购商品房设定抵押。一般有两种情况：一是预购人已全部付清房价款，同时预购人作为抵押人与抵押权人订立了抵押合同。二是预购人部分付清房价款，其余房价款向银行申请贷款，并以该预购的商品房设定抵押，作为偿还贷款的担保，预购人在一定期限内定时向银行偿还贷款，直到贷款清偿完毕。

4）抵押权人与抵押人签订抵押合同。签订抵押合同时，应查验抵押人所提供的商品房预售合同是否经房地产登记机关登记备案，该预购房屋是否已转让、已设定抵押或已被司法机关查封，等等。

5）抵押双方持抵押合同及经房地产登记机构登记备案的商品房预售合同到房地产登记机关办理抵押登记。

6）抵押权人保管其他权利证明，房地产权利人领取已经注记的商品房预售合同。

7）债务履行完毕或贷款已经清偿，抵押双方持注销抵押申请书、其他权利证明及已经注记的商品房预售合同到房地产登记机关办理注销抵押登记手续。

8）债务履行期间或贷款清偿期间，该预购商品房已经初始登记，买受人持商品房出售合同、房屋交接书和其他权利证明等材料到房地产登记机关办理交易过户登记。

9）抵押权人保管房地产其他权利证明，抵押人领取经注记的房地产权证及缴纳有关税费，并继续履行债务和清偿贷款。

预购商品房抵押登记要查验的资料：《预售许可证》《房地产抵押合同》《贷款合同》。

4. 现房抵押

现房抵押是指以获得所有权的房屋及其占用范围内的土地使用权设定抵押。现房抵押的一般流程如下。

（1）债务合同成立。债务人或者第三人将自己依法拥有的房地产做担保。

（2）抵押双方签订抵押合同。这时，抵押权人必定是债权人，而抵押人是债务人或第三人。债务不能履行时，抵押权人有权依法处置债务人或第三人拥有的抵押物。用抵押贷款购买商品房的，购买人先与商品房开发经营单位签订商品房出售合同，然后再与银行签订贷款合同及抵押合同。

（3）抵押双方持抵押合同、房地产权利证书到房地产登记机构办理抵押登记手续。抵押贷款购买商品房的，可以在申请办理交易登记的同时申请办理抵押登记手续。

（4）抵押权人保管房地产其他权利证明，抵押人保管已经注记的房地产权利证书。

（5）债务履行完毕，抵押双方持注销抵押申请书、房地产其他权利证明及已经注记的房地产权利证书到房地产登记机关办理注销抵押手续。

现房抵押登记要查验的资料：《房地产权证》《抵押合同》《贷款合同》。

3.3.2 房地产抵押合同

房地产抵押是担保债权债务履行的手段。房地产抵押合同是抵押人与抵押权人为了保证债权债务的履行，明确双方权利与义务的协议，是债权债务合同的从合同。房地产抵押是一种标的物价值很大的担保行为，法律规定房地产抵押人与抵押权人必须签订书面抵押合同。

1. 房地产抵押合同的特征

（1）房地产抵押合同是从合同。房地产抵押合同的权利是以债务合同（贷款合同）即主合同的成立为条件的，它是为履行主合同而设立的担保，从属于主合同。因此，抵押合同随主合同的成立生效而成立生效，随主合同的灭失而灭失，而且当主合同无效时，抵押合同必然无效。

（2）房地产抵押合同所设立的抵押权与其担保的债权同时存在。

（3）房地产抵押合同所设立的抵押权是一种他物权，可以转让，但其转让时连同主合同债务一同转让。

（4）房地产抵押合同生效后，抵押权人对抵押物不享有占有、使用、受益权。

（5）房地产抵押合同生效后，对抵押物具有限制性。房地产抵押权责一旦生效，抵押人便不得随意处置抵押物，如要转让已设定抵押的房地产，必须以书面形式通知抵押权人，并将抵押情况告知房地产受让人，否则转让行为无效。

（6）抵押权人处分抵押物须按法律规定的程序进行。一旦合同约定的或法律规定的抵押权人有权处置抵押物的情形出现，抵押权人应在处置抵押物时事先书面通知抵押人，抵押物为共同或者已出租的房地产，还应当同时书面通知共有人或承租人。处置抵押物可选择拍卖、变卖或者折价方式。处置抵押物时，按份共有的其他共有人，抵押前已承租的承租人有优先购买权。一宗抵押物上存在两个以上抵押权的，债务履行期届满尚未受清偿的抵押权人行使抵押权时，应当通知其他抵押人，并应当与所有权顺位抵押人就该抵押权及其担保债权的处理进行协商。

2. 房地产抵押合同的内容

房地产抵押合同一般应具备以下内容：

（1）抵押人、抵押权人的名称或者个人姓名、住所。

（2）被担保债权种类、数额。

（3）抵押房地产的处所、名称、状况、建筑面积、用地面积以及所有权归属或者使用权归属等。

（4）抵押房地产的价值。

（5）抵押房地产的占用管理人、占用管理方式、占用管理责任以及意外损毁、灭失的责任。

（6）债务人履行债务的期限。

（7）担保的范围。

（8）违约责任。

（9）争议解决的方式。

（10）抵押合同订立的时间与地点。

（11）双方约定的其他事项。

抵押物须保险的，当事人应在合同中约定，并在保险合同中将抵押权人作为保险赔偿金的优先受偿人。抵押权人在债务履行期届满前，不得与抵押人约定债务人不履行到期债务时抵押房地产归债权人所有。抵押权人需在房地产抵押后限制抵押人出租、出借或者改变抵押物用途的，应在合同中约定。

建设工期期权设定抵押的，还应增加：①《建设工程规划许可证》编号。②国有土地使用权出让金的款额。③总承包合同或者施工总承包合同约定的建设工程造价。④已投入工程的款额，但不包括获得土地使用权的费用。⑤建设工程竣工日期。设定最高限额抵押的，应增加：①连续发生债权期间。②最高债权限额。

抵押合同的订立应着重把握抵押物的部位、面积等，抵押物的价值及担保债务的数额，以及抵押权人有权处置抵押物的前提条件和处分方式，等等。如以已出租的房地产设定抵押的，应将已出租情况明示抵押权人。原租赁合同继续有效，如果有营业期限的，企业以其所有的房地产设定抵押，其抵押期限不得超过企业的营业期限，而抵押房地产有土地使用年限的，抵押期限不得超过土地使用年限。

当已设立抵押权的房地产再次抵押时，应将第一次抵押的情况告知第二抵押权人，处置抵押物，应以登记顺序为优先受偿的顺序。

3. 房地产抵押合同的成立

房地产抵押合同签订后，应当向房地产登记机关办理抵押登记，抵押合同自登记之日起生效。抵押人和抵押权人协商一致，可以变更抵押合同。抵押双方应当签订书面的抵押变更合同。一宗抵押物存在两个以上抵押权人的，需要变更抵押合同的抵押权人，必须征得所有权顺位抵押权人的同意。抵押合同发生变更的，应当依法变更抵押登记。

抵押变更合同自变更抵押登记之日起生效。

关于房地产抵押合同示范文本，我国各个地区都不太一样，可参考所在城市主管部门的规定。

房地产抵押合同范本

抵押人（甲方）：
抵押权人（乙方）：

为确保_____年____月____日签订的_____（以下称主合同）的履行，甲方愿意以其有权处置的房地产做抵押。乙方经实地勘验，在充分了解其权属状况及使用与管理现状的基础上，同意接受甲方的房地产抵押。甲方将房屋抵押给乙方时，该房屋所占用范围的土地使用权一并抵押给乙方。

双方本着平等、自愿的原则，同意就下列房地产抵押事项订立本合同，共同遵守。

第一条　甲方用作抵押的房地产坐落于_____市_____区_____街（路、小区）____号____栋____单元____层____户号，其房屋建筑面积____m^2，占地面积____m^2。具体内容以房屋所有权证记载内容为准，并将房屋所有权证作为本合同附件。

第二条　根据主合同，甲乙双方确认：债务人为_____；抵押担保的范围为乙方依据主合同拥有的对债务人的债权本金及利息（包括因债务人违约计收的复利和加收的利息）、债务人违约金和实现抵押权的费用（包括但不限于诉讼费、律师代理费、实现抵押权时支出的相关人员的差旅费等）。

第三条　经房地产评估机构评估，上述房地产价值为人民币____（大写），____（小写）。

第四条　甲方保证上述房地产权属清楚。若发生产权纠纷或债权债务，概由甲方负责清理，并承担民事诉讼责任，由此给乙方造成的经济损失，甲方负责赔偿。甲方应当在本合同签订之日起_____日内到房地产管理部门办理房地产抵押登记；若因甲方未办理抵押登记，使乙方不能依法享有本合同项下房地产的优先受偿权的，甲方应当对债务人的债务向甲方承担连带清偿责任。

第五条　乙方保证按主合同履行其承担的义务，如因乙方延误造成经济损失的，乙方承担赔偿责任。

第六条　抵押房地产现由_____使用。甲方在抵押期间对抵押的房地产承担维修、养护义务并负有保证抵押房地产完好无损的责任，并随时接受乙方的检查监督。在抵押期间因使用不当造成毁损，乙方有权要求恢复房地产原状或提供给乙方认可的新的抵押房地产，在无法满足上述条件的基础上，乙方有权要求债务人提前偿还本息。

第七条　抵押期间，甲方不得擅自转让、买卖、租赁抵押房地产，不得重复设定抵押，未经乙方书面同意，发生上述行为均属无效。

第八条　抵押期间，甲方如发生分立、合并，由变更后承受抵押房地产方承担或分别承担本合同规定的义务。甲方被宣布解散或破产,乙方有权要求提前处分其抵押房地产。

第九条　在本合同有效期内,未经甲方同意,乙方变更主合同条款或延长主合同履行期限的,甲方可自行解除本合同。

第十条　本合同生效后,甲、乙任何一方不得擅自变更或解除合同,需要变更或解除本合同时,应经双方协商一致,达成书面协议,协议未达成前,本合同各条款仍然有效。

第十一条　主合同履行期限届满,借款人未清偿债务,乙方有权拍卖、变卖抵押物并以所得价款优先受偿;或经双方协商以抵押物折价实现抵押权。

第十二条　在抵押期间,抵押房地产被拆迁改造时,甲方必须及时告知乙方,且根据具体情况,变更抵押合同或以房地产拆迁受偿价款偿还乙方的本息,并共同到登记机关办理有关登记手续。

第十三条　本合同在执行中若发生争议,甲乙双方应采取协商办法解决或共同向仲裁机构申请调解或仲裁,不能协商或达不成仲裁意向时可向人民法院起诉。

第十四条　本合同未尽事宜,按照房地产抵押管理规定及国家、省、市有关规定办理。

第十五条　本合同在双方签字盖章后生效。

第十六条　本合同一式三份,甲乙双方各执一份,房地产市场管理部门存档一份。

抵押人(公章):　　　　　　　　　　抵押权人(公章):
法定代表人(签字):　　　　　　　　法定代表人(签字):
(或授权代理人)　　　　　　　　　　(或授权代理人)
签订合同地点:
签订合同时间:　　　　年　　月　　日

3.4　房地产经纪业务概况

3.4.1　房地产经纪业务的特点和类型

1. 我国房地产经纪业务的特点

(1)房地产经纪业务形式多样,目前房地产经纪业务主要以居间、代理业务为主;

(2)房地产行纪业务和房地产拍卖业务也有一定的量;

(3)伴随着房地产经纪主要业务,还有大量的代办服务和咨询服务业务。

(4)房地产经纪新业务形式也会不断涌现,如分割出租、房屋质量查验等。

2. 房地产经纪业务的类型

商品房销售、存量房买卖、租赁和交换是房地产经纪行业中最主要的类型,具体分类:

(1)房地产居间业务与房地产代理业务。

(2)新建商品房经纪业务与二手房经纪业务。

(3)房地产买卖经纪业务与房地产租赁经纪业务。
(4)房地产行纪业务与房地产拍卖业务。
(5)房地产代办服务业务与房地产咨询服务业务。

3.4.2 房地产经纪业务的基本流程和经纪合同

这里主要介绍房地产经纪居间与代理业务基本流程和经纪合同。房地产经纪业务中的行纪和拍卖业务以及代办服务、咨询服务业务的基本流程和经纪合同，详见本书第6章"房地产行纪拍卖业务与代办咨询服务"。

1. 房地产经纪业务基本流程

无论是什么类型的房地产经纪业务，其基本流程都一样：

客户开拓（争取客户）→业务洽谈（倾听陈述，查验证件）→物业查验（实物、权益、区位）→签订房地产经纪合同→信息收集与传播→引领买方（承租方）看房→代理（协助）交易达成→交易及金额结算→产权过户与登记→物业交验→佣金结算→售后服务。

2. 房地产经纪合同

（1）特征与作用。房地产经纪合同属于劳务合同，主要特征：①是双务合同。②是有偿合同。③一般为书面形式。④主要是从合同（交易合同为主合同）。仅提供信息服务的房地产经纪合同不是从合同。房地产经纪合同的作用：①有效保障合同当事人的合法权益。②维护和保证市场交易的安全与秩序。

（2）经纪合同的主要类型：①房地产代理合同与房地产居间合同。②房地产买卖经纪合同与房地产租赁经纪合同。新建房屋租赁多采用代理合同形式，存量房租赁多采用居间合同形式。③一手房经纪合同与二手房经纪合同。④房地产买方代理合同与房地产卖方代理合同。房地产居间合同与房地产代理合同是房地产经纪合同的两种最基本形式。

（3）居间合同。根据居间人所接受委托内容的不同，居间合同可以分为指示居间合同和媒介居间合同。居间合同与代理合同的区别：房地产经纪人可以同时接受一方或相对两方委托人的委托，向一方或相对两方委托人提供居间服务，而代理人只接受一方委托人的委托代理事务。经纪人在居间合同中的义务：①如实报告义务。②尽力提供居间服务的义务。③保守秘密的义务。委托人的义务：①支付报酬。②支付必要费用。

（4）代理合同。代理合同的内容不是以双方当事人的意思表示一致作为合同的成立条件，而是以被代理人确定委托代理权限和代理人接受权为合同成立条件。房地产经纪人被房地产的买方或卖方授权委托代理时，其接受授权代理的事务分为两类：事务代理和商事代理活动。经纪人在代理合同中的义务：①按照批示处理事务的义务。②亲自处理事务的义务。③向被代理人报告处理事务情况的义务。④处理事务的收益和所得交付被代理人的义务。委托人的义务：①承担后果的义务。②承担处理事务的费用的义务。③给付房地产经纪人报酬的义务。④承担赔偿损失的义务。被代理人在授权委托经纪人处理事务中，处理事务所需要的费用的解决方式：①预付费用。②偿还费用。

（5）房地产经纪合同的内容：①交易标的的价值。②当事人各自的责任以及希望履行的标准。③对经济风险及当事人对风险造成损失的分担的事先预定。④对履约过程中发生障碍的处理方法。经纪合同的主要条款是具有共性的。提示条款一般包括：①当事人的名称或者姓名和住所——合同的主体。②标的——合同的客体。③服务事项与服务标准。④劳务报酬或酬金（明示合同）。⑤合同的履行期限、地点和方式。⑥违约责任。⑦解决争议的方式。

一手房代理的标的是批量化、差异化的房地产商品。在一手房经纪合同中，须特别增加以下条款：①经纪机构提取佣金的条件，如必须完成总预（销）售面积的多少比例。②价格浮动范围。③佣金结算的方式和时间。④有关广告、售楼处搭建及布置等方面的费用支付问题。

房地产经纪合同范本（买卖、租赁）

委 托 人（甲方）：_____
经 纪 人（丙方）：_____

根据《民法典》"合同编"和《城市房地产管理法》及相关法律法规规定，经甲、丙双方协商一致，就房地产交易经纪事宜订立本合同，以资共同遵守。

第一条 甲方委托丙方为坐落在_____市_____区_____号_____幢_____室_____的房地产转让，房屋租赁提供以下服务：

（一）提供信息发布；
（二）充当订约介绍人；
（三）协助、指导订立房地产转让、房屋租赁合同；
（四）协助办理房地产交易手续；
（五）协助办理其他手续[户口转移][水表过户][电表过户][煤气过户]。

第二条 委托期限从_____年_____月_____日起，至_____年_____月_____日止。

第三条 甲方委托的详细情况：

（一）产权人姓名：_____，建筑面积：_____m²，建成年份：_____年，层次：_____层，房屋结构：_____，房屋权属证号：_____，土地所有权为：[国有][集体所有]；
（二）室内装修情况：_____
（三）室内家具物品情况：_____
（四）水、电、煤气、供热、有线电视、固定电话等情况：_____
（五）拟房地产转让、房屋租赁的价格：_____元/m²。
（六）经交易双方确认房地产转让、房屋租赁的价格[_____元][_____元/年]。

第四条 甲、丙双方的权利义务

（一）甲方提供[房地产转让][房屋租赁]的信息应真实、合法、准确。

（二）甲方应于本合同签订后_____日内向丙方提交下列资料的复印件：
1. 产权人身份证
2. 房屋权属证书
3. 土地使用权证

（三）甲方应配合丙方到相关部门查验有关资料和到现场勘察房地产现状，并告知房屋有无漏水、管道不通等瑕疵和房地产是否已经抵押、房屋是否已经租赁等情况。

（四）甲方应配合丙方签订合同并到相关管理部门办理相关手续。

（五）丙方（房地产经纪人）在从事房地产经纪活动时，应出示《房地产经纪人执业证书》和《企业法人营业执照》。

（六）丙方对甲方提交的文件资料应出具收件清单。不得泄露委托人的商业秘密。

（七）丙方应对甲方提供的信息到现场勘察和相关部门进行查验。

（八）丙方应按照甲方的委托，发布房地产信息。

（九）丙方应配合甲方签订合同。

（十）丙方应配合甲方到相关部门办理相关手续。

（十一）丙方在完成甲方委托事项后，按照物价部门核定的收费标准向甲方收取中介服务手续费_____元。不再收取其他费用。

第五条　甲、丙双方的违约责任

（一）本合同第四条第（一）至（四）项，甲方应按约定做到，特殊情况应在____日内告知丙方，取得丙方书面同意，否则导致房地产无法正常交易，甲方应向丙方支付违约金_____元。

（二）本合同第四条第（五）至（十）项，丙方应按约定做到，特殊情况应在____日内告知甲方，并取得甲方书面同意，否则导致房地产无法正常交易，丙方应向甲方支付违约金_____元。

单方解除本合同，由违约方支付违约金_____元。

第六条　合同纠纷的解决方式

本合同在履行过程中发生的争议，由双方当事人协商解决，也可由房地产管理部门或工商行政管理部门调解。协商不成或调解不成的，按下列方式解决：
1. 依法向当地仲裁委员会申请仲裁。
2. 依法向当地人民法院起诉。

第七条　本合同未尽事宜可另行约定。

第八条　本合同一式两份，甲、丙双方各执一份。

第九条　本合同自甲、丙双方签订之日起生效。

委托方（甲方）签章：_____　　　经纪人（丙方）签章：_____
证件名称：_____　　　　　　　　经纪人签字：_____
证件号码：_____　　　　　　　　执业证号码：_____
联系电话：_____　　　　　　　　联系电话：_____

代理人签字：_____
证件名称：_____
证件号码：_____
联系电话：_____
共有人签字：_____
签订时间：_____年____月____日

3. 房地产经纪合同纠纷

（1）主要类型：①房地产交易行为与房地产经纪行为混淆造成的合同纠纷。②居间行为与代理行为混淆造成的纠纷。③经纪合同的权利不等造成的纠纷。④经纪合同的主要条款欠缺造成的纠纷。⑤服务标准与收取佣金标准差异造成的纠纷。⑥缔约过失造成的纠纷。⑦经纪合同当事人的观念和法律意识不足造成的合同纠纷。⑧其他。

（2）房地产经纪纠纷的规避与处置：①制定示范合同文本。②制定服务标准，明确服务要求和内容。③告知必要的经纪活动事项，利于委托人监督。④加强对房地产经纪企业格式合同的监督管理。⑤对已出现的纠纷，应及时协商或通过法律途径解决。

思考题

1. 房地产转让、租赁、抵押三种交易流程有什么异同？
2. 房地产转让、租赁、抵押三种交易合同有什么异同？
3. 当地城市房地产经纪业务的类型有哪些？

第 4 章

房地产居间业务

学习目标

1. 了解门店选址、布置及注册开业、经营方式、经营策略和推广策略。
2. 熟悉房地产居间业务的内涵、房源客源的重要性与特征、客源和房源的关系。
3. 掌握居间业务流程、房(客)源开拓的渠道和原则、房(客)源的管理与利用。
4. 掌握客户接待技巧、居间业务促成技巧与佣金计算。

技能要求

1. 遵循房地产经纪职业标准相关内容。
2. 在房地产经纪业务中体现工匠精神。
3. 实地操作房地产居间业务。
4. 计算房地产居间业务佣金。
5. 简单分析房地产居间业务纠纷问题。
6. 对门店选址、办公室布置进行相关调查,并提出具体意见。

案例 4-1

疫情影响房屋买卖　当事人能否援引"不可抗力"主张免责或解除合同

不可抗力,是指不能预见、不能避免且不能克服的客观情况。2020年新型冠状病毒肺炎疫情在春节期间突然暴发,并迅速在全国各地传播,全国多数地区启动疫情一级响应措施,各地政府要求延迟复工。因此,新冠肺炎疫情是不能预见、不能避免且不能克服的客观情况，符合不可抗力的三大特征。但是，在房屋买卖合同纠纷中，当事人能否以疫情构成"不可抗力"为由，要求减免相关合同责任或解除合同？下面我们看看三个法院的真实判例。

1. 当事人无法援引"不可抗力"条款主张免责

2003年春夏之间我国暴发"非典"疫情。原告与被告2003年6月21日签订《协议书》约定：被告承诺商品房于2003年9月底交付原告使用。原告于同年8月28日全部付清购房款。

同年9月19日，双方签订了《商品房买卖合同》。被告9月底没有交房，逾期35天。原告将其诉至法院，要求承担逾期交房的违约责任。

被告答辩称在"非典"疫情期间逾期交房属于不可抗力，应免除违约责任。法院认为，原告已按照有效的《协议书》和《商品房买卖合同》的约定按时将购房款全部交付给了被告，被告也应当按照约定的期限将房交付原告。虽然2003年春夏之间爆发了"非典"疫情，但被告在与原告签订《协议书》时应当预见疫情可能对其正常施工造成影响，但其仍然在《协议书》中约定在2003年9月底将商品房交付原告，且被告在2003年9月19日与原告签订的《商品房买卖合同》也约定"交房日期为2003年9月30日前"，这表明"非典"疫情并未对其交付房屋造成影响，故不能免除被告承担全部逾期交房的违约责任。所以被告的此项上述主张，法院不予支持。

援引"不可抗力"主张免责，首先必须满足不可抗力的构成要件，其次不可抗力与不能履行合同之间存在因果关系。在该判例中，"非典"疫情虽然符合不可抗力的构成要件，但是被告在签订合同时，疫情正在持续，被告应当能预见疫情可能对其正常施工造成影响，但被告还是做出按期交房的承诺。2003年9月19日，在双方签订《商品房买卖合同》时，"非典"对于合同双方当事人来说已经出现很长时间了，并不属于不能预见的客观情况，不符合不可抗力的构成要件。因此，被告不能援引不可抗力条款主张免除逾期交房的违约责任。

2. 当事人可以援引"不可抗力"条款主张免责

原告与被告于2017年3月10日签订《商品房买卖合同》约定：房屋交付期限为同年11月30日前，被告逾期交房超过180日后，原告有权解除合同。

合同还约定了关于不可抗力的补充条款。除不可抗力因素外，被告如有下列原因，可据实予以延期交付：①因法定原因或其他重大疾病流行导致工期延误及交房延误的。②因雨雪、大风等气象条件导致工期延误或因雾霾天气政府或相关部门责令暂停施工的。

后被告因不可抗力情况延期交付房屋，原告起诉至法院要求解除《商品房买卖合同》。法院认为，原告、被告签订的《商品房买卖合同》中明确约定了解除权条款，即"出卖人逾期交房超过180日后，买受人有权解除合同"。但被告对其逾期交房不予认可，且提供了政府因环境污染要求停工的文件，证明是由以上政策调整导致被告不能如期交房。

依据双方签署的《补充协议》第八条的约定：因雨雪、大风等气象条件导致工期延误或因雾霾天气政府或相关部门责令暂停施工的，该使用房屋可以逾期交付，且被告在具备交付条件后于2017年12月24日通过快递向原告邮寄了"入住通知书"等材料，履行了相应的通知义务。

综上所述，关于原告要求解除与被告签订的《商品房买卖合同》的诉讼请求，法院不予支持。

3. 当事人可以援引"不可抗力"条款主张解除房屋买卖合同

原告与被告于 2018 年 1 月 2 日签订《房屋买卖居间合同》，同时交付 1 万元定金。合同约定，如遇不可抗力导致本合同不能履行，经三方协商可解除本合同，三方均免责。而后，当地政府发布文件载明"对在本市拥有两套及以上住房的本市户籍居民家庭，暂停在本市再次购买新建商品住房和二手住房"。

2018 年 3 月 20 日，原告曾向被告主张解除双方签订的前述合同并要求被告退还定金，被告收到书面通知后明确拒绝退还。后原告起诉至法院要求解除房屋买卖合同，返还 1 万元定金。

法院认为，原告、被告签订的《房屋买卖居间合同》，是双方真实意思表示，该合同合法、有效，对双方具有拘束力。在合同约定的履行期间内，因当地政府发布相关文件，原告作为本市户籍居民已经拥有 2 套住房，其再行购买本案诉争房屋与该文件有悖，难以实现《房屋买卖居间合同》的目的，属于因不可抗力致使不能实现合同目的的情形，故原告、被告签订的《房屋买卖居间合同》应予解除，返还定金。

通过以上三个案例可以看出，当疫情等不可抗力事件出现时，当事人能否援引不可抗力条款主张免责或解除合同，需要结合具体情况而定。就 2020 年新冠疫情来说，肯定会对房屋买卖当事人造成影响。尽管本次疫情影响较大，但可以预见的是一般情况下不会导致房屋买卖合同的根本目的无法实现。因此，以本次疫情援引不可抗力主张解除房屋买卖合同的，应当慎之又慎。如确实因受疫情及其防控措施的影响不能履行合同时，一定要注意收集相应的证据，为主张不可抗力进行协商或诉讼做好充分的准备。

资料来源：陈旺法律服务团队，作者整理而成。

📖 案例 4-2

高某该付多少违约金

杨某作为出卖人与高某签订了《房屋买卖合同》，约定杨某将房屋出卖给高某，购房总款为 335 万元。同时合同约定若一方违约，应当支付房屋总价 20% 的违约金。合同签订后，高某因逾期付款形成违约，同时高某因无力继续支付购房款，诉至法院要求解除合同。杨某聘请本所律师提起反诉，要求高某按照合同约定支付购房总价款 20% 的违约金 67 万元。

法院判决结果：房屋买卖合同解除，高某给付杨某违约金 25 万元。

案例分析

要点一：房屋买卖合同中是否约定违约金以及约定违约金数额的多少，由买卖双方自主决定。《民法典》第 585 条规定"当事人可以约定一方违约时应当根据违约情况向对方支付一定数额的违约金，也可以约定因违约产生的损失赔偿额的计算方法"。可见，是否在房屋买卖合同中约定违约金，以及约定违约金的数额，适用意思自治原则，法律不予规范，由买卖双方决定。

房地产合同建议约定违约金。因为如果约定了违约金，一方违约时，对方即可直接按照约定主张违约金。比如本案合同中约定了违约金为购房总价款的 20%，律师就可以要求高某给付总房价 335 万元 20% 的违约金 67 万元。如果没有约定违约金，守约方只能依据实际损失，要求对方赔偿。但是，主张实际损失，法院要求当事人举证证明。可见，约定了违约金就省去了举证证明实际损失的麻烦。房屋买卖合同的违约金通常为房屋总价款的10%～20%。

要点二：当事人认为约定的违约金低于实际损失的，可以请求人民法院或者仲裁机构予以增加；当事人认为约定的违约金过分高于实际损失的，可以请求人民法院或者仲裁机构予以适当减少。

一方当事人认为约定违约金低于损失的，可以放弃违约金，直接主张实际损失。一方认为违约金过分高于实际损失的，则必须请求法院或者仲裁机构进行调整。《最高人民法院关于适用〈合同法〉若干问题的解释（二）》第二十九条："当事人主张约定的违约金过高请求予以适当减少的，人民法院应当以实际损失为基础，兼顾合同的履行情况、当事人的过错程度以及预期利益等综合因素，根据公平原则和诚实信用原则予以衡量，并作出裁决。"当事人约定的违约金超过造成损失的30%的，一般可以认定为《民法典》第585条规定的"过分高于造成的损失"。司法实务中法院确定损失的办法，应当以鉴定部门的鉴定结论为准。但是，法院委托鉴定，往往时间很长，为了尽快审结案件，法官通常仅仅咨询鉴定部门，记入笔录，即可进行调整。比如本案法官就是采取了这种办法，确认违约金的具体数额为25万元。

资料来源：作者根据相关资料整理。

案例讨论

1. 房屋买卖当事人援引"不可抗力"是否都可以免责？
2. 你认为高某该付多少违约金？

学习任务

到经纪公司考察房地产居间业务操作过程，写一份考察报告。

4.1　房地产居间业务流程与合同

4.1.1　房地产居间活动的特点、佣金和原则

（1）房地产居间活动的特点：房地产居间人必须"一手托两家"；只以自己的名义进行活动；介入房地产交易程度较浅；服务的有偿性；房地产居间活动范围广。

（2）房地产居间法律关系与佣金。房地产指示（报告）居间是一个合同法律关系，媒介居间可以包含两个合同法律关系。在委托人与居间人就媒介居间达成合意时，成立了一个合同法律关系。在第三人同意居间人斡旋时，就产生了居间人为连接点的居间合同法律关系，即构成了媒介居间的双重法律关系。在第三人同意媒介居间的情况下，必为两个居间法律关系，居间人必为双重居间人。居间人是以自己的名义在委托人和第三人（第一委托人和第二委托人）之间斡旋，不会与双方代理发生混同，即双重居间不产生双方代理的后果。居间人可以兼为代理人，这不会伤害到居间的性质，也不影响双重居间。实务中，媒介居间人经常在两个委托人之间的买卖合同上签字，可以从双方（两个居间合同的委托人）取得报酬，因居间人提供订立合同的媒介服务而促成合同成立的，由该合同的当事人平均负担居间人的报酬。但是，居间人促成合同成立的，居间活动的费用，由居间人负担。

（3）房地产居间的原则：热忱服务的原则；恪守合同的原则；合理佣金的原则；公正公平的原则。

4.1.2 房地产居间类型

（1）房地产转让（买卖）居间业务，是指房地产经纪人为使转让方和受让方达成交易而向双方提供信息和机会的居间业务。房地产买卖可分为新建商品房期房买卖和现房买卖、二手房的买卖，目前房地产买卖居间业务以二手房地产买卖居间业务为主。

（2）房地产租赁居间业务，是指房地产经纪人为使承租方和出租方达成租赁交易而向双方提供信息和机会的居间业务。主要包括新建商品房的期权预租、新建商品房现房出租、存量房屋的出租和转租。当前房地产租赁居间业务主要还是存量房屋出租居间。

此外，房地产居间还有房地产抵押居间、房地产投资居间等。

4.1.3 房地产居间业务流程

房地产居间业务流程与房地产经纪业务基本流程一样（内容见第3章"3.4.2 房地产经纪业务的基本流程和经纪合同"）。房地产居间业务流程如图4-1所示，居间业务要点如下。

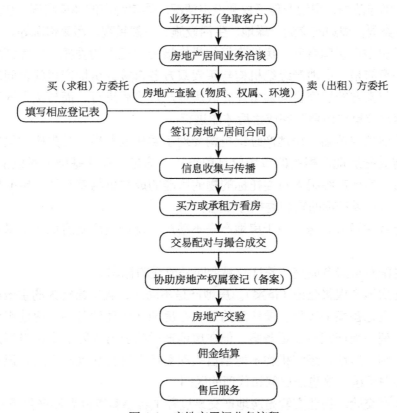

图4-1 房地产居间业务流程

（1）业务开拓。这是具体居间业务开始前的准备工作，目的是客户开拓，即争取客户。一般房地产经纪机构都会通过广告宣传和公共关系活动来宣传自己，吸引客户，开拓市场。但更重要的是在所承接的每一项业务中，要切实为客户提供高质量的服务，以质量和信誉来赢得客户信任。目前，越来越多的房地产经纪机构注重运用品牌战略来稳步开拓市场，争取客户。

（2）房地产居间业务洽谈。当委托人已有初步委托意向时，房地产经纪机构就要派出房地产经纪人与其进行业务洽谈。业务洽谈时：①要倾听客户的陈述，充分了解委托人的意图与要求，衡量自身接受委托、完成任务的能力。②查验有关证件如身份证明、公司营业执照、房地产权证等相关证明文件，了解委托人的主体资格、生产经营状况及信誉。③向客户告知自己的姓名及房地产经纪机构的名称、资格以及按房地产经纪执业规范必须告知的所有事项。④双方就居间方式、佣金标准、服务标准以及拟采用的居间经纪合同类型及文本等关键事项与客户进行协商，对委托达成共识，这是居间业务洽谈中最重要的内容。

（3）房地产查验。房地产经纪人要对接受委托的房地产的权属状况、文字资料、现场情况等进行查验。物业查验的基本途径：文字资料了解；现场实地察看；向有关人员了解。查验的主要内容有：①房地产的物质状况，包括房地产所处地块的具体位置和形状、朝向，房屋建筑的结构、设备、装修情况，房屋建筑的成新。②房地产的权属情况，包括房地产权属的类别与范围，房地产他项权利设定情况。③房地产的环境状况，包括标的房地产相邻的物业类型，周边的交通、绿地、生活设施、自然景观、污染情况等。

（4）签订房地产居间合同。房地产经纪机构接受委托人的委托，应签订房地产居间合同。值得注意的是，房地产经纪机构与买卖双方各自签订房地产居间合同的时间常常是不一致的，与卖方的居间合同通常在完成房地产查验后进行，而与买方的居间合同常常要求在"信息收集与传播"完成之后才能进行。

（5）信息收集与传播。房地产经纪机构受理了委托业务后，首先应收集房地产标的物的信息、与委托房地产相关的市场信息和委托方信息，在此基础上对以上信息辨别、分析、整理后，房地产经纪人对委托标的物的可能的成交价格就有了一定的把握。信息传播的主要内容：委托标的物和委托方信息。

（6）买方或承租方看房。由于房地产是不动产，现场看房是房地产交易中必不可少的环节。

（7）交易配对与撮合成交。签订交易合同是成交的标志。

（8）协助房地产权属登记（备案）。房地产是不动产，其交易行为的生效必须通过权属转移过户、登记备案来实现。要注意的是，在房地产代理业务中，房地产经纪机构要代理委托人办理房地产权属登记备案，但在房地产居间业务中除非交易当事人正式委托代办事宜，否则，房地产经纪机构不能亲自代理委托人进行房地产权属登记备案，只能协助其办理相关手续。这也是居间和代理的区别。

（9）房地产交验。物业交验是房地产交易过程中容易暴露问题和产生矛盾的一环。

（10）佣金结算。一旦实现居间合同所约定的"交易达成"事实，房地产经纪机构应及时与交易双方进行佣金结算，佣金金额和结算方式应按居间合同的约定来确定。

（11）售后服务。售后服务是房地产经纪机构提高服务，稳定老客户、吸引新客户的重要环节。居间业务的售后服务内容可包括3个主要方面：①延伸服务。②改进服务。③跟踪服务。

4.1.4 房地产居间合同

房地产居间合同是房地产经纪人接受委托，为委托方报告房地产成交机会或撮合委托人与他方成交，委托方给付佣金的合同。房地产居间合同是以促成二手房交易双方达成交易为目的的委托合同。房地产经纪人是中间人，既不能以一方的名义，也不能以自己的名义或为委托人的利益而充当与第三人订立合同的当事人。

（1）二手房居间合同一般要包括以下主要条款：

1）委托人甲（出售、出租方）、居间方、委托人乙（买入、承租方）三者的姓名或名称、住所。

2）居间房地产的坐落与情况。

3）委托事项。

4）佣金标准、数额、收取方式、退赔等条款。

5）合同在履行中的变更及处理。

6）违约责任。

7）争议解决的处理办法。

8）其他补充条款。

（2）不同类型房地产居间合同的注意事项。

1）房地产转让居间合同的注意事项：要写明转让居间房地产的详细坐落情况；在佣金标准、数额、收取方式、退赔等方面要有详细规定；明确三方违约责任的处理办法。

2）房地产租赁居间合同的注意事项：在房屋租赁居间合同中应补充限制性条款，以便明确房地产经纪机构与委托人各自的权利义务。

二手房居间合同范本

委托人甲（出售、出租方）：_____

居 间 方：_____

委托人乙（买入、承租方）：_____

第一条　（订立合同的前提和目的）

依据国家有关法律、法规和本市有关规定，三方在自愿、平等和协商一致的基础上，就居间方接受委托人甲、乙的委托，促成委托人甲、乙订立房地产交易_____（买卖/租赁）合同，并完成其他委托的服务事项达成一致，订立本二手房居间合同。

第二条　（提供居间房地产的坐落与情况）

委托人甲的房地产坐落于_____市_____区（县）_____路_____弄_____号_____室共_____套，建筑面积为_____平方米，权属为_____，权证或租赁凭证编号_____，其他情况_____。

委托人乙对该房地产情况已充分了解。

第三条 （委托事项）

（一）委托人甲委托事项（共_____项）

主要委托事项：

1._____
2._____

其他委托事项：

1._____
2._____
3._____

（二）委托人乙委托事项：（共_____项）

主要委托事项：

1._____
2._____

其他委托事项：

1._____
2._____
3._____

第四条 （佣金标准、数额、收取方式、退赔）

（一）居间方已完成本合同约定的委托人甲委托的事项，委托人甲按照下列第_____种方式计算支付佣金。(任选一种)

1. 按该房地产_____(总价款/月租金计)_____%，具体数额为_____币_____元支付给居间方；

2. 按提供服务所需成本计_____币_____元支付给居间方。

（二）居间方已完成本合同约定的委托人乙委托的事项，委托人乙按照下列第_____种方式计算支付佣金。(任选一种)

1. 按该房地产_____(总价款/月租金计)_____%，具体数额为_____币_____元支付给居间方；

2. 按提供服务所需成本计_____币_____元支付给居间方。

（三）居间方未完成本合同委托事项的，按照下列约定退还佣金：

1. 未完成委托人甲委托的主要事项第（　　）项、其他事项第（　　）项的，将合同约定收取佣金的_____%，具体数额为_____币_____元，退还委托人甲。

2. 未完成委托人乙委托的主要事项第（　　）项、其他事项第（　　）项的，将合同约定收取佣金的_____%，具体数额为_____币_____元，退还委托人乙。

第五条 （合同在履行中的变更及处理）

本合同在履行期间，任何一方要求变更合同条款的，应及时书面通知相对方，并征得相对方的同意后，在约定的时限_____天内，签订补充条款，注明变更事项。未书面告知变更要求,并征得相对方同意;擅自变更造成的经济损失,由责任方承担。

本二手房居间合同履行期间,三方因履行本合同而签署的补充协议及其他书面文件,均为本合同不可分割的一部分,具有同等效力。

第六条 (违约责任)

(一)三方商定,居间方有下列情形之一的,应承担违约责任:

1. 无正当理由解除合同的;
2. 与他人私下串通,损害委托人甲、乙利益的;
3. 其他过失影响委托人甲、乙交易的。

(二)三方商定,委托人甲、乙有下列情形之一的,应承担违约责任:

1. 无正当理由解除合同的;
2. 未能按照合同约定提供必要的文件和配合,造成居间方无法履行合同的;
3. 相互或与他人私下串通,损害居间方利益的;
4. 其他造成居间方无法完成委托事项的行为。

(三)三方商定,发生上述违约行为的,按照合同约定佣金总额的_____%,计_____币_____元作为违约金支付给各守约方。违约方给各守约方造成的其他经济损失,由守约方按照法律法规的有关规定追偿。

第七条 (发生争议的解决方法)

三方在履行本合同过程中发生争议,由三方协商解决,协商不成的,按本合同约定的下列第( )项进行解决:

1. 向_____仲裁委员会申请仲裁;
2. 向法院提起诉讼。

本合同一式_____份,甲、乙、丙三方各执_____份。

第八条 (订立合同数量)

本合同一式_____份,甲、乙、丙三方各执_____份。

补充条款

委托人甲(名字/名称)	居间方(名称)	委托人乙(名字/名称)
身份证号/其他证件号码	营业执照号码	身份证号/其他证件号码
住/地址	住/地址	住/地址
邮政编码	邮政编码	邮政编码
联系电话	联系电话	联系电话
本人/法定代表人(签章)	法人/法定代表人(签章)	本人/法定代表人(签章)
代理人(签章)	执业经纪人(签章)	代理人(签章)
	执业经纪证书(编号)_____	
年 月 日	年 月 日	年 月 日
签于:	签于:	签于:

4.1.5 二手房居间业务案例

案例：南京中广置业公司房地产租赁居间业务操作

南京中广置业公司房地产租赁居间业务操作过程，如图4-2所示。

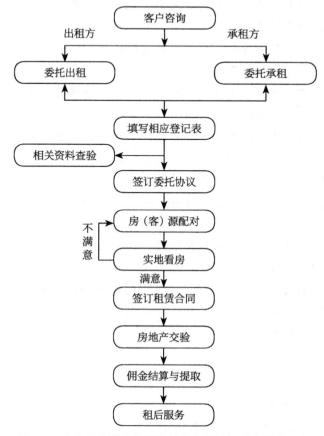

图4-2 南京中广置业公司房地产租赁居间业务操作过程

4.2 房地产居间业务的开设

居间业务是房地产经纪业务的重要组成部分，其市场规模随着房地产业的发展而逐步壮大，专业化程度和规范化程度也不断提高。居间业务的开设，将涉及经营方向的选择、经营定位和经营模式的选择，以及具体的门店的选址等实务。

4.2.1 经营方向的选择

居间业务的开设，需要明确区域和经营定位。经营定位和经营模式的选择又依赖于有效的市场细分，并根据所划分客户群体的属性及分布区域，进行有效的业务开展。

1. 市场细分

市场细分是指导经纪机构选择业务开展区域和制定经营方向的决定性因素。在开设房地产居间业务前，需要对房地产市场进行细分。

（1）市场细分的原则：①可测量性。②可进入性。③可盈利性。④可行性。

（2）房地产居间业务市场细分的依据。

1）根据使用性质的不同，房地产产品可以分为住宅、写字楼、商铺以及工业厂房等。所以，居间业务市场可以分为住宅市场、写字楼市场、商铺市场等。

2）按产品消费层次划分，房地产市场分为高端市场、中端市场及低端市场。

3）按房地产交易类型细分：①房地产转让居间业务细分。可分为：土地使用权转让居间、新建商品房期房买卖居间和现房买卖居间、二手房的买卖居间，目前房地产买卖居间业务以二手房地产买卖居间业务为主。②房地产租赁居间业务细分。可分为：土地使用权租赁居间、新建商品房的期权预租居间、新建商品房现房出租居间、存量房屋的出租和转租居间。当前房地产租赁居间业务主要还是存量房屋出租居间。

（3）房地产经纪市场细分的步骤：

确定市场方向，根据需要选定市场范围→研究客户的潜在要求，列举潜在顾客对房地产的基本需求→区分客户的需求差异，分析潜在顾客的不同需求，初步细分房地产市场→进行细分市场的初步筛选，舍去共同需求，以特殊需求作为细分标准→划分房地产市场，为市场暂时取名→分析市场营销机会，认识各子市场的特点→确定客户群体的规模，确定可进入的细分市场，如选择住宅中低端市场二手房买卖居间业务。

2. 选择区域和方向

特定的区域市场往往形成相应的特性，将直接影响到经营门店的开设。所以，区域的选择是居间业务开展时首要考虑的问题，要确定符合细分目标客户群体的消费区域。

（1）选择区域。特定的区域通常由核心区域、中间区域和外围区域构成。

1）范围界定。房地产门店的影响力在区域内通常有一个相对集中、稳定的范围。一般是以门店设定点为圆心，以周围 1 000m 距离为半径划定的范围作为该区域设定考虑的可辐射市场。半径在 500m 内的为核心区域，获取客户占总数 55%～70%；半径在 500～1 000m 的为中间区域，可获取客户占总数 15%～25%；半径在 1 000m 以外的为外围区域，可获取客户占总数 5% 左右。界定区域时，总是力求较大的目标市场，以吸引更多的目标客户。所以，门店所处位置不能偏离选定区域的核心。

2）区域市场分析。对与市场细分吻合的区域必须分析的因素包括门店所在区域客户的消费形态、结构，同类型客户和业主的集中程度，以及房地产产品的存量、户型、周转率、价格等。对于经纪公司而言，目标区域的选择是否准确，将直接关系着经营的质量。以住宅市场为例，统计分析应包括销售及租赁成交额的占比分析，成交面积的占比分析，成交单位的面积分析、成交户型分析，成交单价分析与周转率的分析，所在地各区域市场对比分析，等等。从宏观市场到中观市场，直至微观市场进行深入细致的分析研究后，以确定目标市场的最佳选择区域。

3）区域竞争对手。首先要对对手进行详尽的调查，以选定门店的地点为中心，对 500m 半径距离内的同业门店的发展状况、运营状况进行调查。一般可以采取观察法、电话咨询法、假买法等。另外，对竞争对手经营效益的分析也是至关重要的工作，包括经营成本的估算、成交额估算、各竞争门店所占市场份额的比例、区域市场的潜在成交额及目前市场的饱和程度、介入后可能获取区域内的市场份额等。

（2）选择经营方向。

1）经营方向。在充分了解目标市场的特征及选择区域的市场状况后，经纪机构就可以制定合理的经营方向。在经营方向上，要注重准确的广告推广、从业人员业务水平、销售跟进或其他宣传形式的各种市场沟通方式，如经营方向选择二手房住宅买卖与租赁居间业务。

2）投资预算。经纪机构在做出门店开设投资决策前，必须对选择区域居间业务开展进行研究，包含可行性研究和估算经营成本两项工作。可行性研究要计算出财务投资回报率和盈利率，进行盈亏分析，以确定是否投资、投资的方式、投资的数额及规模等。经营成本的估算，包括门店开设的一次性费用（如门店租金、装修、办公设施等）和日常运营费用（如员工工资、广告费、水电费等）两个部分。

4.2.2 注册设立

房地产经纪机构中房地产经纪公司、合作制房地产经纪机构及个人投资房地产经纪机构均可从事房地产居间业务。房地产经纪机构的注册设立，需要具备一定的条件和按照一定的程序，详见本书2.2.1"房地产经纪机构的设立"。

1. 经营方式

居间业务一般采取有店铺的经营方式，这样便于面向零散房地产业主及目标客户。同时，根据店铺数量的多少分为单店铺经营方式、多店铺经营方式和连锁店铺经营方式。单店铺经营方式比较适合刚注册设立的小型房地产经纪机构。另外，刚注册设立的小型房地产经纪机构也可采用特许加盟店的经营方式。未来，无店铺的网店经营方式将是一种趋势。

2. 经营策略

正确的经营策略会使经纪机构把握住市场机会，实现快速发展。

（1）经营策略内容。它包括经营任务、经营目标和经营措施的制定。

（2）经营策略。经营首先要充分了解所在地房地产市场的环境，在制定经营策略之前，先进行SWOT分析，认清自身的优势和劣势，认清机会和威胁，然后选择适当的经营策略，并充分发挥自身经营特色。它主要包含3种模式：①市场优势策略。适合具有一定品牌影响力、一定市场份额且资金实力雄厚的经纪机构，其目的是扩张规模、扩大市场占有率。②市场追随策略。追随策略并不是简单的模仿，要有独特的发展路线，尽量避免激烈竞争的制约，正确把握市场细分与集中的关系，创业初期的经纪机构常常采用该策略。③市场补缺策略。适合实力相对较弱的经纪机构，其目的是避免大的冲突，主动去发现自己有优势的细分市场，这些市场往往是有实力的经纪机构所忽略和放弃的。

（3）制订合适的区域布局计划。确定经营策略后，要根据自身的定位情况，规划区域布局机会、开店的优先顺序、密度和规模等。布局计划要符合经纪机构的经营策略思想，切入实际，避免盲目。

3. 推广策略

推广涵盖了房地产经纪机构的形象定位和广告宣传等方面的事物，在居间业务经营的成本中所占的比重较大。

（1）形象定位。形象通常指企业形象，形象塑造是一套综合的系统，将企业无形与有形、外在与内在的形象魅力，全方位地展现给客户。有效的形象定位，有助于增强竞争力、吸引人才。形象定位必须做好3个方面的工作。

1）树立企业精神。企业精神是经纪机构企业文化的核心要素，包括企业价值观、敬业精神、企业道德、企业作风等。企业精神确立之后，要通过培训、教育的手段告知员工，作为员工的行为规范。

2）营造经营理念。它包括经营信条、经营哲学、经营方针和策略等内容。要把创造卓越的服务品质作为自己的经营信条。开展多店铺发展时，经营理念的统一和执行，对塑造和维护企业形象至关重要。

3）适时引进CIS。CIS即企业形象识别系统，将企业的经营活动、经营理念、企业精神通过媒体宣传来增进社会认同。

（2）广告宣传。广告宣传有两种途径。

1）店面广告。店面广告简称POP，是指设在门店周围、入口及内部的广告。门店招牌、门店装潢、橱窗设计、门店装饰等都属于店面广告的具体形式。因设置空间的不同又分为室内店面广告和室外店面广告。店面广告的形式大致有立地式、悬挂式、壁面式、吊旗式、橱窗式、贴纸式、彩色灯箱广告及文字广告等。不管哪种形式，在主题上要突出的是经纪机构的企业形象，清晰地标示出服务电话、服务内容、楼盘展示牌和房源资讯广告，这样更便于吸引客户。

2）媒体广告。媒体广告通常是报纸、房地产相关杂志等。

4.2.3 门店选址及布置

1. 门店选址

（1）门店选址的意义。①门店选址关系门店的前景。店址一旦确定，就需要投入大量的资金去营建门店。门店选择具有长期性、固定性的特点，所以在确定店址之前，必须做出预见性的考虑。②门店选址是制定经营目标和战略的依据。不同的区域有不同的社会环境，人口状况、地理环境、交通条件、市政规划等因素，会影响经营目标和战略的制定。③门店选址影响门店的经营效益。选址得当，就可以占有"地利"优势，广泛吸引客户，增强客户信心，提高获利的机会。④好的门店能吸引更多客户。选址要遵循"方便客户"的原则，体现出可达性、易达性及其他便于客户接近的特性。以此节省客户的交易时间，降低交易成本，并能最大限度满足客户的需要。

（2）门店选址的条件：①确保可持续经营。选址时，必须具有发展眼光，对未来的市场发展也要有一个准确的评估和预测，选址应具有一定的商业发展潜力，在该地区具有竞争优势，以保证在以后一定时期内都是有利可图的。②充足的潜在客户群体及房源。③顺畅的交通条件和客户可达性。一般来说，门店有关的街道人流量要大、要集中，交通方便，道路空阔，房源密布。

（3）门店选址的程序：

确定门店区域，要依据目标市场、服务对象选择最佳门店所在的区域→选择最佳位置，门店区域选定后，在本区域内要找到最佳的开店位置→市场调查，对门店区域和预选的门店位置进行仔细的调查研究，分析优劣势→被选门店的筛选和分析，在市场调查充分完成的前提下进行门店筛选，一般同一区域备选门店不低于两个，通过权衡选择最优的门店→谈判和签约，选定门店后要及时与门店业主进行谈判，签订正规的租赁合同→开业准备，要抓紧时间投资改造、装修，确定开业日期。

（4）门店选址的考虑因素：①内部因素。一是经营目标，每个门店都有自己的经营目标，要考虑单位面积的销售额和利润，还要考虑每个人实现的销售额；二是发展前景，要考虑到区域的发展。有些区域尽管小区林立，常住人口密度高，但房屋转让率和出租率等指标并不突出，不宜开店。相反，一些新开发的区域前景广阔，在此开店，良好的效益是可以预期的。②外部因素。一是业主状况，主要包括：A.区域内业主置业情况，可按初次置业、二次置业、多次置业进行区分；B.区域内业主户数及结构；C.区域内房屋转让率及出租率。二是客流量，包括现有客流量和潜在客流量，要力图把门店选在潜在客流量最多、最集中的地点。客流量的分析包括：A.客流类型，有自身的客流、分享竞争对手的客流、无意中或广告宣传等所形成的派生客流；B.客流的目的、速度和停滞时间。③竞争因素。要考虑同业门店及单店之间的竞争影响。通常情况下，在开设地点附近如果同业竞争对手众多，但店铺经营独具有特色（差异化），就会吸引一定的客流。反之无特色，则要避免与同业门店毗邻。

（5）门店选址的原则：①追求广告醒目的原则。②追求门面宽阔的原则，门面越宽，展示功能越强，价值越高。③追求空间方正醒目的原则。④追求视野开阔的原则。

（6）门店选址的要点：①地形选择。一般门店用地形式主要有：A.转角地形。转角地形指十字路和岔路的交接地，面临两条道路，所以要选择最好的一面作为门店的正门。B.三岔路地形。三岔路正面的门店，面对几条路上的人流，店面十分显眼，所以被认为是非常理想的门店位置。C.方位地形。通常门店正门朝南为佳。D.街道地形。门店要设在客流集中的地段。②与道路的关联性。通常门店与道路基本同处一个水平面上是最佳的。③与客户的接近度。接近度越高越好。④租金水平。地段租金水平是否适合开店的预算。

（7）门店选址的评估及租赁交易。①门店选址的评估，主要是对未来经营效益的评估，这是店铺收益预算的基础。评估方法：一是比较法，拿同业同区域门店中经营状况优良门店来做比较；二是必要市场占有率法，即盈亏平衡时的市场占有率，一般来说，门店的必要市场占有率越低越好。②租赁交易，主要是租金谈判。租到一个符合公司定位需求的店铺，不是一件简单的事，房屋租赁要注意以下要点：一是了解出租人是否有权出租店铺；二是了解门店实际状况，如门面大小、地板、空调、水、电、通信及安全性能等情况是否符合开店需求；三是协商租赁条件，尽量降低租金，因为租金在经营中所占成本的比例很高。当租金符合预期时，则可以签订租赁合同。

2. 门店的布置

门店有如人的"脸面"，是企业形象，要科学布置。

（1）门店形象设计的基本原则：要符合房地产经纪行业的基本特征，并充分考虑客户的消费心理等因素。①符合经纪机构的形象宣传。设计风格要与经纪机构的形象宣传、主色色调等保持一致。②注重个性化。做到"出众"但不"出位"（行业特点）。③注重人性化。门店要符合机构本身的目标客户群的"口味"，针对性强，提升门店与客户之间的亲切感。

（2）门店形象设计的要点：①招牌的设计。招牌往往是吸引顾客的第一个诱因，是一个十分重要的宣传工具。招牌通常情况下是门店正上方的横条形招牌，在设计的时候可突出经纪机构的形象标志、业务范围及经营理念等元素，字形、图案造型要适合房地产经纪机构的经营内容和形象，必须符合易见、易读、易懂、易记的要求。②门脸与橱窗的设计。门脸的设计一般采用半封闭方法，门店入口适中、玻璃明亮，客户能一眼看清店内情形，然后被引入店内；橱窗的设计是门店装饰的重要环节，是向客户展示物业资讯、塑造公司形象的视窗，所以在设计时一定要便于客户观看。③门店的内部设计。设计风格要与外观风格保持一致，包括建筑墙面的装饰和内部布局的设计。内部布局的设计要给客户和业主一种宾至如归的享受。要有功能区分，设置接待区、会谈区、签约区、工作区及洗手间等功能区域，满足经营需要，增强客户和业主的舒适感及安全感。

（3）门店的开业。①开业对外可以起到宣传的作用，可进行一定时间的试营业。②开业庆典筹划。一是选择开业日期，一般都选择传统吉日的方法；二是确定开业形式，以热闹、喜庆为好，形式上可以采取新闻发布会、酒会以及传统的民间舞狮等形式；三是庆典议程；四是嘉宾邀请。总之，门店开业要气氛热烈、隆重，形式丰富多彩，内容庄重大方，富有影响力和感召力。

4.3 房地产居间业务的房源管理

4.3.1 房源的概述

1. 房源的概念

房源是指房屋租赁或者销售的资源。房源是房地产经纪公司的重要资源，是赖以生存和发展的空间与潜力，不容忽视。房源的概念通常被认为是房地产经纪公司拥有的业主（委托人）委托出售或出租的房屋，房源信息是做好房地产居间业务的关键资源。房源并不是经纪公司拥有的商品，而是其可利用的信息。房源的具体情况不是一成不变的，而是会经常发生变化的，主要包括两个方面的变化：一是价格因素的变动；二是使用状态的变动。经纪公司要及时掌握这些情况。

2. 房源的属性

房源的属性主要有3个：①房源的物理属性，决定了房源的使用价值。②房源的法律属性，主要包括房屋的用途和权属状况。③房源的心理属性，指委托人在委托过程中的心理状态，这种状态又往往随时间的推移而发生变化，从而也对房源价格因素产生影响；影响委托人心理状态的重要因素有：市场信息了解程度的变化；出售或出租心态的变化，心态随其工作、生活现状的变化而相应变化。

3. 房源的特征

在我国，经纪公司所掌握的房源具有：①公共性。对经纪人来说房源不是其拥有的商品，而只是其可利用的信息。在我国很多城市，房主为了快点把房子卖出去，一般都是多家委托，很多公司都有这个房源，我们这时获得的是信息而不是商品。②变动性。房源的变动性包括两个方面：价格因素的变动和使用状态的变动。价格的变动是经常发生的，使用状态的变动较少发生。这样就要求经纪人及时回访客户，及时更新房源价格的变动、使用状态的变动。③可代替性。虽然没有两套完全一样的房子，但客户可以选择在同类地段找相似的房源，即代替性房源。④时效性。一套房源你要是在短期内不能成交，它就有可能在别的地方成交；有的房源委托虽然事先说好了，可是时间一长，再去的时候，房主又说不卖了，所以说房源的时效性很强。

4.3.2 房源的开拓

1. 房源的开拓渠道

（1）小业主房源开拓的渠道。主要有：①报纸广告。②路牌广告。③派发宣传单张。④电话访问。⑤互联网广告。⑥直接接触寻找。房地产经纪公司常用的且较理想的、成本也较低的房源开拓渠道是派发传单，被许多经纪公司所采用。

（2）大业主房源开拓的渠道。主要有：①房地产发展商。②地方相关行业。③大型企事业单位。④资产处理公司，有遭到法院查封而被拍卖的房子，其拍价一般低于市场价10%～20%，也有典当房，被典当或抵押到期没有赎回而被拍卖的房子，拍价一般也低于市场价。⑤银行。

2. 房源的开拓原则

获得目标房源的信息和渠道之后，开拓房源的原则有：①及时性。获知房源资料后，必须及时对其进行核实、了解，力争在最短的时间内使之成为有效房源，并根据其变动性进行及时的信息更新，保证其有效性。②持续性。房源是有时效的，会随着成交暂时退出市场，只有持之以恒的"持续性"地开发，才能保证充足的房源可以利用。比如你获得了5套房源，成交了两套，你后面必须持续开发，否则就没有"粮草"了。房地产经纪公司对房源的开拓必须遵循持续性的原则，持之以恒地进行，以保证有充足的房源可以利用。③集中性。针对某一区域、某一楼盘、某一类型的房源收集，保证相对集中，从而使有该类需求的客户有更多的选择，比较容易促成交易。保持房源的集中性，先开发自己的核心商圈，等有精力后再去开发其他商圈，不要舍近求远。如果房子不集中的话，一旦广告登出去，客户打了电话，某个条件不符合他们的要求的话，广告就白做了。如果我的小区有10套房子，这套不合适，我还可以推荐其他的，有量才会有选择。

4.3.3 房源的管理与利用

1. 房源的分类

房源可以按物业类型划分为住宅，商铺，写字楼，仓库、车房和厂房，也可以按物业所在城区划分、物业价格层次划分、物业建成年份划分、可售性价值划分，还可以根据经纪人开展工作的现实需要划分。为提高集中查询房源的工作效率，经纪人通常把房源分成套盘、笋盘、新盘、散盘等类型，录入计算机，便于查询。

（1）套盘。经纪人把一些基本情况相似或接近的房源信息归集为一类，以便于管理和替代，这种方法称为套盘。同一项目的房源，往往存在基本统一的信息，如地址、物业管理费、交通条件、新旧程度等，而像朝向、户型、面积等房屋状况也较为接近，它们之间的替代性强，常常可用甲单元替代乙单元。因此，将这类房源归为一类，形成套盘，可便于信息的管理。在很多情况下，房地产经纪人只需要维护其中一套单元的资料，就可以掌握整个项目的基本情况。

（2）笋盘。来自广东方言，"笋"是超值的意思，笋盘即是指符合或低于市场价、极易成交的房源。在某些情况下，房地产经纪人开展居间业务的注意力集中在"笋盘"当中，可提高工作效率。

（3）新盘。新盘是将在最近一段时间内刚刚搜集到的房源信息，录入"新盘库"。有时候房地产经纪人已将公司所拥有的所有合适的房源向某位客户进行了推介，但该客户一直不太满意。因此，从这时起，该房地产经纪人就只需要留意公司的"新盘库"，如果其中出现了合适的房源，再向该客户进行推介，否则就无须浪费资源和精力。

（4）散盘。散盘是相对于上面三种类型的房源而言的，是指在上面三种以外的一些房源，没有固定的特点，只是房源信息库的一个组成部分。

2. 房源信息的处理

（1）房源信息的要素：①基本要素——业主资料、物业状况、放盘要求等。在房源信息的基本要素中，除房产的位置、产权证书、面积、用途、性质及装修等房屋状况外，还包括业主（或委托人）的姓名和电话以及通信地址、是否有他项权利的设定和物业管理等情况，业主（或委托人）提出所定的租、售价格及税费支付办法等。②常用查询要素——物业名称、物业地址（或物业所处行政区域）、面积、户型、出售或出租价格以及是否有电梯等。

（2）房源信息处理的发展过程是：纸张载体→计算机→计算机联机系统→网络大数据。

（3）房源信息共享形式。房源信息的共享方式有私盘制、公盘制、分区公盘制，适合不同规模、不同发展阶段的房地产经纪公司，各有优缺点。

1）私盘制。房源信息由被委托的房地产经纪机构独家拥有称为私盘制。当房源信息由接受业主（委托人）委托的房地产经纪机构录入后，其他房地产经纪机构只能看到房源的基本情况，业主的联络方式只有该接受委托的房地产经纪机构拥有。其他房地产经纪机构要联系该物业的业主（委托人）只有通过该房地产经纪机构。当其他房地产经纪人促成交易后，该房地产经纪机构可分得部分佣金。优点：私盘制保障了搜集房源信息的房地产经纪人的利益，有利于提高其搜集房源信息的积极性。而且在这种制度下，房地产经纪人一般不会存在"留盘"行为，即将搜集到的房源信息"据为己有"，不与其他同事分享。缺点：多数情况下，每宗交易都需要两个房地产经纪人跟进，一个是搜集了房源信息的房地产经纪人，另一个是接触需求方的房地产经纪人，工作效率较低。如果两个房地产经纪人配合不当，还可能导致交易的失败。

2）公盘制。公盘制是指将所有房源信息完全共享。目前，我国大部分房地产经纪公司采用的是公盘制。优点：公盘制使每个房地产经纪人的"生意面"达到最广，工作效率也较高，一般情况下，一宗交易只需要一个房地产经纪人跟进。缺点：不利于激发房地产经纪人搜集房源信息的积极性，部分房地产经纪人为了个人的利益，会出现"留盘"行为，而且房源信息较容易外泄。因为房地产经纪人开展居间业务时存在着明显的区域性，如在X区工作的房地产经纪人甲一般不会去做Y区的业务，这时甲就有可能将自己在公司里获知的Y区的房源信息，透露给在Y区为其他房地产经纪公司工作的房地产经纪人。

3）分区公盘制。分区公盘制是在同一区域工作的房地产经纪人可共享该区域的所有房源信息，如果需要跨区去开展业务，则要与其他区域的房地产经纪人合作，从而拆分佣金。优点：在一定程度上，分区公盘制综合了公盘制与私盘制的优点，既保证了房地产经纪人搜集房源信息的积极性，又使每位房地产经纪人的"生意面"都比较广，工作效率也较高。这主要是因为房地产的地域性很强，房地产经纪人主要在自己所在店铺附近拓展业务，"跨区"的个案较为少见。缺点：房地产经纪公司对于分区的处理较为复杂。对于一些处于分区边缘的店铺，较难界定其业务拓展范围。

目前我国大部分房地产经纪公司对房源信息完全共享，采用的是公盘制，而我国香港地区部分大型房地产经纪公司则采用分区公盘制。

（4）房源信息的更新。针对房源变动性大的特征，房源信息需要不断更新，以保证信息的有效性。房地产经纪人一般要注意以下几点：①对委托人进行周期性访问，与房地产委托人进行密切沟通。②对每次访问都要做好记录，随时调换价格，添加新的要求，以反映委托人的心态变化。③注意房源信息的循环利用，并及时更换房源信息，以提高工作效率。

3. 房源的利用

房地产经纪人在居间业务开展中，常常会利用某些"索引条件"在房源信息库中查找合适的房源信息。较常用的查询要素，即"索引条件"主要有房屋名称、地址（或物业所处行政区域）、面积、用途、户型、出售或出租价格等。在录入或更新房源信息时，要特别注意这些常用的查询要素,保证其真实性、有效性。另外,对于一些处在待售或待租状态的"活跃房源",它们在居间业务中的作用不言而喻。已完成交易的房源属"不活跃房源",它们的作用有时会被房地产经纪人忽略,因而也就将它们"打入冷宫",不再注意对它们进行更新。这种做法是不科学的。因为随着时间的推移,这些"不活跃房源"也有可能再次变为"活跃房源",从而再次实现交易。

4.4 房地产居间业务的客源管理

房地产居间业务的客源管理内容主要包括客源开发、客源分析、客源利用。

1. 客源及其特征

房屋的需求方即为客源方,是对购买或租赁房屋有现实需求或潜在需求的客户,是需求者及需求意向的统一体。

(1)客源构成要素。它包括个人或单位两个方面。个人信息有姓名、性别、年龄、职业、住址、联系方式等;单位信息有单位名称、性质、地址、法定代表人、授权委托人、联系方式等。单位求租房子的要求可能高一些,为单位服务相对个人服务要难一些。需求意向,包括需求类型、房屋的位置、面积、户型、楼层、朝向、价格、产权和购买方式等信息。只有清楚需求,才有可能找到合适的房源;有明确的需求才是合适的客源。

(2)客源的特征。①指向性,客户的需求意向清晰,有明确指示,如或购或租、价格范围、区域等。当客户需求不明确时,只有通过房地产经纪人的分析和引导,使其需求明确以后,才能成为真正的客源。有的客户,当你问他理想的价格、户型时,他说都可以,这就是需求很不明确。原因可能有两种情况,一种是他有需求但是表达不出来,还有一种是他实际上并没这种需求。遇到这种情况,我们就给他推荐房子,先推荐区段,再推荐价格,之后推荐户型,让他判断他的需求,从而我们就能间接掌握其需求。②时效性,和房源一样,客源也是有时效性的。客户的需求随时间而变,例如,以前有需求的客源,经过一段时间以后,可能由于各种原因,就没有需求了。③潜在性,客源只是具有成交可能的有意向购房或租房的人,他们的需求只是一种意向,而不是像订单客户那样肯定。能否成为真正的买家或租客,不仅取决于房地产经纪人提供的客源服务,还取决于客户本身,这需要引导,因为需求是潜在的。

2. 客源和房源的关系

(1)互为条件,缺一不可。两者是可以相互转换的,客源可以转换成房源。有比较好的房源,通过展示,就有可能获得客户。性价比高的房源是获得客户的重要手段。

(2)在房源和客源的市场营销活动中,两者相得益彰。房源的增加可以吸引很多客户,而客源的增加也可以吸引众多的房源信息。

(3)互为目标,不断循环。有时你是因为有了房源才去找客户,有时是有了客源才去找房源。

3. 客源开发的方法

（1）门店揽客法。门店揽客法是利用房地产经纪机构的店铺或办公场所争取上门客户的一种方法。这种方法简单易行，成本低，而且上门客户的购房或租房意向通常较强，信息较有效。

（2）广告揽客法。广告揽客法是以报纸宣传栏或广播电视宣传单为主的广告方式吸引客户的揽客方式。这种方法时效行强、效果直接，但成本相对较高。

（3）人际网络揽客法。人际网络揽客法是以自己认识的人及亲朋好友的信赖为基础，形成人际网络介绍客户的揽客方法。这种方法无须成本，简便易行，介绍来的客户效率高，成交可能性大。

（4）客户介绍揽客法。客户介绍揽客法是利用服务过的客户建立良好的客户关系来介绍客源的方法。利用这种方法，房地产经纪人做的时间越长，资源积累就越丰富，客源信息就源源不断。这种揽客法的前提是提供的服务令客户满意。这种方法成本低、效果好。

（5）讲座揽客法。讲座揽客法是通过向社区或团体或特定人群举办讲座来开发客源的方法。通过讲座，可以培养客户对房地产经纪人和房地产经纪公司服务的信赖与专业信任，同时也传播房地产信息和知识，减少未来客户在交易过程中的难度。这种方法适用于社区业务。

（6）会员揽客法。会员揽客法是通过成立客户俱乐部或客户会的方式吸收会员并挖掘潜在客户的方法，适用于大型的房地产经纪公司。

（7）团体揽客法。团体揽客法是以团体如公司或机构为对象开发客源的方法。

另外，还有陌生拜访法、邮件揽客法等。针对不同的目标客户，可采用一种或多种组合的方式开发客源，提高效率。

4. 客源开发的策略

（1）将精力集中于市场营销。从以销售为主导转变为以市场营销为主导；以吸引客户为主，留住客户为辅。

（2）发展和客户之间的关系。通过关注客户的需求而提供相应的服务达到客户满意，从而推动客户介绍他们所能提供的新客户过来，而这些客户带来的价值往往比完全从市场中寻找陌生客源大得多，也容易得多。房地产经纪人应有以关注客户需求以发展成为终生客户的目标。

（3）培养敏锐的观察力与正确的判断力。养成随时发掘潜在客户的习惯，并且记录新增加的潜在客户。

（4）养客。运用房地产经纪人的知识使潜在的客户变为真正的客户。养客是客源开发的重要策略，是指房地产经纪人将一个陌生的客户转化为一个积极的购买者并接受房地产经纪人的服务，最终达成交易的过程。

（5）以直接回应的拓展方法吸引最有价值的客户。

5. 建立客户长期联系的策略

建立客户长期联系的策略主要有：①建立客户数据资料库，这是与客户长期保持联系的基础。②建立专门从事顾客关系的管理机构，建立客户长期联系的组织保证。③通过营销人员与顾客的密切交流增进友情，强化关系。④定期开展活动，建立客户长期联系的载体。⑤注重长期的大客户关系，建立战略联盟。

6. 客源管理的对象和内容

（1）客源管理的对象。客源管理的对象就是买房或租房的客户。客源管理以潜在客户的个人信息和需求信息为中心。按不同的方法，我们可以对客源做不同的分类：按客户的需求类型，可分为买房客户与租房客户；按客户需求的物业类型，可分为住宅客户、商铺客户和工业厂房客户；按客户的性质，可分为机构客户和个人客户；按与本房地产经纪机构打交道的情况，可分为新客户、老客户、未来客户和关系客户，或曾经发生过交易的客户及正在进行交易的客户、即将进行交易的客户。不同类型的客户需求特点、方式、交易量都不同，因而对其管理要点也不同。

（2）客源管理的内容。客源管理包括对客源的获取、记录、储存、分析、利用等一系列活动。客源管理从搜集信息、整理信息和存档开始。

1）基础资料：客户姓名、性别、年龄、籍贯；家庭地址、电话、传真、E-mail；家庭人口、子女数量、年龄、入学状况、职业、工作单位、职务；文化程度，等等。

2）需求状况：所需房屋的区域、类型、房型、面积；目标房屋的特征，如卧室、浴室、层高、景观、朝向；特别需要，如车位、通信设施、是否有装修；单价和总价、付款方式、按揭成数；配套因素的要求，如商场、会所、学校，等等。

3）交易记录：委托交易的编号、时间；客户来源；推荐记录、看房记录、洽谈记录、成交记录；有无委托其他竞争对手，等等。

7. 客源管理的原则

（1）有效原则。初步需求信息量较大、内容较杂、相对模糊，而且随着时间的变化，需求也在不断变化。所以，要及时了解这些变化，保持信息及时更新。要对客户进行筛选分类，首先服务于那些需求比较迫切的客户，而且出的价格比较接近市场价格，其预算在这个市场上就会比较容易买到房子。有的时候，本来单价1万多元，他只能出8 000元，那是不可能买到的，因此这种客户可能需要引导或暂时放在一边。

（2）合理使用原则。对客源要恰当地保存和分类、信息共享和跟进，并保守客户隐私秘密，不得滥用或透露给他人或商业机构。比如有些装修公司需要交换信息，这时候不要随便把客户信息交出，否则客户会很反感。

（3）重点突出原则。面对庞大的客户群要找到重点客户，可以把客源分类，列一张表格分为短期客户、中期客户、长期客户。潜在的、创收潜力大的客户可作为中期重点客户，而对于有长期需求的客户则可作为未来重点客户来培养。到时间要及时联系，写入计划表。

8. 了解客户需求和动机

需求动机是指引起人们购买房地产产品的愿望和意念，是激励房地产消费者产生消费行为的内在原因。了解客户需求和动机，主要是了解目标市场不同属性房地产客户的数量、构成比例、来源（指本地、外地等）、消费能力和档次等。根据购买目的，客户需求和动机主要可分为：①投资型客户，以盈利为主要目的的购房者，包括长期投资（出租）和短期投资（转让赚取差价）。②自用型客户，指以居住为主要目的的购房者，包括长期居住和过渡型居住。③双重型客户，指投资、自住均可选择的购房者。

工作经验：投资购房需求及经纪服务方法

投资购房需求特点：
- 有升值潜力的地方。城市的中心区域或者城市的景观区域。
- 房源处于将来有潜力的地段，该地段是规划中的行政或者商业中心。
- 对于地段要求非常严格，一般要求成熟区域。
- 对于房产了解较多，一般要求经纪人更专业，比如可以计算投资回报率。
- 知名开发商开发的品质楼盘。
- 稀缺性房源或者不可再生性房源。
- 能够转手或出租的房源。
- 对楼层和朝向要求比较严格。一般顶层、一楼都不在考虑之列。
- 老城区或学区小户型房源。
- 商业地段商铺和新开楼盘底商。

经纪人工作方向：

房源开发——成熟小区的商圈精耕和开发；知名品牌的楼盘商圈；老城区或中心商业区以及新兴行政商业区域；交通便利地段有升值潜力的房源。

客源开发——投资回头客；老客户圈子；报纸网络；一手售楼处业主名单；和物业管理公司合作；投资论坛等地方；驻守知名开发商楼盘房展和推介会；商圈精耕。

9. 客源的利用策略

客源要利用与再利用。有些客源虽然没有居间成功，但可能为以后的居间提供可能，有些客源在居间成功后，可能会有新的需求，或带动身边的朋友，引来新的客源，因此，房地产经纪机构应重视客源的再利用。

（1）客源要利用。在客源的利用中，出色的房地产经纪人对每一个客源信息穷追不舍，直到潜在的客户购买或者离去。出色的房地产经纪人不会轻易放弃一个客户线索，不停地和客户联系直到得到回应。尽管最终的成交率是10%～20%，但必须为那10%～20%的客户而与80%～90%的潜在客户联系。没有100%地争取就没有那10%～20%的成交。

（2）客源的再利用。房地产经纪人往往将焦点放在开发新客户上，而旧的客源信息往往忽略，其实老客户并不意味着没有价值。一个成功的房地产经纪人要善用旧的客源信息，其实那里面也有宝藏。一个客户的价值取决于他终生带给房地产经纪公司或房地产经纪人的收入和贡献，即客户终生价值。客户均可分成初次购买（服务）的客户和重复购买、推荐购买的客户。由于不同的客户与房地产经纪人发生业务的次数和业务量的不同，成本不同，因而其价值不同。得到一个新客户的费用是一个老客户所需费用的5～10倍。因而有意识地致力于开发长期客户的价值、培养忠诚客户，是房地产经纪人业务源源不断的保证，也是竞争力的基础，而不是只顾眼前利益，做一单算一单。

（3）培养长期客户的策略。它包括：①使客户满意从而争取更多口头介绍来的客户，并与从前的客户保持联系。②把眼光放在长期的潜在客户身上。很多客户从咨询到真正买房，通常相隔几个月甚至几年，要把这些在买房过程中的客户看成你最好的口头宣传员，他们往往都知道一些和他们处于同样处境的人，并愿意就买房问题进行讨论或征询意见。他们的口头宣传会为房地产经纪人带来很多客源，同时，房地产经纪人也应充分利用家人和朋友做口头宣传员，他们也是长期的潜在客户。③建立广泛的社会联系和"情报系统"。房地产经纪人由于工作关系具有广泛的社会联系，如银行、房地产管理部门、公证部门、税务部门、律师事务所和保险公司等，充分利用这种联系发掘客户、收集信息，以便于建立稳定的渠道，并起到宣传业务的作用。④搜寻服务供应商。房地产经纪业务相关的服务供应商包括装修、清洁、园艺绿化和燃气公司等，房地产经纪人和这些服务供应商应建立良好的关系，使之能为房地产经纪人的客户提供服务，这种服务可以提供价格优惠或质量保证以增加其吸引力。这种附加服务能够给客户带来方便又不增加成本，能与客户建立一种长期联系。

4.5 房地产居间业务的促成

4.5.1 影响居间成交的因素

影响居间成交的因素主要有以下6个方面。

1. 房屋本身及周边配套

房屋本身的好坏以及周边的配套是客观存在的，但客户对房屋本身以及周边配套环境的印象却是主观的，客户认可则容易成交。因此房屋展示就成为影响成交的重要因素之一，要注意以下两个方面。

（1）创造有利于成交的展示条件。建议修复缺陷，如打扫卫生、刷油漆、修补裂缝渗漏、更换电灯、使用玻璃补光暗处、在歪斜处摆放饰品、更新家具等；留意通风采光，常开窗通风，避免客户看房时呼吸不适；建议花适当的成本加以整修，甚至装潢，提升房屋的格调；清理家具，体现家的温馨和人的精神；预备赠送家具电器清单，贵重家具如不想赠送，则宜提前搬出，免生异议；通知业主准备好房地产室内平面图、物业管理公约及其他文件。这主要是为了化解房屋缺陷，展现房屋优点，让客户容易接受，为业主卖个好价钱。

（2）正确引导客户看房。房地产居间业务必须双向沟通，言行要得体，适度渲染是技巧，但要说到点子上，不能胡说八道。要客观展示房屋，将房屋的优缺点尽量列在表上，针对优点能款款道来，而对于客户提出的缺点，要胸有成竹，能立即作答、合理解释。当引领客户进入房屋后，除介绍房屋本身的特色外，绝不可冷场，应全面介绍环境、学校、公园、周边行情、邻里关系等；根据客户的背景，如职业、人口、教育程度，可以判断对方是否本房屋目标客户；注意了解客户购房动机，对于自用的客户，可强调周边的明星学校、购物中心；对于投资的客户，可强调增值远景、当前房屋价值高于价格等。

2. 房屋产权

房屋是实物与权益的结合体。因此，为避免成交后的纠纷，应注意房源的产权问题。房屋交易的实质是房屋产权的交易，产权清晰是成交的前提条件，要重点注意以下5种情形。

（1）有房屋未必就有产权。单位自建的房屋、农村宅基地上建造的房屋、社区或项目配套用房、未经规划或报建批准的房屋等，都有可能不是完全产权，容易导致成交困难。

（2）有房地产证未必就有产权。房地产证丢失补办后发生转让的情形，原房地产证显然没有产权。有房地产证而遭遇查封甚至强制拍卖的情形，原房地产证也就没有产权了。当然还有伪造房地产证的情形。

（3）产权是否登记。预售商品房未登记、抵押商品房未登记是比较常见的情形，仅凭购买合同或抵押合同是不能完全界定产权归属的。

（4）产权是否完整。已抵押的房屋在未解除抵押前，业主不得擅自处置。公房上市也需要补交地价或其他款项，符合已购公有住房上市出售条件，才能出售。

（5）产权有无纠纷。在拍卖市场的房屋可能存在纠纷，这可能是因为债务人逃避债务而导致的。涉及婚姻或财产继承的情况也会让产权转移变得复杂。租赁业务中比较多的情形是，依法确定为拆迁范围内的房屋被产权人出租。这些问题必须搞清楚，产权不清晰的房屋，根本没法成交。

3. 卖主与房主

影响房地产成交的原因除房屋本身处，还有卖方或出租方即房主的原因。房地产居间业务是在交易双方之间斡旋促成的。在卖方的确认和说服工作中，重点把握下列技巧：①资格甄别。看看卖主和房主是不是同一个人，如果不是，卖主要有房主的委托公证书。②真实意愿。是否出售或出租，不能根据客户的口头陈述，填表写委托书才是检验真实意愿的手段，有些房地产经纪公司将委托书制作成比较严格的合同文本，这在接触的初期阶段是不合适的，放盘委托书宜简明扼要。③需求内涵。出售房屋往往要个好价钱，有的卖主关心单价，是跟买入价比较或跟行情比较，有的卖主关心总价，想买新房或用于别的投资，甚至还有的卖主在意成交速度或付款方式。而在出租房屋时，房主会更多地关注押金、租期、续租事宜，也有人对租客比较挑剔，如关注租客是否有正当职业。④判断决策人。夫妻俩的房子、单位的房子谁能决定，房地产经纪人对这一点要敏感。⑤尊重和利用顾问。卖方为了使交易对自己有利，或鉴于自己经验的局限，会请一些亲朋好友、业界帮手做顾问，这是完全可以理解的，房地产经纪人万万不可有对立情绪，要耐心倾听，以示尊重，增进沟通，热情说服，施加影响，力争使顾问成为促进成交的帮手。

4. 买主与租客

下列工作能够促使客户成为真正的买主或租客：①需求引导。有些业务人员，简单理解"客户就是上帝"的意思，一味跟着客户的思想走，最终也帮不了客户；有的客户表述不清自己的需求，也有的客户生性模棱两可。因此，房地产经纪人必须进行需求引导，说出客户心中的想法，建立起共识，减少误会以快速成交。②能力判断。买主或租客愿意付出多少、能够付出多少，将决定房地产经纪人向其推荐房屋的类型，经纪人也不可简单依据收入或存款来推算推荐的房屋，因为客户还有家庭其他支出、其他生意支出等综合因素的考虑。③了解出资人。父母给子女买房、子女给父母买房，都是常见的。在多数情况下，出资人的意见是至关重要的。④了解受益人。受益人的喜好也会决定买主或租客的选择方向，如受益人喜欢出租房屋内的一架钢琴，成交就会容易，价格也会高一些。受益人可能是买主或租客的家人，也可能是公司的高级雇员。⑤与律师友好沟通。买方选择律师做参谋的情况会越来越多，律师通常严谨、细致。房地产经纪人应学会与律师沟通，解决律师提出的问题。解决不了的问题，不妨直言相告，没必要兜圈子，买方或许会因为喜欢某套房屋而放弃一些条件，增加成交机会。

5. 房地产经纪企业

房地产经纪企业应努力赢得客户信任，促使交易达成。房地产经纪公司应增强企业管理，做好4个方面的工作。

（1）规范管理。最简洁的做法是在经营场所公开下列文件：①合法经营文件，如工商营业执照、税务登记证。②房地产经纪资质证书，包括企业的和房地产经纪人的。③业务规章流程，重点是房地产经纪服务流程图。④服务收费标准，特别说明在什么时候和什么条件下收取、哪种情况下不收取。

（2）形象管理。房地产经纪公司视自身的规模适当开展形象建设工作，可以增强客户的信赖。公司应从店面的装修风格、室内的整洁、员工的统一着装、企业文化的宣传等方面，给客户留下深刻的印象，从而留住客户。①稳健经营的形象：A. 公司建制；B. 运营中心；C. 公共关系。②店面展示的形象：A. LOGO吸引，招贴丰富；B. 室内整洁，配饰热情；C. 钥匙牌体现邻里信赖。③制服的魅力：A. 统一的美感、统一的服务；B. 烘托团队的魅力和服务面貌；C. 要理解穿制服的目的。

（3）协作精神。房地产居间事务繁杂，需要合作，合作能增加成功机会。合作首先要真诚，努力付出并尊重同业工作价值。经纪人不可直接或间接索取联系电话，不得擅自与对方客户交换名片或公开自己的非同一机构身份，合作双方应各自负责其工作部分，并不得以减佣金或免佣金方式来争取客户，从而损害合作方的正常利益。

（4）自我防范。房地产经纪企业之间应友好协作，并善待客户。但面对竞争和不成熟的市场环境，也需要对非善意的行为予以防范和还击。例如，企业应防范同业托盘和业主跳盘，优质房源往往是同业追逐的对象，防止托盘的手段只有独家委托和快速成交，而业主跳盘通常跟口头委托和过早安排双方见面有关，书面委托可以追讨佣金，控制节奏能让双方体会房地产经纪人的服务价值感。

6. 房地产经纪人

房地产经纪人为促成房地产经纪活动的成功,应不断提高自身素质。

(1)注重外观形象。修饰外表不只是为了尊重客户,也有益于自身,客户对房地产经纪人的评价通常取决于第一印象。房地产经纪人的外表应干净、稳重,办公用品的整齐摆放也能给客户建立清爽可亲的印象,经纪人必须勤加检点。经纪人的穿着或化妆如果欠缺品位,会使客户对其提供的服务和房屋产生平庸感,房地产经纪人需要不断学习,努力提升自己的品位,应打扮得与工作性质相称,使自己看上去稳重、职业。

(2)态度和蔼。亲切的态度与和蔼的笑容能拉近房地产经纪人与买主、业主的关系。前者是积极主动的接待,后者是善解人意的沟通。房地产居间业务主要面对个人和家庭客户,又关涉民生中"住"的要素,此种服务表现形式怎么强调都不为过。让客户感觉舒适,才有进一步达成协议的可能性。房地产经纪人要积极主动地接待,善意友好地沟通,持之以恒,生意和声誉都将获益匪浅。

(3)了解、体察客户。房地产经纪人在服务客户时,不可因年龄、外表、服装、职业、消费能力等因素而对客户差别对待,而应尽力提供满足客户要求或希望的服务品质;同时注意维护自尊,因为在服务过程中,经纪人与客户是平等互利的关系。房地产交易双方通常缺乏房地产相关的知识和经验,并不能确切地描述或表达他们的期望,此时房地产经纪人要善于从电话问询、当面洽谈、看房等服务过程中体察客户的需求。

(4)不断提高技能,培养信心。房地产经纪人需要研究客户心理、接待技术、房地产知识和市场资讯。只有对专业的深入并拥有良好的心理素质,才能自信面对客户。

(5)增强房地产居间的服务意识。包括:①质价相称才是服务,减价并非服务。②房地产居间服务以满足客户希望为宗旨。③让客户感觉好。④纠正免费服务的误区——客户往往误解服务是免费的,实际上百货商店售卖的商品价款中已包含了服务的费用。居间服务收费不宜纳入房屋价款中,否则有违公开原则;同时,为亲友提供的居间服务也不能成为获取免费服务的借口,正如银行职员家属不能随意索取钞票一样。

(6)坚持房地产居间服务的原则。主要有:①平等化原则,在服务过程中与客户是平等的互利关系。②珍惜常客。③体察客户的希望。

经验:欲做房产经纪,必先"过五关"

做房地产中介代理会遇到各种挑战,首先需要"过五关",否则就有面临淘汰的可能。

第一关:"面皮关。" 对于新入行又从来没有做过销售的员工来说,面皮薄、不善于同陌生人打交道,出去派单、找客户挖盘源就像做亏心事一样。如果这一关都过不了,建议趁早离开这一行业。

第二关:"辛苦关。" 越是成功的经纪人,业余时间就越少。因为某个人时间支配权已经掌握在客户手里,经纪人要随时准备为客户提供服务。同时,随着中介竞争越来越激烈,经纪人服务的内容和要求也越来越高。从选房、看房、签约、付款到办理贷款、产权过户、交接房屋等，都需要经纪人和相关部门负责联系。

第三关："压力关。" 无论是新员工还是老员工都面临这项挑战。一旦经纪人手中的客户在他处成交了，或者没有客户时，经纪人特别容易感到业绩的压力。这种状态持续越久，压力就会越大。如果心态越来越差，就很难继续做好房地产经纪人。

第四关："专业关。" 做一个真正成熟的经纪人所需的个人素质很高。在这个行业中成功的人只占公司员工的20%。通常，这20%的员工做了80%的生意，其余80%的人才做了20%的生意。一个优秀的经纪人必须具备良好的个人素质和扎实的专业知识。专业基础越深厚的人做业务越快、越准。因此，每做成或做不成单子都要总结一次，使自己在业务上更快进步。

第五关："诱惑关。" 凡是与房产打交道的人都会不断受到金钱的诱惑，因此个人素质和职业道德就显得至关重要。社会上一些不正规的小中介和私人中介往往放低员工自身素质要求，过分追求利益，经常发生故意串通、恶意飞单、开私单、逃单的事件。这样做，不但损害了中介在社会上的形象，也破坏了公司声誉。随着政府对中介市场的不断整顿和规范，钻这类空子的空间将越来越小。因此，每一个经纪人都应该遵守自己的准则和职业道德。

"过五关"需要房地产经纪人提高推销技术。要提高自己的推销技术，必须做好以下三点：一是学习。推销是一门科学，有其基本的法则和逻辑，掌握推销的"ABC"，就为成功打下了坚实的基础。一流的优秀推销员需要有足够的见识，掌握相关的推销技术。二是实践。成功需要实践、实践、再实践，经纪人要把书本上的推销技术变成自己的行动。在推销之前，制订一个推销计划；在拜访顾客时，根据推销计划结合实际情况灵活发挥。这样，逐渐地把推销技术变成自己的价值观念，把他人的经验变成自己的处事方式，形成自己的推销风格，才能产生令人满意的效果。三是反思。经纪人要对自己的推销行为进行反思：找出正确之处加以发扬，找出不足之处加以弥补，找出错误之处加以改正。

4.5.2 客户接待技巧

1. 房地产居间服务的5S技巧

房地产居间业务的5S技巧是指速度、微笑、真诚、机敏和研究。由于其英文第一个字母都是"S"，所以称为5S技巧。

（1）速度（speed）。它包括：物理的速度，如成交快捷、行步如飞；反应的速度，如程序化安排和巧妙沟通（快速接听电话、及时通知变化事项、预约及准时赴会、交款等待与倾谈的配合等）。

（2）微笑（smile）。职业的微笑是健康的、体贴的，表现出心灵上的理解和宽容，不是做作的、讨好的、虚伪的或奸诈的。

（3）真诚（sincerity）。真诚是做人做事之本，是事物处理和人际沟通的润滑剂。真诚的努力是一方面，让客户感受到你的真诚是另一方面。房地产经纪人要树立形象必须从真诚开始。

（4）机敏（smart）。敏捷、得体的接待方式源自充分的准备及认识，否则以小聪明、小技巧应付客户，并没有实质性地解决客户问题，甚至会给公司和本人带来纠纷与损失。

（5）研究（study）。房地产经纪人需要研究客户心理、接待技术、房地产知识和市场资讯。

2. 顾问式服务法

房地产经纪人的顾问式服务法要点如下。

（1）注意使用符合客户心理的应对法。客户服务帮助客户做出选择和达成交易，最重要的一点就是迅速判断每个客户的心理，并用适合他们的方式为其服务。最忌千篇一律的、呆板的言语应对和接待方式，如对"犹豫不决"类型的客户，应"快刀斩乱麻"，不必推荐过多的物业供其选择，而是坚决果断地以专家的理性论据说服对方购买待定物业，放弃其他的选择，帮助客户尽快做出决策，使客户依赖并心服口服；对于"风水迷信"类型的客户，最好尽量用现代思想观念破除其迷信，改变其风水观念，并尽可能举出反例来解除其疑惑，如果对方迷信心太重，不妨投其所好，将一些所谓好的坐向、楼号推荐给这些客户；对于"谨慎小心"类型的客户，除了详细地介绍物业外，还应以亲切、诚恳的态度沟通，通过家常闲话，慢慢了解客户的家庭情况、经济收入状况和购房愿望及偏好，争取客户的信任和依赖，然后再切入主题。

（2）增加自身的可信度。可信度是指客户对你的信任程度。房地产经纪人首先一定要保持良好的外表形象，一般要穿西装、打领带、擦亮皮鞋；其次要把自己优秀的一面展示给客户，比如可以告诉客户自己的学历、职称、以往的业绩等。

（3）信心十足地推荐。信心十足的前提是对推荐房屋有充分了解，带客户看房之前，自己一定要先看过并对房屋的优缺点做到心中有数，否则既是对客户不负责，也容易使自己陷于被动。自己心虚难免招致欺骗印象，更不容易得到客户的信赖。

（4）实际性的商品知识。在强调房地产理论知识的同时，不可忽略产权交易中的程序性知识和日常生活中房屋使用的知识。程序性知识可通过操作来训练，这是客户借助居间完成交易的直接理由。房屋使用知识可以多学习，如客厅、厨房应怎样合理布置，掌握这些实际性的知识可以为客户提供更切合实际的建议。

（5）以体验性的知识来说服客户。一旦具有体验性的知识，不但可以清楚地了解该房屋的优点和缺点，更能与客户默契沟通，为客户提供确切的信息，从而更易说服客户。体验性的知识可以通过调查和客户访谈获得，如访问该房屋周边学校、学生及家长的感受和评价。

4.5.3 居间业务促成技巧

1. 接盘技巧

（1）礼貌收集物业资料。收到业主的电话、传真或当面受委托售卖或出租其物业时，经纪人应根据拟定好的物业资料表格，尽力向业主收集物业资料，包括如下事项：

物业名称、地址；业主姓名；建筑特点；法定用途；使用现状、使用年期；间隔布局；管理费；有无损毁；附送设备。上述资料可通过向业主问询了解或直接索取房地产证等权利文件，并及时填妥资料表格让业主签名确认。

（2）明确委托关系。经纪人在接受放盘委托时，应与业主签署书面委任协议或以物业资料表格向业主索取其委托的书面确认，并明确经纪人服务条件及佣金标准。确立委托关系可避免以后的推广资格纠纷。

（3）提供个案资料。当业主向经纪人征询售价或租金建议时，经纪人应提供近期的可比案例或其他放盘资料供顾客参考，但不可声称自己是专业估价师，应尊重顾客自行决定物业叫价或征询专业估价师的选择。

2. 房屋调查技巧

根据委托人的陈述和提供的资料，经纪人需要到现场进行房屋调查，重点调查房屋的权属来源（如继承、购买、受赠、交换、自建、翻建、征用、收购、调拨、价拨、拨用等）、房屋权属界线示意图、房屋权属登记情况，调查房屋的位置（包括房屋的位置、所在楼层）、数量（包括建筑占地面积、建筑面积、使用面积、共有面积、产权面积、总建筑面积、套内建筑面积等）、质量（包括层数、建筑结构、建成年份）和房屋利用现状（指房屋现在的使用状况）。

3. 房源发布广告宣传技巧

（1）发布房源常用房源标题短词。比如，南北通透、次新小区、黄金地段、楼层好、采光棒、性价比高、成熟小区、视野开阔、闹中取静、双南户型、业主急卖、品质小区、地位象征、经典温馨、稀有好房、得房率高、园林住宅、高级享受、购物方便、格局方正、户型正气、名校驻守、成熟地段、升值空间大、高档国际社区、经典单身公寓、经典二房或三房、名宅新境界、小区唯一在售房源、投资潜力大、投资过渡首选、出行便利、房型佳、醇熟配套、生活流光溢彩、轻松掌握、唯美品质、生活豁然敞开、美景集结、人文理念、构筑时代经典、彰显醇厚底蕴、三房朝南、极致阳光、大客厅、自在空间、飘窗阳台、风景宜人、精致两房、实用高效、客厅主卧朝南、动静分离得宜、尽享优雅品质、多重阳台飘窗、拓展室内空间、经典精致三房、品位灵性生活、布局科学、轩敞设计、户型各区功能明晰、实用高效、个性十足。

（2）利用主要广告宣传媒体。根据接盘情况，寻找客源（购房或租房客户），主要广告宣传媒体有：①报纸广告。②路牌广告。③派发宣传单。④门店广告。⑤互联网广告。⑥电话访问。房地产经纪公司常用且较理想的、成本也较低的广告是门店广告和网络广告，被许多经纪公司所采用。

4. 客户配对看房技巧

根据接盘情况进行客户查询，寻找合适的客源，即可接收委托、客户配对。房地产经纪人要通过带看过程赢得客户的信任，服务和专业非常重要，要安排好每一个细节。

（1）了解客户的需求。经纪人要查询到合适的客户，匹配客户的需求，推荐合适的房源，提供真实、准确的资料，及时说出专业性的参考资料。一般按照客户的大致需求，经纪人可以给客户介绍三套左右的房子。让客户从感觉上判断一下哪个房子比较符合他的要求，然后带客户去看他相对比较满意的房子，这样既缩短了无用的看房时间，也提高了看房效率，增加了成单的概率。

（2）约客户前的准备。约客户看房前，要仔细了解房屋的优缺点并准备相关话题；要根据房屋的具体情况，和客户约看房时间，例如，早上空气清新，中午采光好，晚上热闹；早晚堵车；朝东的房子，最好是10点之前；朝北的房子要选择一个晴朗天气，等等。路线安排：经过学校、公园、绿地、超市等便捷生活设施，避开人们忌讳的地方，如垃圾站等。如果房屋较脏乱，可预先安排保洁清理；如果采光或通风较差，可预先开灯开窗。准备《经纪合同》《看房确认书》、公司资料及其他展业工具；看房前要签看房确认书，制约客户，避免跳单。

（3）电话沟通约看。描述标的物；讲解推荐原因；激发兴趣；推荐房源，讲解推荐原因；确定见面地点、时间、联络方式；沟通自己和客户的体貌特征；提醒业主带上产权证原件。防止跳单：提醒客户和业主不要直接谈价，解释交易的安全性，不签约不收费；私下交易无保障，无人对交易负责；本公司还会追究法律责任。约见地点：选择人流少、有明显标志物的地点见面；引导客户以最便捷的方式到达。

（4）首次看房要提前半小时到达，先找到房屋准确地点，了解房屋周边环境以及市政配套设施、学校及交通状况，并确定到达房屋的最佳路线；准时到达约定地点迎接客户、自我介绍并主动递名片；向客户介绍周边环境以及市政配套设施、学校及交通状况；让客户对标的房屋有切身的感觉，引导客户买到合适的房屋，通过看房了解客户的真正需要，进行面对面的沟通与交流，为下次帮客户找到合适房源做好准备工作。

（5）按选择好的路线带客户到达所看房屋。征得业主同意进入房间，向业主自我介绍并主动递名片，并向业主介绍客户，使得开始就有一个良好的气氛；如果是第一次看房，进门后迅速对房屋的要素进行判断，如照明、噪声、装修、格局，并根据这些判断引导客户逐一看房屋的组成部分——客厅、卧室、厨房、卫生间、阳台，并对每一部分的面积做大概的估计。在这个过程中注意要引导客户的视线和思维；要替客户问业主一些客户关心的问题，如房屋年代、结构、邻里关系、物业、供暖、停车、环境等；在可能及必要的情况下请业主出示产权证及购房协议，确认业主的身份并了解业主登记信息是否与产权证登记相符、产权单位对房屋出售是否有限制条件及该房上市审批情况；看完房后向业主致谢告辞。

（6）看房介绍技巧。在引导客户看房时，应将该房屋的优缺点尽数列在表上。①注意安排客户在某一较集中的时段看房（如周末时间宽裕），可以营造购房气氛，加快成交速度及提高成交价。②当引领客户进入房屋后，除介绍房屋本身的特色外，绝不可冷场，可具体介绍环境、学校、公园、周边行情、邻里关系，要充满激情。③在看房顺序安排上，应先看优点再看缺点。④根据客户背景，如职业、家庭人口、教育程度等，判断对方是否属于本单位的目标客户。⑤注意了解客户购房关注的焦点问题，如果是居家用房，强调就近的学校、购物中心，如果是投资，则强调增值远景。

（7）提示与提问技巧。在向看房客户进行介绍时，应选择适当的时机，向客户进行一些必要的提示与提问，逐步化解其心中的疑虑，并在此过程中不断发现新的问题，进一步化解。客户的信心就会不断地得到增强，购房的欲望也随之高涨。在进行提示与提问的过程中，注意从 3 个方面入手：①利用房屋的优势，展示你推荐的房屋能给客户带来较好的效用或利益，让他们对其优势以及有时能带来的利益感兴趣。②要不断排除客户所担心的风险。客户对经纪人推荐的房屋已经满意，但仍然迟迟不做出购买决策，这是客户常见的一种求稳、求安全的心态。针对质量可能不可靠的疑问，经纪人可以采取如下措施：一是出具销售证明，有选择性地请老客户向新客户介绍；二是利用媒介报道来证实，各种大众媒介的宣传、报道、评论、文章等资料都可能成为证实的材料，利用开发上的知名度和本经纪公司的可信度，树立和增强客户对经纪人的信任，避免或减少对所推荐房屋风险的担心。③经常向客户提问，更有效地和客户进行交流与沟通，能够得到必要的信息反馈，根据不同客户采用不同的介绍形式，以便对症下药。

5. 解决客户异议技巧

客户异议发生最多的时候，一般是在介绍说明与协商谈判这两个阶段之间，经纪人要及时化解。对于客户可能会提出的问题，都尽可能事先做到心中有数。要清楚问题产生的原因，然后及时处理，如果能够为客户解决这个问题，就意味着业务的进展有了希望。提出问题的人多数是买方，这些问题可以归纳为：①产权方面的质疑。②房屋质量的忧虑。③配套设施方面的期望。④开发商（或业主）、经纪人的背景与信誉。⑤物业管理服务的收费与服务质量。⑥相关手续的办理。⑦旧房的历史与未来的前景。⑧社区群体氛围。⑨价格行情。⑩房屋交付的问题，等等。经纪人处理异议的有效途径有两个方面。

（1）主动与直接。①主动提出处理。经纪人在与客户接触时就能估计到客户可能会提出的异议，与其让客户提出来，倒不如经纪人自己主动先提出来，但经纪人得事先做好充分的准备，在最恰当的时间里提出处理。②直接肯定答复。对于可以肯定的问题，经纪人要掌握分寸，恰到好处地给客户一个满意的答复，让客户产生信任感。③直接否定答复。对于可以否定的问题，在客户明显要求确切地答复时，经纪人直截了当地进行否定，但要注意分寸，不伤客户面子。

（2）被动与委婉。①倾听客户的意见。对于客户的异议，如果经纪人仔细、恭敬地倾听，客户会感激经纪人能严肃、真诚地对待他们的问题，有利于双方沟通。②复述与提问。听完客户的异议，经纪人要对客户提出的异议的主要观点进行重复，看看是否搞清了客户担心的问题所在。复述异议时带有提问，客户会在听完经纪人的复述后，进行肯定或否定回答。常常就在这复述、提问、肯定与否定或进一步解释的过程中，大事化小，小事化无，不知不觉地把问题解决了。③转折性否定。只要客户的异议有点道理，经纪人都应该先同意客户说的是合理的，对客户的观点予以肯定，然后提出不同的意见，进行耐心的解释。这种方法不仅表现了经纪人对客户的尊重，而且可以减少异议，创造和谐的气氛。成功的经纪人，要为委托双方的利益着想，考虑客户的需要，针对客户的疑惑点，要审慎回答、保持亲善，语言温和、态度诚恳、措辞恰当，不要轻视或忽略客户的异议或直接反驳客户。对客户提出的问题进行相关解释，应求真求实，不应夸大、虚构，如果一时拿不准，需要进一步落实，可先进行委婉的解释，然后及时进行落实。有些问题涉及另一方客户时，应及时将信息反馈给对方，尤其是要做好交易双方的沟通与协调工作。

客户在提出的有关问题都得到满意的答复后，会对经纪人推荐的房地产产生信赖，愿意进入实质性谈判。

6. 洽商议价谈判技巧

成功地处理了客户的异议之后，随之而来的应该是促成交易，但开始有可能是买卖双方就交易中的价格、付款条件、交房日期、违约责任等合同条款所进行的协商。这个阶段的焦点就是洽商议价，经纪人要善于在议价谈判中斡旋。在议价谈判过程中，坚持原则也是一种技巧，这将使对方对你更加信任，要坚持的原则有平等原则、互利原则、合法原则、信用原则和相容原则。但在谈判当中，使原则性和灵活性有机地结合在一起，更有利于达到目的。

（1）确立谈判目标。房地产交易的谈判，通常都要经过多次反复的协调才有结果。因此经纪人要做好谈判前的准备工作，对关键因素要有充分的了解，明确每次谈判的目标，做到心中有数，使谈判达到预期效果。要对谈判议程预先有所计划，便于在议程中掌握主动权，有利的内容先谈，回避一些使谈判陷于僵局的不利因素。

（2）摸清底牌。在谈判前期，经纪人要多听少讲，并从不同角度诱导对方讲出自己的看法。在经纪人弄清了客户的真正需求和希望时，然后比较自然地把谈判引入深处，逐渐进入实质性问题。

（3）组织协商。买卖双方经常会因为一些具体的问题互不相让，比如对于价格问题谁也不肯让步，自然而然地使谈判陷入僵局。所以有必要进行组织协商，使谈判维持下去，创造一种新的谈判气氛，以期获得更好的成果。

（4）谈判技巧运用。房地产经纪人要善于运用恰当的表达方式与客户交往，并有效地引导、提醒、协调、说服客户，才能最终促成交易，并在适当时机向交易双方提出建设性意见：①在谈判陷入僵局之后，经纪人应设法打破紧张气氛，进行圆场，提醒交易双方让情绪冷却之后再决策。②尽量为交易双方着想，尊重各方。③引导交易双方紧扣谈判主题。④帮助交易双方适度妥协和让步。⑤经纪人在房地产交易居间业务的谈判中始终要注意自己所处的法律地位，公平、公正地表达意见。

7. 促成客户落订技巧

（1）房地产经纪人常用的促成客户落订技巧。促成落订是指经纪人在合适的时候采用有效的技巧使客户做出购买的决定，并与客户签订交易合同。在促成交易的过程中，经纪人应当学会对促成交易时机和地点的把握。促成落订的技巧主要有：①直接促成法。它也被称为直接请求成交法，指经纪人直接主动地要求买卖双方成交，是最简单、最常见的成交法，经纪人应该利用各种成交机会刺激客户，主动向客户提出成交要求，努力促成交易。②让步促成法。它也被称为优惠成交法，是指经纪人向业主建议以提供优惠条件而促使成交的方法。采用这种方法可以以较快的速度与客户达成协议，并且可以在较短的时间加速资金回笼。③选择促成法。它也被称为提供方案成交法，是指经纪人向客户提供一些购买决策的选择方案，从而促成成交。选择促成法的要点在于：使客户回避"要还是不要"的问题，而让客户回答"要 A 还是要 B"的问题，尤其是客户面对多种选择拿不定主意时，采用此种方法有可能奏效。④异议促成法。它也被称为处理异议成交法，是指经纪人利用处理客户异议的机会促使成交的方法。如果经纪人发现客户异议正是客户不愿意购买的理由，则消除这个异议就会带来促成交易的结果。⑤从众促成法。它是指经纪人利用客户从众的心理促使客户购买的一种成交方法。其表现形式通常是利用一部分客户去说服另一部分客户，制造"羊群效应"。利用小量去促成大量成交，诱发客户的从众心理动机，促成交易成功。从众促成法适用于集中多套的住宅销售或大型商场散卖的销售。⑥抢购促成法。它是指经纪人制造销售紧张气氛，促成犹豫不决的客户立即决断的成交法。其表现形式通常是告诉已经选中某套房但仍在犹豫的客户：这套房你再不要，某先生明天就来签约了，从而迫使其下定决心，促成交易。⑦涨价促成法。它是指利用客户买涨不买跌的心理，把将要涨价的消息告诉还在观望的客户，促使其赶紧购买的一种成交法。

（2）时时警觉准备落订。警觉不是紧张，不要夸夸其谈，忘乎所以，错过落订时机。当交易双方已经达成共识时，经纪人必须时刻注意动向，随时抓住机会，时时警觉、准备锁定，帮助客户下定决心，促成交易。成交机会瞬间即逝，掌握气氛能立即促成交易，当客户已经决定成交时，经纪人必须立即促成交易、收取定金、锁定客户，否则客户一出门，随时都可能反悔。"临门一脚"是整个交易过程中最关键的一环，务必把好此关。例如，当购房者已经看中某个物业，交易双方成交的条件与价格都已锁定，而购房款项或首期付款，甚至定金额数都一时到不了位时，为了锁定该物业的购买权，购房者愿意先付少量的保证金，习惯上称为"小定"，有的称为"诚意金"，一般每套房 500～5 000 元，在一定时间之内买方必须前来履行下一步手续，否则诚意金将被视为出售方及经纪人商机损失的补偿。诚意金通常是由委托经纪人代收代管，并出具收款收据。

（3）建立客户对你的信心。经纪人在与客户的洽谈过程中，通过自己的专业服务，建立起客户对你的信心，这时客户将会对你十分信赖。准备充分有利于树立自己的成交信心。透过包装让客户感受到你的职业能力及诚实操守。将产权清晰、屋况良好、房屋整洁等可控因素展露无遗，你的说辞便可赢得客户信任。

（4）对客户所好、需求、弱点胸有成竹，寻机"进攻"。例如，方便孩子上学，或是方便上班，等等。

（5）强调房屋优点，抓住客户的心。不厌其烦地强调房屋优点，用动听的言辞、不同的表达方式反复敲打，让中意的客户更加心动，促成落订。

（6）遇到迟迟不做决定的客户，可慎重使用压迫措施。例如，透露房屋出售的新情况，当着客户的面与其他客户洽谈，等等。切记，压迫不是强卖，只是帮客户早做决断，或中意就可落定，或犹疑重重就此作罢。

（7）议价有节，谨慎从事。当客户满意时，经纪人要及时要求落订，引导客户开出价格。对于客户开出的价格不能轻易答应，要让客户感到买到了合理的价格甚至是低价买入。客户不愿开价是常见的，他们通常要求中介或业主开出合理价格，这时可小额降价再次引导客户开出价位。向客户提示附近最新行情价格，不为杀价，只是显示该单位价格已是很便宜，难再退让。客户若能合理出价，中介也不必马上答应，以征询业主意见为由尝试加价，视客户反应再做定夺。拿到订金，切不可沾沾自喜。

（8）当机立断。成交机会瞬间即逝，掌握气氛立即决定买卖，否则客户一出门，便"回天无力"了。

8. 签约成交技巧

买卖双方带好所需材料签订房屋买卖合同。同时双方与中介签订居间合同，并约定佣金的支付方式、时间等。房屋买卖合同签订后要送至房地产交易中心备案。签约使用的是统一的规范合同，而合同约定要尽量详细，包括房屋设施情况、付款（包括中介费）时间方式、过户时间、税费分担、物业交割、违约责任等。核对签约所需相关证件资料。如果出售房源带有租约，应确认承租人是否放弃优先承购权。

（1）签约技巧。①一定要表现出经纪人的专业，让客户产生信任感，这样谈起来就会很容易。②签单一定要坚持自己的立场，不要轻易做出让步，尤其是涉及原则上的事项。③经纪人要善于引导买卖双方，让客户的思路跟着经纪人走，不能让客户想得太多。④尽量避免谈一些无关紧要的话题，要抓紧时间，时间拖得越久，可能出现的问题就会越多。⑤在签单过程中，不要让买卖双方中的任何一方感到经纪人有偏袒，要客观地说一些事情，否则就可能会发生冲突。⑥切忌让买卖双方达成共识，矛头一起指向经纪人，如果是这样，谈单就非常被动了，必要时候经纪人只能被迫做出让步。⑦在签单过程中，不能让买卖双方单独在一起，这样很容易跳单。⑧签单时要先签居间合同，签完居间合同后让一个经纪人去权证部盖章，一个经纪人协助收买方的备件（过户用的身份证复印件、结婚证复印件、购房资质等），同时让卖方签服务买卖合同。当卖方签完后，让买方签服务买卖合同，同时收卖方的备件（过户用的身份证复印件、结婚证复印件、房产证原件及复印件等）。这样在最短的时间里完成了最复杂的问题。因为在签单过程中，每拖延一分钟都会出现新的问题，所以能用最短的时间签完的合同绝不能拖。

（2）签约圆满技巧。①在讨论合同条款时，对于一些较为敏感性的条款，应在适当的时候说出来，过早提出，会使客户缩回去；过晚提出，客户会感到恼怒。对迟迟不做决定、对合同条款有异议的客户，要议价有节、谨慎从事，慎重使用压迫措施。②签约时经纪人应协助交易双方审查每一个交易条款，明确细节，务必明确定金、首付款、尾款的数额及支付时间，对于贷款的安排和税费等也要交代明白。正确无误后签字盖章，收好合同，并对交易双方进行祝贺。③交易双方一旦签订房地产买卖合同，就可宣告成交，经纪人应及时进行佣金结算，落袋为安，谨防客户赖账。

9. 定金及付款技巧

客户应按照买卖、租赁合同的要求支付定金及房款。

（1）定金支付。一般定金约占房款的 1%～3%。定金支付流程：

中介公司出示房主委托中介挂牌出售该房源的委托协议，协议中应当包括房屋基本状况、房价、委托期限等，以及房主委托中介公司收取定金的说明→与中介公司签订书面的房产认购协议（定金合同），至少应包括房屋基本状况、房价、保留期限及定金的处理方法、签订买卖合同的时间等约定，并一定要加盖中介公司的印章→在交付定金时应要求中介公司出具收取定金的收据，由中介经办人员签字并加盖公章。买方要注意分清订金和定金的区别并索要收据，确认签订定金合同时所需证件。

（2）付款方式。付款方式可以有多种组合，可根据实际情况在合同中约定，按合同付款。签约后，付款要及时，加快此单的完成速度，以免客户总抱怨一张单子拖的时间很长。态度要热情、诚恳，绝不能让客户觉得有催促的意思，要委婉地告知客户，晚付会有相应的违约责任。

10. 佣金、交接及后续服务技巧

（1）佣金结算。一旦实现居间合同所约定的"交易达成"事实，房地产经纪机构应及时与交易双方进行佣金结算，佣金金额和结算方式应按居间合同的约定来确定。

（2）物业交接。根据所交易房屋的产权性质安排好物业交验的时间。要在过户前做物业交验，并开出物业水、电、煤气、收视、宽带等费用的结清证明。

（3）后续服务。促成交易、签订合同后，虽然已完成了经纪人居间业务的全过程，但为了今后业务的延续，经纪人应当还要留给客户最后的良好印象，那就是售后服务，使客户感到购买后的满足，将会为经纪人带来更多的新商机。有时可能会因为一些细节没有让客户满意，因而被投诉，这时一定要及时解决。经纪人的售后服务要点如下：

1）完善客户资料的登录。客户的信息资料是经纪人的主要工具之一，也是进行售后服务的第一步。经纪人通过建立客户的档案，与客户保持良好的业务延续关系，这就是一笔财富。成交档案内要写清楚物业地址、成交金额、买卖双方的名字以及生日以及购房目的。

2）代办事务。经纪人促成交易后，客户还有一些善后事务需要处理，经纪人利用自己的专业知识与业务关系为客户尽一些其他业务，可能会成为新一轮业务的延伸。

3）保持与客户的联系。经纪人应与客户继续保持联系，不断发展和积累与顾客的感情。成功经纪人的后面总是跟着一批固定客户，其中的主要原因就是他们与客户建立了良好的固定关系。方法有：

- 常拜访客户，与客户沟通信息和感情。
- 帮助客户做一些表面与业务无关的其他私人事务。
- 逢年过节坚持给客户寄信函、明信片或寄赠其他礼物。

4.6 房地产居间业务操作

4.6.1 房地产转让居间业务实务操作

1. 求购客户接待操作

（1）接待准备：①保证工作装穿戴整洁，无异味，头发、面容干净，女士可化淡妆。

②接待台面只放置计算机显示器、电话、名片架、便笺纸等，忌把客户信息本胡乱放置桌面、接待台面杂乱不堪。③店内环境干净、整齐。

（2）客户到达门店后，置业顾问主动开门迎接客户：①起立并且面带微笑迎接；②致欢迎辞"您好，欢迎光临××置业"；③客户进入店堂后，自然地将客户引导进入接待台前的客户座位上；④客户入座后，同事配合倒水、递杯子，水温适中，水位七分满左右。

（3）自我介绍：①询问客户称呼。②向客户做自我介绍，主动递上名片，例如："马先生您好，我是××置业的置业顾问李××，您可以称我为小李，这是我的名片。"

（4）问明来意。

1）用合适的询问语言判断客户来意，例如："马先生，您需要了解些什么信息吗？"

2）询问来意是对客户需求的第一次探询，在谈话氛围允许的情况下，获取的客户基本信息及需求越多越好，切忌在客户反感后依然不断提问，置业顾问的态度要亲切、诚恳。

3）获得的客户信息后，及时在客户信息本上记录下来。

4）信息要点主要有：姓名、移动电话、固定电话、来意、区域范围、价格范围、年龄判断、职业判断、方便的看房时间等。

例如：

姓名：马××

来意：求购

手机：13811111×××　　　办公室电话：8586××××

年龄：35～38岁

职业：企业白领

区域范围：南京市××区××中学三公里范围内

看房时间：17：30～21：00及双休日全天

价格范围

（5）签订委托。

1）初步寒暄过后，双方需要确定委托关系，签订委托协议。

2）对于求购客户应该签订求购委托协议书，并对客户提出的关于协议条款的疑问给予满意的解释。

3）在委托协议书客户联的背面有明码标价的中介佣金标价表，可以提醒客户阅读。

4）在以上协议的门店联后附有客户服务确认书，置业顾问每次带看房服务时应带上此联，在"时间""带看房屋地址""置业顾问"处填写完整后，请看房客户和房主分别在"客户签名""房东签名"处签字确认此次服务已经完成。如果看房人不是客户本人，而是客户的亲戚、朋友等关联方，则在"关联方/代理人"一栏签字。

2. 出售客户接待操作

张女士在南京某小区有闲置三居室住宅一套，高档新装修，家具设施配套齐全，张女士计划以 350 万元出售该物业，于是张女士走进某置业某门店，挂牌出售。接待张女士的主要流程如下：

（1）接待准备。

（2）当客户到达门店，置业顾问主动开门迎接客户。

（3）自我介绍。

（4）问明来意。

（5）签订委托。

（6）即时勘察。委托协议书的签订，意味着委托成立，此时为了确保信息的真实性，有利于房源推荐，职业顾问小李向房主张女士提出即时勘察物业的要求，并向张女士说明提前勘察物业有利于置业顾问熟悉房源信息，有效配对，促成早日成交；征得张女士的认可后，小李对南京××路××号1幢1单元101室进行了即时现场勘察。核实了该物业地址、装修情况、户型结构等基本情况，征得房主的允许后，审核产权归属、用数码相机拍摄物业内、外图片。

（7）绘制示意图。

1）户型图。小李绘制了该物业的户型图，在户型图上应标明墙体、门窗的位置，标注朝向、物业名称，如图 4-3 所示。

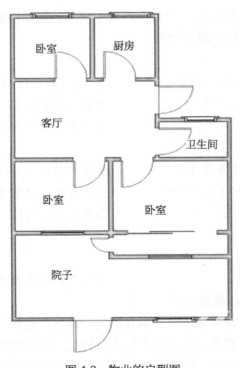

图 4-3　物业的户型图

2）小区物业平面图。小李还调查了该物业所在小区的小区情况，并绘制了小区物业调查图，在图中注明小区名称、位置、通道、花园、楼幢等，如图 4-4 所示。

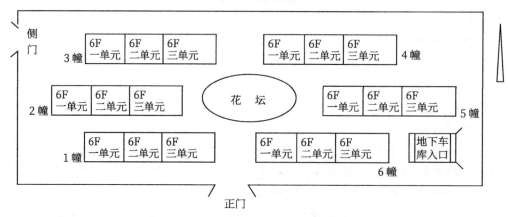

图 4-4 物业所在 ×× 小区平面图

（8）送客出门，信息录入。张女士离开时，小李主动起立并且送至店门外。客户离开以后及时根据公司 ERP 系统要求将该房源信息录入 ERP，将拍摄的物业图片、物业户型图和即时勘察后的物业评价一同录入 ERP 中。

3. 客户配对操作训练

（1）需求挖掘。需求要素分三个层次：基本信息、需求信息、深度信息。下面针对上述案例客户马先生进行客户需求分析。

1）基本信息。

姓名：马 ××　　年龄：36 岁　　电话：13811111×××
地址：南京市 ×× 路 ×× 号　　籍贯（国籍）：江苏南通
职业：企业白领　　获知本公司的途径：朋友介绍、广告等

2）需求信息。

所需房型：2 室 1 厅或 3 室 1 厅　　所需面积范围：60～80 m^2
价格承受：8 000～10 000 元/m^2　　满意程度：比较满意
目标区块：×× 中学三公里内　　购房原因：自住
付款方式：按揭贷款

3）深度信息。

购房动机：居住需求　　决策人：本人或妻子
干扰因素：市场变化、观望心理

（2）需求分析。获得需求信息后，置业顾问应该对信息进行深层次分析，分析该需求背后的原因。需要注意的是，客户需求绝不是通过一次沟通就能够完全了解的，而且你有可能对客户需求判断失误，所以需求了解与判断需要多次沟通，反复分析与判断。

（3）信息匹配。匹配时对信息的搜索顺序：①在置业顾问本人记忆信息中搜索。②在所在门店信息中搜索。③在本公司记录信息中搜索。④如果以上途径失败，可以尝试在本公司信息系统之外的外围网站中搜索符合配对需求的信息。小李在本店房源中，

发现房主张女士位于南京××路××号1幢1单元101室的物业与马先生的需求非常匹配，于是在当天马上联系张女士，开始看房。

（4）客户分类。获得客户需求后要对客户进行有效的分类，比较好的方法是依据客户的"购买力""决策权利""需求缺口"这三个指标作为客户分类的考量。客户分类的目的是对不同客户倾注不同程度的关注，所以根据客户分类的不同，需要及时制订出与这个客户相符合的客户跟进计划。

上述案例中，客户马先生具备一定的经济实力，承受能力强、有急迫的需求、有决策权，是重点客户，应该每天跟踪两次。

4. 物业勘察操作训练

（1）勘查方式。最常用的方法是物业现场勘察，也可电话勘察（问询）。

（2）勘查内容。主要有3个方面：

1）信息核实，核实信息系统中登入的信息的真实性。

2）权属审核，审查物业权属状况，是否适合出售。

3）检查房屋结构和设备、上下水系统和供电系统是否正常，检查物业环境是否清洁，等等。

5. 邀约带看操作训练

（1）邀约技巧。邀约时要注重突出优势，首先把物业的优势亮出来，引起客户的关注以后，再向客户介绍该物业的其他信息；向马先生邀约的时候，可以首先说明该物业离王先生的公司非常近，步行10分钟之内能够到达，免除早高峰堵车之苦。售价22 000元/m^2，比较适中。该物业是精装全配，可以拎包入住。

（2）邀约误区。①夸大其词。②胡乱承诺。③不守时。④房主与客户约见在同一地点见面。

（3）清楚客户的看房目的。要有针对性地向客户介绍房源。

（4）看房工具包。主要有：笔记本、笔、鞋套、名片、计算器、税费计算表、指南针、两份以上经纪合同、《看房确认书》。

（5）看房设定

1）看房时间设定。上午看房——针对东边套房源；下午看房——针对西边套房源；晚上看房——采光略欠，浑水摸鱼。

2）看房路线设定原则：避免看房路途中的不利因素；展现小区的有利面；不宜在物业中停留时间过长。

3）看房数量设定：通常情况下，看房数量以三套为宜；为带看安排一个好坏对比突出的带看顺序，用辅助房源衬托主打房源。

4）看房结束要点：

- 请客户在看房确认书上签字。
- 获得本次看房的结果。根据获得的客户反馈，制订下一步是谈判或是继续配对的行动计划；小李获得的看房结果是，马先生对本套物业基本满意，但是希望价格能够降到 21 000 元 /m²。小李制定的下一步目标是，与房主张女士谈判，希望能把价格降到马先生的期望价格。

- 一送到底，防止客户走"回头路"。

6. 回报议价操作训练

（1）促使客户下定主要原因是：

1）业务与客户需求相符合。

2）客户非常喜爱产品的各项优点，包括大小环境。

3）业务员能将产品及大小环境的价值表示得很好，客户认为本产品价值超过"表列价格"。

（2）在议价过程中，遵循以下原则：

1）对"表列价格"要有充分信心，不轻易让价。

2）不要有底价的观念。

3）一定要在客户有购买决定权的情况下进行，否则别做"议价谈判"。

4）让价要有理由。

5）制造无形的价值，如风水好、人文风化、名人效应等。

（3）抑制客户有杀价念头的方法：

1）坚定态度，信心十足。

2）强调产品优点及价值。

7. 签订合同操作训练

（1）签约前需要充分的签约准备。

1）材料准备：合同数份、黑色签字笔数支、印泥、合同附件数份、复印机无故障、税费计算准确等。

2）与客户、房主、签约工作人员、收款工作人员约定签约时间与地点，并提醒其需要携带的证件物品。房东需要携带：房屋权属证书、土地使用证书、身份证明（身份证、护照、军官证、警官证）、户口本、婚姻证明；客户需要携带：身份证明（身份证、护照、军官证、警官证）、户口本、婚姻证明。

（2）签订合同的原则：完善仔细、速战速决。

（3）带好合同文本。

8. 售后服务操作训练

居间业务的售后服务内容可包括 6 个主要方面：

（1）款项交割或协助办理抵押贷款。

（2）协助房地产权属登记（备案）。

（3）房地产交验，交钥匙。

（4）延伸服务，为买方进一步提供装修、家具配置、搬家等服务。

（5）改进服务，了解客户对本次交易的满意程度，对客户感到不满意的环节进行必要的补救。

（6）跟踪服务，了解客户是否有新的需求意向，并提供针对性的服务。

4.6.2 房地产租赁居间业务实务操作

租赁业务与转让业务在接待、客户配对、物业勘察、邀约带看、回报议价中的内容基本相同，合同签定时签订《租赁合同》，可参考所在城市的"房屋转让合同"。租赁业务与转让业务在业务流程上最大的不同是售后服务，转让业务的售后服务相对租赁业务会更加复杂一些。

1. 求租客户接待操作

（1）接待准备。

（2）客户到达门店后，置业顾问主动开门迎接客户。

（3）自我介绍。

（4）问明来意。

（5）签订委托。求租客户应该签订《求租委托协议书》，并对客户提出的关于协议条款的疑问给予满意的解释。

2. 出租客户接待操作

（1）接待准备。

（2）当客户到达门店时，置业顾问主动开门迎接客户。

（3）自我介绍。

（4）问明来意。

（5）签订委托。

（6）即时勘察。

（7）送客出门，信息录入。

3. 客户配对操作训练

此部分内容同"4.6.1 房地产转让居间业务实务操作"。

4. 物业勘察操作训练

此部分内容同"4.6.1 房地产转让居间业务实务操作"。

5. 邀约带看操作训练

此部分内容同"4.6.1 房地产转让居间业务实务操作"。

6. 回报议价操作训练

此部分内容同"4.6.1 房地产转让居间业务实务操作"。

7. 签订合同操作训练

此部分内容同"4.6.1 房地产转让居间业务实务操作"。

8. 租后服务操作训练

（1）协助房主与客户双方租金、押金等钱款交割完毕。

（2）物业交割：房主、客户、置业顾问三方填写合同附件，清点屋内设施，并且试用设施，抄清楚水表、电表、煤气表的度数，交钥匙。

思考题

1. 如何操作房地产居间业务？
2. 如何计算房地产居间业务佣金？
3. 如何分析房地产居间业务纠纷问题？
4. 如何对门店选址、办公室布置进行相关调查，并提出具体意见？

第 5 章

房地产代理业务

学习目标

1. 了解房地产代理业务基本概况、分类、房地产代理合同与佣金。
2. 熟悉房地产租赁代理、抵押代理、房屋置换代理以及房地产权属登记代理。
3. 掌握二手房代理业务流程与合同、新建商品房销售代理业务流程与合同。

技能要求

1. 遵循房地产经纪职业标准相关内容。
2. 在房地产经纪业务中体现工匠精神。
3. 实地操作房地产代理业务。
4. 计算房地产代理业务佣金。
5. 简单分析房地产代理业务纠纷问题。
6. 起草简单的房地产代理合同。

案例 5-1

房地产营销代理公司被炒

2013 年 8 月 18 日,某房地产策划公司与开发公司签订了一份代理合同,合同约定开发公司委托策划公司对其开发项目进行独家策划及销售代理,履行期限自合同签订之日起至该项目销售结束。合同还约定了双方的权利、义务、代理佣金的支付方式,并约定合同期内任何一方单方面提前终止合同,应向对方支付违约金 20 万元。后来,双方发生违约纠纷,诉讼至法院。

策划公司辩称，策划公司全面履行了合同义务，而开发公司却于2014年3月8日单方面终止合同，严重损害了策划公司的利益，请求法院依法判令开发公司支付违约金20万元。

开发公司辩称，策划公司在履行合同过程中出现严重违约行为，如未按时提交策划报告书，制作的策划报告书对开发公司毫无作用，并在制定广告宣传过程中出现严重错误，销售人员在售楼大厅看色情录像，等等，直至发展到其行为表现不履行合同的程度。为此，开发公司于2014年3月8日致函策划公司提出解除合同，并明确告知了异议时间，但策划公司收到解除通知函后，没有提出异议，因此开发公司视策划公司接受该通知的内容。开发公司依法解除合同有效，请求法院依法驳回策划公司的诉讼请求。

经审理查明，策划公司是2012年9月28日经市工商行政管理局登记注册的企业法人，注册资金50万元人民币。经营范围为：室内装潢设计、施工，园林景观亮化工程设计、施工，房地产营销策划。2013年8月18日，开发公司作为甲方，策划公司作为乙方，签订了一份《策划、销售代理合同》，合同约定甲方委托乙方对位于市步行街的项目进行独家策划、销售代理，合同有效期为2013年8月18日起至项目销售结束。合同还明确了双方的责任，乙方提交策划报告书的初稿日期为2013年10月8日或双方同意之顺延日期，合同还约定了代理佣金及支付方式。另外，双方还约定在合同期内，若一方提出终止合同，必须提前30天书面通知对方，并在一个月内向对方支付违约金：如甲方单方面违约终止合同，则甲方向乙方支付人民币20万元赔偿费，另于当月内一次性支付乙方所有风险金；如乙方违约，则乙方应支付20万元赔偿费。

2013年8月30日，开发公司向策划公司支付策划费10万元，2013年11月20日策划公司向开发公司提交了开发项目的策划报告书，并于2013年12月1日委托数码影视设计有限公司制作了一份开发项目的浏览三维动画光盘。2013年12月15日，开发公司又向策划公司支付策划费10万元。2014年1月15日，策划公司成立项目营销中心，同年1月29日，在城市日报上刊登了该开发项目的广告，并制作了开发项目的售楼书。2014年3月8日，开发公司向策划公司出具一份通知书，通知中列举了策划公司的违约事实，并提出解除合同，通知中还写明要求策划公司于接函之日起三日内复函给开发公司，逾期或不复函的视为策划公司已接受解除合同的要求。2014年3月20日左右，策划公司方的营销人员撤出开发项目营销中心，至此，策划公司没有销售一套房屋。

上述事实有策划公司、开发公司的陈述及策划公司提交的《策划、销售代理合同》、策划报告书、楼书、光盘、开发公司出具的收到策划报告书收条、开发公司发给策划公司的解除合同通知书及开发公司提交的策划公司收到20万元策划费收条二份等证据予以证实。

法院认为，本案属策划、销售代理合同违约纠纷，策划公司、开发公司签订的《策划、销售代理合同》是双方的真实意思表示，且内容不违反国家法律、法规的强制性规定，合法有效，并对双方当事人均具有法律约束力。在履行合同中，开发公司以策划公司违约为由书面通知策划公司要求解除合同，因开发公司主张策划公司违约事实的证据均为证人证言，《最高人民法院关于民事诉讼证据的若干规定》第55条规定证人应当出庭做证，接受当事人的质询。由于证人没有出庭做证，又无其他证据予以证实策划公司违约，开发公司应承担举证不能的法律后果，因此开发公司主张策划公司违约的事实因缺乏证据不能成立，其提出解除合同主张不符合《民法典》第 563 条规定的法定解除权行使的条件。又由于双方签订的合同中约定任何一方提出终止合同，必须提前 30 天书面通知对方，并在一个月内向对方支付违约金，该约定表明合同双方当事人均享有合同的解除权，并且在解除合同的同时向对方支付违约金。因此开发公司单方面要求解除合同符合双方约定解除的条件，而且应承担违约责任。由于双方对单方解除合同应当支付的违约金标准内容未做约定，根据双方的约定，策划公司主张的 20 万元违约金的索赔仅适用于因开发公司的违约行为致使合同解除的情况。另由于开发公司向策划公司提出解除合同后，策划公司自动撤回营销中心的工作人员，表明双方已就解除合同达成一致意见，因此策划公司要求开发公司支付 20 万元违约金的诉讼请求不符合双方约定的情形，法院不予支持。依照《民法典》第 509 条、第 562 条的规定，判决如下：

驳回策划公司的诉讼请求。

诉讼费 5 510 元由策划公司负担。

<small>资料来源：作者整理。</small>

📖 案例 5-2

房地产经纪公司业务失控遭损失

2020 年 1 月，张某通过明明房地产经纪公司向李某购买了一处房产。因张某名下有多套房产，办理购房按揭的首付乘数较高，因此张某通过明明房地产经纪公司同李某协商，采用"全款购房"形式购买该房产。张某先支付三成首付款办理房产过户，待房产过户后，张某将房产通过抵押办理经营性贷款，再将购房尾款支付给李某。

2020 年 3 月，李某配合张某完成房产过户后，张某成功办理了经营性贷款。因银行经营性贷款需以受托支付形式下款，不能直接下款至张某账户，银行贷款被受托支付至张某经营公司的供应商银行账户。恰逢张某经营公司采购缺乏资金，于是银行经营性贷款被张某挪用，用于公司采购与经营。

2020 年 4 月，张某公司因经营不善，导致资金链断裂，贷款逾期。因抵押贷款逾期，张某所购房产被银行查封并进入诉讼流程。

2020 年 4 月，李某因张某迟迟不支付购房尾款起诉张某，并申请查封张某所购房产。

2020 年 6 月，经法院一审、二审审理认为，银行办理抵押具有优先受偿权，因此房产拍卖所得应优先归还银行抵押贷款。因长时间缺少打理，且张某已将房屋出租等多重因素影响，张某的抵押房产最终仅以原成交价的五折被拍卖。李某未能通过房产拍卖取得房屋尾款。

同月，李某追加明明房地产经纪公司作为被告，主张明明房地产经纪公司在提供中介服务过程中未能尽职导致自身损失。

最终张某公司破产，张某无偿还能力并被列为失信被执行人，明明房地产经纪公司赔偿了李某 50% 的房款损失，李某其他损失由李某自己承担。

明明房地产经纪公司认真总结了该项业务失败的原因。

一是不按正常交易流程交易。我国《民法典》规定，房地产物权以登记为准。当房地产权属登记发生变更时，无论房产交易合同履行如何，法律上变更后，物权均与变更前物权所有人无关。因此物权变更应在卖方取得绝大部分房款或房款有充分保障（银行贷款）的前提下方能进行。

二是没有跟进房款来源与进度。在房产经纪服务中，经纪人应对房产交易的全流程负责，对于张某办理经营性贷款支付购房尾款的行为，交易经纪人既没有介入也没有跟进贷款放款进度。这导致经纪人在违规操作后未能对交易的资金来源进行跟踪，张某挪用资金的行为未能被及时发现，使得经纪服务失控并最终导致了卖方和自身的损失。

资料来源：365地产家居网人力资源部，作者整理而成。

案例讨论

1. 如果你是策划公司领导，你应该怎样做？
2. 明明房地产经纪公司应该如何完善业务流程？

学习任务

到经纪公司考察房地产代理业务操作过程，写一份考察报告。

5.1 房地产代理业务流程与合同

1. 房地产代理的含义

房地产代理是指以委托人的名义，在授权范围内，为促成委托人与第三方进行房地产交易而提供服务，并收取委托人佣金的行为，由委托人直接承担相应的法律责任。房地产代理是房地产经纪业务的一种主要形式，其特点是：从事代理业务时，经纪人必须以被代理人的名义，而不是以自己的名义，其行为后果也归属于被代理人。代理交易达成的主要工作有协调交易价格、代理或协助签订交易合同。

2. 房地产代理业务的分类

（1）根据服务对象的不同，房地产代理可分为卖方代理和买方代理。

（2）根据代理业务客体的交易形式不同，房地产代理可划分为：①买卖（销售）代理。②租赁代理。③抵押代理。④置换代理。⑤房地产权属登记代理。⑥纳税等其他代理业务。房屋的买卖代理和租赁代理是房地产代理业务中常见的两种基本形式。

（3）根据代理权限，房地产代理具体形式分为一般代理、总代理、独家代理、共同代理、参与代理等。

（4）按代理权发生的原因，房地产代理还可分为委托代理、法定代理和指定代理。

3. 房地产代理业务的基本流程

房地产代理业务的基本流程一般有6个主要步骤：

房地产代理业务开拓→房地产代理业务洽谈→签订房地产代理合同→与客户谈判、提供技术服务、促成交易→收取佣金→售后服务

4. 房地产代理合同

（1）含义。房地产代理合同是指房地产经纪机构（或房地产经纪人）与委托人约定，房地产经纪机构（或房地产经纪人）可以在授权范围内，以委托人的名义与第三者进行房地产交易，处理相关事务，并由委托人支付酬劳的合同。

（2）房地产代理合同的特征。①房地产代理合同签订的目的是使房地产经纪机构（或经纪人）合法为委托人代理处理委托事务。②房地产代理合同的订立以委托人和代理人之间相互信任为前提。③房地产代理合同是诺成合同和不要式合同。诺成合同又称不要物合同，实践合同的对称，指仅以当事人意思表示一致为成立要件的合同。要式合同，是指法律要求必须具备一定的形式和手续的合同；不要式合同，是指法律不要求必须具备一定形式和手续的合同。

（3）房地产代理合同的主要条款。①合同双方当事人的基本情况。②代理房地产标的物的状况。③代理服务事项与服务标准。④代理服务的报酬或酬金条款。⑤合同的履行期限。⑥违约责任。⑦解决争议的方式约定。⑧合同签订的时间、地点和当事人。

5. 房地产代理业务佣金

（1）佣金（代理费）数额。房地产代理活动是有偿服务，在房地产经纪机构（或经纪人）完成代理业务后，委托人应支付相应的酬劳。佣金数额的确定方式：一是固定费率，二是固定费额，以固定费率为主。根据不同销售任务、委托内容，代理费比例按照总收入的 1%～3% 支付。

（2）佣金（代理费）支付。如销售代理支付方法：①销售任务达到 30% 时，按照回款数支付代理费的 50%。②销售任务达到 50% 时，按照回款数支付代理费的 70%。③销售任务达到 80% 时，按照回款数支付代理费的 85%。④销售任务全部完成时一次付清。

5.2 二手房代理业务

1. 二手房代理业务流程

（1）二手房代理业务开拓。与居间业务拓展类似。

（2）二手房代理业务洽谈。当委托人已有初步委托意向时，房地产经纪人要与其进行业务洽谈。业务洽谈时先要倾听客户的陈述，充分了解客户意图与要求，同时衡量自身接受委托、完成任务的能力。

（3）房地产查验。与居间业务查验类似。这一步骤主要是针对房地产卖方代理而言的。房地产查验的目的是使房地产经纪人对代理的房地产有充分的了解和认识，做到知彼知己，为以后有效进行代理租售打下良好的基础。

1）房地产查验的主要内容。①委托房地产的物质状况。这主要指所处地块的具体位置和形状、面积、房屋建筑的结构、设备、装修情况、房屋建筑的成新情况。②委托房地产的权属情况。一是权属的类别与范围，要搞清楚标的房地产是所有权房还是使用权房，如果是所有权房屋，如为共有房地产，转让和交易须得到其他共有人的书面同意；如果是使用权房，也要注意独用成套房与非独用成套住房的差别。对物业权属所覆盖的空间范围（面积和边界）也要予以确认。对权属有争议的、未取得房地产权证的、房屋被司法或行政机关依法限制和查封的、依法收回房地产权证等的房屋，不得转让、出租、抵押，因而涉及此类房地产的代理业务不能承接。二是房地产他项权利设定情况，如抵押权、租赁权，也必须事先搞清楚。③环境状况。环境状况包括标的房地产相邻的物业类型、周边的交通、绿化、生活设施、自然景观、污染情况等。

2）房地产查验的基本途径：①文字资料了解。通过查阅房地产权证、售楼说明书、项目批准文件、工程概况等文件资料，了解委托房地产的结构、层次、面积、房型、价格、绿化面积等。②现场实地察看。了解房屋的成新情况、外形、房屋的质量（例如屋顶、楼面、墙面有无渗漏水迹，有无裂缝，门窗开启是否灵活，上下水道及煤气管道有无渗漏情况，等等）、房屋的平面布置、公用部位情况、楼宇周围环境、房屋所处地段、交通状况等。③向有关人员了解。可以向已入住的业主了解房屋使用情况，业主往往是房屋质量的见证人。

（4）签订房地产代理合同。为保护自身权益，避免纠纷发生，房地产经纪机构在接受委托人委托后，应与委托方签订书面的房地产代理合同。

（5）信息收集与传播。房地产经纪机构受理委托代理业务后，负责具体执行该业务的房地产经纪人应注意收集以下3个方面的信息：①标的物业信息。②与标的物业相关的市场信息。③委托方信息。

（6）方案设计与推广。目前这一环节主要在商品房销售代理业务中存在，见陈林杰教授主编的《房地产营销与策划实务》。

（7）买方或承租方看房。

（8）房地产交易谈判及合同签订。经纪人同买方对房地产的价格进行谈判。价格的谈判是一种技巧，经纪人在价格谈判时，一方面要有理有节，使买方满意；另一方面必须把价格确定在委托人委托出卖的价格范围内。当价格最终确定下来后，经纪人要代表委托方与购买方或承租方签订房地产交易合同（买卖合同或租赁合同）。交易合同既可采用政府制定的规范文本，也可由交易双方自行协商制定。

（9）房地产交易价款的收取与管理。

（10）房地产权属登记（备案）。

（11）房地产交验。房地产交验是房地产交易过程中很容易暴露问题和产生矛盾的一环。

（12）佣金结算。

（13）售后服务。①延伸服务，如作为买方代理时为买方进一步提供装修、家具配置、搬家等服务。②改进服务，即了解客户对本次交易的满意程度，对客户感到不满意的环节进行必要的补救。③跟踪服务，即了解客户是否有新的需求意向，并提供有针对性的服务。

2. 二手房地产代理合同

代理合同的内容以被代理人确定委托代理权限和代理人接受授权为合同的成立条件。二手房代理合同的内容由当事人约定，具体内容根据当事人不同需要会有所变化，一般应当包括以下主要的合同条款。

（1）当事人的名称（或者姓名）和住所。房地产权利人的主体与委托房地产经纪人提供劳务服务的经纪合同的主体是有一定区别的。房地产权利人可以是有民事行为能力的成年人，也可以是无民事行为能力的未成年人和成年人。当然，无民事行为能力的房地产权利人应经其法定监护人或法定代理人代理才能与房地产经纪机构签订房地产代理合同。因此，在订立经纪合同时，应当明确主体关系，使合同履行具备法律效力。

（2）代理房地产标的物的基本状况。

（3）服务事项与服务标准。这一条款是表明房地产经纪人的服务能力和服务质量的条款，也是体现房地产经纪人能否促使合同得以履行的主要条款。服务的事项和标准应当明确，不明确则难以保证合同得到正常履行，这是必须明示的条款。由于劳务活动的不确定性，该条款在合同的履行过程中经常会引起委托人的争议，因此可以在合同履行中协商、补充，使合同的内容得到调整。

（4）劳务报酬或酬金。

（5）合同的履行期限、地点和方式。

（6）违约责任。合同条款中应当明确违约责任，但这并不意味着违约方不承担违约责任，违约方未依法被免除责任的，守约方仍然可以依法追究其违约责任。

（7）解决争议的方式。当事人应当在合同中明确选择解决合同争议或纠纷的具体途径，如通过仲裁或诉讼。当事人没有做明确的选择，则应通过诉讼解决合同纠纷。在二手房产买方代理业务中，经纪人应为委托人买到最低价格的房地产，或者是在预定的价格下，买到最好的房地产。然而，由于对房地产质量、功能方面的评判标准不可能完全统一，因此，在买方代理合同中，如果能约定经纪人应提供的备选房源数量，则可相应减少经纪纠纷。此外，在以上买方代理业务中，由于客户有特定的要求，因此佣金的标准不能等同于一般卖方代理合同标准，其可在合同中特别约定。在二手房卖方代理业务中，经纪人的基本义务是实现标的物业的最高出售价格，但是由于价格越高，出售的难度也越大，因此在代理合同中，对出售价格的底线以及委托代理期限进行约定是较为明智的做法。为规范二手房代理行为，一些城市的政府还专门制定了房地产代理合同的示范文本，可供房地产经纪机构和委托人参考。

某市二手房委托代理合同

根据《民法典》中的"合同编""物权编"及其他有关法律、法规的规定，双方在平等、自愿、协商一致的基础上，就本合同所涉房地产的买卖和代理服务事宜，达成协议如下。

第一条　委托出售的房地产

甲方委托出售的房地产（下称"该房地产"）坐落于：_____；该房地产产权证号为：_____；房地产权共有证号为：_____；该房地产用途为：_____；建筑面积为：_____平方米，其中套内建筑面积为：_____平方米。

该房地产土地使用权年限自_____年____月____日至_____年____月

_____日止。

目前该房地产物业服务公司为_____，物业服务费为每月每平方米_____元，建筑面积_____平方米，合计人民币：_____佰_____拾_____元_____角_____分（小写：_____元）。

第二条　房地产产权现状

该房地产产权现状为以下第_____种：

1. 该房地产没有设定抵押或者被查封、被非法占用及其他产权争议，卖方对该房地产享有完全的处分权。

2. 该房地产处于抵押状态，卖方承诺于本合同生效之日起_____日内还清贷款，办妥注销抵押登记手续。

3. 该房地产处于抵押状态，甲方需委托担保公司担保或者由买方融资赎楼的，须于签订本合同之日起_____日内向担保公司和代理方指定人员出具公证委托书，办理赎楼手续，买方应予协助。完成赎楼后，应将房地产证原件托管于代理方或者买卖双方约定的担保公司作为办理过户手续之用。担保公司担保或者由买方融资赎楼的协议另行签订。

第三条　房地产租约现状

该房地产所附租约现状为以下第_____种：

1. 该房地产没有租约。

2. 该房地产之上存有租约。甲方保证在三方（买卖双方及代理方）签订《二手房买卖合同》时承租人放弃优先购买权并解除租约。

第四条　附着于该房地产的户口

该房地产所附着的户口，甲方保证于收到房地产转让总价款之日起_____日内迁出。

第五条　转让价款

该房地产转让总价款为人民币：大写_____元（小写：_____元）。

第六条　交易定金

甲方同意授权乙方代收定金，金额在法律规定的范围内与买方协商确定。买方将定金交付乙方时，视为甲方收取定金，乙方应当在3日内通知甲方收取定金。

第七条　交房保证金

为防范交易风险，督促甲方按约定如期交付该房地产并结清所有费用，甲方同意在首期款中预留人民币：大写_____元（小写：_____元）作为交房保证金。此款在甲方实际交付房地产及完成产权转移登记时进行结算。此交房保证金的处理办法为下列第_____种。

1. 交由乙方托管。

2. 甲方实际交付房地产及完成产权转移登记时，由买方直接支付给甲方。

第八条　税费承担

按国家有关法规、政策规定，买方需支付的税费项目有：_____。

第九条　交易资金监管

买卖双方同意直接支付房款的，双方约定由买方存入卖方的银行账号。买卖双方约定第三方监管的，监管方式为第_____种：

1. 由买卖双方指定的_____银行进行监管。
2. 由代理方的客户交易结算资金专用存款账号进行监管。
3. 由买卖双方指定的_____律师事务所进行监管。资金监管协议由买卖双方及监管方另行签订。

第十条　付款方式

甲方要求买方按下列第_____种方式给付除定金、交房保证金之外的房款。

1. 非银行抵押付款：买方须于××市房地产登记中心出具房地产过户回执的当日支付百分之_____房款。余款须于领取新的房地产权证书当日支付。
2. 银行抵押付款：买方须于××市房地产登记中心出具房地产过户回执的当日支付百分之_____首期房款。余款由按揭银行直接支付。
3. 一次性付款（非银行抵押付款）或者银行抵押付款均可。

第十一条　委托期限

自本合同签订之日起的_____个月。甲方确认《成交确认书》后，代理期限延续至该房地产转移到买方名下为止。

第十二条　代理服务内容

乙方提供如下服务：

1. 接受甲方委托，为甲方寻找适合的买方，陪同买方看房，促使买卖双方成交，并根据甲方授意代收定金，签订认购等协议。
2. 对买卖双方当事人资格、房地产产权信息的合法性进行查验。
3. 向买方准确传达或报告甲方的真实意图（包括房地产权属、现状、房价、付款方式、违约责任事项）。
4. 促成买卖双方进行交易，协助办理房地产交接事宜。
5. 提供银行抵押贷款、赎楼事项的咨询服务。
6. 介绍按揭银行及按揭服务机构。
7. 向甲方准确传达或报告买方的真实意图（包括房价、付款方式）。
8. 对买卖双方办理产权转移登记手续、期限、应缴纳的税收、费用等事项提供咨询、代为办理手续的服务。
9. 按约定对买卖双方的交易资金监管提供服务或者介绍监管机构。
10. 提供市场调查、广告宣传服务。

第十三条　代理佣金收取

乙方在买卖双方与乙方签订《二手房买卖合同》（三方合同）时，向甲方收取代理佣金人民币：大写_____元（小写：_____元）。如买卖双方最终未能完成该房地产产权过户，则此代理佣金无须退还，因乙方原因导致的除外。

第十四条　违约责任

1. 买卖双方（含亲属、近亲属、委托人、代理人、代表人、承办人等）利用乙方所提供信息、条件、机会等，私自签订《二手房买卖合同》办理产权过户手续或者另行通过其他物业代理公司办理产权过户手续的，甲方应当承担违约责任。乙方有权要求甲方支付本合同约定的全部佣金。甲方并应承担代理方追索其违约责任所支出的案件受理费、律师费等费用。

2. 因甲方过错或违约，致买卖双方未能办理产权过户手续的，乙方可要求甲方支付本合同约定的全部佣金，并支付该房地产总价款百分之_____的违约金。甲方应承担代理方追索其过错或者违约责任所支出的案件受理费、律师费等费用。

3. 因乙方过错或者违约致买卖双方未能办理产权过户手续的，乙方应退还所收取的佣金并支付该房地产总价百分之_____的违约金。

第十五条 随属附赠品

甲方除送固定装修外，另赠_____。

第十六条 合同的变更与解除

本合同未经双方协商一致，不得变更或者单方解除。

第十七条 不可抗力

因不可抗力不能履行本合同的，根据不可抗力的影响，部分或者全部免除责任，但法律另有规定的除外。因不可抗力不能按照约定履行合同的一方当事人应当及时告知合同他方当事人，并自不可抗力结束之日起_____日内向合同他方提供证明。

第十八条 送达

合同当事人所填写确认的通信地址即为送达地址。

合同当事人除直接送达外，可以短信、邮件、传真、信函、公告等方式送达。

以短信送达时，手机号码为：甲方_____；乙方_____。

第十九条 本合同与其他文件的冲突解决

双方在本合同签订之前的承诺及协议，如有与本合同不相符的，以本合同为准。

第二十条 合同附件

本合同共有附件____份。合同附件为本合同组成部分，具有同等法律效力。

第二十一条 合同争议的解决

本合同履行过程中如发生争议，双方应及时协商解决。协商不成时，可选择如下第_____种方式解决：

1. 提交_____仲裁委员会仲裁。
2. 依法向人民法院起诉。

第二十二条 合同数量及持有

本合同一式_____份，甲方及乙方各存一份，均具有同等法律效力。

第二十三条 合同生效

本合同自双方签字（盖章）之日起生效。

甲方：房主　　　　　　　　　　　　乙方：××房地产经纪有限公司
（签字盖章）　　　　　　　　　　　法定代表人：（签字盖章）
日期：　年　月　日　　　　　　　　日期：　年　月　日

5.3 新建商品房销售代理业务

新建商品房销售代理是我国目前房地产代理活动的主要形式。房地产销售代理指房地产经纪机构（或经纪人）受房地产开发商及房地产所有权人的委托，以委托人的名义对所有房地产代行销售的经纪行为。它分为商品房现售代理和商品房预售代理。

1. 新建商品房销售代理的基本形式

新建商品房销售代理主要有独家代理、共同代理、参与代理三种形式。①独家代理，是指房地产开发企业或房屋所有权人、土地使用权人将房屋的出售（租）权单独委托给一家房地产经纪机构代理。②共同代理，是指房地产开发企业或房屋所有权人、土地使用权人将房屋出售（租）权同时委托给数家房地产经纪机构。谁先代理成功，谁享有佣金；谁代理成功量多，谁多得收益。③参与代理，是指房地产经纪人参与已授权独家代理或共同代理的房地产经纪机构的代理业务，代理成功后，由独家代理公司或共同代理人按参与代理协议分配佣金的行为。

2. 新建商品房销售代理业务的流程

新建商品房销售代理业务的流程主要分为 8 步。

（1）代理项目信息收集、开发与整合。这一阶段首先要调动房地产经纪机构的全体人员进行项目信息的收集与开发，即发动每个员工，通过各种途径尽力打探新建商品房项目的信息，然后研究拓展部负责收集、汇总并初步筛选所得到的信息，上报总经理或专门的信息统筹部门。经总经理或专门决策机构决定的项目，再分门别类地落实到具体控制部门（如子公司或专门组建项目组或称"楼盘专案"）。

（2）项目研究与拓展。由研究拓展部门组织、协调有关部门（如业务部、交易管理部等）对承接项目进行营销策划，确定项目销售的目标客户群、销售价格策略和具体市场推广的方式与途径等，撰写书面营销策划报告。如果专门成立项目组，则由项目组来组织实施项目研展，有关部门积极配合。

（3）项目签约。项目的直接操作部门（如子公司、项目组等）与项目开发商进行谈判，并起草代理合同文本，然后在房地产经纪机构内部有关部门（如交易管理部）、法律顾问和高层管理人员之间进行流转，并各自签署意见书，其中，应有专门负责法律事务的部门或人员对代理合同草案出具书面法律意见书，提交房地产经纪机构的最高决策者。最后，由最高决策者签署已与开发商达成一致的合同。

（4）项目执行企划方案设计。项目执行部门根据已签署的代理合同，对营销策划报告进行修改，并初步制定项目的执行指标（如销售期、费用预算等）和佣金分配方案，召集各分管业务的高层管理者及有关部门（如交易管理部、研究拓展部、财务部等）合作会议。介绍经修改的营销策划报告和初步制定的项目执行指标及佣金分配方案。由会议决议最终的项目执行指标和佣金分配方案。

（5）销售准备。这一阶段是对销售资料、销售人员、销售现场的准备。销售资料包括有关审批文件（如预售许可证）、商品房买卖合同文本、楼书、开盘广告、价目表、销控表等。销售人员准备包括抽调、招聘销售人员，进行业务培训。销售现场准备包括搭建、装修布置售楼处、样板房、看房通道等。

（6）销售方案执行，客户接待、洽谈、签约，房地产交易价款收取与管理，房地产权属登记，房地产交验入住及客户回访。这一阶段主要是在销售现场接待购房者看房，签订商品房买卖合同，并配合实施广告、公关活动等市场推广工作。这一阶段的时间跨度通常很长。在后期还要完成商品房交验（俗称"交房"）的工作。

（7）项目佣金结算。由于商品房的销售过程比较长，一般在销售过程中要按一定时间周期（如按月）进行对外结算佣金（与开发商结算佣金）和对内结算佣金（与销售人员结算佣金）。到整个项目销售的最后阶段（通常是完成代理合同所约定的销售指标后），要进行项目的总结算。首先是由项目直接操作部门与开发商进行总结算，法务部予以配合。其次是对内结算，业务部要将日常核对的佣金结算数据提交财务部审核，项目执行部要撰写结案报告。最后由房地产经纪机构的最高管理者、项目负责人、业务部负责人、财务部负责人和负责法律事务的部门负责人共同召开结案审计会，确定最终的结案报告和对内结佣方案，最后根据佣金结算方案对销售人员总结算。结案报告交业务管理部和信息资料部存档。

（8）售后服务。

3. 新建商品房销售代理合同

新建商品房销售代理合同是房地产经纪机构（或经纪人）与新建商品房销售委托方（房地产开发商及房地产所有权人）签署的合同。新建商品房销售代理是批量房地产的销售代理，与以单套房地产交易为主的二手房代理业务相比，更为复杂，而且由于委托方（开发商）的相对强势，房地产经纪机构更需特别审慎地与之签订代理合同，以切实保护自身利益。特别需要注意的是，商品房销售代理合同中应载明有关交易价格范围、销售时间和进度以及不同价格和销售进度下佣金计算标准的条款。在批量商品房的销售代理中，待销的房地产不一定能做到百分之百销售，因此必须事先约定衡量经纪机构完成任务的考核指标——销售面积比例。由于批量商品房的销售时间较长，佣金也就有必要分期支付，这样就必须约定各期支付的时点或前提条件。商品房预（销）售过程中发生的费用（如广告、售楼处搭建费用等）与其投放的时间、数量、销量有密切关系，因此对其支付方式、时间安排等事项也应在合同中予以约定。

某市新建商品房代理销售合同文本

甲方：××房地产开发有限公司，住所位于_____，授权代表为××；

乙方：××房地产销售有限公司，住所位于_____，授权代表为××。

第一条　总则

1.1 词语含义

平均底价：甲方要求乙方须完成销售的代理房屋最低平均单价。单套底价：乙方以平均底价为平均价制定的每套代理房屋的最低销售单价，即房价底价（表）。

合同单价：购房者为购买代理房屋而签订的各预售/出售合同约定的房屋单价。

代理销售总价：单套底价乘以相应成功销售房屋建筑面积乘积之和。

1.2 项目概况

甲方是《××项目》(以下称本项目)的唯一开发建设单位，本项目位于_____市_____路_____地块，总建筑面积约_____万平方米(不含地下室)，由_____幢房屋组成，性质_____、_____，其中，_____用房建筑面积约为_____平方米，_____用房建筑面积约_____平方米。除非另有特别约定，甲乙双方同意按房地产交易中心出具的暂测面积为准进行结算。本项目推广名和实际名称的改变不影响本合同的履行。

1.3 建设批文

甲方已取得本项目的以甲方作为开发商的所有开发手续和批文，包括编号为_____的房地产权证(房屋所有权证、国有土地使用证)、编号为××建设工程规划许可证，并承诺上述文件真实、合法、有效。

1.4 本合同基础条件

1. 本项目的抵押权等涉及第三方权益的事项由甲方负责处理。
2. _____用房的每套可售建筑面积在_____至_____之间。
_____用房的每套可售建筑面积在_____至_____之间。
3. 甲方按本条第三项约定的条件取得政府部门确认的暂测报告以及预售许可证。

第二条 代理房屋、平均底价、单套底价、代理费

2.1 代理房屋

甲乙双方同意，甲方委托乙方独家代理销售本项目中全部房屋，可售建筑面积约为_____万平方米，具体代理房屋清单见附件一。

2.2 平均底价

2.2.1 甲乙双方同意，代理房屋(包括商业用房、办公用房、公寓)平均底价为人民币_____元/平方米建筑面积(含代理费)。乙方根据相应的平均底价制定相应的单套底价，开盘之前经甲方确认后执行。

2.2.2 乙方有权在单套底价或者_____以上销售代理房屋。若根据市场销售情况，甲方认为需要调整销售价格的，需经甲乙双方共同商定。

2.3 代理费(佣金和营销费用)

2.3.1 甲乙双方同意，甲方支付乙方的代理费为代理销售总价的____%(含营销费用)；营销费用应包括本项目销售中投入的媒体广告、楼书、售楼处样板房装修及家具、现场气氛营造、DM单制作、电视CF制作、房展会展览费用和布置售楼处样本、销售工具制作费用、整体和单体建筑模型、彩色效果图、灯箱广告、看板、房型家配图、引导旗、横幅、小区围墙广告及相应的广告宣传活动以及销售案场的办公费用。

2.3.2 甲乙双方同意，营销费用由乙方先行垫付，乙方负责制定营销计划预算并执行。

第三条 代理期限、开盘条件、代理指标

3.1 代理期限

甲乙双方同意，代理期限为本合同生效日起至开盘日后_____个月。

3.2 开盘条件

3.2.1 甲方一次性取得本项目预售许可证,完成全部网上交易手续(包括取得网上交易密码),将预售许可证交乙方对外公示。

3.2.2 甲方同意由甲方负责售楼处、样板房(样板房设在_____层,共_____套)及样板层、电梯厅的建造。乙方负责销售通道和售楼处、样板房的装修。甲方提供的售楼处建筑面积不小于_____平方米。

3.2.3 甲方同意,按附件一约定的交房标准完成样板房所在的电梯厅、电梯门套以及所在楼层的建造装修。

3.2.4 甲方同意,销售通道和售楼处、样板房交付乙方装修时应达到附件四标准。

3.2.5 乙方装修时间为_____天。

3.2.6 甲乙双方同意,在具备上述条件后_____天开盘(开盘日)。

3.2.7 甲乙双方同意,售楼处、样板房、销售通道装修方案由甲乙双方确定。

3.3 样板房、售楼处、销售通道装修、装饰财产的处分和收益归乙方。

3.4 代理指标

3.4.1 开盘日后_____个月内,乙方完成_____%销售率(成功销售房屋建筑面积占代理房屋总建筑面积的百分比),其中前三个月完成_____%销售率;开盘日后_____个月内,完成_____%销售率。

3.4.2 甲方同意,具备开盘条件、按施工进度完成施工、按期交房、按约定的标准交付房屋是乙方完成代理指标的条件,否则同意乙方完成代理指标的时间相应顺延。

第四条 独家销售权、成功销售的界定

4.1 独家销售权

甲方确认本项目代理房屋由乙方独家代理销售。除本合同另有约定外,非经乙方书面同意,甲方不得自行销售或委托第三方销售,也不能在本合同履行完毕之前撤销对乙方的委托。在代理期限内,甲方违反本条约定自行销售或委托第三方销售的房屋,视作乙方成功销售的房屋。

4.2 成功销售的界定

4.2.1 房屋销售以套为出售单位

购房者签署预售合同并支付了首期房价款,预售合同在房地产交易中心办理了登记备案手续后,该套房屋视为成功销售。代理期间甲方取得房地产权证(或房屋所有权证和国有土地使用证)的,签订出售合同并支付了首期房价款后,该套房屋视为成功销售。购房者申请抵押贷款的,预售合同办理了登记手续并且乙方按照贷款银行的要求收齐贷款申请材料后,视为销售成功。

4.2.2 甲乙双方同意,若由于甲方原因(甲方拒绝按确认的《商品房买卖合同》样本与购房者签订合同或者代销房屋被司法行政机构以强制措施)造成购房者无法签订预售(出售)合同、无法收取首期房款、无法办理预告登记或者退房的,则该房屋视为乙方已成功销售的房屋计入乙方的销售指标,并计提代理费;若由于乙方的原因造成退房的,则该房屋不计入乙方销售指标,仍作为房屋由乙方销售。

4.3 销售合同样本

甲乙双方应在开盘前共同确定《商品房买卖合同》样本，乙方应按双方确认的《商品房买卖合同》样本与购房者签订合同，与合同样本有出入的条款需经甲方委托人员（以书面授权委托书为准）签字确认。乙方未经甲方书面同意擅自与购房者签订与合同样本不一致的条款，并因此发生纠纷的，由乙方承担责任。

第五条 结算、保证金

5.1 结算

5.1.1 甲乙双方同意，以套为单位结算。在开盘后次月起每月_____日为成功销售房屋建筑面积、代理费（佣金和营销费用）、保证金结算日。

5.1.2 若甲方无合理原因拒绝结算的，视为已按乙方提交的材料、报表在结算日成功结算。

5.1.3 支付期限。甲方应在结算日后_____个工作日内，向乙方支付已成功销售房屋的全部代理费、溢价。

5.2 税费

甲乙双方各自承担应缴纳的税费。

5.3 相关发票

乙方收取代理费，应向甲方开具发票。

5.4 保证金

5.4.1 支付。本合同生效后_____天内，乙方将保证金人民币_____万元存入乙方名义账户中，并设立甲乙双方共管的银行账户（各留一枚银行印签章）。甲方将本项目预售许可证交乙方对外公示后_____天内，将该保证金转存入甲乙双方共管的银行账户，并再存入人民币_____万元保证金。

5.4.2 返还。每月结算日后_____个工作日内，甲方按乙方完成的销售率×保证金总额计得的金额返还乙方保证金，至返还全部保证金。

第六条 乙方义务

6.1 报告义务

乙方实施营销企划方案中发布的广告、楼书和销售道具等必须经甲方确认后方可发布。

6.2 谨慎义务

乙方工作人员不得采取误导或其他不当行为给当事人或甲方造成任何损失，否则由乙方承担相应的赔偿责任。

6.3 代理事项

乙方参与本项目房型、户室比的确定；明确本项目的市场定位、营销企划方向，制定、实施本项目的媒体安排、推广方案、广告内容、销售道具；制定、实施现场销售方案和认购合同的签订、预售合同的签订、按揭贷款的收件工作等。

6.4 人员配置

本合同生效后，乙方应整合其在房产销售和策划方面的专业力量为甲方提供售前/

售中/售后全过程营销专业服务。

第七条 甲方业务

7.1 交付标准

甲方同意，将代理房屋交付购房者时达到附件二约定的交付标准。

7.2 交付时间

甲方同意，甲方应按附件三约定的工程施工进度计划表完成本项目的工程形象进度，交付购房者的时间不迟于_____年____月____日。

7.3 委托人工作

甲方提供（预）销售房屋相关的文件和证书及详细数量表，并对提供的文件和证书的真实性负责；根据乙方的销售节奏要求，甲方负责派专员办理收款、开具发票、出具预告登记抵押登记中需甲方提供的各类资料、入户手续；及时和乙方结算款项；及时审查宣传广告文稿，以及甲方按销售要求落实抵押贷款银行。

第八条 违约责任

8.1 擅自解除的责任

甲乙双方同意，除本合同另有约定以外，任一方擅自解除本合同的，均应承担违约责任，违约金为人民币_____万元。

8.2 滞纳金

甲乙双方同意，任一方未按本合同约定结算支付款项的，按应结算支付而未结算支付款项的日万分之_____承担滞纳金。

第九条 其他

9.1 本合同经甲乙双方签字盖章后生效，本合同壹式贰份，甲乙双方各执壹份，具有同等法律效力。

9.2 甲乙双方在_____市签订本合同。

9.3 甲乙双方均应对本合同、本项目重要内容保守秘密，非经对方同意或应司法或行政机关要求，不得泄露给无关他人。

9.4 依照本合同规定发生的通知和信息均采取书面形式。

甲方：××房地产开发有限公司	乙方：××房地产经纪有限公司
法定代表人：（签字盖章）	法定代表人：（签字盖章）
日期： 年 月 日	日期： 年 月 日

附件一：代理房屋清单（略）

附件二：房屋建筑结构、装修及设备标准（略）

附件三：本项目改建工程施工计划进度表（略）

附件四：售楼处、样板房交付装修时的标准门、窗安装完毕，厨卫管线铺设、室内地面水泥砂浆抹平，墙面和顶棚为混合砂浆打底泥子抹平；内外场地平整，看房通道安全、畅通、照明；临电配套到位，接至售楼处门口，设置×个卫生间，确保下水管道通畅，提供×门直线电话（其中一门申请ADSL）；售楼处门口提供×辆小型车辆的停车场地。

4. 新建商品房销售代理业务实务操作

新建商品房销售代理业务实务操作共分两大阶段、10个项目，具体分配如下。

第一阶段：销售准备

项目一：房地产代理合同的填写

项目二：房地产销售资料的准备

项目三：认购书填写训练

项目四：销售队伍的组建

项目五：销售现场准备训练

第二阶段：销售实施

项目六：与售楼情景相关的问题及回答模拟训练

项目七：按揭款项的计算练习

项目八：模拟售楼

项目九：新建商品房权证的办理实训

项目十：顾客异议处理训练

5. 20种典型客户异议的处理方法

（1）太贵了。释义：客户不知能否把价格压下来，或其他项目能买到便宜的。答：我公司做过周边楼盘的市场调查，在同等物业中，我们楼盘的价格相对较低，但规模与小区周边配套设施是最完善的。

（2）我想考虑一下。释义：客户想脱身，没想到会陷得这么深。答：您可以考虑一下，但我们的项目售卖情况很好，您看的这种户型是我们销售最好的，如您考虑成熟，请您尽快定，因为本期推广的户型下一期就没有了。

（3）我想比较一下。释义：客户动心了，想买，但他想先看看市场情况。答：您不会接受某某位置的项目吧？您不会接受外墙涂料的项目吧？您不会接受没有园林、水景的项目吧？（先抓住客户的东西一定是最显眼、表象的东西：位置、规模、外观、外墙、大厅等要素。）

（4）我买不起。释义：客户喜欢，想买，但钱不够。答：在做七成20年按揭的情况下，您也买不起？

（5）你在给我施加压力。释义：客户有点控制不住了，确实认为这套房子很好。答：很抱歉，我没有表达清楚，因为我认为这个户型很适合您（松压力成交法）。

（6）我需要好好想想。释义：客户在买之前，想先离开这里，他想认真考虑，看是否发现一些问题。答：可以，户型图您拿回去好好考虑一下，但您看中的户型是销售情况最好的，请您抓住这次机会，考虑好后尽快下决心。

（7）我回头再来。释义：客户很喜欢销售人员，不想伤害他的感情，但对产品缺乏信心。答：可以，您也回去好好考虑一下，本楼盘现在热卖中，考虑好后，请尽早下决心,请您不要错过这个机会。

(8)我不善于当场决策。释义:客户不想凭一时冲动做决策,以防出错。答:您现在再犹豫,恐怕房子就没了,房子是固定资产,是可以升值的,买房子是人生的一件大事(给其施加压力,帮他下定决心)。

(9)我心里没底。释义:客户就要做出决策了,不过他还需要一些鼓励。答:您真有眼光,一看就很专业,您是做地产的吗?(称赞对方以鼓励。)

(10)我年纪大了,我要是再年轻10岁。释义:客户还是有点不放心。答:这里有很多像您这个年纪的人买房,房子最适合您的身份(或加一句:您的成熟、身份、地位正与房子相配)。

(11)我只是想随便看看。释义:客户不希望销售人员接触,害怕买东西。答:那您先看看,我可以简单地给您介绍一下我们的项目(边介绍边有意无意地询问客户的购买意向。)

(12)我能买到比这更便宜的。释义:客户心动了,但希望再便宜一点。答:我们的房子已经是最优惠的了,所以原则上是不允许再便宜了。再说这么好的房子,就是原价买也值呀……(我看您是真心想买,我会尽全力和公司协调,看看能否再给您一点折扣,但就算可以,这个折扣力度也不会太大,我只能尽量去替您申请,那您看能否马上签约呢?)

(13)我们刚结婚,我们太年轻。释义:客户不想买了,经济不充裕。答:你们可以按揭付款呀,现在贷款买房很划算,只需首付30%,以后慢慢还贷款,既有新房住,又不会占用大量的资金,而且房子是固定资产,今后一定会升值,如果你们现在做按揭,我们可以给您一个98折的优惠。

(14)我想同我的父母和其他家人商量一下。释义:客户需要征求家人意见。答:您不想给他们一个惊喜吗?再来可能就没有了。

(15)太大了,我不喜欢。释义:客户不想买,找的借口。答:大房子住着才舒服,买房子不光为改善住房条件,也要符合您的身份才行。您可以不买,但是错过这么一套好房子实在太可惜了……

(16)我希望能有折扣。释义:客户有异议。答:我们可以给您象征性地打点折,但不会太多,也就是每平方米几十元钱而已。

(17)我今天不买,是不会签字的。释义:客户不愿冒险,害怕花钱。答:您能说说对它哪里不满意吗?以便我们进一步改进完善。您要是今天不定,只怕会失去机会,而且能买到这么值的房子,证明您很有眼光。我们的房子卖得很好,如果您今天不定,恐怕明天就没了。

(18)我什么也不想买。释义:客户不想买,迷惑你,他想在交易中占上风。答:不买没关系,既然来了,您可以听听我们项目的情况,也好给您的朋友推荐一下,让他们买套房子。

(19)我拿点资料回去看看,到时候再说。释义:客户不想逗留。答:没问题,不过在这儿我可以先给您做一个简单的介绍,您先请坐。

（20）我回头再来，身上没带定金，先给我留着。释义：客户需要考虑，或是随口说说。答：对不起，我们有规定，如果您没有交定金的话，房子是不能留的。您可以先留点钱，把房号定了，否则房子就被别人挑走了。

5.4 租赁、抵押、置换以及权属登记代理业务

1. 房地产租赁代理

（1）含义。房地产租赁代理是指房地产经纪机构（或经纪人）受房屋出租方（或承租方）委托，代理出租（或承租）房屋，最终促成双方租赁成功，收取佣金的行为。

（2）房地产租赁代理类型：①现房租赁代理。②在建商品房预租代理。③商品房先租后售代理。

（3）房地产租赁代理业务的流程：

接受委托→为委托方寻找匹配的房源（或承租方）→签订合同→办理房屋租赁登记→交易完成，收取佣金。

2. 房地产抵押代理

房地产抵押代理是指房地产经纪机构（或经纪人）受抵押人的委托，将委托人合法拥有的房地产以不转移占有权的方式，以委托人的名义向抵押权人提供债务履行担保的行为。房地产租赁代理业务的流程：

接受委托→签订合同→办理抵押登记→交易完成，收取佣金。

3. 房屋置换代理

房屋置换代理是指房地产经纪机构（或经纪人）受房屋所有人或公有房屋购置人的委托，将其依法拥有的住房进行置换的行为。它分为房屋交换代理和房屋换购代理。房屋置换代理业务的流程：

置换登记→价格评估→置换委托→签订合同→办理手续→物业交割，收取佣金。

4. 房地产权属登记代理

房地产权属登记代理是指房地产经纪机构（或经纪人）受委托人的委托，以委托人的名义到房地产行政主管部门对委托人所拥有的房屋所有权以及房屋所有权所产生的抵押权、典权等他项权利进行登记的行为。它分为六种：①总登记。②初始登记。③转移登记。④变更登记。⑤他项权利登记。⑥注销登记。该项代理业务一般为房地产经纪配套业务，不另外收取佣金。

思考题

1. 如何操作房地产代理业务？
2. 如何计算房地产代理业务佣金？
3. 如何分析房地产代理业务纠纷问题？
4. 如何起草房地产项目全程营销代理合同？

第 6 章

房地产行纪拍卖业务与代办咨询服务

⏱ 学习目标

1. 了解房地产行纪和房地产拍卖业务,房地产经纪业务中的代办服务内容和咨询服务内容。
2. 熟悉房地产行纪和房地产拍卖的相关知识。
3. 熟悉房地产行纪、房地产拍卖、房地产投资咨询、房地产价格咨询以及房地产法律咨询服务流程。
4. 掌握房地产权属登记和抵押登记代办的业务操作要点,以及房地产咨询业务所需的综合知识。

📖 技能要求

1. 遵循房地产经纪职业标准相关内容。
2. 在房地产经纪业务中体现工匠精神。
3. 独立进行房地产行纪、拍卖活动。
4. 处理房地产产权和抵押登记代办过程中的相关事务。
5. 基本具备进行房地产投资、价格、法律咨询工作的能力。

📖 案例 6-1

房地产租赁行纪:长租公寓的领先者魔方公寓

长租公寓

长租公寓又名"白领公寓""单身合租公寓",是房地产经纪公司将业主房屋租赁过来,整合业主房源进行重新装修、改造、管理，配齐家具、家电，以自己的名义，以单间的形式出租给房屋周边的白领上班人士。房地产经纪公司此时的角色，类似"二房东"。长租公寓也可以看成是房地产三级市场上一个新兴的行业，现在长租公寓这个概念已经慢慢为大家所接受。

魔方公寓

魔方公寓是中国首家连锁集中式长租公寓运营商，是魔方（中国）生活服务集团在中国境内的全资公司，致力于通过打造以公寓为核心的生活服务平台，为都市白领群体提供长期独立居住的解决方案。魔方公寓从2009年起步，如今已经成为行业内开业规模最大、经营时间最长的集中式长租公寓品牌。在2019年10月21日胡润研究院发布的《2019胡润全球独角兽榜》中，魔方公寓排名第224位。

魔方公寓品牌定位：以公寓为核心，充分运用互联网技术，整合线下流量与生活服务行业资源，构筑全新的生态圈，为都市白领群体提供长期独立居住的标准化解决方案，为住客提供一个全新的生活方式。截至2020年，魔方公寓在全国31个城市有500多家门店，10万多间房，已有数十万人入住。

魔方公寓产品特点：在一二线城市人口密集区域、办公楼聚集地及大型科技/工业园区周边、地铁1公里范围内，周边生活配套丰富，提供配备标准化家庭式装修、全品牌家电，一线城市定价3 000～6 000元/月（北上广深），二线城市2 000～4 000元/月，使用面积25～35 ㎡的独立居住空间。同时配有功能多样的公共客厅及酒店标准的安全系统，致力于为客人提供舒适、安全的居住体验。

入住流程：①官网预约看房选房。②了解入住须知及租住条款。③到店填写申请入住表格。④签约付款。⑤开始魔方租房生活。

安全防护措施：入住把关，入住前进行租客身份审核，签订正式租住合同；采用智能门禁管理，一卡一房，保障住户生命财产安全；实施24小时全方位监控；注重消防管理，公共区域及房间内设置符合国家消防安全标准的烟感及喷淋。

日常服务：专职门店管家；专业保洁；专业维护；代收快递服务；其他增值类服务。

长租公寓利润来源

长租公寓公司利润的来源之一，就是利用自身的专业性，为租赁双方处理一些问题提供更好的服务。长租公寓公司替房东改造了房子，满足了消费者的消费升级需求。这种专业水平的改造，不管是从设计、工期、成本、用料还是审美风格上，都是普通的房东无法达到的水平，更不要说公司还有专门的合作营销渠道来推销这种房子。房东和房客都是"业余选手"，需要专业的中介机构来对接，才能最大限度地降低损耗，实现共赢。

长租公寓公司利润的来源之二，就是租期灵活，用长期的价格，锁定了房源，再短期出租，赚取批发（长期）和零售（短期）的差价。99%的房东都要求至少签订一年的租期，只想租一个月的话，房东连谈都不会和你谈。可是如果你因为工作需要，就想在一个城市里住几个月，怎么办呢？长租公寓公司的优势就体现在这里，很多长租公寓都可以是一个月起租，这就给很多房客解决了问题。租一个月，每个月房租会比租一年要贵一些，但是总好过找不到房，也比住酒店、旅馆便宜多了。长租公寓公司和房东签的合同至少是一年，有可能是好几年的，拿到的价格比较低。它们租给房客是按月的，价格比较高。这也是它们的利润来源之一。

长租公寓公司利润的来源之三,就是用准确的预测,在当期锁定低价房源,在未来高价出租,获得利润,相当于时间的差价,是来自期货的利润。如果我们预测房租能够上涨,我们就可以和房东签订一份长期的租房合同。用一份比较长期的合同来锁定租房的价格,这样就可以锁定房租差利润,这种利润完全来自对未来的准确预测。任何人,包括长租公寓公司,一旦准确预测了这个价格,并且用自己的真金白银去建了仓,他赚钱就是应该的。

资料来源:魔方公寓,作者整理而成。

案例 6-2

一起拍卖的五大疑点

一、纠纷起因

一幢物资大楼,由于产权所有人欠债,由债权人向市中级人民法院起诉,胜诉后由法院委托某拍卖行对该幢大楼进行拍卖。

物资大楼占地面积 4 000 多平方米,楼高 7 层,总建筑面积 9 600 多平方米。拍卖时评估价 2 053 万元,拍卖保留价 1 643 万元,该楼此前曾两次拍卖,均因无人参加竞买而无成交。

5 月 19 日上午 10 时整,某拍卖行对该幢大楼再行拍卖。参加竞买的两家,分别持 10 号牌和 36 号牌,除竞买人外,参加拍卖会的还有该幢大楼的产权所有人、债权人、法官。拍卖会准时开始,拍卖师会前宣读了拍卖规则及注意事项,经过询问,确认在场竞买人没有异议和疑问后,拍卖开始。由于前 7 项标的均采用增价拍卖方式,所以轮到第 8 项拍卖该幢大楼时,拍卖师向场上竞买人宣布了另一种竞买方式:按委托方要求,本标的以 2 055 万元起价,如有应价则按增价拍卖;如无应价则采用设有保留价的减价方式拍卖,第一个举牌应价,且高于保留价者则标的成交。在场竞买人无异议的情况下,叫价开始,2 055 万元起叫价无人应价。于是拍卖师开始以每次递减 50 万元逐次减价拍卖,当叫价 1 700 万元时,10 号举起号牌,拍卖师即时见到,于是拍卖师敲槌成交。但就在此时,36 号也举起号牌,拍卖师指出其举牌晚了一步,标的由 10 号成交。拍卖会后,36 号竞买人提出异议,要求以原成交价重新拍卖,产权人代理律师更提出几大疑点,一场纠纷由此而起。

二、产权所有人提出五大疑点

其一:标的产权所有人和房产地点都在顺德,但拍卖公告只在《广州日报》刊登,而不在顺德媒介刊登。

其二:委托人曾告诉拍卖行拍卖时通知产权所有人,但产权所有人一直没有收到任何书面或口头通知,他们是通过其他途径得知自己的房产被拍卖的。

其三:程序有问题。采用荷兰拍卖法的前提是开价拍卖,没有人竞投后才宣布采用荷兰拍卖法,事先就宣布采用荷兰拍卖法易引起竞买人消极等待。

其四:如何认定举牌在先,没有客观依据。拍卖会场没有录像机,只凭拍卖师主观臆断。

其五:拍卖时,每次应叫价三次,每次应有停顿,而不应连珠炮似的往下叫,当减至 1 700 万元价格时,有两人应价,按规定应采用开价方式继续拍卖,拍卖师无视现实,判定

10号牌成交,并宣布拍卖结束,侵犯了其他竞买人的合法权益。

三、拍卖行释疑

1. 关于标的在顺德,为何不在《顺德报》[注]刊登公告。《中华人民共和国拍卖法》(以下简称《拍卖法》)第四十七条规定,拍卖公告应当通过报纸或者其他新闻媒介公布。那么,在《广州日报》刊登拍卖公告完全合法,拍卖人、委托人、债权申请人均在广州,拍卖行的潜在客户在全省,《广州日报》的发行覆盖面比《顺德报》大得多。

2. 关于拍卖行为何不通知执行人。《拍卖法》第三章关于拍卖当事人共分四节,分别为拍卖人、委托人、竞买人、买受人,产权所有人作为法院被执行人,并不是其中任何一方,拍卖行未与其发生任何法律关系,拍卖行按时向委托方发了《拍卖通知》,并无通知被执行人的义务。

3. 关于为何提前宣布采用"荷兰式"叫价方式。首先,减价拍卖的方式是应委托人要求早就确定的,拍卖人有权且必须在拍卖前向竞买人说明竞价方式和竞买规则;其次,拍卖是在起叫价无人应价的情况下转入减价拍卖方式的,这也是应委托人的要求进行的。

4. 对于认定谁先举牌没有客观依据(指没有录像),只是凭拍卖师主观臆断的说法。拍卖行认为,减价拍卖中第一个举牌成交者由拍卖师认定,现场还有场上记录员协助,其记录的《拍卖笔录》具有法律效力,另外,拍卖会场上还有60余人目睹,可以证明。《拍卖法》规定了拍卖师的权利和作用,但没有规定必须录像。

5. 对"有两个人对1 700万元的价位应价,按规定应采用增价方式继续拍,但拍卖师却判10号成交,有失公允"的质疑。拍卖行认为在减价拍卖的规则下,拍卖师不确认首先举牌的竞买人的权益,那才真是违约违法,损害了10号竞买人的应有权益,而这次拍卖,拍卖师是以固定的降价幅度,逐次减价拍卖的,每次报价之后均有停顿,有足够的间隔时间给竞买人决策举牌应价。

四、评阅

拍卖前说明先举牌先得,10号先举牌,成交也不违反操作规程。综合这场房产拍卖风波,通过具体分析,我们可以得到很多启发和教训。虽然拍卖行在这场房产拍卖纠纷中谈不上违法违规,但是有些事情不违法违规并不等于合情合理。拍卖工作事前考虑周详些,工作完善些,这些纠纷和怨言就会少得多。

资料来源:织梦内容管理系统,http://china.findlaw.cn/。

案例讨论

1. 长租公寓公司是推高了还是降低了房租?
2. 从该起房产拍卖风波中,你受到什么启发?

学习任务

1. 调研本地房地产行纪、拍卖活动。
2. 到企业调查房地产产权和抵押登记代办过程。

[注] 2004年7月29日更名为《珠江商报》。

6.1 房地产行纪和房地产拍卖

1. 房地产行纪

（1）房地产行纪的概念。房地产行纪是一种代客买卖的经济行为，是行纪人以自己的名义代替委托人进行房地产交易活动，并取得报酬的法律行为。房地产经纪机构收购开发商的空置商品房，在未将产权过户到自己名下的情况下，以自己的名义向市场销售。其主要特点是房地产经纪机构与出售房地产的业主自愿达成了一个协议，房地产经纪机构按双方约定的价格向业主支付房款，房地产经纪机构可以自行决定标的房地产的市场出售价格。业内将这种行为称为"包销"。可以肯定的是，这种行为与房地产居间、代理已有本质区别。这主要表现在以下两点：①房地产经纪机构的角色不同。②房地产经纪机构的经济风险不同。

（2）房地产行纪人的权利和义务。房地产行纪人的主要权利包括：①房地产行纪人有权依据有关法律规定或者约定，要求得到报酬和手续费等。②房地产行纪人实施行纪行为时，以自己的名义而非以委托人名义介入买卖活动，这被称为行纪人的介入权。③当委托人无故拒绝受领房地产行纪人依其指示所购房屋并拒付报酬、费用时，经过催告后，行纪人有权将房屋留置。房地产行纪人的主要义务包括：①遵从委托人指示的义务。②房地产行纪人占有委托物的，应当妥善保管委托房产。③及时报告的义务。

（3）房地产行纪合同。房地产行纪合同是指房地产行纪人接受委托人的委托，以自己的名义，代替委托人从事房地产交易活动，委托人支付报酬的合同。房地产行纪合同的主要法律特征表现为：房地产行纪人以自己的名义，在委托人指示的权限范围内办理所受托的房地产事务。行纪人为委托人购买的房屋或委托人交给行纪人出售、寄售的房屋，都应妥善保管，其财产所有权属委托人，风险责任也归委托人。房地产行纪合同与居间合同的联系：①均为提供服务的合同。②均为有偿合同。③行纪人、居间人都有忠实于委托人利益的义务。④合同的主体都具有限定性。房地产行纪合同与居间合同的区别：①办理事务的范围不同。②合同的标的不同。③与第三人的关系不同。④"介入"不同。⑤取得报酬的时间不同。⑥必要费用的负担不同。

某市房地产行纪合同范本

合同编号：_____

行纪人：_____

签订地点：_____

委托人：_____

签订时间：_____年_____月_____日

第一条 委托人委托行纪人买入（卖出）的房屋、数量、价格：房屋名称_____规格_____开发商_____单位_____数量_____单价_____金额_____质量_____标准_____要求_____

合计人民币金额（大写）：_____

（注：空格如不够用，可以另接）

第二条　委托人将委托卖出的房屋交付行纪人的时间、地点、方式及费用负担：_____

第三条　行纪人将买入的房屋交付给委托人的时间、地点、方式及费用负担：_____

第四条　委托人与行纪人结算房款的方式、地点及期限：_____

第五条　报酬的计算方式及支付期限：_____

第六条　行纪人以高于委托人指定的价格卖出房屋时，报酬的计算方法：_____行纪人以低于委托人指定的价格买入房屋时，报酬的计算方法：_____

第七条　委托人委托行纪人处理委托事务的期限为：_____

第八条　本合同解除的条件：_____

第九条　委托人未向行纪人支付报酬或房屋的，行纪人（是、否）可以留置房屋。

第十条　违约责任：_____

第十一条　合同争议的解决方式：本合同在履行过程中发生的争议，由双方当事人协商解决；也可由当地工商行政管理部门调解；协商或调解不成的，按下列第_____种方式解决：（一）提交_____仲裁委员会仲裁；（二）依法向人民法院起诉。

第十二条　其他约定事项：_____

第十三条　本合同未做规定的，按《民法典》"合同编"的规定执行。

委托人：　　　　　　　　委托人（章）：
住所：　　　　　　　　　法定代表人：　　　　居民身份证号码：
委托代理人：　　　　　　电话：
开户银行：　　　　　　　账号：
邮政编码：
经纪人：　　　　　　　　经纪人（章）：
住所：　　　　　　　　　法定代表人：　　　　居民身份证号码：
委托代理人：　　　　　　电话：
开户银行：　　　　　　　账号：
邮政编码：
鉴（公）证意见：　　　　鉴（公）证机关（章）：
经办人：
　　年　　月　　日

2. 房地产拍卖

（1）房地产拍卖含义。房地产拍卖是指房地产拍卖人以公开竞价的形式，将被拍卖的房地产卖给出价最高的购买者的一种交易行为。房地产拍卖要遵循"价高者得"的基本原则，买受人以最高价购得拍卖的房地产标的物。拍卖必须符合三个条件：有两个以上的买主，要有竞争，价高者得。

（2）拍卖特征。与其他房地产经纪活动相比，房地产拍卖具有以下几个特征：①拍卖有两个以上的买主。②拍卖有不断变动的价格。③拍卖是一个公开竞争的过程。

（3）房地产拍卖的原则。①合法原则。②价高者得原则。③公开、公平、公正原则。

（4）拍卖的程序。①拍卖的委托阶段。②拍卖的公告阶段。③拍卖的操作过程。经交付保证金和领取竞价号牌后，依照公告规定的时间和地点参与竞价，当拍卖师落槌表示成交后，在诸多竞买人中就会产生买受人。竞买人一旦成为买受人，就应与拍卖人签署《拍卖成交确认书》。④拍卖的结算，包括：买受人的结算、除买受人外其他竞买人的结算、拍卖标的物的保管交付、委托人的结算、拍卖人的核算以及拍卖的总结和资料的管理归档。⑤拍卖物的交付。买受人按拍卖人规定的时间支付全部货款和拍卖手续费后，拍卖人才可将拍卖标的物交给买受人，同时拍卖人应提供票据给买受人。

6.2 房地产经纪业务中的代办服务

1. 房地产权属登记备案代办

（1）房地产权属登记制度的概念和功能。房地产权属登记制度指对土地和地上建筑物的所有权以及设定房地产他项权利按照法定程序在专门簿册上进行记载确认的一种制度。房地产权属登记是保障房地产权利人合法权益的基本手段。按照《民法典》规定，具有完全民事行为能力的权利人（十八周岁以上的成年人或十六周岁以上不满十八周岁以自己的劳动收入为主要生活来源的未成年人）可以自行办理房地产权属登记。限制行为能力的人（十周岁以上的未成年人和不能完全辨认自己行为的精神病人）和无民事行为能力的人（不满十周岁的未成年人和不能辨认自己行为的精神病人），可由他们的法定代理人（即监护人）代理登记。房地产权属登记制度的功能：权利确认功能、权利公示功能、管理功能。

（2）申请房地产权属登记应具备的四项条件。①申请人或代理人具有申请资格。②权利人为法人、其他组织的，应使用法定名称，由其法定代表人申请；权利人为自然人的，应使用其身份证件上的姓名。③共有的房地产，由共有人共同申请，如权利人或申请人委托代理申请登记时，代理人应向登记机关交验代理人的有效证件，并提交权利人（申请人）的书面委托书。④设定房地产他项权利登记，由相关权利人共同申请。关于房地产权属登记机关，目前我国办理房地产权登记的部门是县级以上人民政府房地产行政主管部门，市、县人民政府房地产管理部门、土地管理部门具体管理房地产登记手续，核发房地产权属证书。

（3）房地产权属登记类型。①房地产初始登记。②房地产转移登记。③房地产变更登记。④房地产他项权利登记。⑤房地产注销登记。⑥房地产文件登记备案。

（4）房地产权属登记程序：

受理登记→审核（初审、复审、领导审批）→缮证→通知申请人领证→缴纳税费→发放《房地产权证》。几种特殊情况下的房地产权属登记：房改售房权属登记；直接代为登记；商品房的登记；分割出售房屋的登记。

（5）房地产权属登记代办。房地产权属登记代办是指房地产经纪机构（或房地产经纪人）接受委托代为办理房地产权属登记并收取佣金的行为。房地产权属登记代办业务的流程：

接受委托→签订房地产权属登记代理委托书、代理合同→提出房地产权属登记的申请，房地产经纪人代办登记应当向登记机关提交当事人的委托书→受理申请→权属审核→公告→核准登记，颁发权属证书→将权属证书交至委托人，并获取相关酬劳。

2. 房地产抵押贷款手续代办

房地产经纪人应熟悉和掌握有关房地产抵押贷款方面的知识，以利于更好地开展房地产抵押贷款手续代办工作。

（1）房地产抵押贷款的种类。房地产抵押贷款一般涉及两类：房地产开发贷款和个人住房贷款。购房抵押贷款的贷款金额上限一般为所购房价的70%，一般采取分期偿还的方式，贷款期限一般为5～30年。购房抵押贷款有较多种类，在经济发达国家，购房抵押贷款通常有固定利率抵押贷款、浮动利率抵押贷款等多种类型。目前，我国个人住房贷款主要有公积金贷款和商业贷款两种基本形式，以及由此两种派生出来的个人住房组合贷款，即公积金贷款与商业贷款的组合，共计三种形式。

（2）房地产抵押代理业务的流程。

1）抵押当事人签订书面抵押合同或贷款银行出具按揭公证书。

2）收集抵押当事人的身份证明或法人资格证明、抵押登记申请书、国有土地使用证、房屋所有权证或房地产权证、抵押人有权设定抵押权的证明资料等。借款人应提交的资料：身份证明、收入证明、购房合同、权属证明、估价报告、保证人资信证明、公积金管理部门出示的证明、其他。

3）办理抵押登记。贷款人自收到贷款申请及符合要求的资料之日起，审核后在三周内向借款人正式答复。

4）抵押权人获得《房屋他项权证》。

5）抵押合同自抵押物登记之日起生效。

（3）制订合理的贷款方案。房地产经纪人在为购房者进行个人住房贷款代办服务时，一般需要协助购房者制订合理的贷款方案。

贷款方案主要由三个要素组成：贷款金额、贷款类型、贷款期限。

贷款类型优先选择次序为：

公积金贷款→公积金贷款与商业贷款的组合→商业贷款。

要考虑购房者的实际经济承受能力，月还款额一般不应超过家庭总收入的30%，还要考虑贷款利率变动所带来的风险。

（4）办理抵押贷款的手续。中国人民银行规定：购房人以房地产作抵押的，抵押人和抵押权人应当签订书面抵押合同，并于放款前向县级以上地方人民政府规定的部门办理抵押登记手续。抵押合同生效后，借款人应直接向贷款人提出借款申请，并提供以下资料：①身份证件（指居民身份证、户口本）。②有关借款人家庭稳定的经济收入的证明。③符合规定的购买住房合同意向书，协议或其他批准文件。④抵押物权属证明以及有处分权人同意抵押或质押的证明。⑤抵押物价值证明（如估价报告）。⑥保证人同意提供担保的书面文件和保证人资信证明。⑦申请住房公积金贷款的，需持有住房公积金管理部门出具的证明。⑧贷款人要求提供的其他文件或资料，贷款人自收到借款申请及符合要求的资料之日起，审核后在三周内向借款人正式答复。⑨放款。

6.3 房地产经纪业务中的咨询服务

我国房地产咨询是房地产经纪业务的一种，是为房地产经济活动的当事人提供法律法规、政策、信息、技术等方面的服务并收取佣金的一种有偿的中介活动。房地产咨询的特点有：内容和对象具有广泛性；开展形式灵活多样；咨询人员知识全面。

1. 房地产投资咨询

（1）房地产投资。房地产投资是指国家、企业或个人为了达到一定的目的，直接或间接地对房地产的开发、经营、管理所进行的投资活动，是为房地产开发和经营投入或垫付资本的行为。投资所涉及的领域有土地开发、旧城改造、房屋建设、房地产经营、置业等。房地产开发投资的方式有独资开发经营房地产、合资开发经营房地产、合作开发经营房地产。房地产投资已经成为广大投资者为使资产快速增值、获取高额利润的重要投资方式。房地产经纪人应当掌握一定的房地产置业投资分析技能，作为客户的置业投资顾问，提供投资分析，更好地服务于客户。

（2）房地产开发项目投资过程：

开发阶段的投资→经营阶段的投资→再开发阶段的投资。

（3）房地产项目投资决策的程序：

研究房地产开发项目的必要性和现实性→建设项目地点的选择及确定开发房屋类别及规模→财务分析与经济评价→进行建设项目的方案设计与编制建设总进度计划，这是研究建设项目的实施方案→提出投资决策研究报告，得出结论性意见与建议，提供给有关部门决策和审批。

（4）房地产投资咨询业务的类型。目前，房地产经纪人从事的房地产投资咨询业务主要有两种：①房地产经营投资咨询。②房地产置业投资咨询。

（5）房地产经营投资咨询流程：

接受委托→市场调查分析→方案选择和优化→财务评价→编制可行性报告。

2. 房地产价格咨询

（1）房地产价格咨询。房地产经纪人凭借其在房地产价格评估方面的专业知识以及丰富的市场经验，结合一定的房地产估价方法，为购房者和投资者提供标的房地产的客观市场价格，这就是房地产价格咨询。影响房地产价格的因素有供求关系、社会因素、政治因素、经济因素、自然因素、区域因素以及个别因素。

（2）房地产价格咨询业务的操作程序如下。

1）明确估价基本事项。

2）拟订作业计划。根据咨询目的及对象房地产的产权状况，制订咨询作业计划，包括设计价格评估的技术路线、拟订调查搜集的资料种类及来源渠道、安排本次业务需要的人员和经费、拟订作业步骤和进度。

3）搜集、整理基本资料。资料的类型和翔实程度主要取决于咨询目的和采用的估价方法。进行房地产价格评估的原则有合法原则、最高最佳使用原则、供求原则、替代原则、估价时点原则、公平原则。

4）实地查勘对象房地产。实地查勘的主要目的是通过实地调查，对对象房地产的产权状态、实体特征及环境条件等进行确认。

5）选定价格评估的技术方法，确定估价结果。根据价格咨询目的、估价技术方法的适用条件及所收集资料的数量和质量，选定估价方法，计算价格或租金。

6）编写价格咨询报告书。在完成咨询业务的技术作业后，把价格评估过程及其结果以及房地产经纪机构提出的价格决策建议编制成价格咨询报告，送达委托方，并收取咨询费用。

（3）房地产经纪人从事房地产价格咨询应该注意以下几点：①房地产价格咨询不同于鉴证性的估价，不强调公正性，房地产经纪人可站在委托人的立场上，在合法的原则下，以满足委托人的要求、实现其最大的利益为目标。②与房地产估价人员不同，房地产经纪人提供给委托方的估价结果可以更灵活，不一定是一个确切的值，也可以是一个价格的区间。③房地产经纪人也可以为委托方提供一些合理的参考意见，比如改善交易条件、把握交易时机等。

3. 房地产法律咨询

（1）房地产经纪机构可展开的房地产法律咨询服务是有关房地产交易的法律知识咨询、合同审核与修订咨询、法律事务交涉等法律咨询活动。房地产法律咨询涉及的法律法规有综合法规、房地产交易法规、房地产租赁法规、房屋管理法规、房屋拆迁法规以及其他法规。法律咨询服务一般应由律师提供。

（2）房地产经纪机构可开展的房地产法律咨询服务类型。在房地产经纪机构所开展的房地产法律咨询中，常见的主要问题有三类：房地产法律关系、房地产权利和房地产交易。按照经纪机构所提供经纪服务的不同，房地产法律咨询可分为土地交易法律咨询、商品房交易法律咨询和存量房地产交易法律咨询；根据房地产经纪所促成的房地产交易的方式不同，可分为房地产买卖法律咨询、房地产租赁法律咨询、房地产抵押法律咨询等。常见的房地产法律咨询的类型如下：

- 为委托人提供解决房地产纠纷的法律依据。

- 兼有律师资格的可以受聘担任各种房地产企业的法律顾问。
- 为委托人化解可能因法庭判决所带来的风险。
- 为维护委托人的正当利益提供法律依据。
- 为委托人组织诉讼文件资料，通过法庭来保护委托人的合法权益等。

（3）房地产法律咨询服务的方式。它主要有三种：①个案解答。专门就一个具体的法律问题由经纪人做出一对一的个性化解答，阐述所涉及的法律的理解与适用，提出解决问题的建议。②商业文书审查。就客户的房地产买卖合同等房地产商业性文书，根据客户的要求进行审查，并提出对客户有利的建议和意见，指出对其不利的条款约定等。③房地产全程法律服务。根据房地产经纪服务的内容，解答相关房地产法律及政策，具体到某市、某县的法律服务。

除上述房地产相关经纪业务外，还有置业担保、装潢及搬家等经纪服务。

思考题

1. 如何进行房地产行纪、拍卖活动？
2. 如何处理房地产产权和抵押登记代办过程中的相关事务？
3. 如何掌握房地产投资、价格、法律咨询工作的技巧？

第 7 章

房地产税费

⌚ 学习目标

1. 了解房地产税费相关知识,以及现行房地产税费的种类、作用和特点。
2. 熟悉现行房地产税费政策、具体税费项目、房地产税费构成要素。
3. 掌握商品房买卖、二手房买卖税费,房屋租赁税费,房屋抵押、评估、中介服务等相关税费。
4. 掌握房地产交易中的税费负担计算,以及房地产交易税费转嫁。

📖 技能要求

1. 遵循房地产经纪职业标准相关内容。
2. 在房地产经纪业务中体现工匠精神。
3. 依据现行房地产税费政策,提供有关房地产交易活动的税费咨询。
4. 快速准确地测算房地产经纪活动中委托人所需的税费数额。

📖 案例 7-1

房屋契税突调高　税费分担纠纷消

沈某经某中介公司居间介绍与章某签订了购房协议,约定沈某购买章某所有的杭州市某住宅房屋,房屋面积 70 余平方米,价款 185 万元。协议订立后,由于章某因公出差在外,未能还清银行贷款、撤销房屋的抵押登记,没有及时办理过户手续。章某出差期间,杭州市财税局下发通知调整契税标准,建筑面积小于 90 平方米的非首次购房(即二套房),契税优惠政策全面停止，税率由此前的1%恢复至总房价的1.5%，于是案涉房屋的契税增加9 250元。沈某认为，协议订立后自己已按约支付了部分购房款，章某没有及时办理相关手续导致房屋未能在契税优惠期内过户，增加的税费不应由自己负担。章某则认为，其办理相关手续的时间虽未在契税优惠期内，但并未超出双方协议约定期限，契税应由买家缴纳。双方协商不成，沈某上诉至法院请求章某支付9 250元。

经调解，双方达成和解，9 250元由双方各负担一半。

评析：房屋交易税费是房屋交易总价款的组成部分，交易时需要考虑税收政策在交易期间可能的调整。虽然根据法律规定营业税及附加、个人所得税应由卖房人负责缴纳，但目前二手房市场交易普遍实行卖家净到手价格，交易税费实际由买家负担。为减少争议，交易双方在签订合同时应明确约定各项税费的实际缴纳者、税率和纳税金额，并对税费调整时的后续处理进行约定。

案例 7-2

购房未果因限购　居间费用打折扣

张某通过某房产中介公司与赵某签订房屋买卖合同，约定张某购买赵某所有的杭州市江干区某房屋。合同订立后，张某向中介公司支付了20 000元居间费用。签订合同后的第5天，杭州市出台限购政策，张某因不具备购房资格，遂与赵某协商解除了房屋买卖合同。合同解除后，张某要求中介公司退还居间费用，中介公司则认为买卖合同的解除与其无关，其已促成合同成立，有权收取居间费用。张某索要未果，故诉至法院，请求判令中介公司返还居间费用20 000元。

鉴于本案房屋买卖合同解除是因国家限购政策而起，双方当事人均无过错，经法院主持调解，双方达成协议，由中介公司返还张某居间费用12 000元。

评析：房屋买卖合同因受调控政策影响而解除，房地产经纪机构请求房屋买卖合同当事人支付其已实际支出的必要费用以及合理报酬的，应酌情予以支持。房屋买卖合同当事人因调控政策未能实际完成房产交易，请求房地产经纪机构返还报酬的，应根据房产交易未能完成的原因以及各方当事人有无过错及过错程度，对其请求的合理部分予以支持。

资料来源：《2003-2012房地产宏观调控背景下浙江房地产审判白皮书》。

案例讨论

上述两个案例对房地产经纪人的业务有何启发？如何改进？

学习任务

1. 调查本市现行房地产税费政策和房地产交易活动的税费标准。
2. 测算房地产经纪活动中委托人所需缴纳的税费数额。

7.1　房地产税费概况

7.1.1　房地产税费基本概念

（1）房地产税的概念。房地产税是指直接或间接以房地产或与房地产有关经济行为为对象而征收的税。房地产税收贯穿于房地产开发、经营、销售、消费的全过程。我国目前征收的房地产税包括营业税、城市建设维护税、土地增值税、印花税、所得税、契税等。

（2）房地产费的概念。房地产费是指在房地产的开发、经营活动中所产生的税以外的其他费用。房地产费具有管理性、服务性和补偿性的特征。

（3）房地产费与房地产税不同：①主体不同。房地产费可以由各有关国家行政机关、事业单位收缴，而房地产税只能由国家税务机关或国家税务机关委托房地产机关征收。②目的不同。收取房地产费的目的是补充行政机关、事业单位的经费来源，因此所收取的费用一般由其自收自支，用于从事与其职能或义务相关的房地产管理、服务活动，而房地产税是为了调节社会关系、促进土地资源的合理配置和房地产的有效利用，同时也为了增加政府的财政收入，所以收取的税金必须全部上缴中央和地方财政，由政府统一支配。③依据不同。房地产费一般根据国家法律、政策而实施，有的还是根据收缴主体的自行规定而收取，效力较低，而房地产税一般都是根据国家专门的税收法律实施，效力较高。

7.1.2 房地产费的种类

房地产费主要有房地产开发活动费、房地产交易费。

（1）房地产开发活动费。目前我国在房地产开发活动中发生的收费项目主要有以下几项：

1）市政公用设施建设费。市政公用设施建设费包括：综合开发市政费，按商品房建筑面积计收；分散建设市政费，其中住宅建设项目按照建筑面积计收；分散建设生活服务配套设施建设费，按照建筑面积计收。每个城市的收费标准都不一样。

2）四源费。四源费是用来兴建自来水、污水、煤气、供热等服务设施的费用。由于能源价格低于成本，因此政府部门每年要补贴大量资金来维持此类公共事业单位的运行。政府向开发企业收取四源费，是为了缓解城市发展对能源的需求，筹集建设资金。

3）其他费用项目。在房地产开发活动过程中，除了上述两项费用之外，还会发生多种较小的费用项目，如立项管理费、城建综合开发项目管理费、规划管理费、征地管理费、拆迁管理费、工程预算审核费、土地权属地籍调查测量费、画红线费、建设工程许可执照费、投标管理费、消防设施费、防洪费、绿化建设费等。

（2）房地产交易费。房地产交易费是指在房地产交易过程中发生的收费项目。在房地产交易过程中，除了向国家缴纳契税和印花税外，还需要缴纳以下几种费用。

1）登记费。登记费分为房屋登记费和房地产权登记费。凡办理房地产买卖、租赁登记的，交易双方都要分别按件数缴纳登记费。另外，因买卖、赠与、交换、继承等发生房屋产权转移的，由房地产权利的承受人缴纳登记费。

2）手续费。进行房屋交易时，双方办理房地产权属登记，应向房地产管理部门缴纳手续费；办理房地产买卖手续的，双方当事人按照实际成交价的1%缴纳手续费；办理房地产赠与、继承、分割等手续的，房屋的承受人应按照评估价格的1%缴纳手续费。

7.1.3 房地产经纪业务涉及的具体税费项目

目前,我国在土地使用权的出让和房地产开发、转让、保有诸环节涉及征收的税费主要有:营业税、城市维护建设税、教育费附加、企业所得税、个人所得税、土地增值税、城镇土地使用税、房产税、印花税、耕地占用税、契税,以及房地产交易过程中的权证费、产权登记费、交易手续费、房地产测绘费、房地产评估费、公证费等税种和收费。房地产经纪业务涉及的具体税费项目,如表 7-1 所示。

表 7-1 房地产经纪业务涉及的具体税费项目

房地产经纪业务		涉及的税费项目
房地产买卖		契税、印花税、营业税、城市维护建设税、教育费附加、个人所得税、耕地占用税、土地增值税、权证费、产权登记费、交易手续费、房地产测绘费、房地产评估费
房地产租赁	个人	营业税、城市维护建设税、房产税、个人所得税、印花税
	企业	营业税、城市维护建设税、房产税、印花税、企业所得税
房地产赠与、继承		契税、印花税、公证费、权证费、产权登记费
个人拥有房地产营业		房产税、城镇土地使用税

7.1.4 房地产税费构成要素

房地产税收有政策性强、多环节征收、存在地区差异、动态性强等主要特征,具体有 5 个构成要素:

(1)纳税人。纳税人又称纳税主体,是指税法规定的负有纳税义务的单位和个人。

(2)课税对象。课税对象又称征税对象,是税法规定的课税目的物,是征税的根据。

(3)课税基础。课税基础简称税基,是课税的依据,是准确确定征税额度的计算基础。

(4)税率。税率是指国家征税的比率,它是税额同课税对象的比值。

(5)附加、加成、减免。附加、加成、减免是对税收的调节措施。

7.2 商品房买卖税费

7.2.1 房产税

房产税是以房屋的价值为征税对象,按房屋的余值或房屋租金向房屋所有权人征收的一种税。房产税一直是业内外热议的焦点,发改委支持地方进行试点和试验。

(1)征税范围。房产税的征税范围是城市、县城、建制镇和工矿区。

(2)纳税人。房产税由产权所有人缴纳。

(3)计税依据。房产税依照房产原值一次减除 10%～30% 后的余值计算缴纳。

(4)税率及征缴方式。房产税的税率,依照房产余值计算缴纳的,年税率为 1.2%;依照房产租金收入计算缴纳的,年税率为 12%。

(5)房产税的减免。在房产税征收中,并不是所有房地产都必须缴纳房产税,为了发挥房产税的积极功能,国家对部分房地产做出了减免的规定。

本部分详见"11.8 房地产税收制度与政策"。

7.2.2 契税

契税是在土地使用权或房屋所有权发生转移时，由承受人缴纳的一种税。办理有关土地、房屋的权属变更登记前必须完成契税的缴纳。

（1）征税范围。转移土地、房屋权属，应当依照规定缴纳契税。转移土地、房屋权属包括下列行为：

- 国有土地使用权出让。
- 土地使用权转让，包括出售、赠与和交换，不包括农村集体土地承包经营权的转移。
- 房屋买卖。
- 房屋赠与。
- 房屋交换。

（2）纳税人。契税的纳税人是房地产权利转移的承受人，包括土地使用权出让、转让的受让人，房屋的购买人、受赠人。

（3）计税依据。契税的计税依据是房屋产权转移双方当事人签订的契约价格。

（4）税率及纳税方式。契税实行比例税率，契税税率范围为3%～5%。契税的纳税义务发生时间，为纳税人签订土地、房屋权属转移合同的当天。

（5）契税征收机关为土地、房屋所在地的财政机关或者地方税务机关。

（6）契税的减免：

- 国家机关、事业单位、社会团体、军事单位承受土地、房屋用于办公、教学、医疗、科研和军事设施的，免征契税。
- 城镇职工按规定第一次购买公有住房的，免征契税，但仅限于第一次购买公有住房。
- 因不可抗力灭失住房而重新购买住房的，酌情准予减征或者免征契税。
- 土地、房屋被县级以上人民政府征用、占用后，重新承受土地、房屋权属的，是否减征或者免征契税，由省、自治区、直辖市人民政府确定。
- 纳税人承受荒山、荒沟、荒丘、荒滩土地使用权，用于农、林、牧、渔业生产的，免征契税。
- 土地使用权交换、房屋交换，交换价格相等的，免征契税。

本部分详见"11.8 房地产税收制度与政策"。

7.2.3 土地增值税

土地增值税是对有偿转让国有土地使用权及地上建筑物及其他附着物的单位和个人征收的一种税。

（1）征税范围。土地增值税的征税范围包括国有土地使用权、地上建筑物及其附着物，不包括以继承、赠与方式无偿转让房地产的行为。

（2）纳税人。转让国有土地使用权、地上建筑物及其附着物（以下简称"转让房地产"）并取得收入的单位和个人，为土地增值税的纳税义务人（简称"纳税人"）。

（3）计税依据。土地增值税按照纳税人转让房地产所取得的增值额作为计税依据。

（4）税率及计算。土地增值税实行四级超额累进税率，如表7-2所示。应缴税额的计算公式如下：

$$应缴税额 = 增值额 \times 税率 - 扣除项目金额 \times 速算扣除系数$$

表7-2 土地增值税超额累进税率表

级数	土地增值额	税率（%）	速算扣除系数（%）
1	增值额未超过扣除项目金额50%的部分	30	0
2	增值额超过扣除项目金额50%、未超过扣除项目金额100%的部分	40	5
3	增值额超过扣除项目金额100%、未超过扣除项目金额200%的部分	50	15
4	增值额超过扣除项目金额200%的部分	60	35

（5）纳税方式。土地增值税的纳税人应在转让房地产合同签订后的七日内，到房地产所在地主管税务机关办理纳税申报，并向税务机关提交房屋及建筑物产权、土地使用权证书，土地转让、房产买卖合同，房地产评估报告及其他与转让房地产有关的资料。对于在建工程转让时土地增值税的纳税方式，土地增值税条例规定，纳税人在项目全部竣工结算前转让房地产取得的收入，由于涉及成本确定或其他原因，而无法据以计算土地增值税的，可以预征土地增值税，待该项目全部竣工、办理结算后再进行清算，多退少补。具体办法由各省、自治区、直辖市地方税务局根据当地情况制定。

（6）土地增值税的减免：

- 纳税人建造普通标准住宅出售，增值额未超过扣除项目金额20%的，免征土地增值税。
- 因国家建设需要依法征用、收回的房地产，免征土地增值税。
- 个人因工作调动或改善居住条件而转让原自用住房，经向税务机关申报核准，凡居住满5年或5年以上的，免征土地增值税；居住满3年未满5年的，减半征收土地增值税。居住未满3年的，按规定计征土地增值税。
- 房产所有人、土地使用权所有人将房屋产权、土地使用权赠与直系亲属或承担直接赡养义务人的，不征收土地增值税。

例7-1 假设张先生于2019年以50万元购买了一套房产，2020年12月将其以70万元出售。

1. 张先生不能提供购房发票证明，又不能提供房屋及建筑物价格评估报告，其以核定方式来缴纳，按当地城市的税率计算，需要缴纳的土地增值税为7 000元（=700 000×1%）。

2. 如果张先生能够提供购房发票，发票所载金额为 50 万元，那么可扣除：

原值：500 000 元；加计金额：500 000×5% + 500 000×（1 + 5%）×5%=51 250 元；税金：契税为 7 500 元（=500 000×1.5%），转让时缴纳的营业税为 38 500 元（=700 000×5.5%）、个人所得税按核定方式缴纳 7 000 元（=700 000×1%）、印花税 350 元。

那么该套房屋的增值额为：700 000 − 500 000 − 51 250 − 7 500 − 38 500 − 7 000 − 350 = 95 400 元，未超过扣除项目金额的 50%，按照 30% 的税率计算。那么，土地增值税为：95 400×30%=28 620 元。

很明显，在条件允许的情况下，许多消费者会选择核定的征收方式缴纳土地增值税。

7.2.4 城镇土地使用税

城镇土地使用税是为了促进合理使用城镇土地、适当调节城镇土地级差收入，对被使用的城镇土地征收的一种税收，是我国目前在土地保有环节征收的唯一税种。

（1）纳税人。城镇土地使用税的纳税人为在城市、县城、建制镇、工矿区范围内使用土地的单位和个人。

（2）计税依据。城镇土地使用税以纳税人实际占用的土地面积为计税依据。

（3）税率及纳税方式。城镇土地使用税采用分类分级的幅度定额税率。

（4）土地使用税的减免。本部分详见"11.8 房地产税收制度与政策"。

7.2.5 耕地占用税

耕地占用税是国家对占用耕地建房和从事非农业建设的单位和个人征收的一种税。

（1）纳税人。占用耕地建房或者从事其他非农业建设的单位和个人，都是耕地占用税的纳税义务人，应当按照规定缴纳耕地占用税。

（2）计税依据。耕地占用税以纳税人实际占用的耕地面积作为计税依据。

（3）税率及征缴方式。耕地占用税采用定额税率。

（4）耕地占用税的减免。本部分详见"11.8 房地产税收制度与政策"。

7.3 二手房买卖税费

1. 营业税

营业税是对在我国境内提供应税劳务、转让无形资产或销售不动产的单位和个人，就其所取得的营业额征收的一种税。营业税属于流转税制中的一个主要税种。

（1）纳税人。在中华人民共和国境内提供规定的劳务、转让无形资产或者销售不动产的单位和个人，为营业税的纳税义务人，应当缴纳营业税。

（2）税率和计税方法。营业税的税目、税率依照当地的税务标准执行，不同的经营行业税目、税率设计不同。其中，销售不动产的营业税率规定为 5%。

$$应纳税额 = 营业额 \times 税率$$

（3）营业税的缴纳。①营业税纳税地点：纳税人转让土地使用权，应当向土地所在地主管税务机关申报纳税。纳税人转让其他无形资产，应当向其机构所在地主管税务机关申报纳税。纳税人销售不动产，应当向不动产所在地主管税务机关申报纳税。②营业税纳税时间：营业税的纳税义务发生时间，为纳税人收讫营业收入款项或者取得索取营业收入款项凭据的当天。营业税的纳税期限，分别为5日、10日、15日或者一个月。

（4）有关房地产的营业税政策规定如下：

- 纳税人营业额未达到财政部规定的营业税起征点的，免征营业税。
- 1999年7月29日，《财政部 国家税务总局关于调整房地产市场若干税收政策的通知》指出，对企业、行政事业单位按房改成本价、标准价出售住房的收入，暂免征收营业税。
- 2006年5月30日，为贯彻落实《国务院办公厅转发建设部等部门关于调整住房供应结构稳定住房价格意见的通知》，对营业税缴纳做了更详细的规定。
- 对个人按市场价格出租的居民住房，用于居住的，按其取得的租金收入减按3%的税率征收营业税。
- 个人将不动产无偿赠与他人的，不征收营业税。
- 房地产开发企业及物业管理单位代收的住房专项维修基金，不征收营业税。

新老政策不一致的，从新政策，所以概括说来：

- 个人销售购买不足5年的住房，不必区分普通住房和非普通住房，一律按全额征收营业税。
- 个人销售购买超过5年（含5年）的非普通住房，按照其销售收入减去购买房屋的价款后的差额征收营业税。
- 个人销售购买超过5年（含5年）的普通住房，免征营业税。

2. 城市维护建设税

城市维护建设税是向从事工商经营，缴纳增值税、消费税、营业税的单位和个人征收的一种税。

（1）纳税人。凡缴纳产品税、增值税、营业税的单位和个人，都是城市维护建设税的纳税人。

（2）征收范围。城市、县城、建制镇以及税法规定的其他地区。

（3）税率。纳税人所在地在市区的，税率为7%；纳税人所在地在县城、镇的，税率为5%；纳税人所在地不在市区、县城或者镇的，税率为1%。

（4）计税依据。以纳税人实际缴纳的产品税、增值税、营业税税额为计税依据。

（5）应纳税额的计算公式：

$$应纳税额 = 实际缴纳的增值税、消费税、营业税税额 \times 适用税率$$

3. 教育费附加

教育费附加是为发展教育事业而征收的一种专项资金。

（1）纳税人。教育费附加的纳税人是缴纳增值税、消费税、营业税的单位和个人（缴纳农村教育事业费附加的单位除外），不包括外商投资企业、外国企业和外国人。

（2）计征依据和征收率。教育费附加以纳税人缴纳的增值税、消费税、营业税税额为计征依据，征收率为3%，与产品税、增值税、营业税同时缴纳。

（3）应纳税额的计算公式：

$$教育费附加 = 实际缴纳的增值税、消费税、营业税税额 \times 征收率$$

4. 印花税

印花税是对经济活动中签立的各种合同，产权转移书据，营业账簿，权利、许可证照等应税凭证文件为对象所课征的税。它是一种兼有行为性质的凭证税，印花税具有征收范围广泛、税收负担轻、纳税人自行完成纳税义务等特点。

（1）纳税人。中华人民共和国境内书立、领受《中华人民共和国印花税暂行条例》所列举凭证的单位和个人，都是印花税的纳税义务人。有五类：经济合同，产权转移书据，营业账簿，权利、许可证照和经财政部确定征税的其他凭证。

（2）计征依据和适用税率。印花税根据不同征税项目，分别实行从价计征和从量计征两种征收方式。现行印花税采用比例税率和定额税率两种税率。

（3）应纳税额的计算公式：

$$按比例税率计算应纳税额的方法：应纳税额 = 计税金额 \times 适用税率$$
$$按定额税率计算应纳税额的方法：应纳税额 = 凭证数量 \times 单位税额$$

（4）缴纳办法。印花税实行由纳税人根据规定自行计算应纳税额，购买并一次贴足印花税票的缴纳办法。

（5）房地产经济活动中有关印花税的缴纳：房地产经济活动中印花税的课税对象是房地产交易中的各种凭证。

税率和计税方法：印花税按所载金额的万分之五贴花。计算公式为：

$$应纳税额 = 计税金额 \times 适用税率$$

减税、免税规定：房屋所有人将财产赠给政府、社会福利单位、学校所书立的书据，免纳印花税。印花税的税收优惠对房地产管理部门与个人订立的租房合同，凡用于生活居住的，暂免贴印花。

纳税地点、期限和缴纳方法：印花税在应纳税凭证书立领受时缴纳，合同在签订时缴纳，产权转移书据在立据时缴纳。印花税采取由纳税人自行缴纳完税的方式。

5. 个人所得税

个人所得税是以个人（自然人）取得的各项应税所得为对象征收的一种税。个人所得税的纳税人是在中国境内有住所，或者虽无住所但在境内居住满1年，并从中国境内和境外取得所得的个人，以及无住所又不居住或居住不满1年，但从中国境内取得所得的个人。个人所得税的征税对象是个人取得的应税所得。

（1）个人经营房地产缴纳个人所得税的征税范围。它包括财产租赁所得和财产转让所得。

（2）纳税义务人。个人经营房地产的个人所得税纳税义务人是转让和租赁房地产交易活动中的转让人和出租人。

（3）个人经营房地产中个人所得税的适用税率和计税基础：

财产租赁所得、财产转让所得，适用比例税率，税率为20%。

财产转让所得，以转让财产的收入额减除财产原值和合理费用后的余额，为应纳税所得额。

（4）个人经营房地产中个人所得税的有关优惠政策：

- 个人转让自用达5年以上，并且是唯一的家庭生活用房取得的所得，免征个人所得税。
- 个人出租房屋所得暂减按10%的税率征收个人所得税。
- 对被拆迁人按照国家《城镇房屋拆迁管理条例》规定的标准取得的拆迁补偿款，免征个人所得税。
- 对出售自有住房并拟在现住房出售后1年内按市场价重新购房的纳税人，其出售现住房所应缴纳的个人所得税，视其重新购房的价值可全部或部分予以免税。

6. 房地产交易手续费

房地产交易手续费是指房地产管理部门设立的房地产交易机构为房地产权利人提供交易场所，对房地产交易行为审查鉴证，办理交易手续等活动的经营服务性收费。

（1）房屋交易手续费。它包括房屋转让手续费和房屋租赁手续费，举例如表7-3和表7-4所示。

表7-3 江苏省住宅转让手续费标准

交易类型	计费基数	收费标准	收费对象
新建商品住房	建筑面积	3元/平方米	转让方
经济适用房	建筑面积	1.5元/平方米	转让方
存量住房	建筑面积	6元/平方米	转让双方各承担50%
房改房	建筑面积	3元/平方米	受让方

表7-4 江苏省非住宅转让手续费标准

交易类别	计费基数	收费标准	收费对象
新建商品房	建筑面积	6元/平方米	转让方
存量房	建筑面积	12元/平方米（每宗交易手续费超过5 000元的按5 000元收费）	转让双方各承担50%

（2）土地交易手续费。它包括地产转让手续费和地产租赁手续费，举例如表7-5和表7-6所示。

表7-5 江苏省土地转让手续费标准

交易类型	地价总额（万元）	交易手续费（元）
地产转让	10以下（含10）	100
	10～20（含20）	200

(续)

交易类型	地价总额（万元）	交易手续费（元）
地产转让	20～50（含 50）	300
	50～100（含 100）	600
	100～500（含 500）	1 200
	500～2 000（含 2 000）	2 500
	2 000 以上	4 000

表 7-6　江苏省土地租赁手续费标准

交易类型	地价总额（万元）	交易手续费（元）
地产租赁	1 以下（含 1）	30
	1～3（含 3）	60
	3～10（含 10）	100
	10～50（含 50）	200
	50 以上	400

7. 房地产产权登记费

房屋所有权登记费是指县级以上地方人民政府行使房产行政管理职能的部门依法对房屋所有权进行登记，并核发房屋所有权证书时，向房屋所有权人收取的登记费，属于行政性收费。房屋所有权登记包括所有权初始登记、变更登记、转移登记、注销登记等内容。以南京为例，房地产产权登记费的收费标准如表 7-7 所示。

表 7-7　南京产权登记费的收费标准

项目		收费标准	收费对象
房屋产权登记费	住房	80 元	产权人
	住房以外其他房屋	建筑面积 500 平方米以内的每宗 200 元 500～1 000 平方米的每宗 300 元 1 000～2 000 平方米的每宗 500 元 2 000～5 000 平方米的每宗 800 元 5 000 平方米以上的每宗 1 000 元	产权人
房屋权证工本费		向共有人核发房屋(共)有权证书时，每增加一本证书收费 10 元	产权人
印花税		每证 5 元	产权人

7.4　房屋租赁税费

房屋租赁税费主要有营业税、城市维护建设税、教育费附加、印花税、房产税、城镇土地使用税、个人所得税以及房屋租赁代理收费等。

1. 营业税

按租赁收入依 5% 的税率计征。

2. 城市维护建设税

按营业税额依 7% 的税率计征。

3. 教育费附加

按营业税额依 3% 的征收率计征，有的地方还开征了地方教育附加，各地不同，征收率有 1%，也有 1.5%。

4. 印花税

按租赁收入的 1‰ 贴花。

5. 房产税

按租赁收入依 12% 的税率计征。

6. 城镇土地使用税

城镇土地使用税 = 按实际占用土地的面积 × 依单位等级税额计算

"单位等级税额"是根据土地坐落的地点，由地税局事前确定的。从全国来看，"单位等级税额"如下：①大城市，1.5～30元。②中等城市，1.2～24元。③小城市，0.9～18元。④县城、建制镇、工矿区，0.6～12元。

7. 个人所得税

个人所得税有可能按核定征收的办法计征，从全国来看，其附征率为 1%～5%，普遍为 2%～2.5%。

8. 房屋租赁代理收费

无论成交的租赁期限长短，均以半个月至一个月成交租金额为标准，由双方协商议定一次性计收。

以上所有税费加起来，可能占到了租金的 20% 左右。

7.5 房屋抵押、评估、中介服务、公证费等相关税费

1. 房屋抵押应缴纳的税费

（1）以产权证作抵押的房屋：①以建筑面积 100 平方米为界，每件收抵押登记费 80 元，登记面积超过 100 平方米的，超过部分每平方米加收登记费 0.10 元，最高不超过 1 000 元。②印花税 5 元/本。

（2）在建工程抵押的房屋：每平方米 0.1 元，最高不超过 1 000 元。

2. 房地产评估费

房地产价格评估费是房地产价格评估机构接受委托进行土地和房屋财产价格评估而收取的报酬。土地价格评估的收费标准，一般宗地价格采取差额定率累进计费，即按照土地价格总额大小划分费率档次，分档计算各档的收费。宗地是地籍的最小单元，是指以权属界线组成的封闭地块。房地产评估收费标准，如表 7-8 所示。

表 7-8 房地产评估收费标准

标的总额（万元）	累进计费率（%）
100 以下（含 100）	0.42
100 以上至 500（含 500）	0.3
500 以上至 2 000（含 2 000）	0.12
2 000 以上至 5 000（含 5 000）	0.06
5 000 以上	0.012

3. 房地产中介服务费

房地产中介服务费是指具有资质依法设立的房地产中介服务机构接受当事人委托，提供房地产咨询、房地产经纪、房地产评估等服务所收取的经营性服务收费。房地产中介服务收费由房地产中介服务机构向委托方收取。按照市场物价部门的规定，中介服务机构应当本着合理、公开、诚实信用的原则，严格执行收费原则和收费标准，切实提供质价相称的服务。此外，房地产中介服务收费实行明码标价制度，中介服务机构应当在其经营场所或交缴费用地点的醒目位置公布其收费项目、服务内容、计费方法、收费标准等事项。不同服务项目的收费标准是不一样的。

（1）房地产代理收费。房地产代理收费是房地产专业经纪人接受委托，进行代理收取的佣金。房地产经纪收费根据代理项目的不同，实行不同的收费标准。

1）房屋买卖代理收费，按成交价格总额分档累退计收，如表7-9所示。

实行独家代理的收费由委托方与房地产中介机构协商，其标准可适当提高，但最高不超过成交价格的3%，如表7-10所示。

表 7-9 房屋买卖代理收费

房地产价格总额（万元）	累计计费率（%）	备注
500以下（含500）	2.5	
501～2 000	2	
2 001～5 000	1.5	
5 001～10 000	1	
10 000以上	0.5	

表 7-10 南京2012年房地产买卖代理服务收费费率表

房地产成交价格	累进基准费率	浮动幅度
50万元及以下	1%	±25%
50万元至100万元（含）	0.7%	
100万元至200万元（含）	0.4%	
200万元以上	0.25%	

2）房屋租赁代理收费。无论成交的租赁期限长短，均按半个月至一个月成交租金额标准，由双方协商议定一次性计收，如表7-11所示。

表 7-11 南京2016年房地产租赁居间代理服务佣金

服务项目	基准收费标准		备注
	出租方	承租方	
租赁居间服务	月租金的40%	月租金的40%	根据南京文件规定：上浮不超过25%，下浮不限

（2）房地产咨询服务费。房地产中介服务机构应委托人要求，提供有关房地产政策、法规、技术、信息等咨询服务，可收取房地产咨询服务费。房地产咨询收费按服务形式分为口头咨询费和书面咨询费两种。

1）口头咨询费。按照咨询服务所需时间、内容繁简、人员专业技术等级，每次50～100元。

2）书面咨询费。按照咨询报告的技术难度、工作繁简，结合标的额大小计收。普通咨询报告，每份300～1 000元；技术难度大、情况复杂、耗用人员和时间较多的咨询报告，可适当提高收费标准，但一般不超过咨询标的额的0.5%。

4. 公证费

公证处受理公证后,向申请人提供证明以及办理其他公证服务的,按各省公布的公证收费标准收取公证费,公证服务费的缴纳人为公证申请人,公证服务实行计件收费和按标的额比例收费两种形式。

7.6 房地产交易中的税费负担

1. 商品房交易税费负担

新建商品房交易过程中所涉及的税费与二手房交易税费存在着一定差别。下面是以南京为例的商品房交易双方税费负担情况表。

(1) 购买方主要税费负担,如表 7-12 所示。

表 7-12　购买方主要税费负担

税种	计税依据	房屋类型	税率	
			个人	单位
契税	合同金额	非住宅	3%	3%
		非普通住宅	3%	
		普通住宅	1.5%	
印花税	合同金额		0.05%	
交易手续费	合同金额	住宅	3元/平方米	
		非普通住宅	6元/平方米	
		非住宅	6元/平方米	
注册登记费	产权登记费	套	住宅	产权登记费80元/户
		件	非住宅	每件550元
	权证工本费	本		向一个以上权利人发放时,每加一本权证,工本费10元/本
	权证印花税	本		权证印花税5元/本

(2) 出售方主要税费负担,如表 7-13 所示。

表 7-13　出售方主要税费负担

税种	计税依据	税率
营业税	销售收入	税率5%
城市维护建设税、教育费附加	营业税	城市维护建设税纳税人所在地在市区的,税率为7%,纳税人所在地在县城、镇的,税率为5%,纳税人所在地不在市区、县城或镇的,税率为1%;教育费附加征收率为3%
印花税	合同金额	0.05%
交易手续费	建筑面积	住宅　3元/平方米
		非住宅　6元/平方米
销售代理服务费(若委托销售)		具体收费由中介机构与委托方协商确定

2. 二手房交易税费负担

二手房交易双方的税费负担情况与商品房大致相同,但有所区别,下面是以南京为例的二手房交易双方的税费负担情况表。

（1）二手房购买方税费负担，如表7-14～表7-16所示。

表 7-14　二手房购买方税费负担

税费名称	税费率	收款单位
印花税	0.05%	农税中心
契税	普通住宅1.50%，非普通住宅3%	农税中心
交易手续费	住宅：人民币3元/平方米 非住宅及非普通住宅：人民币6元/平方米	房管局
土地出让金（划拨土地的房地产转让须补缴，如房改房上市等）	土地等级对应的出让金缴纳标准×分摊的土地面积×年期修正系数	农税中心
产权登记及工本费	住宅：80元+5元（产权印花税）/本 非住宅： 按面积A（平方米）：A≤500，200元；500＜A≤1 000，300元；1 000＜A≤2 000，500元；2 000＜A≤5 000，800元；A＞5 000，1 000元；另收产权印花税5元/本	房管局
共有权证工本费	10元/本	
他项权证工本费（有抵押的）	10元+5元（产权印花税）/本	
地产交易手续费	住宅交易一般为：50元	土管局
评估费（若抵押贷款）	100万元以下的部分0.42%，100万元以上至500万元的部分0.3%，500万元以上至2 000万元的部分0.42%	评估公司
保险费（若公积金贷款需要缴纳）	房价×保险费率×年数	保险公司
中介服务费（分档累进）	50万元以下1%（浮动范围±25%） 50万～100万元0.7%（浮动范围±25%） 100万～200万元0.4%（浮动范围±25%） 200万元以上0.25%（浮动范围±25%）	中介公司

表 7-15　土地等级缴纳标准

土地等级	一	二	三	四	五	六	七	八
缴纳标准（元/平方米）	600	500	400	300	200	100	80	50

表 7-16　土地年期修正系数

折旧年限	1～5年	6～10年	11～15年	16～20年	21～25年	26～30年	31～35年
修正系数	0.50	0.55	0.60	0.65	0.70	0.75	0.80

（2）二手房出售方税费负担，如表7-17所示。

表 7-17　二手房出售方税费负担

税费名称	税费率	收款单位
印花税	0.05%	农税中心
交易手续费	住宅：人民币3元/平方米 非住宅及非普通住宅：人民币6元/平方米	房管局
地产交易手续费	住宅交易一般为：50元	土管局
营业税及附加（也称综合税，包括营业税、城市维护建设税和教育费附加）	5年以内住宅：售价×5.6% 非住宅及5年以上非普通住宅： （出售价－购入价）×5.6%	农税中心

(续)

税费名称	税费率	收款单位
个人所得税	不能正确计算房屋原值和应纳税额的，按总价×1%	农税中心
	（转让收入－财产原值－合理费用）×20%	
土地增值税	非住宅：（转让收入－扣除项目金额）×四级累进税率	农税中心
	非普通住宅：居住未满3年（转让收入－扣除项目金额）×四级累进税率；居住满3年（含），未满5年，减半征收；居住满5年（含），免征	
中介服务费（分档累进）	50万元以下1%（浮动范围±25%）	中介公司
	50万～100万元0.7%（浮动范围±25%）	
	100万～200万元0.4%（浮动范围±25%）	
	200万元以上0.25%（浮动范围±25%）	

3. 房地产交易税费转嫁

房地产交易税费转嫁是指房地产交易过程中，纳税人将应由自己负担的税费转嫁给交易对方的一种现象。税费转嫁可能有两种情况：顺转和逆转。房地产买卖、租赁环节的税收，一般会较多地发生顺转，即税费负担转给购房人和承租人。

7.7 房地产税费案例

1. 房地产税收案例

例7-2 王志准备购买市中心某楼盘的新建商品房，经询问该套房总价为100万元、面积为98平方米，他需要缴纳的税收有哪些？共需要缴纳多少税额？

例7-3 张庆在某市有两套住宅，因急需资金，现准备向李女士转让一套住了6年、属于市区范围内的总面积在230平方米的公寓，在转让时能提供原购房发票，发票所载原购房价格为150万元（含装修价格），转让价为230万元，评估价也是230万元，双方都想知道分别要缴纳的税收是多少。

例7-4 张某欲出租自己的住宅，现咨询出租房屋需要缴纳哪些税。

例7-5 杜伟打算将其所有的一套面积为70平方米、评估价格为50万元的房产赠与他的哥哥，现委托中介公司小林帮其代为办理，房屋赠与是否需要缴纳房地产税收？缴纳多少？

2. 房地产交易收费案例

例7-6 杨先生于2016年6月1日委托某中介公司买了一套价值215万元的房子，请问需要缴纳多少中介服务费？中介公司按南京房地产买卖代理服务基准费率采用上浮25%的服务费率收费。

🏠 **例 7-7** 小林 2008 年 1 月在杭州购得一套二手房屋，房屋面积为 140 平方米，购入价格为 145 万元，首付房款 30%，其他以商业贷款支付，办理商业贷款的银行要求放贷前进行房屋抵押价值评估。经委托一家估价公司评估，该房屋抵押价值为 150 万元，请问需支付多少评估费？由谁缴纳？

🏠 **例 7-8** 小张在 2006 年 3 月购得一套市区房屋，房屋面积为 92.7 平方米，处于该多层住宅（共七层）的四楼，房屋土地性质为出让土地，购入价格为 82 万元，2007 年 9 月他将该房屋出售给小王，价格为 95 万元，请问二人各需支付哪些税费？各是多少？

📖 思考题

1. 长期以来，购房有各种"避税"花招儿，"假离婚""假赠与""假过户"等违法交易方式时有发生。这些方式，表面上看似可以节省不少税费，其中却蕴含着较大的法律和市场风险。那么面对新的政策，二手房交易者应该如何利用相关的优惠政策来合法避税呢？
2. 制作一表格，将本章各税种的征税范围、纳税人、计税依据、税率及主要减免规定写在表格中。

第 8 章

房地产经纪企业管理

⏲ 学习目标

1. 了解房地产经纪企业发展战略及风险管理。
2. 熟悉房地产经纪企业经营模式、业务流程管理、办公系统组织、人力资源管理、信息管理系统。
3. 掌握房地产经纪企业品牌管理、客户关系管理，房地产经纪信息的收集、整理、利用。
4. 掌握房地产经纪业务中的主要风险与风险防范措施。

📖 技能要求

1. 遵循房地产经纪职业标准相关内容。
2. 在房地产经纪业务中体现工匠精神。
3. 对房地产经纪企业的经营模式进行调查分析。
4. 收集房地产经纪信息、对房地产经纪信息进行整理。
5. 使用房地产经纪企业的 CRM 系统和 ERP 系统。

📖 案例 8-1

我爱我家房地产经纪企业

我爱我家房地产经纪有限公司是国内较早从事房地产经纪以及相关产业服务的大型企业，2000 年在北京成立，是国内首家成功登陆 A 股主板市场的房地产经纪企业（证券代码 000560），是以房屋租赁、二手房买卖为主营业务的全国知名大型品牌经纪企业。我爱我家业务覆盖北京、天津、上海、杭州、南京、苏州、太原等多个大中型城市，拥有3 300余家连锁店面，旗下聚集了55 000余名专业房产服务者。

（1）服务范围广。我爱我家致力于为房地产开发企业，以及个人消费者提供房产交易相关的服务。服务包括数据顾问、楼盘代理、新房交易、二手房经纪、房屋租赁、住宅资产管理、海外房产交易等。截至2019年，我爱我家已经形成了线上线下一体化的房地产产业链，成为一家房产经纪综合服务公司。2012年、2013年、2014年、2016年、2018年，"我爱我家"品牌5次被中华人民共和国工业和信息化部下属的中国企业品牌研究中心评为中国房产中介服务行业中国品牌力指数（C-BPI）第一名。

（2）特色服务——相寓。相寓是我爱我家的房屋资产管理品牌，始于2001年的"房屋管家"租赁业务，是国内最早提供房屋资产管理服务与长租公寓服务且持续盈利的企业之一、租赁经营行业的先行者。房屋资产管理业务分为分散式公寓管理（相寓HOME、相寓ROOM、相寓INN）和整栋式公寓管理（相寓PARK）两种模式。分散式公寓管理通过接受业主委托处理房屋出租事宜，包括受托房屋修整、撮合实现房屋出租、定期代收及转付租金、后期物业管理等。整栋式公寓管理通过承租整栋公寓再对外出租，收取租金，同时向承租人提供物业管理服务。"相寓"从轻到重满足业主资产管理多样化需求，打造相寓PARK、相寓HOME、相寓ROOM、相寓INN租住产品线，满足不同客群租住需求，通过两端产品精准匹配，提高运营效率。相寓PARK是我爱我家集团旗下集中服务式公寓品牌，统一装修、统一配备设施、统一服务。相寓PARK除了对房间内进行了重新装修之外，还在公共区域配置了图书阅览区、健身房、台球室、多媒体影音室等休闲设施。相对于市场上常见的分散式租赁来说，相寓PARK所代表的集居住、社交、健身、娱乐于一体的新居住模式，在更大程度上满足了租客的居住与社交需求。此外，相寓PARK还针对居住拆分了舒适、安全、智能、个性、绿色、健康六大方向。以安全为例，除六大开锁方式及全封闭式庭院外，相寓PARK还有双层门禁系统、24小时安保、无死角监控系统等全方位保证租客安全，智能方面除各种智能锁外，还有智能灯及其他智能家居产品。相寓INN是短租服务品牌。相寓INN主要面向商旅人群，尤其是都市商务出行人群，以服务为根基，填补快捷酒店与四星级以上酒店之间的空白，为商务出行人士提供高品质租住体验。

（3）数字化技术服务。在VR看房上，我爱我家数字化技术处于领先地位，包含"VR全景看房""AI智能讲房""VR带看"三大方面。最大的特点是购房者选定意向房源之后，发起"VR带看"，系统即可快速分配熟悉房源的经纪人接单，进入在线带看状态，经纪人可以在线上带领购房者看房。有用户表示，我爱我家的"VR带看"堪比如今的叫车、外卖平台软件，用户可以随时发出需求，系统智能匹配服务，这种线上的"一对一"服务更贴心、更便捷。我爱我家的"VR看房"功能中还有一个优势：二手房的"一键换装"功能。用户线上看房可点击"一键换装"，体验不同的装修风格，为二手房购买提供辅助决策。据了解，"一键换装"的技术不仅能做到针对任意房型随意嵌入装修风格，而且可以快速呈现装修前后的对比效果。业内人士表示，该技术可以针对多种应用场景、多种业务需求实现海量应用，同时还能与装修公司对接，未来市场价值可期。实际上，无论是客户租赁房屋、购置新房或二手房，我爱我家已形成了"线上委托—VR看房—VR带看"的完整数字化体验闭环。

2019年，我爱我家全年累计制作完成VR房源24.2万套，其中16.1万套配备了VR装修效果展示。

（4）新冠肺炎疫情凸显核心价值观。崇尚"爱"、建设"家"、追求"赢"，是我爱我家集团的企业文化核心价值观，体现为对客户的关爱、对员工的关爱、对社会的回馈。2020年2月13日，全国新冠肺炎疫情形势紧迫，牵动人心。我爱我家利用空置公寓就近无偿安置战斗在抗疫一线的医护人员，比如我爱我家下属武汉相寓公司就为医护人员准备了住房。我爱我家苏州公司发布通知，自2月12日起，苏州市范围内参与支援武汉抗击新冠肺炎疫情的医护人员，享受一次二手房买/卖中介佣金全免的优惠政策（交易金额的1.5%）。2020年2月28日，疫情发生以来，为了积极配合北京社区防疫，我爱我家成立了230多支志愿服务队，将在现有志愿服务的基础上，更有序地配合北京市几百个社区进行防疫、抗疫工作，共同守护市民健康安全。此外，我爱我家还提供免费住宿、捐助防疫物资、配合社区积极防疫。2020年3月13日，作为房地产经纪行业的龙头公司，我爱我家联合轻松筹·轻松保为客户赠送免费的新冠肺炎保险，最高保额超过25万元，为客户健康提供坚实保障。疫情发生以来，我爱我家积极参与抗疫，承担企业责任，以爱家人的实际行动为社会增添正能量。

资料来源：我爱我家公司人力资源部，作者整理而成。

案例讨论
从这家经纪企业的成长过程中，你能吸取什么经验教训？

学习任务
1. 调查了解本市房地产经纪企业的经营模式。
2. 到企业去进行房地产经纪企业的客户关系管理软件的操作训练。

8.1 房地产经纪企业发展战略的驱动因素与战略选择

1. 房地产经纪企业发展战略的驱动因素

（1）行业驱动因素。随着房地产二级市场的迅猛发展，先后出现了一些从事增量房策划、营销、代理的经纪企业。目前，房地产经纪企业如雨后春笋般涌现，竞争激烈，迫使其认真思考发展战略问题。

（2）客户驱动因素。房地产经纪企业服务对象不仅是普通消费者，还包括房地产开发企业、商业银行、保险公司等。如何吸引多种多样客户的注意力，如何满足他们的需求，是值得各个房地产经纪企业思考的问题，驱动房地产经纪企业通过实施战略来塑造、强化自身的核心能力，提高业务水平。

（3）国际化驱动因素。国外经纪企业进军中国，主要是瞄准了中国市场的巨大潜力，对目前中国房地产经纪企业普遍存在非专业化经营、服务滞后的弊病形成挑战，国内房地产经纪企业必须在战略上积极应对。

（4）政策驱动因素。与房地产经纪企业有关的各项政策、法规也在不断与国际接轨，原先不适合国际惯例的政策、法规正在废除或修改，这会对房地产经纪企业的发展战略造成影响。

2. 房地产经纪企业的战略选择

（1）低成本战略。低成本战略指以用较低的总成本提供产品或服务，从而吸引广大顾客为理念的战略。企业凭借其成本优势，可以在激烈的市场竞争中获得竞争优势。低成本战略是建立在有效规模基础上的全力以赴降低成本，抓紧成本与管理费用的控制，最大限度地减少成本费用。小型房地产经纪企业，主要涉及房地产存量房市场，以居间介绍、房屋租赁为主营业务，可以采用低成本战略，努力提高自身素质，利用成本小、灵活多变的优势不断拓展业务范围。

（2）聚焦战略。聚焦战略指把经营战略的重点放在一个特定的目标市场上，为特定的地区或特定的购买集团提供特殊的产品或服务，以比竞争对手更好地服务细分市场的客户为目标的战略。它包括：①低成本聚焦战略，指存在一个购买者细分市场，如低收入居民的房屋置换市场，企业满足他们的服务所付成本低于满足整体市场其他部分服务的成本。②差别化聚焦战略，指存在一个购买者细分市场，需要特殊的服务类型，如别墅的租房代理服务，企业可以将自己的目标客户就锁定在这类客户上。

（3）一体化成长战略。一体化成长战略指企业充分利用自己的优势，不断地向深度和广度发展的一种战略。它包括3种：①后向一体化战略，指企业服务在市场上拥有明显的优势，可以继续扩大经营规模，由自己来提供配套服务，如广告、贷款手续代办等，也可以向后兼并相关服务企业或与这些企业合资兴办企业，组成联合体，统一规划和发展。②前向一体化战略，指企业根据市场需要和技术可能的条件，充分利用自己在市场研究、房地产产品设计、融资能力等方面的优势和潜力，进入房地产投资领域或与房地产开发企业合并，组建经济联合体，以促进企业的不断成长和发展。③水平一体化战略，指企业以兼并处于同一经营阶段的企业，以促进企业实现更高程度的规模经济和迅速发展的一种战略。对于一些信誉好，有一定的规模、场地和经济实力的房地产经纪企业，可逐步聘请一些具有房地产估价、工程造价等资格的房地产专业人员，把业务范围扩展至房地产投资咨询、产权登记代办、小型工程预算，以及房屋的代修、代管等服务。

（4）多样化战略。①横向多样化，以现有的市场为中心，向水平方向扩展事业领域，又称水平多样化或专业多样化。企业可以以现有服务为基础开发新市场，以现有市场为主要对象开发新的服务类型，以新开拓的市场为主要对象开发新的服务类型。②多向多样化，指开发完全异质的服务、市场来使事业领域多样化。企业可以采用：技术关系多样化，以异质的服务为对象开发异质服务；市场营销关系多样化，以现有市场领域的营销活动为基础打入不同的市场；资源多样化，以现有的物质基础为基础，打入异质产品（服务）、市场领域，求得资源的充分利用。③复合多样化，从与现有的领域没有明显关系的服务、市场中寻求成长的策略。对于大型房地产经纪企业来说，已经在激烈的市场竞争中脱颖而出，可以凭借资金、人才、信息和规范的运作方式、完善的经纪理念，在进行房地产经纪业务的同时，实施多样化战略，广泛开展代办咨询等其他业务。

8.2 房地产经纪企业运营管理

1. 房地产经纪企业经营模式的选择

本书在"2.2.3 房地产经纪机构的经营模式"中,介绍了房地产经纪机构的主要经营模式。房地产经纪企业运营管理的首要任务就是选择恰当的经营模式。房地产经纪企业选择经营模式时主要考虑3个方面:是否有店铺、企业规模、规模化经营的方式。

(1)房地产经纪企业是否开设店铺。这主要是根据其所面向的客户类型决定的。一般而言,面向零散客户的经纪企业通常需要开设店铺,而面向机构类大型客户的经纪企业不一定要开设店铺,目前从事二手房居间的企业大多有店铺,而从事商品房销售代理的企业通常不设店铺。随着计算机信息技术的推广,即使面向零散客户的经纪机构也有可能以网上虚拟店铺来代替有形店铺。

(2)经纪企业对企业规模的选择。首先要遵循规模经济的一般原理,其次要根据经纪企业的自身特点,着重考虑经营规模与"信息资源""人力资源"和"管理水平"3方面因素的匹配程度。与任何企业一样,每一个房地产经纪企业总是不断谋求由小变大的发展。

(3)经纪企业规模化经营的方式。当经纪企业发展到一定规模时,就必须认真考虑其规模化经营的具体方式。无店铺的经纪机构规模化运作时,需要考虑机构内部部门的扩张和机构更新或设立分支机构。有店铺的经纪机构规模化运作的主要方式是进行连锁经营。规模化使经纪机构对资金的需求大幅增长,这就要求考虑资金的来源渠道。直营连锁经营和特许经营可能在外在表现的形式上都表现为统一的标志系统、统一的经营方式,但对于房地产经纪机构而言,这两种方式大不相同:

1)在直营连锁经营方式下,整个经纪机构是在一个相对封闭的组织下进行运作,各连锁店整体上的利益关系是一致的;各连锁店隶属于同一个所有者和管理者,对于各连锁店具有绝对的控制权,对于房地产经纪机构而言,更容易管理,更容易贯彻自己的经营理念,但是,会对房地产经纪机构的人力、财力提出更高的要求,其扩张成本也会相对提高。

2)特许经营模式目前正在为越来越多的大型房地产经纪企业所接受,大型房地产经纪企业正试图通过特许经营来实现低成本、高速扩张,抢占更多的市场份额。服务质量和服务水准是特许经营取得成功的基础,要求每家加盟店都按统一的标准提供服务是具有一定的难度的。在房地产经纪机构中,信息是每一家加盟店的重要资源,因而对信息的控制对于整个特许经营体系就显得尤为重要。

3)直营连锁和特许加盟连锁经营形式比较,如表8-1所示。

表 8-1 直营连锁和特许加盟连锁

特性	连锁种类	
	直营连锁	特许加盟连锁
总部与分店的关系	分店归总部所有	总部与分店由契约结合在一起
连锁系统的主体	总部	总部

(续)

特性	连锁种类	
	直营连锁	特许加盟连锁
总部对分店的投资情况	分店的全部装修、设备等由总部提供	装修由店主承担，总部不投资
总部对分店利润的分享	因承担全部费用，故分享其全部利润	总部因分担部分费用，故分担部分利润
总部是否向分店收取加盟金	不收取	收取
加盟店的自主权	几乎没有	很少
对分店经理的素质要求	比较严格	比较严格
分店店数的扩展	速度较慢	速度较快
企业形象的树立与维护	较容易	较容易
分店的经营权	无，总部参与分店的经营	无，总部控制加盟店的经营
总部对分店的约束力	强硬	紧密
总部的人事权	有	没有
总部的财务管理	有	有
经营信息的传递	较好	较好
政策、活动的推行	容易采取一致行动	较易要求一致行动
主要决策	总部做出	总部为主，加盟店为辅
加盟时间	—	多为1年

2. 房地产经纪企业业务流程管理

我国房地产经纪企业在信息技术时代，要实现管理的现代化和制度化，首先要摆脱人为管理，走向信息化的企业流程管理。

（1）企业业务流程。简单说企业业务流程就是为完成某一目标（任务）而进行的一系列逻辑相关活动的有序集合。

（2）企业业务流程再造。企业业务流程再造就是以业务为中心和改造对象，以关心和满足顾客的需求为目的，对现有经营流程进行根本性的再思考和再设计，利用先进的信息技术及现代的管理手段，最大限度地实现功能集成和管理上的职能集成，打破传统的职能型组织结构，建立过程型组织结构，实现企业在速度、质量、效率、成本和顾客满意度等方面经营性能的巨大提高。

（3）建立成功的业务流程管理模式。无论在何种经营模式下，要想通过业务流程管理模式取得成功，房地产经纪企业必须做好4个方面的基础工作：

1）建立有效的组织保障。
2）建立流程管理信息系统。
3）重塑企业文化。
4）培养复合型人才。

3. 房地产经纪企业办公系统组织

房地产经纪企业作为现代服务业的企业，其办公场所就是其最核心的"生产"场所，因而也是房地产经纪企业组织管理中的一个主要对象。办公系统的管理应以促进经纪企业运作效率为目标，同时考虑安全性和持续性。具体而言，须从3个方面着手：

（1）办公地址选择。房地产经纪企业办公总部的地址选择首先要考虑交通要便利，比如距离地铁、公交线路较近，有一定的人流、车流量。因为房地产经纪机构需要大量的市场开发、业务拓展，所处的地段不能太偏僻，应该保证有充分的路线说明，以便不熟悉的人能找到。

（2）办公室的区域分布。办公室不仅仅是容纳办公家具和设备的场所，更反映了对公司的构想，建立的是公司的形象，所以办公室要具有伸缩性，能自由应对公司的变化。在预计将来增加员工或者增添办公设备时，可能会花费更大的开支，所以从开始设立公司布置办公室时就要考虑最经济的选择。当前的工作环境趋势对办公室容量的基本要求是要有一个工作总部、员工办公单间。关键还在于信息中心和支持中心的布置，需要容纳管理人员和后勤支持人员，配备办公、通信设备和正式从事商务活动的场所。

（3）办公室内部安排。

1）总体布置。办公室布置的目的是找到一种物理安排来最好地促进生产效率的提高，同时对员工也产生吸引力。首先是空间的需求量，其次是布局架构所产生的效率。房地产经纪机构的公司标志、平面设计和装修布置要体现人性化，有合理的色彩搭配，体现出文化气息。设计的趋势倾向于"敞开式办公"，格子式或者大通间式的布置，有利于培养团队精神，相互交流，可以考虑用工作台式的隔断布置。

2）接待人员的工作区域是公司的第一形象，要为来访的客户提供座椅休息，预备大量的资料或者促销性材料，增进公司与客户之间的距离。

3）会议室要尽量减少会谈中分心的可能，并提供最大程度的舒适。另外还要配备电话、电脑等设备，以提高商务交易或结算人员的工作效率。

4）工作区必须要和公共区分开。工作间和设备间、用品间、备餐间之间必须来往方便。销售人员支持部门必须与销售人员距离较近。规划办公桌面积时，要考虑销售人员的工作习惯和维持办公室气氛的难度。当今的办公室都是技术中心，必须容纳大量不同的设备，要合理地分配空间，并且要预计将来的需求。

5）装修。办公室装修时，要考虑到地毯、粉刷、壁纸和装潢等的磨损和维修问题，家具的质量和价格问题，还要考虑到环保问题。总体要求是要营造出提高办公效率的美观效果。

6）安全保卫。办公场所必须有完善的保安程序、登记制度，有可靠的内部安全保障。楼外、停车场和所有入口照明充足，应有烟感器、急救箱、灭火箱等配套设施和足够的常用电器，确保工作环境的安全和舒适。

4. 房地产经纪企业的资金管理

房地产经纪企业的资金管理主要包括4个方面：

（1）组织财务资源。组织或安排财务资源是资金管理方面最重要的活动之一，包括资本需求、收入支出以及业务的盈利。

（2）资金决策。根据企业的中长期发展目标和规划，以及企业所面临的外部环境和实际经营状况，通过收集情报、设计方案、抉择筛选和审查结果等过程，形成科学的资金筹集、使用、分配和监督的方案。资金决策和筹划要坚持统筹兼顾、综合平衡的原则,防止资金的沉淀和短缺。

(3)经营预算。做好预算管理,资金使用计划要依据公司的资金决策方案和公司的年度经营计划制定资金管理预算,做好资金计划的编制工作。

(4)财务管理。①加强货币资金的管理,包括现金、银行存款和其他货币资金。②加强资金控制。应依据预定的资金计划,运用各种可行的方法进行资金管理和监督,通过比较和分析,衡量资金计划的执行情况和经营成果及资金运作情况,同时严格限制不利差异,以达到预期目的。

8.3 房地产经纪企业人力资源管理

1. 房地产经纪企业人力资源管理的内容和特性

(1)房地产经纪企业的人力资源管理内容。它包括4个方面:

1)通过工作分析、编制各种岗位所需要的人员素质的说明书。

2)招募、选择和聘用合适的员工。

3)为员工提供增强业务能力的机会,保持公司经营业绩的上升和团队的稳定。首先要通过知识讲授、案例讨论、实战模拟3种主要方法对员工进行训练,一般在训练中主要涵盖产品知识、市场知识、公司政策及营业方针、营销技巧等方面的知识。然后对每一位员工按照有关标准进行能力评估,衡量其是否能够成为优秀的房地产经纪人,包括职业道德、心理素质、礼仪修养、知识结构和职业技能等。最后,根据评估情况,把员工安排在合适的岗位上。

4)指导员工实现公司的及其个人的各阶段目标和总体目标。对每位员工进行职业生涯设计,并给予适当激励,手段有报酬制度、训练计划、业绩目标、尊重、业务主管的指导等。

(2)房地产经纪企业的人力资源管理必须遵循企业人力资源管理的基本原理:①能级层序原理。人的能力是有差别的,因而在进行人力资源配置时要根据能力强弱分配不同的工作,在同一组织中给予不同的职务与权力,这既能发挥个人作用,又能使组织内部容易协调。这是人力资源配置的基本原理。②同素异构原理。同样数量的人,用不同的组合办法,可以产生不同的结果,是组织设计与进行人员配置时必须遵循的重要原理。要将适合的人安排在适合的岗位上,这在招聘期间与考察期间都要注意到。③适应原理。人与事之间适应是相对的,不适应是绝对的,要实行动态平衡,不断调整人的岗位。

(3)房地产经纪企业人力资源管理的特性。主要体现在人员流动性大、工作挑战性强、业务风险大、要求素质高、业绩不稳定。为此,人力资源管理要坚持以下原则:

- 保证每个岗位的人员都具有适当的任职资格。
- 注意对员工在岗位中的再学习和再培训。
- 不要姑息员工一些细小的违规行为。

- 机构的高层管理者要以身作则。
- 控制好一些关键岗位。

2. 房地产经纪企业的雇用关系

（1）雇用关系的建立，主要通过外部招聘、内部选拔雇用员工，签订有关劳动合同。具体分析，雇用关系，即房地产经纪人与房地产经纪机构之间的关系，体现在3个方面：

1）房地产经纪人与房地产经纪机构之间有执业关系。一方面，房地产经纪人从事经纪活动必须以房地产经纪机构的名义进行，不能以个人的名义进行，必须由房地产经纪机构与委托人签订经纪合同，再由房地产经纪机构指定具体的房地产经纪人承办房地产经纪业务；另一方面，房地产经纪机构必须是由房地产经纪人组成。

2）房地产经纪机构与房地产经纪人之间有法律责任关系。一方面，房地产经纪人在执业活动中由于故意或过失给委托人造成损失的，由房地产经纪机构统一承担责任，房地产经纪机构向委托人进行赔偿后，可以对承办该业务的房地产经纪人进行追偿；另一方面，由于委托人的故意或过失给房地产经纪机构或房地产经纪人造成损失的，应由房地产经纪机构向委托人提出赔偿请求，委托人向房地产经纪机构进行赔偿后，再由房地产经纪机构向房地产经纪人的损失进行补偿。

3）房地产经纪机构与房地产经纪人之间有经济关系。由于房地产经纪业务是由房地产经纪机构统一承接的，房地产经纪合同是在委托人与房地产经纪机构之间签订的，因此，由房地产经纪机构统一向委托人收取佣金，并由房地产经纪机构出具发票。

（2）雇用关系的解除，一般是指员工和公司合同的终止。公司对于冗余人员一般采用限制雇用、要求员工提前退休、暂时解雇等方法。而对于违反公司规章制度，或因业绩不达标或者由于人事问题将其调换工作岗位后，经过观察仍然不胜任的，则可辞退。

3. 房地产经纪企业的薪酬制度与激励机制

（1）薪酬制度。业务员的薪酬直接影响到其士气和业绩，良好的薪酬制度不但能使业务人员士气旺盛，勇往直前，敬业地为公司服务，而且能吸引其他公司的卓越业务员进入本公司服务。研究与设计良好的薪酬制度是促使公司业务成功的关键之一。薪酬制度的制定要遵循以下原则：

1）底薪与奖金分离。

2）简明扼要，易于执行。

3）管理方便，符合经济原则。

4）公平合理，有激励作用。薪酬制度要体现外部公平性和内部公平性。外部公平性是指同一行业或同一地区或同等规模的不同企业中，类似职务的薪酬应该基本相同。内部公平性是指同一企业中不同职务所获得的奖酬应当正比于各自的贡献。

5）在同行业中有竞争力。这一点对于成长型的房地产经纪企业尤其重要，通过有竞争力的薪酬吸引行业优秀人才，促进企业快速成长。

6）适时修正，能配合商业变动。在内部各类、各级职务的奖酬基准上，适当地拉开差距。

报酬给付，按照薪酬方式执行：①固定薪金制。②佣金制。③混合制。

（2）激励机制。一般采用以下方法：①以高薪金为奖励来激励员工。②尊重员工。③安排合适的岗位。④关注员工的需求并尽量满足，如训练计划、业绩目标。⑤让员工参与企业重要业务或活动。⑥上级主管的指导。

8.4 房地产经纪企业的品牌战略与品牌管理

1. 房地产经纪企业的品牌战略

从市场营销的角度看，品牌就是通过一定的标志（主要是商标），以高效地为消费者提供消费选择为目的的一种企业无形资产，它能够为企业的产品或者服务创造一种"溢价"，它的实质是承诺、保证和契约，是与消费者建立的长远关系。

（1）品牌战略的产生。企业的核心竞争力已经和企业品牌的竞争力联系在一起了，优质品牌已成为企业主要的经济资源。消费者会自觉选择购买优质品牌的产品，同时愿意接受较高的价格，并加速购买决策过程。企业可以依靠品牌获得超过资产收益的超额收益，这就是品牌对于企业的基本价值。基于这种基本价值，企业可以利用品牌资源来吸引整合其他经济资源。正是基于这种品牌价值规律，房地产经纪企业应实施品牌战略。

（2）房地产经纪企业品牌战略内涵。由于房地产经纪企业向市场提供的是一种专业服务，其质量评价具有较大难度，因而市场更需要品牌这种独特的识别系统来甄别不同企业所提供的服务。

房地产经纪企业品牌内涵：追求服务品质，用工匠精神为房地产委托人提供服务。

品牌是为了区别于竞争对手，是品质以及信赖和忠诚的永久指南，能给予那些对购买决策结果无信心的顾客更多的信心。

2. 房地产经纪企业的品牌管理

（1）制定品牌战略。建立品牌的首要工作是制定企业的品牌战略。

1）品牌愿景，即企业对自己品牌的总体期望。

2）品牌定位，即对品牌所涉及的房地产行业以及细分市场类型的品牌承诺和品牌个性的确定。品牌承诺，即企业对购买该品牌服务的顾客所承诺的核心内容。品牌个性，即该品牌的服务在同行业、同类服务中的独特性。在确定品牌个性时，不应忽视时尚潮流。成功的品牌，常常是适时地把握住了时尚的演变规律及过程，并以不断的创新精神及富于成效的工作永远走在时代的前列。品牌定位就是给某一具体品牌在消费者心目中确定一个有价值、比较稳定的位置。这一位置的价值就来源于品牌的承诺及其个性，也就是说，品牌承诺对顾客是有效用的，而且这一承诺是独特的，能针对特定顾客群体的特定需求。"有价值""独特"是品牌定位的两个重要原则。此外，品牌定位还有三个原则，即"可信""稳定"和"量力而行"，这也是在品牌定位时必须遵守的。

3）品牌结构：第一层次，企业品牌；第二层次，事业品牌，即代表各业务类型的品牌；第三层次，产品品牌，即代表某类产品（或服务）的品牌。

（2）建立品牌的识别系统。品牌识别是指区别于竞争对手的，客户可以感知和产生联系的视觉要素和其他要素，包括图形、文字、色彩、声音以及促销和公关手段等，它们构成品牌的形象特征。尽管文字和图形是最主要的品牌识别标志，但运用得当的其他形式也能为品牌创造极其独特的识别途径。

（3）进行品牌传播，使消费者知道并了解这一品牌。现代的品牌传播是以"双向沟通"的方式实现的。研究、分析及确定社会（市场）的需求，特别是未来的消费潮流、时尚的概念，是品牌传播者的首要任务。

（4）进行品牌的维持。品牌的维持又称品牌关系管理，它必须遵循以下基本原则：

1）密切与消费者的关系。品牌作为一种关系，是基于企业和客户之间相互信任的前提条件而建立起来的，所以，品牌关系管理的策略应该是感性的，而不是理性化的。与客户培养和塑造一个感性的、富有个性色彩的品牌关系需要经历这样一个过程：①要有知名度，让客户获得足够的信息，能够充分地了解品牌。②要获得客户对品牌的尊重，和客户建立起友谊关系，进而赢得客户的信任。③由信任而生成对品牌的忠诚，客户和品牌之间转变为水乳交融的合作伙伴关系。如今每一个竞争者的模仿能力都有了很大提高，传统的、单一的营销策略已难以奏效，因此客户关系的培植具有唯一的不可替代性。品牌就等于客户，拥有客户才意味着拥有品牌，满足客户需求和维系客户关系的能力是衡量企业品牌竞争力的一项重要指标。

2）利用创新使品牌焕发生机。在环境急剧变化的情况下，企业往往需要不断地进行"创新"。品牌的创新方式有"品牌再定位""品牌延伸"等。

3）运用"全方位品牌管理"发挥协同效应。全方位品牌管理者不能只关注某个品牌，还必须注重同一系列品牌之间的相互关联及影响（主要是针对多品牌企业而言）。"全方位品牌管理"将品牌管理提升到了战略高度，甚至会进一步涉及企业的整体业务规划。因此，品牌管理必然会成为跨部门且具有战略意义的工作。品牌管理者必须在价值链的每一个环节做出抉择，而不能只关注市场和销售两个方面。

8.5 房地产经纪企业的客户关系管理

1. 客户关系管理的含义

客户关系管理（customer relationship management，CRM）既是一种现代经营管理理念，又是一套技术解决方案。①作为一种现代经营管理理念，CRM 是企业树立以客户为中心的发展战略，并在此基础上开展的包括判断、选择、争取、发展和保持客户所需实施的全部商业过程。②作为技术解决方案，CRM 集合了当今最新的信息技术，包括数据库、数据挖掘、呼叫中心、互联网、电子商务、多媒体技术、专家系统和人工智能以及相应的硬件环境，同时还包括了与 CRM 相关的专业咨询等。

客户关系管理的内容。CRM 源于"以客户为中心"的市场营销理论，是一种旨在改善企业与客户之间关系的管理机制。内容包括：①客户分析。②企业对客户的承诺。

③客户信息交流。④改善关系留住客户。⑤客户反馈管理。

房地产经纪企业的客户关系管理。它是以管理理念为指导，以信息技术为支撑，实现对客户资源的整合应用，以达到提高核心竞争力、保持企业长远持续发展的目的。实施有效的客户关系管理，就是以客户为中心，利用数据库、数据挖掘、多媒体等信息技术，对客户进行系统化的研究，对客户实行关怀，以改进对客户的服务水平，建立企业与客户良好的信任关系，帮助企业维持老客户，吸引和开发新客户，创造更大的效益和竞争优势。

2. 客户关系管理的功能

客户关系管理在房地产经纪企业中的功能主要表现在对营销管理、销售管理、客户服务支持管理以及客户分析等4个方面的提高和改进。

（1）改进营销方式。传统的营销活动主要包括广告、展销会等，但是随着房地产市场的发展与科技的进步，房屋供应量不断增加，产品多样化，既增加了客户的选择余地，又加大了销售的难度，传统的"地毯式轰炸"已不能很好地吸引客户。引入CRM可以改进营销方式。

（2）加强销售管理。以前房地产经纪企业的业务处理过程主要基于手工处理，统计和核实比较复杂，而且各个业务部门收集和存储的主要是销售结果，没有活动过程信息，也没有大量访问、咨询过最终未成交的潜在客户的背景信息。大量客户信息散落在各个售楼点及销售人员的手上，一旦销售人员离开，就会带走有用的客户信息。引入CRM有利于销售管理。

（3）提供更好的客户服务支持。客户关系管理通过统一的客户服务中心，涵盖售前、售中、售后全部过程，使客户服务没有断点。客户服务支持管理一般包括了客户账号管理、服务合约管理、服务请求管理、联系活动管理以及客户普查等功能，通过这些功能，服务人员能快速地查询客户的服务合约，确定客户的服务级别，可为特殊的客户提供个性化服务，为其所需提供一揽子综合解决方案。同时，服务人员还可以随时查询与客户的联系记录以及服务请求的执行情况，连续对客户使用情况进行跟踪，并为其提供预警服务和其他有益的建议，使客户得到安全、可靠的各项业务服务。现有客户满意度的提高会产生更多的客户推荐。

（4）协助客户分析。客户分析一般包括客户分类分析、市场活动影响分析、客户联系时机优化分析以及交叉销售与增量销售分析。①通过客户分类分析，企业可以找出重点客户，使企业可以将更多的精力投放在能为企业带来最大效益的重点客户身上。②通过市场活动影响分析，企业知道客户最需要什么。③通过客户联系时机优化分析，企业可以学会掌握与客户联系的时机，例如多长时间与客户联系一次，应该通过何种渠道联系。④通过交叉销售与增量销售分析，企业可以知道应该向某一特定的客户推销什么样的产品。CRM可以做到与不同价值客户建立合适的关系，使企业盈利得到最优化。

总之，CRM的功能最终体现为：①提高经纪企业相关业务效果。②为服务研发提供决策支持。③是技术支持的重要手段。④为选择对待客户策略提供决策支持。⑤为适时调整内部管理提供依据，等等。

3. 房地产经纪企业客户关系管理的核心内容

客户关系管理的核心是"以客户为中心"，视客户为企业的一项资产，以优质的服务吸引并留住客户。房地产经纪企业客户关系管理关键在于对客户进行研究，尽量延长客户的生命周期，并争取更多的客户。

（1）留住客户。房地产的消费具有生命周期，客户有可能会重复购买，而且相对于获取新的客户而言，留住客户的成本要比吸引新客户低得多，因此房地产经纪企业要通过满足和超过客户需求来留住他们。可以从以下4个方面入手：

1）提供个性化服务。要想留住客户必须为客户提供迅捷、满意的服务，这就要求销售人员要掌握专业的知识，熟悉房地产市场，了解客户需求。研究分析成交客户资料是获取成功的有效途径。

2）正确处理投诉。对投诉的正确处理相当重要，可以将因失误或错误导致的客户失望转化为新的机会，并显示房地产经纪企业诚信经营和为客户服务的品牌形象。即使问题不是由经纪企业过错造成的，企业也应该及时做出解释，如果能帮助客户解决，就可以给客户留下良好的印象。

3）建立长久的合作关系。对于机构客户，在房地产经纪营销中，经纪企业通常可以通过介入开发商的项目前期运作，与开发商形成稳定的结构纽带关系。成功的项目合作可与开发商形成长久的合作伙伴关系。对于个人客户，经纪企业要根据客户价值，挑选出最有价值的个人客户，建立长期合作的关系。

4）与客户积极沟通。房地产经纪企业的沟通对象包括开发商、业主、购买者和承租人等，经纪企业要与他们进行积极的、及时的沟通。

（2）争取更多的客户。房地产经纪企业除了留住客户外，还需要积极争取更多的客户。可以从下列几方面入手：①鼓励客户推荐。可以通过折扣返点、减免一定时期的管理费、推荐积分等形式鼓励已买房客户介绍朋友购买。②给新客户附加服务。比如有奖销售、限时优惠、吸收新客户加入客户会享受各种会员服务等。

4. 房地产经纪企业客户关系管理系统的设计

房地产经纪企业客户关系管理系统是通过基于客户关系管理的理念和先进信息管理技术的客户关系管理系统来实现的。它一般由客户联络中心、客户资料数据库、客户分析子系统、决策支持子系统等组成，其中客户资料数据库是客户关系管理的核心，它是实现以客户为核心管理的重要体现。

客户数据资料库是围绕房地产经纪信息及销售管理信息而组成的。

客户数据资料库是无形的客户组织，房地产经纪企业还可以建立有形的客户组织——客户俱乐部来维持与客户的长久联系。房地产经纪企业的客户俱乐部又叫"客户会"。在房地产营销中，房地产经纪企业可以吸引客户和潜在客户加入客户会，通过举办讲座、沙龙、论坛、看房等活动，扩大影响，增加交流，既达到项目对外宣传推广的目的，同时老客户又会带来新的客户加盟，或通过老客户的惠顾为经纪企业带来其他销售。框架结构设计如下：

- 客户管理。
- 产品管理。
- 服务机会管理。
- 服务要求管理。
- 活动管理。
- 工作流程管理。
- 工作人员管理。
- 智能化范文。
- 管理信息系统报告。
- 安全控制。

8.6 房地产经纪信息及其管理

8.6.1 房地产经纪信息概述

1. 房地产经纪信息的含义

（1）信息。信息是指可以传递、传送的消息。信息，可以减少或消除风险发生的可能性。虽然信息本身并不是财富，但由于它所传递的内容可以优化资源配置，从而带来财富，推动社会进步，因此它被视为无形财富。信息可分为客观信息和人工信息。客观信息是指客观存在的信息，是来自物质世界的和已经发生的；人工信息是指客观信息经过人脑加工而成的信息。

（2）房地产经纪信息。房地产经纪信息是指反映房地产经纪活动并为房地产经纪活动服务的信息。

房地产经纪信息通常包括四方面：①房源信息。②客户信息。③房地产市场信息。④房地产经纪行业信息。

与其他信息一样，房地产经纪信息也是由若干要素组成的。房地产经纪信息的基本要素主要有：①语言要素。②内容要素。③载体要素。语言是传递信息的媒体，也是信息的表现形式和工具。房地产经纪信息通常可以用文字性语言（包括数字）表现，也可以用形象性语言（如图画、视频）来表现。

2. 房地产经纪信息的特征

（1）共享性。房地产经纪信息具有正外部性，不会因为使用者的增加而减少每个使用者所获得的信息。信息的共享很重要，通过共享，使更多的人获得信息，给更多的人带来价值，最后使整个社会的经济效益增加。但是并不是所有信息都需要共享，对于一些机密或具有排他性的信息，应注意保护。

（2）多维性。多维性即一条房地产经纪信息在具有不同的价值观或不同的认识层次的人那里会有不同的价值含义。房地产市场的发展和人们需求的变化，会使人们在不同时段、不同的环境下对同一房地产经纪信息有不同的认识。当经纪信息的属性和内容与人们的需求相联系时，其使用价值就能发挥出来。

（3）积累性。房地产经纪信息的价值并不是一次性的，它常常可以重复使用，而且随着信息的累积，将会有新的价值产生。在房地产经纪活动中，房地产经纪人必须注意这一点，在信息使用后，也要加以保存，不能因为使用过就丢弃一旁。通过对积累信息的分析还能加深对市场的了解。

（4）时效性。人们的需求是不断变化的，房地产市场也是不断变化的。随着时间的推移，房地产经纪信息的使用价值将会逐渐减少。

（5）增值性。通过经纪信息的传递，获得信息的人大量增加，由于每个人掌握的信息并不会因此而减少，就会使整个社会的总经济效益增加。将大量相关的信息综合分析能够得到新的信息。对经纪信息进行收集、加工和整理，将其物化于房地产实物上，还能增加房地产实物的附加值。

3. 房地产经纪信息的作用

房地产经纪信息是房地产经纪人的重要资源，是开展房地产经纪活动的前提。具体而言，它有以下几方面的作用：

1）实现房地产经纪活动的基本功能。
2）有利于提升房地产经纪服务的附加值。
3）有利于活跃和规范房地产经纪行业。

从某种意义上讲，房地产经纪活动和房地产经纪人本身是由于房地产市场主体对房地产信息的需求而产生的。房地产交易双方通常并不知道交易对方的存在，也不可能完全掌握房地产市场上所有的供求信息，或是虽然能够获得有用信息，但需支付大于有用信息所带来收益的费用。房地产市场就是一个信息不充分的市场，房地产信息的不对称会导致市场机制失灵、市场效率低下等现象。一个优秀的房地产经纪人就是要通过自己所掌握的大量经纪信息将闲置资源加以利用，来减少市场效率低下等不利情况的发生。

8.6.2 房地产经纪信息管理

房地产经纪信息管理的流程：

信息采集→信息录入→信息审核→信息维护→信息配对→信息稽查→信息分成→信息失效。

1. 房地产经纪信息管理的原则

（1）重视房地产经纪信息的系统性。房地产市场和房地产经纪活动纷繁复杂，所以，房地产经纪活动所需要的信息必须是大量的、系统的、连续的。房地产经纪信息数量大，涉及房地产经纪活动的方方面面，只有通过有效的整合才能有全面的认识。房地产经纪活动总是不断发生、发展的，所以信息也总是不断产生，房地产经纪人要不断地收集、加工、传递和利用房地产经纪信息，通过其连续性及时了解房地产市场的变化和趋势，促进房地产经纪活动顺利进行。

（2）加强房地产经纪信息的目的性。房地产经纪信息直接作用于房地产经纪活动的过程之中，它具有比其他信息更明显的目的性特征。房地产经纪信息的管理，包括收集、加工、整理和利用都应针对房地产经纪活动的目的，如某一个楼盘、某一套房源的出售，以及房地产经纪机构自己所专注的某类目标市场、某类目标客户。只有这样，信息资源才能转化为经济效益。

（3）提高房地产经纪信息的时效性。房地产市场环境和市场主体都在不断地发生变化，房地产经纪信息的有效性也随时间而发生变化，因此房地产经纪信息的利用应提高时效性。一方面要及时更新信息库中的信息内容，另一方面要提高信息利用的效率，尽量使信息在最短的时间内发挥作用。

（4）促进房地产经纪信息的网络化。在房地产经纪信息利用中引入计算机网络，可以改变原有的信息管理、查询方式，提高效率。而且，计算机网络可以突破时间、空间的限制，能够在不同地方、任何时间为客户提供服务。

2. 房地产经纪信息的收集

房地产经纪信息不是自然而然地被经纪人所掌握，而是要通过有意识、有目的的劳动才能将其收集起来。由于房地产经纪信息量大面宽，所以收集应从多个方面入手。通常可从以下途径进行收集：

（1）大众媒体。现代社会中，大众媒体在信息的传播中起了重要的作用。大量房地产经纪信息通过报纸、广播、电视、杂志以及正式出版的文献等媒介向外传送。因此，这是收集房地产经纪信息的重要途径。

（2）有关单位内部。有些房地产经纪信息并不是通过大众媒体传播的，需要通过派人磋商和发函联系等方式才能获得，如楼书、房地产企业内部刊物等。

（3）现场收集。由于房地产的不可移动性以及内容的多样性、复杂性，房源的信息一般需要实地考察、现场调查后才能获得感性的认识和准确的信息，同时也可以排除一些不准确的信息。

（4）利用网络获取。网络成为获取信息的便捷途径，房地产经纪人可以足不出户，在任何时间通过网络获取信息。主要方式有：①利用互联网收集信息。②利用联机系统收集信息。③利用商情数据库收集信息。

3. 房地产经纪信息的整理

（1）鉴别。鉴别就是对房地产经纪信息的准确性、真实性、可信性进行分析，判断误差的大小和时效性的高低，剔除人为主观的部分，使之客观、准确。房地产经纪活动中必须注意信息的准确性，虚假的信息既会造成使用的困难，也会使客户对经纪人的信用产生怀疑。

（2）筛选。筛选就是对已鉴别的房地产经纪信息进行挑选，减少信息的数量，将无用信息删除，将有用信息保留。筛选既能减少以后几个整理加工步骤的工作量，又能减少以后查询所需的时间。在挑选的过程中，既要考虑到当前的需要，又要考虑到以后的需要。在考虑当前需要时主要考虑信息的深度，而后者则主要考虑信息的广度。

（3）整序。整序就是将不同的、杂乱无序的房地产经纪信息按一定标准、方法加以整理归类。主要方法就是分类，将相同的信息归为一类，将性质相似的类别排在一起。整序的目的是便于查询，能够减少查询时间。

（4）编辑。编辑就是对整序的信息进行具体的文字整理过程，这是整个加工整理过程中最关键的工作。在编辑的过程中要注意简单明了、重点突出，同时要注意语义表达的准确性。

（5）研究。研究是高层次的信息加工。房地产经纪人要经常研究，以产生新的信息并提高自身的判断、思考能力。信息通过加工整理之后，通常以表格、图片、文字报告等形式展现出来。其中表格又是最常见的一种，一般可分为日报表、周报表、月报表等。①日报表一般就是将当日发生的房地产经纪信息加以归类，主要是以数据为主。②周报表是在日报表的基础上，通过将7天的日报表数据汇总得出，除了数据的汇总，还附有一些文字分析，阐述本周的房地产经纪情况，并分析原因等。③月报表是建立在周报表的基础上，文字的分析更为详细，并预测未来房地产经纪情况的变动。

4. 房地产经纪信息的利用

（1）信息的发布。房地产经纪企业通过信息的发布来影响消费者（如发布房源信息，吸引潜在客户）。不同的信息发布，其任务不同、使用资金不同、媒体不同。信息发布时首先要注意发布的目标是什么，希望通过发布获得何种反应。然后，根据任务的不同，决定投入资金的多少，选择信息投放和媒体。信息投放牵涉到房地产经纪信息的投放量、信息的选择和信息的表述等。媒体选择要考虑到媒体的触及面、频率、影响、主要媒体的类型、特定的媒体工具和媒体的时机。这些环节都需通盘考虑，这样才能完成任务、节省资金。

（2）以信息提供的具体内容来指导具体的业务活动。利用房地产经纪信息来指导房地产经纪的业务活动，几乎贯穿于房地产经纪业务活动的全过程。如：通过对客户方面信息的分析，房地产经纪人可以了解客户的偏好、所能接受的价位，并指导查找房源信息和筛选房源，最终促使交易成功。通过对市场和竞争对手的了解，房地产经纪人能够及时地把握市场方向及竞争对手目前的状况，便于很好地开展房地产经纪活动；在新楼盘销售过程中，房地产经纪人通常要通过对市场、客户以及交易楼盘等信息的分析，才能合理制订市场推广计划、销控计划，并进行广告设计、价格调整等一系列步骤；在二手房经纪活动中，房地产经纪人需要利用买方的信息，通过分析其偏好，才能找到与之匹配的房源，增大交易成功的概率。来人登记表是客户资料中最重要的报表，通过来人登记表可以反映客户人数的变化、所属区域变化、产生客户区域变化的原因；可以反映客户需求的变化及变化的原因；可以反映政策的变化导致销售情况的变化以及退户的人数、原因等。

8.6.3 房地产经纪信息的计算机管理系统

房地产中介公司建立了网站，但还需要业务管理软件。公司网站可以对外发布自己的房源信息，树立企业形象，业务管理软件则主要基于公司内部管理，包括房源、客源、跟进、成交、任务、计划、统计等企业日常经营管理。

1. 房地产经纪信息计算机管理系统的主要类型

建立房地产经纪信息计算机管理系统，首先要对房地产经纪机构进行企业信息化改造。企业信息化包括办公自动化、业务处理自动化和生产、设计、客户服务自动化。房地产经纪信息计算机管理系统主要有3种类型：①数据管理的信息系统。②具有流程控制功能的信息系统。③类似具有辅助决策功能的信息系统。使用房地产中介软件之前的准备工作：①独立门店单机使用。②独立门店局域网使用。③多个门店联网使用。

2. 房地产经纪信息计算机管理系统实例：江苏中广置业 ERP 系统

（1）江苏中广置业有限公司信息管理系统的基本结构。该公司以居间业务为例，通过人力资源系统，获得公司的组织结构，分配每位员工的系统权限，如区域经理只能查看下属连锁店的所有信息，而不能查看其他区域连锁店的信息。通过财务系统，可汇总业务所发生的所有费用收支，从而进行相应的利润结算和指标考核。该公司计算机信息管理系统按功能划分为业务、辅助决策、财务结算、监管、信息数据库和行政人事6个子系统。

（2）江苏中广置业有限公司信息管理系统的主要功能。

1）提供岗位操作界面。系统为每个岗位提供一个个性化的界面，这个岗位所要操作的业务和查询的信息都放置在这个界面内，使用者只要点击界面就可以进行相应的操作。

2）控制工作流程。系统按照实际业务有非常严格的流程控制，如没有签署《合同须知》就不能签订合同，在贷款审核通过之前，就得不到贷款金额。但在严格控制的同时，系统为公司领导层提供了绿色通道，在公司领导层的确认下，可以进行流程的简化。

3）任务自动提醒。

4）多角度查询。

5）决策分析。系统专门为公司的各个层面提供决策分析系统，有"总经理查询系统""交易管理系统""签约服务中心查询系统""区域中心查询系统"，并在每个查询系统中提供了饼图、直方图、折线图等多种形象的分析手段来辅助决策。

6）操作帮助。系统为每个界面提供了简便的操作帮助，如在操作中碰到疑难问题，可以查看操作帮助进行业务操作。

7）智能化的相关操作。该系统为每个用户提供一个智能化的相关操作，在使用者打开每一个界面时，使用者想查看的信息都放在"相关操作"中，便于使用者进行业务处理。

8）支持离线业务。系统能帮使用者省钱，在离线的情况下，使用者照样可以进行房源的查询，进行"物业情况登记表"和"客户需求登记表"的操作，只要每天进行房源的下载就可以了。

9）系统自动更新。一旦系统功能升级或发生比较大的变化，就需要更新各个客户端的程序。

10）日志监控、跟踪系统记录了业务操作的所有信息。通过日志的查询，使用者可以一清二楚地了解物业的登记、上网以及合同签订情况。另外在系统的后台记录了每个岗位的每一步动作，可以实时跟踪。

8.7 房地产经纪业务的风险管理

8.7.1 风险管理概述

1. 风险的含义

（1）风险的定义。风险是指未来结果的不确定性，可分为如下3类：①收益风险，即只产生收益而不导致损失的可能性，如接受教育的风险就是一种典型的收益风险；②纯粹风险，即只带来损失而不会带来收益的可能性，如地震、洪涝、火灾等；③投机风险，即既可能带来损失又可能带来收益的可能性，如房地产投资、股票投资等。房地产投资风险指未获得预期收益可能性的大小。

（2）风险的基本构成要素：①风险因素。②风险事故。③风险损失。风险损失包括两方面的含义：一是非故意、非预期和非计划的事件；二是造成了人身伤害及财产经济价值的减少。如果缺乏其中任何一方面，都不能称为风险损失。如设备折旧，虽有经济价值的减少，但不是风险损失。

（3）风险类型：①总体风险。②个别风险。③意外风险。

（4）风险规避的步骤：针对预知风险进行进一步调研→根据调研结果，草拟规避风险的方案→将该方案与相关人员讨论→实施该方案。

2. 风险的识别

（1）风险识别的含义。风险识别是经济单位和个人对所面临的以及潜在的风险加以判断、归类整理，并对风险的性质进行鉴定的过程。识别风险是风险管理的基础，进行风险识别时所要解决的主要问题是：风险因素、风险的性质以及后果，识别的方法及其效果。

（2）风险识别的内容：①明确风险的存在，是处理风险的前提。②估计风险发生的损失程度，这是制订和选择风险处理方案的基础。

3. 风险管理的概念

风险管理是企业通过对风险的认识、衡量和分析，以最小的成本对风险实施有效的控制，期望取得最大安全保障的管理方法。

（1）风险管理的目标。风险管理最主要的目标是控制与处置风险，以防止和减少损失，保障公司业务的顺利开展和有序运行。

1）损失发生前的风险管理目标，是避免或减少风险事故形成的机会，包括：①节约经营成本，在损失发生前，比较各种风险管理工具以及有关的安全计划，对其进行全面的财务分析，从而以最合理的处置方式，把控制损失的费用降到最低限度。②减少风险忧虑心理，潜在的风险会给员工带来精神、心理上的不安，从而影响工作效率，要进行心理疏导。③满足相关法规的要求。④负担其相应的社会责任等。

2）损失发生后的风险管理目标，是尽量减少风险损失和尽快使企业复原，包括：①维持生存，继续营业，这是在发生损失后最重要、最基本的一项管理目标；②尽快恢复正常的经营秩序，稳定收入，这是损失发生后的第二项风险管理目标；③保证公司的持续发展。实施风险管理不仅要公司在遭到损失后能够维持生存，恢复原有经营秩序和业绩水平，而且应该从损失发生的事件当中汲取教训，采取有效措施去促进业务的进一步发展，保证公司的持续发展。

（2）风险管理的意义。①风险管理能够为中介公司提供稳定的经营环境。②风险管理能够保障中介公司顺利实现经营目标。③风险管理还能促进决策的科学化、合理化。

（3）风险管理的基本程序。风险管理的基本程序包括：①风险识别。②风险估测（分析）。③风险评价（风险管理对策选择）。④风险控制（风险管理措施实施）。⑤管理效果评价。

4. 风险管理的基本对策

房地产经纪企业面临的内外环境日益复杂化，企业间竞争日益激烈，经营风险不断提高。房地产经纪企业的风险管理就是按照公司既定的经营战略，利用各种风险分析技术，找出业务风险点，并采取恰当的方法降低风险。

（1）要从战略高度重视风险管理，科学确定房地产经纪机构经营规模，在经营规模扩张上要思考3个方面的问题，即要有充足的客户信息和房源信息；要有充足的人力资源；要能保证整体服务质量和服务水准不下降，否则盲目规模扩张会带来致命的风险。

（2）要以预防为主，完善企业的控制环境、设立良好的控制活动，通过增加、补充或规范各内部控制环节来降低可能面临的风险。

（3）要建立内部监督机构，加强企业的内部监督，对企业高风险区域经常进行检查，及时发现已存在的或潜在的风险。

（4）要善于转嫁风险，如购买保险等。

（5）反应式应变，要有风险应急预案。如房地产经纪人规避合同风险的具体对策有：①制定合同时要注意尽量全面地包含相关内容。②房地产经纪人在编制合同或者起草附录时必须清楚自己的权利范围。③做好相关配合工作，尽量采用规范合同。总之，企业的风险管理必须贯穿并渗透企业经纪业务活动控制的全过程。

8.7.2 经纪业务中的主要风险

房地产经纪业务中的主要风险主要有8类。

1. 信息欠缺引起的风险

信息欠缺主要是房源资讯调查不准确，会引起风险。房源资讯调查不准确指的是中介公司或经纪人由于客观条件的限制或主观原因，对房源的相关信息掌握得不全面。比较常见的是房屋的质量、产权、入市许可等问题，因为这些问题往往需要深入调查才能了解清楚。比如二手房是否即将拆迁、是否已经抵押或涉案被查封、产权共有人的意见等均为影响房屋上市的重要因素。在房源信息欠缺的情况下开展经纪业务，如果在成交后发现该房源存在某些问题，就可能发生纠纷，从而引发风险事件。

2. 操作不规范引起的风险

经纪业务的服务质量具有很大的不确定性和因人而异的波动性，如果缺少必要的专业知识和操作规范，则容易造成交易双方的损失和对中介的不信任。操作不规范指房地产经纪人在具体业务中，不能按照国家有关法律法规、职业规范和公司工作流程来操作，给客户或公司造成损失。如：在独家代理业务当中，有些业主在将房源委托给经纪公司进行销售或租赁时，会将该房源的钥匙交与经纪公司保管、使用。而不少经纪人为了带客户看房时方便，也会主动向业主要求将房屋的钥匙交与公司保管，并承诺确保房源的安全性。这样，经纪公司就要承担该房源的保管风险了，该房屋若是发生财产失窃或是被人为损坏等情况，所造成的损失皆由经纪公司负责赔偿。特别是对于一些装修较为豪华、家具电器较为名贵的房产来说，经纪公司所要承担的风险就更大。因此，经纪人在接受房屋的钥匙时一定要谨慎，并按工作规范做好家具电器等物业查点工作。

3. 承诺不当引起的风险

在与客户的接触过程中，有些经纪人为了急于成交而讨好客户，会随意做出一些承诺，这些承诺有时看似不难兑现，但有可能增加中介公司不必要的工作量。一旦经纪公司不去兑现，就会引起客户的反感或投诉，甚至引起法律上的纠纷，令经纪公司陷入非常被动的境地，有时甚至会带来不必要的经济损失，给经纪公司的形象造成损害。

4. 资金监管不当引起的风险

如何确保交易资金的安全是房地产交易中最为核心的问题。因为房地产交易不像其他商品交易那样可以"一手交钱、一手交货"，必须由买卖双方在签订房地产买卖合同并交付部分或全部房款后，才能到房地产登记部门办理产权登记、审核、过户等手续。在交付房款至房屋过户完毕这个过程中就形成了时间差，极容易导致合同欺诈行为的发生。房地产经纪人一旦对资金监管不当就会给买卖双方造成损失，同时也会给经纪公司带来损失。

5. 产权纠纷引起的风险

在交易前，如果对房屋产权调查不透彻，致使产权不清晰的房屋进入交易过程，则会引起纠纷风险，有时也会牵扯到刑事案件。比如有些客户利用伪造证件来诈骗，经纪人如果防范心理不强，或是业务操作不规范，就有可能让他们诈骗成功，从而给公司带来损失。因此，经纪公司应对产权人身份等进行确认，以防止某些业主虚报其物业权属资料，从而给交易造成不便或令交易失败。

6. 经纪业务对外合作的风险

房地产经纪公司有时会通过对外合作拓展经纪业务，如与房地产开发商合作取得楼盘的独家代理销售权，或受业主委托开展房屋行纪业务。如果房地产经纪公司对合作项目不了解，或对合作的条款把握不清楚，或对合作方的不良行为认识不到，或对自己公司的业务能力估计不足等，则很容易出现风险。如时间紧迫、经济形势突变导致不能按期完成楼盘代理销售任务，那么房地产经纪公司不仅拿不到合同规定的收益，还要按合同赔偿开发商损失，这种风险是巨大的。因此，房地产经纪公司在承接对外合作业务时，一定要论证充分后再出手。

7. 经纪人道德风险

有些房地产经纪人为了个人的利益，会置经纪公司的利益于不顾，做出一些损害公司的利益与形象的行为。这种经纪人的道德风险也是经纪公司要重点防范的，尤其是在一些财务监管制度不够完善的公司，经纪人的"可乘之机"较多，风险发生的机会也就较大。经纪人的道德风险主要表现为：私自收取客户房款后逃跑；为了自己个人的利益，将房源或客户资料外泄；利用公司的房源与客户资源，私下促成双方交易，为自己赚取服务佣金；私自抬高房源的售价，赚取其中的"差价"等。其中，尤其要注意房源或客户资料外泄现象，因为房源或客户资料是经纪公司的关键资源，房源或客户资料越丰富，公司的市场竞争力就越强。有些经纪公司为了获取竞争对手的房源或客户资料，会用金钱买通竞争对手公司的经纪人，让他们为其提供需要的资料。对经纪人道德风险的防范，一方面要不断完善各项管理制度，另一方面则要不断培养经纪人对公司的归属感、忠诚感，提高其道德修养。

8. 客户道德风险

经纪公司在与客户打交道时，也常会因不良客户的不当行为而发生风险事件。有些严重事件给企业带来的不只是名誉、金钱方面的损失。如：买卖双方联合"跳单"给经纪公司造成的损失，经纪人带买家去看房，因业主也在物业现场，因此买卖双方就有了相互接触的机会。这种时候，有些客户为了逃避支付服务佣金，会谋求私底下达成交易。这样不仅公司收不到服务费，就连经纪人付出的时间、精力、电话费、交通费等成本都无法得到补偿。

8.7.3 经纪业务的风险防范

1. 主动进行风险识别

房地产经纪业务中存在风险是难免的，因此，房地产经纪企业必须加强风险防范，主动进行风险识别。

2. 正确对待风险

对于识别出的风险要正确对待，既不能害怕风险，又不能忽视风险。房地产经纪企业对待风险应该有科学的风险态度。

（1）高度重视业务风险。房地产经纪公司在做业务过程中，风险无处不在、无时不有，必须高度重视风险，要仔细分析可能遇到的风险，认真评估、科学决策，制定周密的应急措施。

（2）未雨绸缪，尽量避免或减少风险事故形成的机会，化解风险因素。

（3）沉着应对，尽量减少风险损失和尽快使企业复原，不断从损失发生的风险事件当中汲取教训，采取有效措施去促进业务的进一步发展，保证公司的持续发展。

3. 风险的防范措施

房地产经纪企业应该针对经纪业务中容易出现的 8 种主要风险，采取防范措施。主要从 4 个方面着手：

（1）经纪人要树立风险防范意识，这是提高风险识别能力的基本前提。和所有服务类企业一样，房地产经纪企业营销的第一对象不是客户，而是员工。从这个角度来看，管理风险其实就是管理员工。管理员工不仅仅着眼"管"，还要关注"理"，这个"理"就是员工的心理和理念。从员工的发展角度来管理员工、培养员工，将员工的风险和企业的风险连接起来，必然会促使员工主动去发现风险并规避风险。

（2）提高风险防范能力。经纪人要对可能发生的各类风险有所认识，加强自己的各项专业能力。这一点通常要依靠经纪公司的宣传，以及经纪人自己的信息收集。

（3）经纪业务操作流程要规范化。规范的业务流程本身就具有防范风险发生的作用。化解信用风险和服务质量风险的有效途径之一，是实行经纪服务的标准化、程序化。通过服务全过程的标准化使得承诺、担保和服务质量得到统一，也将可能存在的交易障碍和交易双方的信用风险提前加以规避。要实行经纪服务的标准化、程序化，就必须制定合适的标准和流程、加强对员工的培训和服务督察。

（4）加强服务的标准化建设。主要应从以下 4 个方面入手：

1）文档的标准化管理：①制定并展示标准化文本，主要是对客户展示各类标准化文本，通过外部监督的方式来防范对外承诺风险的措施。如经纪公司将本公司所用的文本（包括合同、协议、证明等各类文本）在客户面前展示，使客户知道标准文本的样式。这样，在签署相关文件时，客户如果发现经纪人给他们提供的文本不同于标准文本，他们就会拒签，从而防止发生经纪人乱开承诺的风险事故。②规范档案与印章管理。

2）权限的控制与分配管理。不同级别的员工拥有不同的房源系统的查看权限，所有责任人的权限必须明确、清晰，尽量让每一项事务皆有专人负责，以便激发工作人员的责任感，使他们既能保证处理质量，又能保证工作效率。

3）对责任人的培训。经纪公司必须对各个分店的责任人进行培训，包括：上岗前的系统培训，使他们全面掌握公司规定的操作要领及相应的意义；上岗后的培训，这是保证士气与操作规范的重要手段，将新规定真正贯彻下去。

4）建立质检稽核体系。对各级员工及店面人员的服务及业务操作规范程度进行不定期的检查稽核，保证业务操作规范。

（5）日常警惕风险。除了加强对风险的控制与识别外，管理者还应从公司日常业务所反映出来的表面现象看到潜在的风险，主要有：①投诉处理。投诉最能反映经纪公司在业务开展过程中存在的问题，这些问题往往就是引发风险事件的隐患。所以，公司应重视投诉，并通过对投诉问题的了解、处理，识别其中的风险因素。②坏账管理。房地产经纪业务的应收款通常是指经纪公司在为客户提供了服务后，客户承诺支付而未取得的服务费用，当客户拒绝支付或款项严重逾期时，应收款则转化为坏账。对这些坏账的处理，是发现公司或经纪人在业务操作过程中存在问题的一个渠道，同时也是识别风险的一个切入点。在对坏账进行追查、追讨的过程中，要深入了解客户不愿支付服务佣金的原因，若是从中发现了公司业务操作中存在的风险因素，应及时向有关部门或负责人反馈，采取相应对策，将风险扼杀在摇篮里。

思考题

1. 房地产经纪企业的经营模式选择主要考虑哪些因素？
2. 简述房地产经纪信息的特征、管理原则、管理流程。
3. 房地产经纪人和房地产经纪企业是什么样的关系？
4. 房地产经纪企业人力资源管理的基本内容有哪些？
5. 客户关系管理的含义和主要功能有哪些？其核心内容包括什么？
6. 房地产经纪业务中的主要风险及其防范措施有哪些？

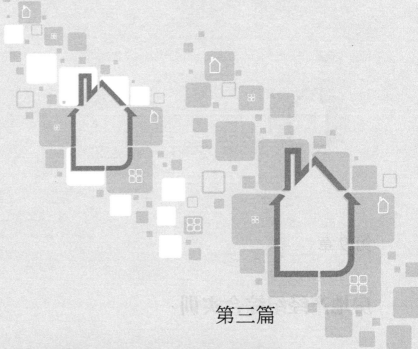

第三篇

房地产经纪综合实训与业务技能竞赛

本篇是房地产经纪综合实训与技能竞赛模块。

1. 房地产经纪综合实训,主要介绍了房地产经纪综合实训课程的专业定位与教学理念、实训目标、实训内容及流程、实训教学方式与教学组织、实训教学进度计划与教学控制、实训教学文件。
2. 房地产经纪技能竞赛,主要介绍了房地产经纪业务竞赛目的、意义和原则,竞赛依据标准与竞赛内容,竞赛规则,竞赛组织以及房地产经纪业务竞赛平台功能。

第 9 章

房地产经纪综合实训

学习目标

1. 掌握房地产经纪业务思路与流程。
2. 掌握房地产经纪环境分析、门店开设方法。
3. 掌握房地产经纪房源开拓、客源开拓、配对撮合、撮合成交与交易合同。
4. 掌握房地产售（租）后服务。

技能要求

1. 遵循房地产经纪职业标准相关内容。
2. 在房地产经纪业务中体现工匠精神。
3. 具备制定房地产交易流程与合同的能力。
4. 具备制订与实施房地产经纪业务方案的能力。
5. 具备房地产经纪业务的市场推广与交易促成能力。
6. 具备沟通协调能力和团队合作能力。

9.1 房地产经纪综合实训课程的专业定位与教学理念

1. 房地产经纪综合实训课程的专业定位

房地产经纪综合实训是房地产经营与估价专业的一门重要的综合性实训课程。通过本课程的学习，学生可以融会贯通专业知识与能力，培养房地产职业素养。

（1）融会贯通专业知识与能力。将本专业已学习过的专业课程中的知识、技能与所形成的单项、单元能力通过本综合实训课程进行融合，使学生了解这些已掌握的知识、技能与所形成的单项、单元能力在完成一项房地产经纪典型工作任务时所起的作用，并掌握如何运用这些知识、技能与单项、单元能力来完成一个综合性的房地产经纪业务，激发与培养其从事房地产职业领域工作的兴趣与爱好。

（2）培养房地产职业素养。本综合实训课程，使学生在前期已进行过房地产课程实验的基础上，学习并培养自己完成一项房地产经纪典型工作任务的完整工作过程中所需要的专业能力、方法能力与社会能力，养成优秀的职业习惯与素养。

2. 房地产经纪综合实训课程的教学理念

（1）以学生为主体、学做合一。教学中通过激发学生的学习兴趣，引导其自主地、全面地理解本综合实训教学要求，提高思维能力和实际工作技能，增强理论联系实际的能力，培养创新精神，逐步养成善于观察、独立分析和解决问题的习惯。本课程在目标设定、教学过程、课程评价和教学方式等方面都突出以学生为主体的思想，注重学生实际工作能力与技术应用能力的培养。其间，教师起到引导、指导、咨询的角色作用，使课程实施成为学生在教师指导下构建知识、提高技能、活跃思维、展现个性、拓宽视野的过程。

（2）多元化的实训教学手段。本课程以实战演练、模拟企业房地产经纪活动为主要教学方式，在教学过程中，引导学生通过房地产市场调研与资料的查询、整理和分析，发现企业经纪活动中存在的问题，并在团队合作的基础上，完成一项项具体的房地产经纪业务任务，从而提高分析问题、解决问题的能力和业务技能，真正实现课程实训企业化。

（3）重视学生个体差异，注重提高整体水平。本课程在教学过程中，以激发兴趣、展现个性、发展心智和提高素质为基本理念，倡导以团队为单位自主学习，注重促进学生的知识与技术应用能力和健康人格的发展，以过程培养促进个体发展，以学生可持续发展能力和创新能力评价教学过程。

9.2 房地产经纪综合实训目标

1. 总目标

学生在进行房地产经纪综合实训时，已经学习了《房地产开发与经营》《房地产营销与策划》等，具备了房地产开发、房屋建筑、造价、营销策划等基本理论知识并进行了相应的企业认知实训。房地产经纪综合实训课程的教学总目标是：在房地产开发与经营、房地产营销策划等能力基础上，进一步将房地产经纪相关课程的单项、单元能力（技能）融合在一起，通过典型房地产经纪业务的调研、房源开拓、客源开拓、交易促成等业务方案的设计与操作，培养学生完成房地产经纪具体业务实施的综合职业能力。

2. 具体能力目标

（1）专业能力目标。通过实训课程的学习与训练，学生在前期课程与综合项目训练中已掌握房地产经纪的研究对象和特点、基本理论、原则与方法，掌握了市场开发调研、开发设计、营销策划、市场推广的流程，相关报告或方案撰写的要求、格式等，在此基础上，通过对房地产经纪企业具体业务对象进行分析诊断，着重培养学生完成以典型业务为载体的房地产经纪活动所具有的专业能力。

- 房地产市场环境的分析能力：市场调研能力、信息处理能力、调研报告撰写能力。
- 房地产交易流程与合同的制定能力。
- 房地产经纪业务方案的制订及实施能力。
- 房地产经纪业务的市场推广与交易促成能力。
- 房地产经纪具体活动的开展能力：房源拓展、客源拓展、客户配对的能力。
- 沟通协调能力和团队合作能力。

（2）方法能力目标。

1）信息的收集方法。通过围绕本实训项目进行的信息收集、整理、加工与处理，学生能够针对项目所涉及的房地产行业领域的各种环境因素、市场因素，利用科学的方法进行清晰的分析和准确的判断，在此基础上提出自己的独立见解与分析评价。

2）调研与方案制订方法。在完成以上信息收集阶段工作的基础上，学生能根据自己所形成的对本实训项目的独立见解与分析评价，提出几种初步的项目实施方案，并能对多种方案从经济、实用等各方面进行可行性的比较分析，通过团队的集体研讨、决策，选定本团队最终项目的实施方案。

3）方案实施方法。在实施方案的基础上，学生能在教师引导下讨论形成方案实施的具体计划，如调研的对象、区域、房地产楼盘的类型等，并完成活动实施的计划，在此基础上进行团队内的分工。方案实施过程中，学生要填写相关的作业文件。

4）过程检查方法。在完成市场调研、房源开发、市场推广、交易促成等经纪活动的方案的过程中，各组成员定期开展总结交流活动，发现问题及时解决，并在教师的指导下不断完善方案内容，填写进度表及其他作业文件。

5）总结评估方法。在最后阶段，学生能很好地总结自己的工作，与团队成员一起通过研讨交流，评估本项目完成过程中的经验与得失，就本实训项目学习提出技术与方法等各方面进一步改进的思路与具体方案，并分工合作完成项目最终方案报告，以班级为单位进行交流与评价，按照评价标准给予实训成绩。

（3）社会能力目标。

1）情感态度与价值观。在实训的过程中，培养学生严谨、认真的科学态度与职业习惯，改变不良的学习行为方式；引导并培养其对房地产经纪活动的兴趣与爱好，激发他们学习的热情及学习积极性，培养学生的主体意识、问题意识、开放意识、互动意识、交流意识，使其树立自信的态度与正确的价值观。这具体表现在：

- 通过学习养成积极思考问题、主动学习的习惯；

- 通过学习培养较强的自主学习能力；
- 通过学习培养良好的团队合作精神，乐于助人；
- 通过学习养成勇于克服困难的精神，具有较强的忍耐力；
- 通过学习养成及时完成阶段性工作任务的习惯，达到"日清日毕"的要求。

2）职业道德与素质养成。在实训的过程中，通过开展真实业务活动，实现与企业的真正对接，让学生领悟并认识到敬业耐劳、恪守信用、讲究效率、遵守规则、团队协作、崇尚卓越等职业道德与素质在个人职业发展和事业成功中的重要性，使学生能树立起自我培养良好的职业道德与注重日常职业素质养成的意识，为以后顺利融入社会及开展企业的房地产经纪活动，打下坚实的基础。

9.3 房地产经纪综合实训内容及流程

1. 综合实训内容

（1）选题范围。房地产经纪综合实训项目的选题来源于真实的企业，这里选择合作企业江苏中广置业集团公司的"房地产转让代理业务"和"房地产租赁居间业务"作为实训对象（项目）。

（2）内容要求。

1）具有房地产经纪活动典型工作任务特征，并具有完整的任务方案设计与教学要求。

2）能使学生通过本综合实训项目学习，各项能力得到训练。

3）项目教学中所形成的各环节教学模式、作业文件与成绩评价明确、规范。

4）项目教学中所形成的作业过程与作业文件符合房地产经纪活动的相关要求。

5）为学生提供的指导和条件能确保学生完成项目所规定的全部工作。

6）融入房地产经纪人、房地产营销师职业资格考证所需的知识与技能点。

（3）典型工作任务和完整工作过程特征描述。

江苏中广置业集团公司是江苏最大的房地产经纪企业，业务多、执行规范，其经纪业务具有"典型工作任务和完整工作过程"的特点，如图9-1所示，可以培养学生的房地产经纪职业素养和综合职业能力。

（4）功能操作指标。

1）房地产经纪门店开设操作训练。

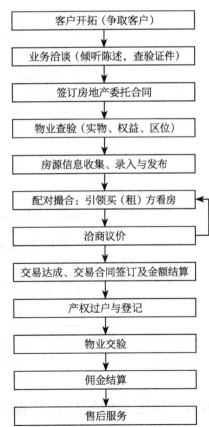

图9-1 房地产经纪业务典型工作任务和完整工作过程

2）房源开拓、房屋供给信息录入与发布操作训练。
3）客源（户）开拓与购（租）房需求信息录入操作训练。
4）交易配对与撮合成交操作训练。
5）签订买卖（租赁）成交合同操作训练。
6）佣金结算与售（租）后服务操作训练。

2. 综合实训流程

房地产经纪综合实训流程，如图 9-2 所示。

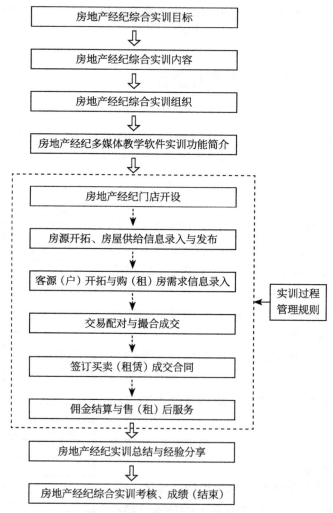

图 9-2 房地产经纪综合实训流程

9.4 房地产经纪综合实训教学方式与教学组织

1. 综合实训教学方式

房地产经纪综合实训教学采用市场调研与企业现场实训、辅助案例与工作经验分享以及软件操作相结合的方式。

（1）房地产市场调研与企业现场实训。组织学生围绕实训项目多次开展房地产市场调研，多次参观学校的合作企业，现场考察该企业的房地产经纪门店，向门店员工学习并与其讨论，然后进行操作、训练，熟悉房地产经纪业务操作流程。市场调研与现场考察的目的在于：使学生熟悉房地产经纪市场与业务项目，便于顺利完成实训项目的学习任务。

（2）辅助案例与工作经验分享。从学校合作企业的房地产经纪业务里挑选多个典型的房地产经纪业务案例以及房地产经纪从业人员的工作经验，进行分析教学。辅助案例与工作经验分享的目的在于：使学生寻找灵感并加以借鉴，便于顺利完成房地产经纪业务实训操作学习任务。

（3）软件操作。根据市场调研、企业现场实训和辅助案例分析，把合作企业在本市的房地产经纪业务内容录入房地产经纪多媒体教学软件的综合实训系统中，按房地产经纪业务流程和设计方案进行业务操作，完成实训任务。

2. 综合实训教学组织

（1）模拟房地产经纪公司安排实训教学组织。房地产经纪业务项目综合实训采用在学校合作企业的公司背景下，模拟房地产经纪公司门店做实际经纪业务的运作方式，成立学生房地产经纪有限公司（作为经纪商），下设 6 个门店，即第 1 组、第 2 组、第 3 组、第 4 组、第 5 组、第 6 组，每个门店 5～8 人，每个小组的学生推荐 1 名组长（店长），每天任务的分配均由店长组织进行。

（2）实训过程组织。进行实训前，教师要根据"房地产经纪综合实训课程教学标准"编写"房地产经纪综合实训教学任务书"和"房地产经纪综合实训教师指导手册"，向学生说明实训的目的、意义及要求，特别强调实训结束需提交的作业文件，阐明实训纪律，并发放"房地产经纪综合实训学生作业文件"，使学生在店长的带领下开展实训活动。综合实训的过程要按照企业房地产经纪活动的实际情况进行，参加实训的学生相当于在为企业进行经纪业务活动，要服从分组安排，在分工的基础上注重团队的合作，遇到问题团队集体进行讨论、解决。指导教师关心每个小组（门店）的进展，注意业务操作过程，引导学生按业务环节和任务要求进行，督促学生完成作业文件，组织组内、组与组之间进行业务研讨。项目业务工作过程完成后，进行考核评比，选出优秀门店。

（3）实训组织纪律。严格考勤制度，学生要按照实训计划安排从事实训，请假、旷课要记录在册。缺课 1/3 以上不能取得实训成绩，旷课一天以上，就可以认定为缺乏职业道德，一票否决。

3. 综合实训教学场地

（1）房地产市场。该市场主要用于市场楼盘调研，包括住宅市场、写字楼市场、商铺市场等。

（2）经纪企业。该企业主要用于现场参观考察和业务实训（要充分利用学校的合作企业资源）。

（3）房地产经纪实训软件机房。该机房主要用于房地产经纪业务流程操作，包括房源录入、客户录入、交易配对、合同签订与佣金结算等。

（4）非固定场所。这类场所主要用于团队研讨和编写实训项目操作方案，包括教室、会议室、实训室等。

9.5 房地产经纪综合实训教学进度计划与教学控制

1. 综合实训教学进度计划

房地产经纪综合实训教学进度计划，如表9-1所示。

表9-1 房地产经纪综合实训教学进度计划

项目名称	完成需要时间	开始	结束	工序	项目验收和作业文件	实训场地
1. 房地产经纪门店开设	1～2天				（1）房地产经纪门店开设方案	
（1）经纪业务实训任务研讨与计划				1	题目1：当地城市房地产经纪市场调研与市场细分	
（2）开展房地产经纪市场调研				2		
（3）选择并确定区域市场				3	题目2：确定房地产经纪门店区域市场	房地产市场
（4）选择并确定经营方向、经营定位和经营模式				4	题目3：确定经营方向、经营定位和经营模式	经纪企业 非固定场所
（5）选择并确定门店地址				5	题目4：确定门店地址、制订门店布置方案	
（6）制订门店布置方案				6		
（7）制定门店推广策略				7	题目5：门店推广策略	
2. 房源开拓、房屋供给信息录入与发布	3～8天				（2）房源开拓、房屋供给信息录入与发布方案	
（1）房源开拓与房屋出售（出租）客户接待				8	题目6：出售（出租）客户开拓与接待操作方案	房地产市场 经纪企业
（2）签订房屋出售（出租）委托书				9	题目7：房屋出售（出租）委托书	软件机房 非固定场所
（3）物业勘察操作训练：①信息核实；②权属审核；③检查房屋				10	题目8：物业勘察操作方案	
（4）出售（出租）房源信息计算机软件录入				11	题目9：实训软件录入出售（出租）房源信息	房地产市场 经纪企业 软件机房
（5）房源信息发布（广告宣传）				12	题目10：房源信息发布（广告宣传）方案	非固定场所
3. 客源（户）开拓与购（租）房需求信息录入	2～5天				（3）客源（户）开拓与购（租）房需求信息录入方案	
（1）求购（求租）客户开拓				13	题目11：客户开拓与求购（求租）客户接待操作方案	
（2）房屋求购（求租）客户接待				14		房地产市场 经纪企业
（3）房屋求购（求租）委托书				15	题目12：房屋求购（求租）委托书	软件机房 非固定场所
（4）求购（求租）客源信息计算机软件录入				16	题目13：求购（求租）客源信息计算机软件录入操作	
4. 交易配对与撮合成交	1～2天				（4）交易配对与撮合成交方案	

(续)

项目名称	完成需要时间	开始	结束	工序	项目验收和作业文件	实训场地
（1）客户查询、挖掘需求				17	题目14：客户查询、挖掘需求方案	房地产市场经纪企业软件机房非固定场所
（2）信息匹配，为求购（求租）客户推荐合适的房屋				18	题目15：客户配对操作方案	
（3）邀约带领客户看房				19	题目16：邀约带看操作方案	
（4）洽商议价				20	题目17：洽商议价与交易促成操作方案	
（5）促成交易				21	题目18：计算机软件配对操作记录	
（6）计算机软件配对操作				22		
5.签订买卖（租赁）成交合同	1天				（5）签订买卖（租赁）成交合同方案	
（1）签约前的准备				23	题目19：签约前的准备方案	房地产市场经纪企业软件机房非固定场所
（2）合同条款与定金				24	题目20：合同文本条款拟定	
（3）在计算机软件上签订合同				25	题目21：计算机软件合同签订记录	
6.佣金结算与售（租）后服务	1天				（6）佣金结算与售（租）后服务方案	
（1）计算机软件佣金结算				26		
（2）售（租）后服务：税费计算与代办				27		
（3）售（租）后服务：款项交割或协助办理抵押贷款				28	题目22：计算机软件佣金结算记录	房地产市场经纪企业软件机房非固定场所
（4）售（租）后服务：协助房地产权属登记（备案）				29	题目23：售（租）后服务方案	
（5）售（租）后服务：房地产交验（交钥匙）				30		
（6）售（租）后服务：延伸服务、改进服务与跟踪服务				31		
7.房地产经纪实训总结与经验分享	1天				（7）实训总结与经验分享	
（1）实训总结				32	题目24：实训总结	教室
（2）实训交流分享				33	题目25：实训交流分享	
8.实训收尾结束				《房地产经纪实训报告（作业文件）》、实训成绩、实训教学文件归档		教室

2.综合实训教学控制

（1）实训指导。学生按班级分组（门店）实训，每个班级1～2名指导教师。

（2）实训要求：①每个学生完成实训手册《房地产经纪实训报告（作业文件）》。②每个组（门店）团结协助，提供1～2篇房地产经纪业务操作方案（电子稿），即电子稿《房地产经纪实训报告（作业文件）》。③每个学生利用实训软件完成规定业务交易量，取得交易佣金，佣金排行榜作为评定实训成绩的重要依据。

（3）实训时间：2～4周。

3.综合实训控制指标

房地产经纪综合实训控制指标内容，如表9-2所示。

表 9-2　房地产经纪综合实训控制指标

实训学习任务（项）	控制指标（个）	实训作业文件（项）	学时
1. 房地产经纪门店开设	（1）经纪业务实训任务研讨与计划 （2）开展房地产经纪市场调研 （3）选择并确定区域市场 （4）选择并确定经营方向、经营定位和经营模式 （5）选择并确定门店地址 （6）制订门店布置方案 （7）制定门店推广策略	（1）房地产经纪门店开设方案	4～8
2. 房源开拓、房屋供给信息录入与发布	（1）房源开拓与房屋出售（出租）客户接待 （2）签订房屋出售（出租）委托书 （3）物业勘察操作训练 （4）出售（出租）房源信息计算机软件录入 （5）房源信息发布（广告宣传）	（2）房源开拓、房屋供给信息录入与发布方案	12～32
3. 客源（户）开拓与购（租）房需求信息录入	（1）求购（求租）客户开拓 （2）房屋求购（求租）客户接待 （3）房屋求购（求租）委托书 （4）求购（求租）客源信息计算机软件录入	（3）客源（户）开拓与购（租）房需求信息录入方案	8～20
4. 交易配对与撮合成交	（1）客户查询、挖掘需求 （2）信息匹配，为求购（求租）客户推荐合适的房屋 （3）邀约带领客户看房 （4）洽商议价 （5）促成交易 （6）计算机软件配对操作	（4）交易配对与撮合成交方案	4～8
5. 签订买卖（租赁）成交合同	（1）签约前的准备 （2）合同条款与定金 （3）在计算机软件上签订合同	（5）签订买卖（租赁）成交合同方案	4
6. 佣金结算与售（租）后服务	（1）计算机软件佣金结算 （2）售（租）后服务：税费计算与代办 （3）售（租）后服务：款项交割或协助办理抵押贷款 （4）售（租）后服务：协助房地产权属登记（备案） （5）售（租）后服务：房地产交验（交钥匙） （6）售（租）后服务：延伸服务、改进服务、跟踪服务	（6）佣金结算与售（租）后服务方案	4
7. 房地产经纪实训总结与分享	（1）实训总结 （2）实训交流分享	（7）实训总结与经验分享	4
合计			40～80
8. 实训收尾结束	将 7 项作业文件组合成为《房地产经纪实训报告（作业文件）》		

9.6　房地产经纪综合实训教学文件

房地产经纪综合实训教学文件是开展综合实训的指导性文件，是评价综合实训质量的重要依据。综合实训教学文件主要有"房地产经纪综合实训课程教学标准""房地产经纪综合实训教学任务书""房地产经纪综合实训教师指导手册"和"房地产经纪综合实训学生作业文件"，由学校专职教师会同企业兼职教师联合编写。参与综合实训的教师和学生分别携带各自相应的文件，随时记录，供考核和备查之用。

1. 房地产经纪综合实训课程教学标准

房地产经纪综合实训课程教学标准是规定房地产经纪综合实训的课程性质、课程目标、内容目标、实施建议的教学指导性文件。房地产经纪综合实训课程教学标准内容目录，如图 9-3 所示。

```
             目    录
1. 前言
   1.1 本课程在相关专业中的定位
   1.2 本课程的基本教学理念
2. 课程目标
   2.1 课程总目标
   2.2 具体目标（课程预设能力目标的阐述）
       2.2.1 专业能力目标
       2.2.2 方法能力目标
       2.2.3 社会能力目标
3. 内容描述
   3.1 项目选题范围
   3.2 项目内容要求
4. 实施要求
   4.1 教学实施要领与规范
   4.2 教学方式与考核方法
       4.2.1 教学方式
       4.2.2 考核方法
   4.3 教学文件与使用
5. 其他说明
```

图 9-3　房地产经纪综合实训课程教学标准内容目录

2. 房地产经纪综合实训教学任务书

房地产经纪综合实训课程教学任务书是规范教学管理、保证教学质量、确保教学任务顺利落实和完成的教学指导性文件。实训教学任务书内容，见陈林杰教授主编的《房地产经纪综合实训》。

3. 房地产经纪综合实训教师指导手册

房地产经纪综合实训教师指导手册是规定实训过程中教师应当遵守的教学指导性文件。实训教师指导手册内容，见陈林杰教授主编的《房地产经纪综合实训》。

4. 房地产经纪综合实训学生作业文件

房地产经纪综合实训学生作业文件是规定实训过程中学生应当执行的学习指导性文件。学生实训作业文件内容，见陈林杰教授主编的《房地产经纪综合实训》。

第 10 章

房地产经纪业务技能竞赛

🕒 **学习目标**

1. 熟练掌握房地产经纪业务思路与流程。
2. 熟练掌握房地产经纪环境分析、门店开设方法。
3. 熟练掌握房地产经纪房源开拓、客源开拓、配对撮合、撮合成交与交易合同。
4. 熟练掌握房地产售（租）后服务。

📖 **技能要求**

1. 遵循房地产经纪职业标准相关内容。
2. 在房地产经纪业务中体现工匠精神。
3. 熟练制订与实施房地产经纪业务方案。
4. 熟练抢录房源、客源，并快速配对成交。
5. 养成积极思考、主动竞争的习惯。
6. 培养良好的团队合作精神。

10.1 房地产经纪业务的竞赛目的、竞赛意义和竞赛设计原则

1. 竞赛目的

（1）对接房地产行业企业需求，提高房地产经营与估价专业学生的核心技能。

（2）推进房地产经营与估价专业"教、学、考、做、赛"五位一体的教育教学改

革，实现房地产职业教育"工学结合、学做合一"。

（3）推进沟通交流，为参赛院校搭建取长补短的平台，推动高职院校房地产经营与估价专业教学能力水平的整体提升。

（4）推进参赛院校房地产实训基地建设，打造高职院校为房地产行业企业培训员工的平台，提高房地产经营与估价专业服务社会的能力。

（5）展示参赛选手在房地产业务竞赛中表现出的专业技能、工作效率、组织管理与团队协作等方面的职业素养和才华。

（6）吸引房地产行业企业参与，促进校企深度融合，提高房地产经营与估价专业教育教学的社会认可度。

（7）服务参赛学生，提供参赛学生与企业现场沟通的机会。

2. 竞赛意义

（1）发挥大赛的引领和评价作用，推进高职院校房地产经营与估价专业建设和教学改革。

（2）提升房地产业务技能大赛的社会影响，开创人人皆可成才、人人尽展其才的生动局面。

（3）提升高职房地产经营与估价专业服务经济发展方式转变和产业结构调整的能力。

（4）提升高职房地产经营与估价专业服务房地产企业的能力。

（5）通过房地产业务技能大赛展示教学成果、转化教学资源。

3. 竞赛设计原则

（1）以房地产核心业务技能设计竞赛内容。以目标业务要求的技术技能综合运用水平、比赛任务完成质量以及选手素质水平作为评判依据，设计比赛的形式、内容。

（2）对接房地产产业需求。大赛与房地产产业发展要同步，竞赛内容和标准对接房地产行业标准和房地产企业技术发展水平。

（3）坚持行业指导、企业参与。以赛项专家组为核心、以房地产行业企业深度参与为支撑，组织赛事，以"理实一体"的方式体现房地产职业岗位对选手理论素养和操作技能的要求。

（4）采用团体赛。每个参赛队3人，比赛包含了对团队合作水平的考察，只设置团体奖，不设置个人奖。

（5）现场比赛与体验环节统一设计。赛前30天公开发布理论素养测试题库内容，促进选手加强理论知识学习。不单独组织封闭的理论考试，将理论素养水平测试融入比赛内容，充分体验房地产经营环境与市场竞争。

（6）大赛项目与房地产综合实训项目融合。不以单一技能作为比赛内容。

（7）公平、公正、公开，保持客观性。比赛邀请行业企业专家观摩，除技能表演外，主要通过计算机软件展示竞赛，排除人为干扰因素。

10.2 房地产经纪业务的竞赛依据标准与竞赛内容

1. 竞赛依据标准

房地产经纪业务竞赛遵循的标准主要是房地产行业、职业技术标准,有6个方面:

(1)住房和城乡建设部、人力资源和社会保障部发布的《全国房地产经纪人资格考试大纲(第五版)》。

(2)住房和城乡建设部、人力资源和社会保障部联合发布的《房地产经纪人协理资格考试大纲(2013)》。

(3)住房和城乡建设部、国家发展和改革委员会、人力资源和社会保障部联合发布的《房地产经纪管理办法(2011第8号令)》。

(4)人事部、建设部联合发布的《房地产经纪人职业资格制度暂行规定(2001)》《房地产经纪人执业资格考试实施办法(2001)》。

(5)房地产估价师与房地产经纪人学会制定的《房地产经纪执业规则(2013)》。

(6)相关法律如下。

1)《城市房地产管理法》。

2)《中华人民共和国土地管理法》(简称《土地管理法》)。

3)《中华人民共和国建筑法》(简称《建筑法》)。

4)《中华人民共和国环境保护法》(简称《环境保护法》)。

2. 竞赛内容

竞赛主要着眼于房地产职业素质测评,主要包括房地产经纪基础知识的掌握、房地产业务流程的设计与操作、房地产从业人员的职业道德等,全面评价一个团队对房地产职业能力的理解、认识和掌握。同时,竞赛还注重对房地产专业核心技能及相关拓展技能的考核,在考核专业能力的同时,兼顾方法能力、社会能力。房地产经纪业务技能竞赛内容主要包括二手房经纪业务的综合技能,具体竞赛知识面与技能点,如表10-1所示。房地产经纪业务竞赛在计算机上完成,业务竞赛时间是2小时。

表10-1 竞赛知识面与技能点

竞赛类别与所需时间	竞赛知识面	竞赛技能点
房地产经纪业务竞赛 (2小时)	1. 房地产经纪基础知识 2. 房地产交易流程与合同 3. 房地产经纪基本业务 4. 房地产经纪其他业务 5. 房地产税费 6. 房地产居间业务管理 7. 房地产经纪企业管理 8. 房地产经纪活动相关法律制度与政策 9. 房地产经纪相关知识	● 二手房买卖、租赁业务流程 ● 房地产买卖、租赁合同 ● 房地产经纪合同 ● 房源、客源管理流程 ● 房源、客源应用 ● 买卖、租赁交易促成 ● 佣金计算

10.3 房地产经纪业务的竞赛规则

1. 竞赛时间安排

竞赛分为两段：

（1）上半段为房地产交易促成技能表演，技能表演内容围绕房地产经纪业务，表现形式由参赛队任意选取，时间 8 分钟，表演人员仅限于参赛学生和指导教师。

（2）下半段为技能对抗赛，时间为 2 小时，在网络竞赛平台上完成。

2. 竞赛流程

房地产经纪业务技能竞赛流程，如图 10-1 所示。

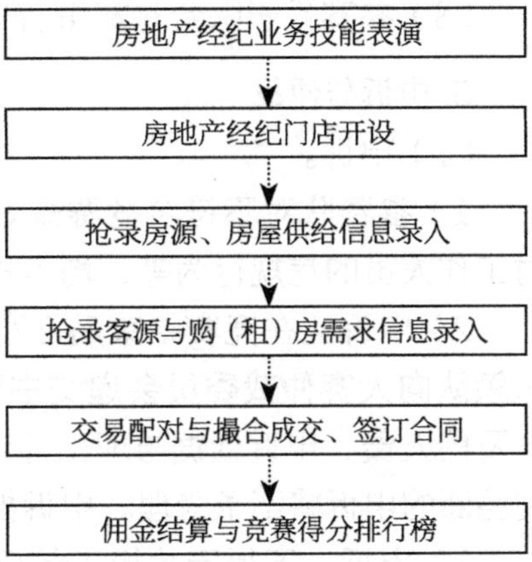

图 10-1　房地产经纪业务技能竞赛流程

3. 评分标准制定原则、评分方法、评分细则

（1）评分标准制定原则。计分对象只计团体竞赛成绩，不计参赛选手个人成绩。房地产经纪业务综合技能竞赛成绩总分是 110 分，其中技能表演 10 分，技能对抗赛 100 分。

（2）评分办法。

1）技能表演得分，由评委综合打分，加权平均给出。

2）技能对抗赛得分，由计算机根据竞赛流程和竞赛规则自动评判。

（3）评分细则。

1）技能表演评分细则。按表演主题、语言、动作、感染力、难度各占 20% 打分。

2）技能对抗赛评分细则。房地产经纪业务技能竞赛得分按经纪业务取得的服务佣金额折算。评分公式：得分 = [（本组佣金 − 最低佣金）×100] /（最高佣金 − 最低佣金），排行最后（最低佣金）的参赛队得分为 0。

4. 参赛选手

（1）参赛选手应认真学习、领会竞赛相关文件，自觉遵守大赛纪律，服从指挥，听从安排，文明参赛。

（2）参赛选手请勿携带与竞赛无关的电子设备、通信设备及其他相关资料与用品。

（3）参赛选手应提前 15 分钟到达赛场，凭参赛证、身份证检录，按要求入场，在指定位置就座，不得迟到早退。竞赛位通过抽签决定。

（4）参赛选手应增强团队意识，严格执行房地产业务竞赛流程，科学、合理地分工与合作，预测可能出现的问题并采取相应对策。

（5）在竞赛过程中，如有疑问，参赛选手举手示意，裁判长应按照有关要求及时予以答疑。如遇设备或软件等故障，裁判长、技术人员等应及时予以解决。确因计算机软件或硬件故障，致使操作无法继续的，经裁判长确认，予以启用备用计算机。

（6）参赛队若在规定的竞赛时间内未完成比赛，按实际完成情况计算成绩。

（7）竞赛时间终了，选手应全体起立，结束操作，经工作人员许可后方可离开赛场，离开赛场时不得带走任何资料。

（8）参赛代表队若对赛事有异议，可由领队向大赛组委会提出书面申诉。

5. 申诉与仲裁

（1）申诉。

1）参赛队对不符合竞赛规定的设备、工具、软件，有失公正的评判、奖励，以及对工作人员的违规行为等，均可提出申诉。

2）申诉应在竞赛结束后2小时内提出，超过时效将不予受理。申诉时，应由参赛队领队向大赛仲裁委员会递交书面申诉报告。报告应对申诉事件的现象、发生的时间、涉及的人员、申诉依据与理由等进行充分、实事求是的叙述。事实依据不充分、仅凭主观臆断的申诉将不予受理。申诉报告须有申诉的参赛选手、领队签名。

3）申诉人不得无故拒不接受处理结果，不允许采取过激行为，刁难、攻击工作人员，否则视为放弃申诉。

（2）仲裁。

1）大赛采用仲裁委员会仲裁机制，仲裁委员会的仲裁结果为最终结果。

2）大赛仲裁委员会收到申诉报告后，应根据申诉事由进行审查，3小时内书面通知申诉方，告知申诉处理结果。

10.4 房地产经纪业务的竞赛组织

1. 竞赛方式

竞赛以团队方式进行，每支参赛队由3名选手组成，其中队长1名。

2. 参赛对象

仅为国内高职院校参加，不邀请境外代表队参赛。参赛选手应为高等学校在籍高职高专类学生，参赛选手年龄限制在25周岁（当年）以下。

3. 组队要求

参加房地产业务技能大赛的院校应按竞赛内容组队，每个院校只允许报一个队，参赛队应通过选拔产生。参赛队由指导教师和参赛选手组成。每个参赛队可配1名指导教师（专兼职教师均可）和1名领队。每个参赛队选手3人（不设备选队员），须为同校在籍学生，其中队长1名，性别和年级不限。

4. 奖项设置

只设竞赛团体奖，分为团体一等奖、团体二等奖、团体三等奖。

（1）奖项设置比例。按参赛队比例设置奖项。其中一等奖占参赛队数的10%，二等奖占20%，三等奖占30%（小数点后四舍五入）。奖项评定根据各参赛队竞赛成绩，以得分高低排序，分数相同时可以并列。

（2）获奖证书。
1）向获奖参赛队颁发获奖证书。
2）向获奖参赛队的指导教师颁发优秀指导教师证书。

5. 大赛筹备工作人员及裁判（评委）、仲裁人员组成
（1）大赛筹备工作人员组成。
1）策划协调1～2人。
2）专业技术组：10人左右，由行业、企业专家和学校教师组成，负责竞赛流程研讨、赛项设计、题目设计。
3）赛务组：6人以上，负责参赛队联络、媒体联络、大赛宣传，竞赛运行环境构建和后勤保障。
（2）成立大赛裁判（评委）委员会，裁判人员由行业、企业专家和学校教师组成，5人左右。
（3）成立大赛仲裁委员会，仲裁人员由行业、企业专家和学校教师组成，3人左右。

10.5 房地产经纪业务的竞赛过程管理

1. 业务竞赛与综合实训的关系
房地产经纪业务竞赛是从房地产经纪综合实训中提取出来的，比实训特别的地方有6点：
（1）进入业务竞赛之前需技能表演。
（2）业务涉及的知识更全面。
（3）时间更紧，完成整个竞赛的时间有严格限制。
（4）房源、客源更加复杂。
（5）市场竞争更加激烈，对学生技能要求更高。
（6）要求学生之间的团队配合更和谐、默契。

2. 竞赛过程管理
竞赛过程管理包括对参赛学生、竞赛资源库等进行管理。
（1）参赛学生登录账号管理。
（2）学生分组。
（3）竞赛资源录入。
（4）房源及客源信息管理。
（5）竞赛成绩统计。

第四篇

房地产经纪制度政策与相关知识

本篇是房地产经纪制度政策与相关知识模块，主要内容包括：

1. 房地产经纪活动相关法律制度与政策，主要介绍了法律基础知识、房地产法律法规、建设用地制度与政策、房地产开发建设经营管理制度与政策、房地产交易管理制度与政策、房地产权属登记制度与政策、房地产中介服务管理制度与政策、房地产税收制度与政策、住房公积金制度与政策以及物业管理制度与政策。

2. 房地产经纪相关知识，主要介绍了建筑知识、房地产测绘知识、城市和城市规划知识、环境知识、房地产市场和投资知识、房地产价格和估价知识、金融知识、保险知识、统计知识以及心理学知识。

第 11 章

房地产经纪活动相关法律制度与政策

学习目标

1. 了解法的概念、渊源、分类，民法的概念、民事法律关系、民事责任，行政法行政许可、行政处罚以及行政诉讼。
2. 熟悉房地产法的概念与调整对象、基本原则、法律体系，房地产经纪活动相关法律，住房公积金管理以及物业管理等。
3. 掌握建设用地、房地产开发建设经营管理、房地产交易、房地产权属登记、房地产中介服务、房地产税收、住房公积金以及物业管理制度与政策。

技能要求

1. 在房地产经纪业务过程中知法守法。
2. 利用房地产相关法律知识为客户提供房地产法律咨询服务。

案例 11-1

规避政策　鸡飞蛋打

2011年5月，任甲以弟弟任乙的名义向某房开公司购买位于宁波某小区房屋一套，款项由任甲全额支付，房屋三证办至任乙名下。后任甲以其是实际买受人为由起诉任乙，要求确认房产归其所有，变更产权登记至其名下。

法院认为，根据双方当事人的陈述及款项支付情况，可认定案涉房屋是任甲以弟弟任乙名义借名购买的事实。但因任甲名下已有两套房产，不具备购房资格，故对任甲以其是实际买受人为由请求确认其为房屋产权人的诉请不予支持，判决驳回任甲的诉讼请求。

评析：为了规避国家房地产宏观调控政策，借名买房的行为时有发生。此类行为不仅妨碍调控政策的落实，扰乱房屋权属登记管理秩序，对实际买受人来讲也有重大的风险和隐患。一旦名义买受人对房产进行擅自处分，在相对方是善意取得的情况下，实际买受人将无法追回房屋而"鸡飞蛋打"。针对实际买受人为规避限购政策而进行借名，本身不具备购房资格的情况，法院对其以实际买受人为由请求确认其为房屋产权人的，不予支持。实际买受人可在其符合购房条件时请求确权。

案例 11-2

农房买卖须谨慎　合同无效各担责

2004年，城镇居民于某与村民史某夫妇签订协议，约定史某夫妇将其所有的金华某农村宅基地上房屋卖与于某，房屋价款20万元。合同订立后，于某依约支付了房款，史某夫妇交付了房屋。2007年6月，史某夫妇以城镇居民不得在农村购买房屋，房屋买卖合同违反了国家禁止性规定为由向法院起诉，请求确认合同无效，于某腾退房屋等。于某则反诉请求判令史某夫妇返还房款，并赔偿因房屋买卖无效造成的损失75万元。

法院认为，根据国家政策，城镇居民不得到农村购买宅基地上房屋，本案买卖合同应认定无效。合同无效后，双方应相互返还房屋和购房款。对于因合同无效造成的损失，双方主观上均有过错，而史某夫妇在出售房屋数年后主张无效，有违诚信，应承担主要责任，判决史某夫妇赔偿于某50万元。

评析：随着城市房地产价格的上涨，农村宅基地房屋因其价格低廉，吸引了不少城镇居民的目光，也引发了许多农房买卖的纠纷。在实际交易中，城镇居民无法取得相关权属证书，其居住使用的权益缺乏法律保障，随时可能因出卖人反悔等原因被诉至法院导致买卖合同被认定无效，购房者的权益难以得到有效维护。

案例 11-3

分割办证有障碍　房屋政策须了解

2003年1月15日，甲公司与某市国土资源局签订土地使用权出让合同，以协议出让的方式取得该市某宗地，用途为综合（办公）用地、商业用地，宗地使用权5年内不得转让。2004年12月2日，甲公司与黎某签订房屋转让合同，约定向黎某转让宗地上所建大厦的房屋一套，转让价款143万元；合同的生效以合同项下房屋及土地使用权具备转让条件为前提；房屋具备转让条件后，黎某决定受让承租房屋，甲公司承诺在2008年12月31日前办妥房屋所有权和土地使用权等转让手续，将权证变更至黎某名下；如因法律修改、政策变化、政府规定等无法按时办理手续的，甲公司不负违约责任等。同日，双方签订租赁合同，约定黎某自2005年6月30日起承租该房屋20年；若租赁期内黎某受让该承租房屋，自所有权转移至黎某之日，租赁合同终止；如黎某未受让，本合同续订20年；续订期满，黎某仍未受让，再续订至2053年3月15日；三阶段租金合计143万元。合同签订后，黎某支付了143万元，甲公司也交付了上述房屋。2008年12月12日，甲公司致函黎某表示在分户产权证办理过程中，政府主管部门告知大厦不能分套转让，房屋转让合同无法生效及履行。后双方针对买卖合同是否生效、能否解除以及租赁合同的履行进行了数次诉讼。

经法院多次主持调解，各方就数个纠纷达成一揽子调解协议，协商解除因政策调整原因已无法履行的房屋转让合同，各方均无法律责任；房屋租赁合同期限经协商确定为第一期的20年，租赁合同中涉及的房屋转让条款全部终止；甲公司返还黎某支付的第二、三期预约续租款项85.8万元，并赔偿占用期间的利息损失33万元。

评析：随着城市化的扩容以及房地产市场的升温，越来越多的消费者、投资人将目光转向具有价格、地段等综合优势的国有非住宅用地上的建设项目。此类建设项目用地性质往往是国有科研用地、工业用地或者办公（综合）用地，不属于经营性房地产开发项目，采用协议出让等方式，土地出让金较低，项目建成后不得分割销售，且政府政策通常规定此类项目只能按幢或按整层办理单一房屋所有权证，而不能按照套或间等最小单位分户办理。买受人购买此类房屋，产权过户存在履行障碍，法律关系处于不稳定状态，房产的保值增值也会受到影响。购房者应仔细权衡利弊，尽量避免此类房屋交易，切莫因小失大。

资料来源：《2003-2012房地产宏观调控背景下浙江房地产审判白皮书》。

案例讨论
如何学好、用好房地产法律制度与政策？

学习任务
把相关法律制度与政策与房地产经纪业务结合起来，针对10个方面的制度与政策举出10个案例。

11.1 法律基础知识

1. 法的分类

（1）按法律地位和法律效力的层级分类：宪法、法律、行政法规、地方性法规和行政规章。

（2）按法的创立和表现形式分类：成文法和不成文法。成文法是指有权制定法律规范的国家机关依照法定程序所制定的规范性法律文件，如宪法、法律、行政法规、地方性法规等。不成文法是指未经国家制定但经国家认可的和赋予法律效力的行为规则，如习惯法、判例、法理等。我国社会主义法属于成文法范畴。

（3）按法律的内容和效力强弱分类：宪法性法律和普通法律。

（4）按法律效力范围分类：特殊法和一般法（普通法）。

2. 民事法律关系

民事法律关系是一定的民事主体之间的社会关系。民事法律关系的要素包括主体、内容和客体三个要素。

（1）主体。主体就是参加民事法律关系、享受民事权利、承担民事义务的自然人和法人。①由于权利和义务的相对性，在多数民事法律关系中，每一方当事人都既是权利主体，又是义务主体，具有双重主体身份。②每一方主体既可以是单一的，也可以是复数的。③权利主体都是特定的，但其义务主体可以是特定的，也可以是不特定的。④民事法律关系的主体资格是由法律规定的。

（2）内容。内容就是民事法律关系主体所享有的权利和承担的义务，主要包括民事权利和民事义务两个部分。①民事权利。民事权利指法律为保障民事主体实现某种利益的意思而允许其行为的界限，由民法规范所确定，包括：在法定范围内有权决定为或不为一定的民事行为；根据民事法律关系的具体性质有权要求他人为或不为一定行为，以实现自己的权利或不影响权利的实现；当民事权利受到侵犯时，有权通过民事诉讼程序请求法院给予保护。②民事义务。民事义务是民事权利的对称，指民事主体为了实现其他民事主体的权利而使自己的意志受到限制的状态，包括：有义务按照法律规定或当事人之间的约定为或不为一定行为，以保证权利主体实现其权利或不影响其权利的实现；义务人所承担的义务是限制在法律的规定或合同约定的范围之内，对超出上述范围的要求，义务人有权拒绝；民事义务是受法律约束的，民事主体不履行其所承担的民事义务就要承担相应的民事责任。

（3）客体。客体就是所谓民事法律关系的"标的"，它是指民事法律关系主体之间的民事权利和义务所共同指向的对象。客体分为四类：物、行为、智力成果以及人身利益。

3. 自然人、法人和合伙

（1）自然人。自然人指基于自然出生而依法在民事上享有权利和承担义务的个人。自然人分为有行为能力人、无行为能力人和限制行为能力人。

（2）法人。法人指具有民事权利能力和民事行为能力，依法独立享有民事权利和承担民事义务的组织。法人是一种组织，不是某一个人。法人依法成立，具有独立的财产和经费，有自己的名称、组织机构和场所，能够独立地承担民事责任。

（3）合伙。合伙指两个以上的民事主体共同出资、共同经营、共负盈亏的协议。就组织而言，合伙是指两个以上的民事主体共同出资、共同经营、共负盈亏的企业组织形态，是一种独立的联合组织。其主要特征是全体合伙人共同出资、共同经营、共负盈亏、共担风险，承担无限连带责任。合伙协议是合伙得以成立的法律基础。

4. 代理

（1）代理的含义。代理人于代理权限内，以被代理人的名义向第三人实施民间法律行为，被代理人对代理人的代理行为承担民事责任。代理有三方当事人：被代理人、代理人、代理关系所涉及的第三人。

（2）代理的种类。①委托代理，是代理人根据被代理人授权而进行的代理。②法定代理，是根据法律的直接规定而产生的代理。③指定代理，是根据人民法院或者有关机关的指定而产生的代理。

（3）代理人与被代理人的责任承担。①授权不明确：被代理人承担责任，代理人负连带责任。②无权代理：代理人承担责任。③代理人不履行职责：代理人承担责任。

④代理事项违法：被代理人和代理人负连带责任。⑤转托他人代理：一般代理人承担，特殊情况除外。

（4）代理的终止。①委托代理终止：代理期满或完成；取消代理关系；代理人死亡；代理人丧失民事行为能力；一方或两方的机构终止。②法定代理终止：被代理人恢复民事行为能力；被代理人或代理人死亡；代理人丧失民事行为能力；指定代理的单位取消指定；被代理人与代理人之间的监护关系消灭。

5. 民事责任

（1）概念。民事责任是指当事人违反民事法律上的约定或法定义务所应承担的对其不利的法律后果。承担民事责任的目的：①恢复受害人的权利。②补偿权利人的损失。

（2）种类。①违约责任。②侵权责任。两者的区别包括：第一，侵权行为违反的是法定义务，违约行为违反的是约定义务；第二，侵权行为侵犯的是绝对权，违约行为违反的是相对权；第三，侵权行为的法律责任包括财产责任和非财产责任，违约行为的责任仅限于财产责任。

（3）承担民事责任的方式。①停止侵害。②排除妨碍。③消除危险。④返还财产，财产有三种情况：一是因不当得利所获得的财产；二是民事行为被确认无效或者撤销而应当返还的财产；三是非法侵占他人的财产。⑤恢复原状。⑥修理、重作、更换，仅适合于违约责任。⑦赔偿损失。对违约责任，赔偿额应相当于对方因违约造成的损失；对侵权责任，要赔偿财产损失和精神损失。⑧支付违约金，仅适合于违约责任。⑨消除影响、恢复名誉。⑩赔礼道歉。

11.2 房地产法律法规概述

11.2.1 房地产法律体系

1. 房地产法的概念与调整对象

（1）概念。房地产法是调整房地产关系的法律规范的总称，有广义和狭义两种理解。狭义的房地产法仅指1995年1月1日起实施的《城市房地产管理法》。而广义的房地产法是指调整房地产关系的各种法律规范的总称，包括《城市房地产管理法》和与其相配套的一系列行政法规、地方法规及相关法规中有关房地产问题的法律规定。

（2）调整对象。调整对象是房地产财产权和房地产开发、经营、管理、服务及与房地产相关的各种经济关系。它主要包括房地产权属关系、房地产开发建设关系、房地产流转关系、房地产管理关系以及物业管理关系等。房地产法所规范的主要是房地产开发企业的设立行为、房地产开发行为、房地产经营行为以及政府对房地产的开发经营活动所实施的管理行为。

2. 房地产法的基本原则

（1）土地公有原则。土地不仅是资源，而且是资产，我国境内的土地，除由法律规定属于国家所有的外，属于劳动群众集体所有，不存在土地私有制。

（2）土地有偿使用原则。国家依法实行国有土地有偿使用制度。有偿使用，还包括有期限使用。

（3）十分珍惜、合理利用土地和切实保护耕地的原则。十分珍惜、合理利用土地和切实保护耕地已成为我国的基本国策之一。保护、开发土地资源要全面规划，严格管理，实行土地用途管制制度，制止非法占用土地的行为。坚持对耕地实行特殊保护，包括基本农田保护制度、占用耕地补偿制度。

（4）房地产综合开发原则。房地产开发经营应当坚持经济效益、社会效益和环境效益相统一，实行全面规划、合理布局、综合开发、配套建设。

（5）城镇住房商品化原则。国家根据社会、经济发展水平，扶持发展居民住宅建设，逐步推行城镇居民住房商品化，逐步改善居民的居住条件，不断满足人民群众日益增长的住房需求。

（6）宏观调控与市场调节相结合的原则。房地产关系国计民生，具有高利润和高风险性，对房地产活动管理既不能太死，又不能放任自流，警惕"泡沫经济"成分。所以，科学的管理方法是以宏观调控为指导，适当由市场调节。

3. 房地产法律体系

中国房地产法律体系是由众多的房地产法律规范组成的一个整体。

（1）房地产法基本内容包括：①关于房地产权属的规定。②关于房地产开发利用的规定。③关于房地产交易的规定。④关于国家对房地产业及其市场实施管理的规定。⑤关于社会化、专业化的物业管理的规定。

（2）房地产法律的体系划分。①综合的法。如《中华人民共和国宪法》《民法典》等法律中的有关规定。②专门的法。如《土地管理法》《城市房地产管理法》《建筑法》及它们的实施条例、细则、办法等。③相关的法。如《中华人民共和国森林法》《中华人民共和国草原法》《中华人民共和国渔业法》《环境保护法》《中华人民共和国担保法》《中华人民共和国商业银行法》《中华人民共和国婚姻法》《中华人民共和国继承法》等法律中的有关规定。在这个体系中最基本的两部法是2019年修正过的《土地管理法》和2019年修改过的《城市房地产管理法》。

11.2.2 房地产经纪活动相关法律

1. 物权与债权

物权与债权作为一组相对应的民事权利，共同构成民法中最基本的财产权形式。

（1）物权。物权是指权利人依法对特定的物享有直接支配和排他的权利，包括所有权、用益物权和担保物权。物权的特征：物权法定、物权公示、物权优先。

（2）债权。债权是按照合同的约定或者依照法律的规定，在当事人之间产生的特定的权利和义务关系。享有权利的人是债权人，负有义务的人是债务人。

（3）物权与债权的区别：①债权为财产权，物权也是财产权。债权是财产权的重要组成部分，是用以区别人身权的。②债权的基本内容是请求权，物权的基本内容是支配权。③债权是相对权，物权是绝对权。④债权有相容性和平等性。物权具有排他性和优先性。⑤债权是有期限的权利，物权不受时间的限制。⑥债权的发生一般基于人的行为，而物权的发生，只能基于人的合法行为。债权和物权的发生，既可以基于法律行为，也可以基于事实行为。

2. 合同法

（1）概念。合同有广义和狭义之分，狭义的合同是指债权合同，即两个以上的民事主体之间设立、变更、终止债权关系的协议。广义的合同是指两个以上的民事主体之间设立、变更、终止民事权利义务关系的协议。广义的合同除了民法中的债权合同之外，还包括物权合同、身份合同以及行政法中的行政合同和劳动法中的劳动合同等。

（2）基本原则。①平等原则。②自愿原则。③公平原则。④诚实信用原则。⑤不得损害社会公共利益原则。

（3）合同的分类。①有名合同与无名合同。有名合同，也称典型合同，法律上赋予专门名称，设定专门规范的合同；无名合同，也称非典型合同，法律上未规定专门名称和专门规则的合同。②双务合同与单务合同。双务合同，即当事人之间互相承担义务，可以履行抗辩权，风险各方共担；单务合同，即一方承担义务，另一方只享有权利，风险全部由承担义务一方负担。③有偿合同与无偿合同。有偿合同，即一方享有权益须向另一方支付代价，对当事人行为能力要求高；无偿合同，即一方享有权益无须向另一方支付代价，对当事人行为能力要求低。④诺成合同与实践合同。诺成合同，指当事人各方的意思表示一致即告成立的合同；实践合同，即除双方当事人的意思表示一致外，尚须交付标的物才能成立的合同，如保管合同、定金合同。⑤要式合同与不要式合同。要式合同必须采取法定形式；不要式合同，当事人可以选择合同形式。⑥格式合同与非格式合同。格式合同（定式合同），即当事人一方为与不特定的多数人进行交易而预先拟定的，且不允许相对人对其内容做任何变更的合同。⑦主合同与从合同。主合同，即不需要其他合同存在即可独立存在的合同；从合同，即以其他合同为存在前提的合同，主合同无效，从合同也无效，从合同无效一般不影响主合同的效力。

3. 消费者权益保护法

（1）概念。消费者权益保护法是调整在保护公民消费权益过程中所产生的社会关系的法律规范的总称。

（2）基本原则。①经营者与消费者进行交易，应当遵循自愿、平等、诚实、信用的原则。②向消费者倾斜，给消费者以特别保护的原则。③保障消费者的人身、财产和其他合法权益不受侵害的原则。④保护消费者的合法权益是全社会的共同责任的原则。

（3）消费者的权利。①保障安全权：包括人身安全权及财产安全权。②知情权：消费者在购买、使用商品或者接受服务时，有权询问、了解商品或服务的有关情况；经营者提供的商品或服务的情况必须是真实的。③自主选择权：有权自主选择提供商品或者服务的经营者；有权自主选择商品品种或者服务方式；有权自主决定购买或者不购买任何一种商品，接受或者不接受任何一项服务；在自主选择商品或者服务时，有权进行比较、鉴别和挑选。④公平交易权：有权获得质量保障、价格合理、计量正确等公平交易条件；有权拒绝经营者的强制交易行为。⑤求偿权，其主体包括以下四种：商品的购买者、商品的使用者、服务的接受者、第三人。⑥结社权。⑦获得有关知识权。⑧人格尊严和民族风俗习惯受尊重权。⑨监督批评权。

（4）经营者的义务。①履行法律、法规的规定和与消费者约定的义务。②接受消费者监督的义务。③保证商品和服务安全的义务。④提供商品和服务真实信息的义务。⑤标明真实名称和标记的义务。⑥出具售货凭证或者服务单据的义务。⑦保证商品或服务质量的义务。⑧履行"三包"或者其他责任的义务。⑨不得以格式合同等方式排除或限制消费者权利和义务。⑩不得侵犯消费者人格权的义务。

（5）侵犯消费者合法权益行为的法律责任。①民事责任。具体范围有人身损害的民事责任、财产损害的民事责任。②行政责任。行政处罚的具体方式包括责令改正，警告，没收违法所得，处以违法所得1倍以上5倍以下的罚款，情节严重的可责令停业整顿或吊销营业执照。③刑事责任。经营者提供商品或者服务，造成消费者或者其他受害人人身伤害或死亡，构成犯罪的，依法追究刑事责任。

4. 反不正当竞争法

（1）概念。《中华人民共和国反不正当竞争法》（简称《反不正当竞争法》）是一部旨在规范社会主义市场经济秩序，倡导公平有序竞争的法律。

（2）不正当竞争的行为。它是指经营者违反了《反不正当竞争法》的规定，损害其他经营者的合法权益，扰乱社会经济秩序的行为，主要有以下三种表现形式。①经营者的不正当竞争行为。它包括：假冒和仿冒行为；虚假的宣传行为；侵犯商业秘密的行为；不正当销售行为；其他不正当行为。②政府及其所属部门的不正当竞争行为。它包括：滥用行政权力，限定他人购买其指定的经营者的商品，限制其他经营者正当的经营活动；滥用行政权力，限制外地商品进入本地市场，或者本地商品流向外地市场。③公用企业或者其他依法具有独占地位的经营者，限定他人购买其指定的经营者的商品，以排挤其他经营者的公平竞争行为，属不正当竞争行为。

（3）对不正当竞争的处罚。经营者违反《反不正当竞争法》给被侵害人造成损失的，除应当承担赔偿责任外，有下列情形的，行政管理部门或司法机关可以给予处罚：①假冒和仿冒行为。责令停止违法行为，没收违法所得，可以根据情节处以违法所得1倍以上3倍以下的罚款；情节严重的，可以吊销营业执照；销售伪劣商品，构成犯罪的，依法追究刑事责任。②虚假的宣传行为。责令停止违法行为，消除影响，可以根据情节处以1万元以上20万元以下的罚款。③侵犯商业秘密行为。责令停止违法行为，可以根据情节处以1万元以上20万元以下的罚款。④在账外暗中给予对方单位或者个人回扣的，以行贿论处；对方单位或者个人在账外暗中收受回扣的，以受贿论处。⑤公用企业或者其他依法具有独占地位的经营者，限定他人购买指定的经营者的商品，以排挤其他经营者的公平竞争的，可以根据情节处以5万元以上20万元以下的罚款。被指定的经营者借此销售质次价高商品或者滥收费用的，应当没收违法所得，可以根据情节处违法所得 1 倍以上 3 倍以下的罚款。

11.3 建设用地制度与政策

11.3.1 中国现行土地制度概述

1. 土地所有制形式

我国实行土地社会主义公有制，目前我国存在两种所有制形式，即土地的国家所有制和土地的农村集体所有制。

2. 我国土地的基本制度

（1）国家实行土地登记制度。

（2）国家实行土地有偿有限期使用制度。除了国家核准的划拨土地以外，凡新增土地和原使用的土地改变用途或使用条件、进行市场交易等，均实行有偿有限期使用。

（3）国家实行土地用途管制制度。根据土地利用总体规划，我国将土地用途分为农用地、建设用地和未利用土地。

（4）国家实行保护耕地制度。

11.3.2 集体土地征收

集体土地征收是指国家为公共利益的需要，通过法定程序，将原属于农民集体所有的土地征为国有的行为。

1. 征收集体土地应遵守的原则

（1）珍惜耕地、合理利用土地的原则。

（2）保证国家建设用地原则。

（3）妥善安置被征地单位和农民的原则。补偿、补助要适度，既不要因为征用土地而降低被征地生产单位的生产水平和农民个人的生活水平，也不要因征地而过度提高农民的生活水平或超过当地的生活水平。

（4）有偿使用土地的原则。有偿使用土地，是管好土地、促进节约用地和合理利用土地、提高经济效益的经济手段。但在一个相当长的时期内，土地使用制度将实行双轨制，即土地使用权有偿出让和土地使用权划拨两种制度长期并存。

（5）依法征地的原则。征用土地必须依据国家的有关规定和要求，持有国家主管部门或县级以上人民政府批准的证书和文件，并按照征用土地的程序和法定的审批权限，依法办理了征用手续后，才能合法用地。非法征地不受法律保护。

2. 征收集体土地的政策规定

（1）征收土地的范围。国家为了公共利益的需要，依照法律规定的权限和程序可以征收集体所有的土地。对于征收的集体土地，其土地所有权属于国家，用地单位只有土地使用权。

（2）征收土地批准权限。征收土地实行两级审批制度，即国务院和省级人民政府；建设占用土地，涉及农用地转为建设用地的，应办理农用地转用审批手续；征收基本农田，基本农田以外的耕地超过35公顷的，其他土地超过70公顷的，由国务院审批；其他用地和已经批准农用地转用范围内的具体项目，由省级人民政府审批并报国务院备案。

（3）申请征地不得化整为零。一个建设项目需要征收的土地，应当根据总体设计一次申请批准，不得化整为零。分期建设的项目，应当分期征地，不得先征待用。

（4）对被征地单位和农民进行安置、补偿和补助。由用地单位支付土地补偿费、安置补助费、地上附着物和青苗补偿费。

（5）征收土地公告。被征收土地所在的市、县人民政府，在收到征收土地方案后，10日内应以书面或其他形式进行公告。①征收土地公告内容：征收批准机关、文号、时间和用途；被征收土地的所有权人、位置、地类和面积；征地补偿标准和农业人口安置途径；办理征地补偿的期限、地点。②征地补偿安置方案公告内容：被征收土地的位置、地类、面积、地上附着物和青苗的种类、数量，需要安置农业人口的数量；土地补偿费的标准、数量、支付对象和方式；安置补助费的标准、数量、支付对象和方式；地上附着物和青苗的补偿标准和支付方式；农业人口具体安置途径；其他有关征地补偿安置的措施。③未进行征地、补偿、安置公告的，被征地单位和个人，有权拒绝办理征地相关手续。

（6）合理使用征地补偿费。建设用地单位支付的各种劳动力的就业补助和应发的各种补偿及其他费用，应按有关规定管理和使用。耕地占用税用于土地开发和农业发展；菜田基金、土地复垦费、土地荒芜费、防洪费用于菜田开发建设和土地的调整和治理；征地管理费用于土地管理部门的各种业务开支。各级人民政府和土地管理部门，严格监督征地费用的管理和使用，任何单位和个人均不得占用或挪作他用。

3. 征收集体土地补偿的范围和标准

（1）征地补偿费用范围和标准。①土地补偿费。该补偿费只能由被征地单位用于再生产投资，不得付给农民个人。征用土地的，按照被征用土地的原用途给予补偿。征用耕地的补偿费，为该耕地被征前3年平均年产值的6～10倍。②青苗补偿费。只补一季，无青苗者则无该项补偿。③地上附着物补偿费。应根据"拆什么，补什么；拆多少，补多少，不低于原来水平"的原则确定。在征地告知后，凡被征地农村集体经济组织和农户在拟征土地上抢栽、抢种、抢建的地上附着物和青苗，征地时一律不予补偿。④安置补助费。该补助费应发给安置被征地劳动力的单位。每一个农业人口的安置补助标准，为该耕地被征用前3年平均年产值的4～6倍。土地补偿费和安置补助费的总和，不得超过土地被征用前3年平均年产值的30倍。⑤新菜地开发建设基金。这是指征用城市郊区商品菜地时支付的费用。这项费用交给地方财政，作为开发建设新菜地的投资。⑥耕地占用税。这是对占用耕地建房或者从事其他非农业建设的单位和个人征收的一种税收，均按实际占用的面积和规定的税额一次性征收。⑦土地管理费。收取标准，一般是在土地补偿费、青苗补偿费、地面附着物补偿费、安置补助费四项费用之和的基础上提取2%～4%。需指出的是，上述七项费用中，新菜地开发建设基金和耕地占用税应上缴国家财政，不得将其分给被征地单位或个人。

（2）土地补偿费、安置补助费的归属及发放规定：土地补偿费归农村集体组织所有；地上附着物补偿费和青苗补偿费归地上附着物和青苗的所有者所有。由农村集体组织安置的人员，安置补助费由农村集体经济组织管理和使用；由其他单位安置的人员，安置补助费支付给安置单位；不需要统一安置的人员，补助费发放给个人。

4. 征收集体土地的工作程序

（1）申请用地。由用地单位提出申请。

（2）受理申请并审查有关文件。县级以上人民政府土地行政管理部门负责建设用地的申请、审查、报批工作，对应受理的建设项目，在30日内拟定农用地转用方案、补充耕地方案、征地方案和供地方案，编制建设项目用地呈报说明书，经同级人民政府审核同意后报上一级土地管理部门审查。

（3）审批用地。有批准权的人民政府土地行政管理部门，收到上报土地审批文件，按规定征求有关部门意见后，实行土地管理部门内部会审制度审批土地。

（4）征地实施。经批准的建设用地，由被征收土地所在地的市、县人民政府组织实施。

（5）签发用地证书。有偿使用土地的，应签订土地使用合同；以划拨方式使用土地的，向用地单位签发《国有土地划拨决定书》和《建设用地批准书》；用地单位持土地使用合同或相关材料办理土地登记手续。

（6）征地批准后的实施管理。建立征收土地档案。

11.3.3 国有建设用地

国有建设用地的范围，包括：城市市区内的土地；城市规划区外现有铁路、公路、机场、水利设施等使用的国有土地；国有农场内的建设用地。国有建设用地审查报批程序如下。

（1）用地预申请。进行建设项目可行性论证时，建设单位应向建设项目批准机关的同级土地行政主管部门提出用地预申请。受理预申请的土地行政主管部门应当依据土地利用总体规划和国家土地供应政策，对建设项目进行预审，出具建设项目用地预审报告。

（2）用地申请。在土地利用总体规划确定的城市建设用地范围外，单独选址的建设项目使用土地的，建设单位应向土地所在地的市、县人民政府土地行政主管部门提出用地申请，填写《建设用地申请表》并附相应的材料。

（3）受理，并拟定农用地转用方案、补充耕地方案、征收土地方案和供地方案，编制建设项目用地呈报说明书。市、县人民政府土地行政主管部门对材料齐全、符合条件的建设用地申请，应当受理，并在收到申请之日起30日内拟订农用地转用方案、补充耕地方案、征收土地方案和供地方案，编制建设项目用地呈报说明书，经同级人民政府审核同意后，报上一级土地行政主管部门审查。

（4）建设用地审查。有批准权的人民政府土地行政主管部门应当自收到上报的农用地转用方案、补充耕地方案、征收土地方案和供地方案并按规定征求有关方面意见后 30 日内审查完毕。

（5）方案的组织实施。经批准的农用地转用方案、补充耕地方案、征收土地方案和供地方案，由土地所在地的市、县人民政府组织实施。以有偿使用方式提供建设用地使用权的，由市、县人民政府土地行政主管部门与土地使用者签订土地有偿使用合同，并向建设单位颁发《建设用地批准书》。土地使用者缴纳土地有偿使用费后，依照规定办理土地登记。以划拨方式提供建设用地使用权的，由市、县人民政府土地行政主管部门向建设单位颁发《国有土地划拨决定书》和《建设用地批准书》，依照规定办理土地登记。建设项目施工期间，建设单位应当将《建设用地批准书》公示于施工现场。各级土地行政主管部门应当对建设项目用地进行跟踪检查。

11.3.4 国有土地使用权出让

1. 国有土地使用权出让的概念及特征

（1）概念。国有土地使用权出让，是指国家以土地所有者的身份将土地使用权在一定年限内让渡给土地使用者，并由土地使用者向国家支付土地使用权出让金的行为。土地使用权出让金是指通过有偿有限期出让的方式取得土地使用权的受让者，按照合同规定的期限一次或分次提前支付的整个使用期间的地租。

（2）特征。①国有土地使用权出让，也称批租或土地一级市场，由国家垄断，任何单位和个人不得出让土地使用权。②经出让取得土地使用权的单位和个人，只有使用权，在使用期限内有使用、占有、收益、处分权。③土地使用权可以进入市场，可以进行转让、出租、抵押等经营活动，但地下埋藏物归国家所有。④土地使用者只有向国家支付了全部土地使用权出让金后才能领取土地使用权证书。⑤集体土地不经征收（成为国有土地）不得出让。⑥国有土地使用权出让是国家以土地所有者的身份与土地使用者之间关于权利义务的经济关系，具有平等、自愿、有偿、有限期的特点。

2. 国有土地使用权出让政策

（1）土地使用权出让的最高年限按用途确定。①居住用地 70 年。②工业用地 50 年。③教育、科技、文化、卫生、体育用地 50 年。④商业、旅游、娱乐用地 40 年。⑤综合或者其他用地 50 年。

（2）国有土地使用权出让的方式。国有土地使用权出让可以采取拍卖、招标或者双方协议的方式。商业、旅游、娱乐和商品住宅用地，必须采取拍卖、招标或者挂牌方式出让。①协议出让。它也称定向议标，指政府作为土地所有者（出让方）与选定的受让方磋商用地条件及价款，达成协议并签订土地使用权出让合同，有偿出让土地使用权的行为。采取此方式出让使用权的出让金不得低于国家规定所确定的最低价。协议出让方式的特点是自由度大，不利于公平竞争。这种方式适用于公共福利事业和非营利性的社会团体、机关单位用地和某些特殊用地。②拍卖出让。它是指按指定时间、地点，在公开场所出让方用叫价的办法将土地使用权拍卖给出价最高者（竞买人）。拍卖出让方式的特点是有利于公平竞争，它适用于区位条件好、交通便利的闹市区、土地利用上有较大灵活性的地块的出让。③招标出让。它是指土地所有者（出让人）向多方土地使用者（投标者）发出投标邀请，通过各投标者设计标书的竞争，来确定土地使用权受让人的方式。方法有两种：一是公开招标；二是采用邀请招标。中标者（受让人）不一定是标价最高的单位或个人。招标出让方式的特点是有利于公平竞争，适用于需要优化土地布局、建设重大工程的较大地块的出让。④挂牌出让。它是指出让人发布挂牌公告，按公告规定的期限将拟出让宗地的交易条件在指定的土地交易场所挂牌公布，接受竞买人的报价申请并更新挂牌价格，根据挂牌期限截止时的出让结果确定土地使用者的行为。挂牌出让方式不仅具有招标、拍卖的公开、公平、公正的特点，而且具有招标、拍卖不具备的优势，是招标、拍卖方式出让国有土地使用权的重要补充。

3. 国有土地使用权出让合同

国有土地使用权出让时，受让方必须与政府签订出让合同。合同有规范文本，内容略。

4. 国有土地使用权出让管理

（1）国有土地使用权出让必须符合城市规划，有利于城市经济社会的发展。

（2）城市国有土地使用权出让的投放量应当与城市土地资源、经济社会发展和市场需求相适应。土地使用权出让应当与建设项目相结合。城市规划行政主管部门和有关部门要根据城市规划实施的步骤和要求，编制城市国有土地使用权出让规划和计划，包括地块数量、用地面积、地块位置、出让步骤等，保证城市国有土地使用权的出让有规划、有步骤、有计划地进行。

（3）土地使用权出让前应当制定控制性详细规划。出让的地块必须具有城市规划行政主管部门提出的规划设计条件及附图。规划设计条件应当包括：地块面积，土地使用性质，容积率，建筑密度，建筑高度，停车泊位，主要出入口，绿地比例，须配置的公共设施、工程设施，建筑界线，开发期限以及其他要求。附图应当包括：地块区位和现状，地块坐标、标高，道路红线坐标、标高，出入口位置，建筑界线以及地块周围地区环境与基础设施条件。

（4）城市国有土地使用权出让、转让合同必须附具规划设计条件及附图。对于规划设计条件及附图，出让方和受让方不得擅自变更。在出让、转让过程中确需变更的，必须经城市规划行政主管部门批准。

（5）城市用地分等定级应当根据城市各地段的现状和规划要求等因素确定。土地出让金的测算应当把出让地块的规划设计条件作为重要依据之一。

（6）已取得土地出让合同的，受让方应当持出让合同依法向城市规划行政主管部门申请建设用地规划许可证。在取得建设用地规划许可证后，方可办理土地使用权属证明。

（7）未附具城市规划行政主管部门提供规划设计条件及附图的出让、转让合同，或擅自变更的，城市规划行政主管部门不予办理建设用地规划许可证。未取得或擅自变更建设用地规划许可证而办理土地使用权属证明的，土地权属证明无效。

11.3.5 国有土地使用权划拨

1. 土地使用权划拨的概念

土地使用权划拨是指由有批准权的人民政府依法批准，在用地者缴纳补偿、安置等费用后将该幅土地交其使用，或者将土地使用权无偿交给土地使用者使用的行为。划拨土地使用权有以下含义。

（1）划拨土地使用权包括土地使用者缴纳拆迁安置、补偿费用和无偿取得两种形式。

（2）除法律、法规另有规定外，划拨土地没有使用期限的限制，但未经许可不得进行转让、出租、抵押等经营活动。

（3）取得划拨土地使用权，必须经有批准权的人民政府核准并按法定的工作程序办理手续。

（4）在国家没有法律规定之前，在城市范围内的土地和城市范围以外的国有土地，除出让土地以外的土地，均按划拨土地进行管理。

2. 划拨土地使用权的范围

（1）国家机关用地和军事用地。

（2）城市基础设施用地和公益事业用地。

（3）国家重点扶持的能源、交通、水利等项目用地。

（4）法律、行政法规规定的其他用地。

3. 划拨土地的管理

（1）划拨土地使用权人不得擅自改变土地用途，对划拨土地享有占有权、使用权和部分收益权。依法经批准处分土地所获收益按有关规定上缴国库后，余额归其享有。

（2）划拨土地使用权人对其投资建造的地上建筑物、其他附着物享有所有权。

（3）未经市、县人民政府土地管理部门批准并办理土地使用权出让手续，交付土地使用权出让金的土地使用者，不得转让、出租、抵押土地使用权。

（4）土地使用者需要转让、出租、抵押土地使用权的，必须持国有土地使用证以及地上建筑物、其他附着物产权证明等合法证件，向所在地市、县人民政府土地管理部门提出书面申请。转让、出租和抵押其权利须符合法定条件并改履行法定手续。

11.3.6 闲置土地的处理

1. 闲置土地的范围

闲置土地是指土地使用者依法取得土地使用权后，未经原批准用地的人民政府同意，超过规定的期限未动工开发建设的建设用地。具有下列情形也可认定为闲置土地：①国有土地有偿使用合同或者建设用地批准书未规定动工开发建设日期，自国有土地有偿使用合同生效或者土地行政主管部门建设用地批准书颁发之日起满1年未动工开发建设的。②已动工开发建设但开发建设的面积占应动工开发建设总面积不足1/3或者已投资额占总投资额不足25%且未经批准中止开发建设连续满1年的。③法律、行政法规规定的其他情形。

2. 闲置土地的处置方式

（1）延长开发建设时间，但最长不得超过1年。

（2）改变土地用途，办理有关手续后继续开发建设。

（3）安排临时使用，待原项目开发建设条件具备后，重新批准开发，土地增值的，由政府收取增值地价。

（4）政府为土地使用者置换其他等价闲置土地或者现有建设用地进行开发建设。

（5）政府采取招标、拍卖等方式确定新的土地使用者，对原建设项目继续开发建设，并对原土地使用者给予补偿。

（6）土地使用者与政府签订土地使用权交还协议等文书，将土地使用权交还给政府。原土地使用者需要使用土地时，政府应当依照土地使用权交还协议等文书的约定供应与其交还土地等价的土地。

（7）对因政府、政府有关部门行为造成的闲置土地，土地使用者支付部分土地有偿使用费或者征地费的，除选择上述方式以外，可以按照实际交款额占应交款额的比例折算，确定相应土地给原土地使用者使用，其余部分由政府收回。

3. 征收土地闲置费

（1）已经办理审批手续的非农业建设占用耕地，1年以上未动工建设的，应当按照省、自治区、直辖市的规定缴纳闲置费。

（2）在城市规划区范围内，以出让等有偿使用方式取得土地使用权进行房地产开发的闲置土地，超过出让合同约定的动工开发日期满1年未动工开发的，可以征收相当于土地使用权出让金20%以下的土地闲置费。

4. 无偿收回土地使用权

（1）已经办理审批手续的非农业建设占用耕地，连续2年未使用的，经原批准机关批准，由县级以上人民政府无偿收回土地使用者的土地使用权。

（2）在城市规划区范围内，以出让等有偿使用方式取得土地使用权进行房地产开发的闲置土地，满2年未动工开发时，可以无偿收回土地使用权。但是，因不可抗力或者政府、政府有关部门的行为或者动工开发必需的前期工作造成动工开发迟延的除外。

依照规定收回国有土地使用权的，由市、县人民政府土地行政主管部门报经原批准用地的人民政府批准后予以公告，下达《收回国有土地使用权决定书》，终止土地有偿使用合同或者撤销建设用地批准书，注销土地登记和土地证书。

11.4 房地产开发建设经营管理制度与政策

11.4.1 城市规划管理

1. 制定规则

①通过立法程序形成与城市规划相关的法律、法规、规章、规范性文件和技术规

范。②按照一定程序编制完成的规划，包括城镇体系规划－总体规划（分区规划）－详细规划（包括控制性详细规划和修建性详细规划）。城镇体系规划是对一定地域范围内，以区域生产力合理布局和城镇职能分工为依据，确定不同人口规模等级和职能分工的城镇的分布和发展规划。总体规划是对城市做出的宏观规划安排，主要包括确定城市的性质、规模和发展目标，城市的布局结构（如主城、外围城镇及其之间的生态隔离带等），城市的土地利用和分配（如划分为居住、工业、商业金融等），城市的主要道路网架（如外围的"两环八射"、主城内的"经五纬六"等），等等。控制性详细规划是对每一块土地做出的具体规划安排，主要包括土地的使用性质、土地的使用强度指标（容积率、覆盖率、建筑高度等）、道路和工程管线的位置、空间环境的规划要求，等等。

2. 执行规则

执行规则就是根据相关的法律、法规以及经过审批的规划对各项建设实施规划管理的行为。根据城市规划法，城市规划实施管理的基本制度是规划许可制度，即"一书两证"，具体如下。①《建设项目选址意见书》是建设项目的规划选址管理的法定文件，由规划部门根据城市规划及有关法律、法规对建设项目地址进行确认后核发。②《建设用地规划许可证》是建设用地的规划管理的法定文件，由规划部门根据城市规划法律规范及城市规划确定建设用地位置和范围、审核建设工程总平面图、提供土地使用规划设计条件后核发。③《建设工程规划许可证》是建设工程的规划管理的法定文件，由规划部门根据城市规划及城市规划有关法律、法规和技术规范对各类建设工程进行组织、控制、引导和协调后核发。

11.4.2 勘察设计管理

1. 勘察设计的发包与承包

除有特定要求的一些项目在经有关主管部门批准后可以直接发包外，工程建设勘察、设计任务都必须依照《中华人民共和国招标投标法》的规定，采用招标发包方式进行。

2. 建设工程勘察、设计的监督管理

国务院建设行政主管部门对全国的建设工程勘察、设计活动实施统一监督管理。

11.4.3 城市房屋拆迁管理

1. 城市房屋拆迁的概述

（1）概念。城市房屋拆迁是指取得房屋拆迁许可证的拆迁人，拆除城市规划区内国有土地上的房屋及其附属物，并对被拆迁房屋的所有人进行补偿或安置的行为。

（2）拆迁人与被拆迁人。拆迁人是指取得房屋拆迁许可证的单位；被拆迁人是指被拆迁房屋的所有人，不包括被拆迁房屋的使用人，但对使用人的利益还要依法予以保护。

（3）搬迁期限与拆迁期限。被拆迁人应当在搬迁期限内完成搬迁。搬迁期限不同于拆迁期限，拆迁期限是拆迁许可证上载明的拆迁人完成拆迁事宜的期限。搬迁期限从属于拆迁期限，搬迁期限不能超出拆迁期限。

2. 城市房屋拆迁补偿与安置

（1）房屋拆迁补偿。为保证被拆除房屋所有人的合法权益，拆迁人应当对被拆除房屋所有人（包括代管人、国家授权的国有房屋的管理人）给予补偿。补偿的对象是被拆除房屋所有人，而不是使用人。所有人既包括公民也包括法人。①补偿方式。补偿方式有两种，即货币补偿和房屋产权调换。货币补偿的金额，按照被拆除房屋的区位、用途、建筑面积等因素，以房地产市场评估价格确定；房屋产权调换是指拆迁人用自己建造或购买的产权房屋与被拆迁房屋进行产权调换，并按拆迁房屋的评估价和调换房屋的市场价进行结算调换差价的行为。拆除非公益事业房屋的附属物，不做产权调换，由拆迁人给予货币补偿。②补偿标准。基本原则是等价有偿，采取的办法是根据被拆迁房屋的区位、用途、建筑面积等因素，以房地产市场评估的办法确定。按等价的原则，从价值量来衡量，产权调换与货币补偿是等价的。

（2）拆迁安置。①在拆除租赁房屋的情况下，由拆迁人对房屋所有人进行补偿，由所有人对承租人进行安置。出租人与承租人达不成协议时，为了保障承租人的权益不受损害，依据当地的规定实行产权调换，被拆迁人与原房屋承租人就新调换房屋重新签订租赁协议。②租赁房屋的补偿主体为房屋所有权人，但房屋拆迁的同时也会给承租人带来一定的损失和不便，因此，要兼顾对使用人的安置，要明确安置用房的质量安全标准。

（3）特殊情况的拆迁补偿、安置。①产权不明确房屋的拆迁补偿、安置。产权不明确的房屋是指无产权关系证明、产权人下落不明、暂时无法考证产权的合法所有人或因产权关系正在诉讼的房屋。拆除前，拆迁人还应当就拆迁房屋的有关事项向公证机关办理证据保全，对公证机关出具的法律文书立案归档以备查用。②抵押房屋的补偿、安置。设有抵押权的房屋进行拆迁时，应当按以下程序进行补偿和安置：一是要认定抵押的有效性；二是应当及时通知抵押权人，一般是接受抵押的银行；三是能解除抵押关系的，补偿款付给被拆迁人，付款前必须经抵押权人认可；四是不能解除抵押关系的，按照法律规定的清偿顺序进行清偿，不足以清偿抵押权人的，抵押权人按照法律规定，向抵押人进行追偿。

3. 城市房屋拆迁估价

（1）概念。城市房屋拆迁估价是指为确定被拆迁房屋货币补偿金额，根据被拆迁房屋的区位、用途、建筑面积等因素，对其房地产市场价格进行的评估。

（2）依据。城市房屋拆迁估价应依据《城市房地产管理法》及当地制定的实施细则和《城市房屋拆迁估价指导意见》进行。房屋拆迁评估价格为被拆迁房屋的房地产市场价格，不包含搬迁补助费、临时安置补助费和拆迁非住宅房屋造成停产、停业的补偿费，以及被拆迁房屋室内自行装修装饰的补偿金额。搬迁补助费、临时安置补助费和拆迁非住宅房屋造成停产、停业的补偿费，按照省、自治区、直辖市人民政府规定的标准执行。被拆迁房屋室内自行装修装饰的补偿金额，由拆迁人和被拆迁人协商确定；协商不成的，可以通过委托评估确定。

4. 城市房屋拆迁纠纷的处理

城市房屋拆迁纠纷的处理主要采用行政裁决方法。市、县人民政府城市房屋拆迁管理部门负责本行政区域内城市房屋拆迁行政裁决工作。房屋拆迁管理部门及其工作人员应当按照有关法律、法规规定，依法履行行政裁决职责。

11.4.4 建设工程招投标与监理

1. 建设工程的招标投标管理

建设工程的招投标是工程建设项目的发包与承包时所采取的一种交易方式，是一种竞卖方式。招标和投标是一种商品交易行为，是交易过程的两个方面。

2. 建设监理管理制度

建设工程项目管理简称建设监理，国外统称工程咨询，是建设工程项目实施过程中一种科学的管理方法。建设监理是对建设前期（决策阶段）的工程咨询，建设实施阶段的招标投标、勘察设计、施工验收，直至建设后期的运转保修在内的各个阶段的管理与监督。我国目前建设监理主要是项目实施阶段的监理。

11.4.5 建设工程施工管理

1. 项目报建制度

项目报建制度是指建设单位必须在建设工程立项批准后，工程发包前，向建设行政主管部门或其授权的部门办理工程报建登记手续。未办理报建登记手续的工程，不得发包，不得签订工程合同。

2. 施工许可制度

施工许可制度是指新建、扩建、改建的建设工程，建设单位必须在开工前向建设行政主管部门或其授权的部门申请领取建设工程施工许可证。未领取施工许可证的，不得开工。

3. 建设工程质量保修办法

（1）建筑工程在保修范围和保修期内出现工程质量不符合工程建设强制性标准以及合同约定的质量缺陷，施工单位应当履行保修义务。

（2）建设单位和施工单位应当在工程质量合同中约定保修范围、保修期限和保修责任等，双方约定的保修范围、保修期限必须符合国家规定。

（3）建设工程的最低保修期为：①地基基础和主体结构工程，为设计文件规定的该工程的合理使用年限。②屋面防水工程，有防水要求的卫生间、房间和外墙面的防渗漏，为5年。③供热和供冷系统，为2个采暖期、供冷期。④电气系统，给排水管道，设备安装为2年。⑤装修工程为2年。⑥其他项目的保修期由建设单位和施工单位约定。

（4）建设工程保修期从工程竣工验收合格之日起计算，保修费由质量缺陷的责任方承担。

（5）因使用不当或者第三方造成的质量缺陷和不可抗拒力造成的质量缺陷，不属于保修范围。

（6）建筑工程在保修期内出现质量缺陷，建设单位应向施工单位发出保修通知，施工单位接到保修通知后，应当在合同约定的时间内予以保修。

（7）因保修不及时造成人身、财产损害，由造成拖延的责任方承担赔偿责任。

（8）在保修期内，因建设工程缺陷造成人身、财产损害的，建设单位有权向造成建筑工程质量缺陷的责任方要求赔偿。

（9）涉及结构安全的质量缺陷，建设单位应立即报告上级主管部门，并及时通知原设计部门、原工程质量监督机构、原施工单位赴现场抢修。

4. 建设工程的竣工验收管理制度

（1）竣工验收含义。任何建设工程竣工后，都必须进行竣工验收。竣工验收是建设工程施工和施工管理的最后环节。单项工程完工，进行单项工程验收；分期建设的工程，进行分期验收；全面工程竣工，进行竣工综合验收。凡未经验收或验收不合格的建设工程和开发项目，不准交付使用。

（2）竣工验收管理组织与监督。工程竣工的验收工作，由建设单位负责组织实施。县级以上地方人民政府建设行政主管部门应当委托工程质量监督机构对工程竣工验收实施监督。

（3）建设工程竣工验收的条件。①完成工程设计和合同约定的各项内容。②施工单位在工程完工后对工程质量进行检查，确认工程质量符合有关法律、法规和工程建设强制性标准，符合设计文件及合同要求，并提出工程竣工报告且应经项目经理和施工单位有关负责人审核签字。③对于委托监理的工程项目，监理单位对工程进行质量评估，具有完整的监理资料，并提出工程质量评估报告且应经总监理工程师和监理单位有关负责人审核签字。④勘察、设计单位对勘察、设计文件及施工过程中由设计单位签署的设计变更通知书进行检查，并提出质量检查报告且应经该项目勘察、设计负责人和勘察、设计单位有关负责人审核签字。⑤有完整的技术档案和施工管理资料。⑥有工程使用的主要建筑材料、建筑构配件和设备的进场试验报告。⑦建设单位已按合同约定支付工程款。⑧有施工单位签署的工程质量保修书。⑨城乡规划行政主管部门对工程是否符合规划设计要求进行检查，并出具认可文件。⑩有公安消防、环保等部门出具的认可文件或者准许使用文件。

11.4.6 房地产开发企业管理

1. 房地产开发企业的概念、特征及其分类

（1）概念。房地产开发企业是依法设立的、具有企业法人资格的、以营利为目的、从事房地产开发和经营的企业。

（2）特征。房地产开发企业一般具有高投入、高风险、回报周期长、综合性强、关联效应大等特征。

（3）分类。房地产开发企业登记为有限责任公司或股份公司，其种类有专营企业和兼营企业两种。

2. 房地产开发企业的设立条件

（1）有自己的名称、组织机构。①名称是房地产开发企业人格化和与其他企业相区别的重要标志，也是设立房地产开发企业的一个必备条件。②组织机构的作用在于对内管理企业事务，对外代表企业从事民事活动，是使企业正常运行的重要保证。

（2）有固定的经营场所。该场所可以是自有的，也可以是租赁的。

（3）有符合法律规定的注册资本。《城市房地产开发经营管理条例》第五条规定要有100万元以上的注册资本。按照该条的规定，省、自治区、直辖市人民政府可以制定高于100万元注册资本的规定。

（4）有符合法律规定的专业技术人员。应当有相应的专业水平要求的施工、规划、设计等方面的工程技术人员以及财务、会计、统计、营销等方面的经济管理人员。依据《城市房地产开发经营管理条例》第五条，设立房地产开发企业，还应当具备下列条件：有4名以上持有资格证书的房地产专业、建筑工程专业的专职技术人员，2名以上持有资格证书的专职会计人员。省、自治区、直辖市人民政府可以根据本地方的实际情况，对设立房地产开发企业专业技术人员的条件做出高于前款的规定。

（5）法律、法规规定的其他条件。设立房地产开发企业，除了应遵循以上条件以外，还应当符合《中华人民共和国公司法》《中华人民共和国公司登记管理条例》等的规定。

3. 房地产开发企业设立的程序

（1）新设立的房地产开发企业，应当自领取营业执照之日起30日内，持下列文件到登记机关所在地的房地产开发主管部门备案：营业执照复印件、企业章程、验资证明、企业法定代表人的身份证明、专业技术人员的资格证书和聘用合同。

（2）房地产开发主管部门应当在收到备案申请后30日内向符合条件的企业核发《暂定资质证书》，暂定资质的条件不低于四级资质的条件。《暂定资质证书》有效期1年。

4. 房地产开发企业资质等级

（1）一级资质。它要求：①注册资本不低于5 000万元。②从事房地产开发经营5年以上。③近3年房屋建筑面积累计竣工30万平方米以上，或者累计完成与此相当的房地产开发投资额。④连续5年建筑工程质量合格率达100%。⑤上一年房屋建筑施工面积15万平方米以上，或者完成与此相当的房地产开发投资额。⑥有职称的建筑、结构、财务、房地产及有关经济类的专业管理人员不少于40人，其中具有中级以上职称的管理人员不少于20人，持有资格证书的专职会计人员不少于4人。⑦工程技术、财务、统计等业务负责人具有相应专业中级以上职称。⑧具有完善的质量保证体系，商品住宅销售中实行了《住宅质量保证书》和《住宅使用说明书》制度。⑨未发生过重大工程质量事故。

（2）二级资质。它要求：①注册资本不低于2 000万元。②从事房地产开发经营3年以上。③近3年房屋建筑面积累计竣工15万平方米以上。④连续3年建筑工程质量合格率达100%。⑤上一年房屋建筑施工面积10万平方米以上。⑥有职称的建筑、结构、财务、房地产及有关经济类的专业管理人员不少于20人，其中具有中级以上职称的管理人员不少于10人，持有资格证书的专职会计人员不少于3人。⑦工程技术、财务、统计等业务负责人具有相应专业中级以上职称。⑧具有完善的质量保证体系，商品住宅销售中实行了《住宅质量保证书》和《住宅使用说明书》制度。⑨未发生过重大工程质量事故。

（3）三级资质。它要求：①注册资本不低于800万元。②从事房地产开发经营2年以上。③房屋建筑面积累计竣工5万平方米以上。④连续2年建筑工程质量合格率达100%。⑤有职称的建筑、结构、财务、房地产及有关经济类的专业管理人员不少于10人，其中具有中级以上职称的管理人员不少于5人，持有资格证书的专职会计人员不少于2人。⑥工程技术、财务等业务负责人具有相应专业中级以上职称，统计等其他业务负责人具有相应专业初级以上职称。⑦具有完善的质量保证体系，商品住宅销售中实行了《住宅质量保证书》和《住宅使用说明书》制度。⑧未发生过重大工程质量事故。

（4）四级资质。它要求：①注册资本不低于100万元。②从事房地产开发经营1年以上。③已竣工的建筑工程质量合格率达100%。④有职称的建筑、结构、财务、房地产及有关经济类的专业管理人员不少于5人，持有资格证书的专职会计人员不少于2人。⑤工程技术负责人具有相应专业中级以上职称，财务负责人具有相应专业初级以上职称，配有专业统计人员。⑥商品住宅销售中实行了《住宅质量保证书》和《住宅使用说明书》制度。⑦未发生过重大工程质量事故。

（5）《暂定资质证书》。新设立的房地产开发企业应当自领取营业执照之日起30日内，到房地产开发主管部门备案，不低于四级资质要求，领取《暂定资质证书》，有效期1年。房地产开发主管部门可以视企业经营情况延长《暂定资质证书》有效期，但延长期限不得超过2年。自领取《暂定资质证书》之日起1年内无开发项目的，《暂定资质证书》有效期不得延长。

5. 房地产开发企业资质管理

（1）管理机构。国务院建设行政主管部门负责全国房地产开发企业的资质管理工作；县级以上地方人民政府房地产开发主管部门负责本行政区域内房地产开发企业的资质管理工作。

（2）实行分级审批。一级资质由省、自治区、直辖市建设行政主管部门初审，报国务院建设行政主管部门审批；二级及二级以下资质的审批办法由省、自治区、直辖市人民政府建设行政主管部门制定。

11.4.7 房地产开发项目管理

1. 确定房地产开发项目的原则

（1）应当符合土地利用总体规划、年度建设用地计划和城市规划、房地产开发年度计划的要求。按照国家有关规定需要经国家发展改革主管部门批准的，还应当报国家发展改革主管部门批准，并纳入年度固定资产投资计划。

（2）房地产开发项目，应当坚持旧区改建和新区建设相结合的原则，注重开发基础设施薄弱、交通拥挤、环境污染严重以及危旧房集中的区域，保护和改善城市生态环境，保护历史文化遗产。

2. 房地产开发项目土地使用权的取得

（1）土地使用权的取得方式。房地产开发用地应当以出让的方式取得，但法律和国务院规定可以采用划拨方式的除外。可以采用划拨方式取得土地使用权的情形有以下两种：国家机关用地和军事用地，城市基础设施用地和公益事业用地，国家重点扶持的能源、交通、水利等项目用地，法律、行政法规规定的其他用地确属必需的，可以由县级以上人民政府依法批准划拨；经济适用住房建设用地。

（2）取得程序。国有土地使用权的出让程序：申办建设用地规划许可证→申办建设用地委托钉桩→申办国有土地使用权出让申请→主管部门实地勘察→土地估价报告的预审→委托地价评估→申办核定地价手续→申办土地出让审批→签订国有土地使用权出让合同→领取临时国有土地使用证→领取正式国有土地使用证。国有土地使用权的划拨程序：国有土地使用权划拨用地申请→主管部门现场勘察→划拨用地申请的审核、报批→取得划拨用地批准。

（3）建设条件书面意见的内容。土地使用权出让或划拨前，县级以上地方人民政府城市规划行政主管部门和房地产开发主管部门应当对下列事项提出书面意见，作为土地使用权出让或者划拨的依据之一：①房地产开发项目的性质、规模和开发期限。②城市规划设计的条件。③基础设施和公共设施的建设要求。④基础设施建成后的产权界定。⑤项目拆迁补偿、安置要求。

3. 房地产开发项目资本金制度

（1）含义。各种经营性投资项目包括国有单位的基本建设、技术改造、房地产开发项目和集体投资项目试行资本金制度，而且投资的项目必须首先落实资本金才能进行建设。投资项目资本金是指在投资项目总投资中，由投资者认购的出资额，对投资项目来说是非债务性资金，项目法人不承担这部分资金的任何利息和债务。

（2）资本金比例。《城市房地产开发经营管理条例》规定："房地产开发项目应当建立资本金制度，资本金占项目总投资的比例不得低于20%。"2004年4月，为加强宏观调控，调整和优化经济结构，国务院将房地产开发项目（不含经济适用房项目）资本金最低比例由20%提高到了35%。

4. 逾期开发的房地产项目的处理原则

逾期开发的房地产项目的处理原则：征收土地闲置费；无偿收回土地使用权。

5. 房地产开发项目的质量责任制度

（1）房地产开发企业应对其开发的房地产项目承担质量责任。房地产开发项目应当符合有关法律、法规的规定和建筑工程质量、安全标准、建筑工程勘察、设计、施工的技术规范以及合同的约定。房地产开发企业应当对其开发建设的房地产开发项目的质量承担责任。勘察、设计、施工、监理等单位应当依照有关法律、法规的规定或者合同的约定，承担相应的责任。

（2）对质量不合格的房地产项目的处理方式。商品房交付使用后，购买人认为主体结构质量不合格的，可以向工程质量监督单位申请重新核验。经核验，确属主体结构质量不合格的，购买人有权退房，给购买人造成损失的，房地产开发企业应当依法承担赔偿责任。

6.《住宅质量保证书》和《住宅使用说明书》制度

房地产开发企业应当在商品房交付使用时，向购买人提供《住宅质量保证书》和《住宅使用说明书》。

（1）《住宅质量保证书》。该保证书应当列明工程质量监督部门核验的质量等级、保修范围、保修期和保修单位等内容。房地产开发企业应当按照住宅质量保证书的约定，承担商品房保修责任。商品住宅的保修期从商品住宅交付之日起计算，不得低于建设工程承包单位向建设单位出具的质量保修书约定保修的存续期。非住宅商品房的保修期不得低于建筑工程承包单位向建设单位出具的质量保修书约定保修的存续期。在保修期限内发生的属于保修范围的质量问题，房地产开发企业应当履行保修义务，并对造成的损失承担赔偿责任。

（2）《住宅使用说明书》。该说明书应当对住宅的结构、性能和各部位（部件）的类型、性能、标准等做出说明，并提出使用注意事项，一般应当包含以下内容：①开发单位、设计单位、施工单位，委托监理的应注明监理单位。②结构类型。③装修、装饰注意事项。④上水、下水、电、燃气、热力、通信、消防等设施配置的说明。⑤有关设备、设施安装预留位置的说明和安装注意事项。⑥门、窗类型，使用注意事项。⑦配电负荷。⑧承重墙、保温墙、防水层、阳台等部位注意事项的说明。⑨其他需说明的问题。住宅中配置的设备、设施，生产厂家另有使用说明书的，应附于《住宅使用说明书》中。

7. 项目手册制度

（1）含义。《项目手册》是房地产开发主管部门对房地产开发企业开发经营房地产项目实施管理的重要资料。《项目手册》记录的内容及定期报送情况作为房地产开发企业资质审核的重要内容，同时也作为对保障性住房建设项目实施管理和对保障性住房建设单位考核的重要内容。

（2）内容。建设单位自取得立项批文后，均应做好《项目手册》的建立和报备工作。建设单位应按照《项目手册》要求内容如实填写，并对填报内容的真实性负责。房地产开发主管部门负责组织实施《项目手册》备案管理工作。建设单位按每一个房地产开发项目或保障性住房建设项目填报一份《项目手册》。《项目手册》文本不得伪造、出租、出借、涂改、转让等。《项目手册》一式两份，由房地产开发主管部门和建设单位各执一份，验核时同步做好记录，实行动态管理。

11.4.8 房地产经营管理

1. 房地产项目转让

（1）含义。房地产项目转让是指房地产开发企业在开发过程中，将具备一定条件的整个房地产项目转让给他人的行为。项目是指已经具备开工条件或已经开工但尚未开始预售的建设工程。由于房地产开发往往投资额巨大、开发周期较长，为及时规避、转移经营风险，投资者会通过转让房地产项目来实现项目收益。

（2）房地产项目转让方式。①房地产开发项目转让。它是指权利人将其拥有的建设工程项目出卖给受让人，双方就转受让该建设项目确立权利义务关系的民事行为。以出让方式取得土地使用权的，转让房地产时，应当符合下列条件：按照出让合同约定已经支付全部土地使用权出让金，并取得土地使用权证书；按照出让合同约定进行投资开发，属于房屋建设工程的，完成开发投资总额的 25% 以上，属于成片开发土地的，形成工业用地或者其他建设用地条件。转让房地产时房屋已经建成的，还应当持有房屋所有权证书。以划拨方式取得土地使用权的，转让房地产时，应当按照国务院规定，报有批准权的人民政府审批，准予转让的，应当由受让方办理土地使用权出让手续，并依照国家有关规定缴纳土地使用权出让金。房地产开发项目的转让实质上仍是土地使用权的转让。②房地产项目公司转让。设立房地产项目公司可以合理地规避市场及法律上的诸多风险，因此投资者每开发一个房地产项目即成立一个公司，各个房地产项目彼此互不影响。房地产项目公司转让就是指投资者注册成立房地产开发有限公司，然后以公司股权转让的方式实现房地产项目转让。

2. 商品房交付使用

（1）房地产开发企业应当按照合同约定，将符合交付使用条件的商品房按期交付给买受人。未能按期交付的，房地产开发企业应当承担违约责任。因不可抗力或者当事人在合同中约定的其他原因，需延期交付的，房地产开发企业应当及时告知买受人。商品房建成后的测绘结果与合同中约定的面积数据有差异，商品房交付时，开发商与购房人应根据合同约定对面积差异进行结算。

（2）房地产开发企业应协助购买人办理土地使用权变更和房屋所有权登记手续。房地产开发企业应当在商品房交付使用之日起 60 日内，将需要由其提供的办理房屋权属登记的资料报送房屋所在地房地产行政主管部门。同时房地产开发企业还应当协助商品房买受人办理土地使用权变更和房屋所有权登记手续，并提供必要的证明文件。

3. 房地产广告

（1）广告内容。房地产预售、销售广告，必须载明以下事项：①开发企业名称。②中介服务机构代理销售的，载明该机构名称。③预售或者销售许可证书号。广告中仅介绍房地产项目名称的，可以不必载明上述事项。

（2）房地产广告的要求。广告中对价格有表示的，应当清楚表示为实际的销售价格，明示价格的有效期限；项目位置应以从该项目到达某一具体参照物的现有交通干道的实际距离表示，不得以所需时间来表示距离，项目位置示意图应当准确、清楚，比例恰当；广告中涉及的交通、商业、文化教育设施及其他市政条件等，如在规划或者建设中，应当在广告中注明；涉及面积的，应当表明是建筑面积或使用面积；涉及内部结构、装修装饰的，应当真实、准确，预售、预租商品房广告，不得涉及装修装饰内容；广告中不得利用其他项目的形象、环境作为本项目的效果；广告中使用建筑设计效果图或者模型照片的，应当在广告中注明；不得出现融资或者变相融资的内容，不得含有升值或者投资回报的承诺；涉及贷款服务的，应当载明提供贷款的银行名称及贷款额度、年期；不得含有能够为入住者办理户口、就业、升学等事项的承诺；涉及物业管理内容的，应当符合国家有关规定，涉及尚未实现的物业管理内容，应当在广告中注明；涉及资产评估的，应当表明评估单位、估价师和评估时间；使用其他数据、统计资料、文摘、引用语的，应当真实、准确，标明出处。

11.5 房地产交易管理制度与政策

11.5.1 房地产交易管理概述

房地产交易管理是指政府房地产管理部门及其他相关部门以法律的、行政的、经济的手段，对房地产交易活动行使指导、监督等管理职能。它是房地产市场管理的重要内容。房地产交易包括房地产转让、房地产抵押和房屋租赁三种形式。

1. 房地产交易的原则

房地产交易行为是平等的民事主体之间的民事行为，原则是：自愿、公平、诚实信用。

2. 房地产交易中的基本制度

《城市房地产管理法》规定了三项房地产交易基本制度：房地产价格申报制度、房地产价格评估制度、房地产价格评估人员资格认证制度。

（1）房地产价格申报制度。房地产权利人转让房地产，应当向县级以上地方人民政府规定的部门如实申报成交价，不得瞒报或者做不实的申报。房地产转让应当以申报的成交价格作为缴纳税费的依据。成交价格明显低于正常市场价格的，以评估价格作为缴纳税费的依据。

（2）房地产价格评估制度。房地产价格评估，应当遵循公正、公平、公开的原则，按照国家规定的技术标准和评估程序，以基准地价、标定地价和各类房屋的重置价格为基础，参照当地的市场价格进行评估。

（3）房地产价格评估人员资格认证制度。房地产价格评估人员分为房地产估价师和房地产估价员。房地产估价师必须是经国家统一考试、执业资格认证，取得《房地产估价师执业资格证书》，并经注册登记取得《房地产估价师注册证》的人员；未取得《房地产估价师注册证》的人员，不得以房地产估价师的名义从事房地产估价业务。

3. 房地产交易的管理机构及其职责

（1）房地产交易的管理机构。房地产交易的管理机构是指由国家设立的从事房地产交易管理的职能部门及其授权的机构。它包括国务院建设行政主管部门即住房和城乡建设部，省级建设行政主管部门即各省、自治区建设厅和直辖市房地产管理局，各市、县房地产管理部门以及房地产管理部门授权的房地产交易管理所（房地产市场管理处、房地产交易中心等）。

（2）管理职责。①对房地产交易、经营等活动进行指导和监督，查处违法行为，维护当事人的合法权益。②办理房地产交易登记、鉴证等手续。③协助财政、税务部门征收与房地产交易有关的税费。④为房地产交易提供洽谈协议、交流信息、展示行情等各种服务。⑤为建立房地产市场预警预报体系，为政府或其授权的部门公布各类房屋的房地产市场价格，为政府宏观决策和正确引导市场发展服务。

11.5.2 房地产转让管理

房地产转让是指房地产权利人通过买卖（11.5.3 详细介绍了商品房销售管理）、赠与或者其他合法方式将其房地产转让给他人的行为。房地产转让分为有偿转让和无偿转让。

1. 房地产转让的条件

（1）转让条件。转让人应持有合法取得的土地使用权证书；转让房地产时房屋已经建成的，还应当持有房屋所有权证书。被转让的房地产权利属于可依法转让的类型并具备依法转让的条件。

（2）不得转让的房地产情况。①达不到下列条件的房地产不得转让：以出让方式取得土地使用权属于房屋建设工程的，应完成开发投资总额的 25% 以上；属于成片开发的，形成工业用地或者其他建设用地条件；同时规定应按照出让合同约定已经支付全部土地使用权出让金，并取得土地使用权证书。②司法机关和行政机关依法裁定、决定查封或以其他形式限制房地产权利的。③依法收回土地使用权的。④共有房地产，未经其他共有人书面同意的。⑤权属有争议的。⑥未依法登记领取权属证书的。⑦法律和行政法规规定禁止转让的其他情况。

2. 房地产转让的程序

（1）房地产转让当事人签订书面转让合同。

（2）房地产转让当事人在房地产转让合同签订后 90 日内持房地产权属证书、当事人的合法证明、转让合同等有关文件向房地产所在地的房地产管理部门提出申请，并申报成交价格。

（3）房地产管理部门对提供的有关文件进行审查，并在 7 日内做出是否受理申请的书面答复，7 日内未做书面答复的，视为同意受理。

（4）房地产管理部门核实申报的成交价格，并根据需要对转让的房地产进行现场查勘和评估。

（5）房地产转让当事人按照规定缴纳有关税费。

（6）房地产管理部门办理房屋权属登记手续，核发权属证书。

（7）凡房地产转让或变更的，必须按照规定的程序先到房地产管理部门办理交易手续和申请转移、变更登记，然后凭变更后的房屋所有权证书向同级人民政府土地管理部门申请土地使用权变更登记。

3. 房地产转让合同

（1）含义。房地产转让合同是指房地产转让当事人之间签订的用于明确各方权利、义务关系的协议。房地产转让时，应当签订书面转让合同。

（2）合同的内容。合同的内容由当事人协商拟定，一般应包括：①双方当事人的姓名或者名称、住所。②房地产权属证书的名称和编号。③房地产坐落位置、面积、四至界限。④土地宗地号、土地使用权取得的方式及年限。⑤房地产的用途或使用性质。⑥成交价格及支付方式。⑦房地产交付使用的时间。⑧违约责任。⑨双方约定的其他事项。

4. 以出让方式取得土地使用权的房地产转让

以出让方式取得土地使用权的房地产转让时，受让人所取得的土地使用权的权利、义务范围应当与转让人所原有的权利和承担的义务范围相一致。以出让方式取得土地使用权，可以在不同土地使用者之间多次转让，但土地使用权出让合同约定的使用年限不变。实际使用年限等于出让合同约定的年限减去原土地使用权已经使用年限后的剩余年限。

5. 以划拨方式取得土地使用权的房地产转让

有两种不同的处理方式：一种是需办理出让手续，变划拨土地使用权为出让土地使用权，由受让方缴纳土地出让金；另一种是不改变原有土地的划拨性质，对转让方征收土地收益金。对于暂不办理土地使用权出让手续的，应当将土地收益上缴国家或做其他处理，并在合同中注明。

6. 已购公有住房和经济适用住房上市的有关规定

经济适用住房的土地使用权全部是划拨供给，已购公有住房的土地使用权绝大部分也是划拨供给的。原先的政策对这两类住房的上市有较严格的限制性规定；后来，为鼓励住房消费，国家对已购公有住房和经济适用住房允许上市，并从营业税、土地增值税、契税、个人所得税、土地收益等方面给予了减免优惠政策。各地又在此基础上出台了一些地方优惠政策，大大活跃了存量房市场。

11.5.3 商品房销售管理

商品房预售是指房地产开发企业将正在建设中的房屋预先出售给承购人，由承购人预付定金或房价款的行为。《城市房地产管理法》规定商品房预售实行预售许可。

1. 商品房预售的条件

（1）已交付全部土地使用权出让金，取得土地使用权证书。

（2）持有建设工程规划许可证和施工许可证。

（3）按提供预售的商品房计算，投入开发建设的资金达到工程建设总投资的25%以上，并已经确定施工进度和竣工交付日期。

（4）开发企业向市、县人民政府房产管理部门办理预售登记，取得《商品房预售许可证》。

2. 商品房预售许可

（1）含义。房地产开发企业进行商品房预售，应当向房地产管理部门申请预售许可，取得《商品房预售许可证》。未取得《商品房预售许可证》的，不得进行商品房预售。开发企业进行商品房预售时，应当向求购人出示《商品房预售许可证》。

（2）申请商品房预售许可。房地产开发企业应当向市、县人民政府房地产管理部门提交下列证件及资料：①商品房预售许可申请表。②开发企业的《营业执照》和资质证书。③土地使用权证、建设工程规划许可证、施工许可证。④投入开发建设的资金占工程建设总投资的比例符合规定条件的证明。⑤工程施工合同及关于施工进度的说明。⑥商品房预售方案，包括商品房的位置、面积、竣工交付日期等内容，并应当附商品房预售分层平面图。房地产管理部门做出的准予商品房预售许可的决定，应当予以公开，公众有权查询。

3. 商品房预售合同登记备案

商品房预售是指房地产开发企业将正在建设中的商品房预告出售给买受人，并由买受人支付定金或者房价款的行为。房地产开发企业取得《商品房预售许可证》，可以向社会预售其商品房。商品房预售人应当在签约之日起30日内持商品房预售合同到县级以上人民政府房产管理部门和土地管理部门办理登记备案手续。但禁止商品房预购人将购买的未竣工的预售商品房再转让。

4. 商品房现售

商品房现售是指房地产开发企业将竣工验收合格的商品房出售给买受人，并由买受人支付房价款的行为。现售必须符合以下条件：①出售商品房的房地产开发企业应当具有企业法人营业执照和房地产开发企业资质证书。②取得土地使用权证书或使用土地的批准文件。③持有建设工程规划许可证和施工许可证。④已通过竣工验收。⑤拆迁安置已经落实。⑥供水、供电、供热、燃气、通信等配套设施设备具备交付使用条件，其他配套基础设施和公共设备具备交付使用条件或已确定施工进度和交付日期。⑦物业管理方案已经落实。

5. 商品房销售代理

商品房销售代理是指房地产开发企业或其他房地产拥有者将物业销售业务委托给专门的房地产中介服务机构代为销售的一种经营方式。实行销售代理必须签订委托合同。受托房地产中介服务机构在代理销售商品房时，不得收取佣金以外的其他费用。房地产销售人员必须经过专业培训取得相应的资格后，才能从事商品房销售代理业务。

6. 商品房销售中禁止的行为

（1）房地产开发企业不得在未解除商品房买卖合同前，将作为合同标的物的商品房再行销售给他人。

（2）房地产开发企业不得采取返本销售或变相返本销售的方式销售商品房。

（3）不符合商品房销售条件的，房地产开发企业不得销售商品房，不得向买受人收取任何预定款性质的费用。

（4）商品住宅必须按套销售，不得分割拆零销售。

（5）禁止商品房预购人将买卖的未竣工的预售商品房再行转让。

此外，房屋所有权申请人与登记备案的预售合同载明的预购人必须一致。实行实名制购房，推行商品房预售合同网上即时备案，防范私下交易行为。对虚构买卖合同，囤积房源；发布不实价格和销售进度信息，恶意哄抬房价，诱骗消费者争购；以及不履行开工时间、竣工时间、销售价格和套型面积控制性项目要求的，当地房地产主管部门要将以上行为记入房地产企业信用档案，公开予以曝光。

7. 商品房买卖合同

房地产开发企业应与购房者签订商品房买卖合同，并采用《商品房买卖合同示范文本》。

（1）合同主要内容：当事人名称和姓名、住所；商品房基本情况；商品房的销售方式；商品房价款的确定方式及总价款、付款方式、付款时间；交付使用条件及日期；装饰、装修标准承诺；供水、供电、供热、燃气、通信、道路、绿化等配套基础设施和公共设施的交付承诺和有关权益、责任；公共配套建筑的产权归属；面积差异的处理方式；办理产权登记有关事宜；解决争议的办法；违约责任；双方约定的其他事项。房地产开发企业、房地产中介服务机构发布的商品房销售广告和宣传资料所明示的事项，当事人应当在商品房买卖合同中约定。

（2）计价方式。商品房销售可以按套（单元）、套内建筑面积、建筑面积等三种计价方式计价，房屋权属登记中对房屋的面积按建筑面积进行登记，但按套、套内建筑面积计价并不影响用建筑面积进行产权登记。

（3）误差的处理方式。面积误差比是产权登记面积与合同约定面积之差与合同约定面积之比，公式为：

$$面积误差比 = (产权登记面积 - 合同约定面积) / 合同约定面积 \times 100\%$$

合同未做约定的，按以下原则处理：①面积误差比绝对值在3%以内（含3%）的，据实结算房价款。②面积误差比绝对值超过3%时，买受人有权退房。买受人退房的，房地产开发企业应当在买受人提出退房日期30日内办理退房退款。

（4）中途变更规划、设计。出现合同当事人约定的其他影响商品房质量或使用功能情形的，房地产开发企业应当在变更确立之日起10日内，书面通知买受人。买受人有权在通知到达之日起15日内做出是否退房的书面答复，15日内未做出书面答复的，视同接受规划、设计变更以及由此引起的房价款的变更。房地产开发企业未在规定时限内通知买受人的，买受人有权退房；买受人退房的，由房地产开发企业承担违约责任。

（5）保修责任。当事人应当在合同中就保修范围、保修期限、保修责任等内容做出约定。保修期从交付之日起计算。

8. 最高人民法院关于审理商品房买卖合同纠纷案件适用法律若干问题的司法解释

（1）出卖人未取得商品房预售许可证明，与买受人订立的商品房预售合同，应当认定无效，但是在起诉前取得商品房预售许可证明的，可以认定有效。

（2）商品房的销售广告和宣传资料为要约邀请，但是出卖人就商品房开发规划范围内的房屋及相关设施所做的说明和允诺具体确定，并对商品房买卖合同的订立以及房屋价格的确定有重大影响的，应当视为要约。该说明和允诺即使未载入商品房买卖合同，也应当视为合同内容，当事人违反的，应当承担违约责任。

（3）出卖人通过认购、订购、预订等方式向买受人收受定金作为订立商品房买卖合同担保的，如果因当事人一方原因未能订立商品房买卖合同，应当按照法律关于定金的规定处理；因不可归责于当事人双方的事由，导致商品房买卖合同未能订立的，出卖人应当将定金返还买受人。商品房的认购、订购、预订等协议具备《商品房销售管理办法》第十六条规定的商品房买卖合同的主要内容，并且出卖人已经按照约定收受购房款的，该协议应当认定为商品房买卖合同。

（4）当事人以商品房预售合同未按照法律、行政法规规定办理登记备案手续为由，请求确认合同无效的，不予支持。当事人约定以办理登记备案手续为商品房预售合同生效条件的，从其约定，但当事人一方已经履行主要义务，对方接受的除外。

（5）拆迁人与被拆迁人按照所有权调换形式订立拆迁补偿安置协议，明确约定拆迁人以位置、用途特定的房屋对被拆迁人予以补偿安置，如果拆迁人将该补偿安置房屋另行出卖给第三人，被拆迁人请求优先取得补偿安置房屋的，应予支持。

（6）具有括号中情形之一（①商品房买卖合同订立后，出卖人未告知买受人又将该房屋抵押给第三人。②商品房买卖合同订立后，出卖人又将该房屋出卖给第三人），导致商品房买卖合同目的不能实现的，无法取得房屋的买受人可以请求解除合同、返还已付购房款及利息、赔偿损失，并可以请求出卖人承担不超过已付购房款一倍的赔偿责任。

（7）出卖人订立商品房买卖合同时，具有括号中情形之一（①故意隐瞒没有取得商品房预售许可证明的事实或者提供虚假商品房预售许可证明。②故意隐瞒所售房屋已经抵押的事实。③故意隐瞒所售房屋已经出卖给第三人或者为拆迁补偿安置房屋的事实），导致合同无效或者被撤销、解除的，买受人可以请求返还已付购房款及利息、赔偿损失，并可以请求出卖人承担不超过已付购房款一倍的赔偿责任。

（8）买受人以出卖人与第三人恶意串通，另行订立商品房买卖合同并将房屋交付使用，导致其无法取得房屋为由，请求确认出卖人与第三人订立的商品房买卖合同无效的，应予支持。

（9）对房屋的转移占有，视为房屋的交付使用，但当事人另有约定的除外。房屋毁损、灭失的风险，在交付使用前由出卖人承担，交付使用后由买受人承担；买受人接到出卖人的书面交房通知，无正当理由拒绝接收的，房屋毁损、灭失的风险自书面交房通知确定的交付使用之日起由买受人承担，但法律另有规定或者当事人另有约定的除外。

（10）因房屋质量问题严重影响正常居住使用，买受人请求解除合同和赔偿损失的，应予支持。交付使用的房屋存在质量问题，在保修期内，出卖人应当承担修复责任；出卖人拒绝修复或者在合理期限内拖延修复的，买受人可以自行或者委托他人修复。修复费用及修复期间造成的其他损失由出卖人承担。

（11）出卖人交付使用的房屋套内建筑面积或者建筑面积与商品房买卖合同约定面积不符，合同有约定的，按照约定处理；合同没有约定或者约定不明确的，按照以下原则处理：①面积误差比绝对值在3%以内（含3%），按照合同约定的价格据实结算，买受人请求解除合同的，不予支持。②面积误差比绝对值超出3%，买受人请求解除合同、返还已付购房款及利息的，应予支持。买受人同意继续履行合同，房屋实际面积大于合同约定面积的，面积误差比在3%以内（含3%）部分的房价款由买受人按照约定的价格补足，面积误差比超出3%部分的房价款由出卖人承担，所有权归买受人；房屋实际面积小于合同约定面积的，面积误差比在3%以内（含3%）部分的房价款及利息由出卖人返还买受人，面积误差比超过3%部分的房价款由出卖人双倍返还买受人。

（12）根据《民法典》第563条的规定，出卖人迟延交付房屋或者买受人迟延支付购房款，经催告后在合理期限（一般为3个月）内仍未履行，当事人一方请求解除合同的，应予支持，但当事人另有约定的除外。法律没有规定或者当事人没有约定，经对方当事人催告后，解除权行使的合理期限为3个月。对方当事人没有催告的，解除权应当在解除权发生之日起一年内行使；逾期不行使的，解除权消灭。

（13）当事人以约定的违约金过高为由请求减少的，应当以违约金超过造成的损失30%为标准适当减少；当事人以约定的违约金低于造成的损失为由请求增加的，应当以违约造成的损失确定违约金数额。商品房买卖合同没有约定违约金数额或者损失赔偿额计算方法的，违约金数额或者损失赔偿额可以参照以下标准确定：逾期付款的，按照未付购房款总额，参照中国人民银行规定的金融机构计收逾期贷款利息的标准计算；逾期交付使用房屋的，按照逾期交付使用房屋期间有关主管部门公布或者有资格的房地产评估机构评定的同地段同类房屋租金标准确定。

（14）由于出卖人的原因，买受人在括号中期限（①商品房买卖合同约定的办理房屋所有权登记的期限。②商品房买卖合同的标的物为尚未建成房屋的，自房屋交付使用之日起90日。③商品房买卖合同的标的物为已竣工房屋的，自合同订立之日起90日）届满未能取得房屋权属证书的，除当事人有特殊约定外，出卖人应当承担违约责任。合同没有约定违约金或者损失数额难以确定的，可以按照已付购房款总额，参照中国人民银行规定的金融机构计收逾期贷款利息的标准计算。

（15）商品房买卖合同约定或者《城市房地产开发经营管理条例》第三十三条规定的办理房屋所有权登记的期限届满后超过一年，由于出卖人的原因，导致买受人无法办理房屋所有权登记，买受人请求解除合同和赔偿损失的，应予支持。

（16）出卖人与包销人订立商品房包销合同，约定出卖人将其开发建设的房屋交由包销人以出卖人的名义销售的，包销期满未销售的房屋，由包销人按照合同约定的包销价格购买，但当事人另有约定的除外。出卖人自行销售已经约定由包销人包销的房屋，包销人请求出卖人赔偿损失的，应予支持，但当事人另有约定的除外。对于买受人因商品房买卖合同与出卖人发生的纠纷，人民法院应当通知包销人参加诉讼；出卖人、包销人和买受人对各自的权利义务有明确约定的,按照约定的内容确定各方的诉讼地位。

(17)商品房买卖合同约定,买受人以担保贷款方式付款、因当事人一方原因未能订立商品房担保贷款合同并导致商品房买卖合同不能继续履行的,对方当事人可以请求解除合同和赔偿损失。因不可归责于当事人双方的事由未能订立商品房担保贷款合同并导致商品房买卖合同不能继续履行的,当事人可以请求解除合同,出卖人应当将收受的购房款本金及其利息或者定金返还买受人。

(18)因商品房买卖合同被确认无效或者被撤销、解除,致使商品房担保贷款合同的目的无法实现,当事人请求解除合同的,应予支持。商品房买卖合同被确认无效或者被撤销、解除后,商品房担保贷款合同也被解除的,出卖人应当将收受的购房贷款和购房款的本金及利息分别返还担保权人和买受人。

11.5.4 房屋租赁管理

1. 房屋租赁的政策

(1)公有房屋租赁,出租人必须持有《房屋所有权证》和城市人民政府规定的其他证明文件。私有房屋出租人必须持有《房屋所有权证》。承租人必须持有身份证明。

(2)承租人在租赁期内死亡,租赁房屋的共同居住人要求继承原租赁关系的,出租人应当继续履行原租赁合同。

(3)共有房屋出租时,在同等条件下,其他共有人有优先承租权。

(4)租赁期限内,房屋所有权人转让房屋所有权,原租赁协议继续履行。

2. 房屋租赁的条件

公民、法人或其他组织对享有所有权的房屋和国家授权管理和经营的房屋可以依法出租。

有下列情形之一的房屋不得出租:①未依法取得《房屋所有权证》的。②司法机关和行政机关依法裁定、决定查封或者以其他形式限制房地产权利的。③共有房屋未取得共有人同意的。④权属有争议的。⑤属于违章建筑的。⑥不符合安全标准的。⑦抵押,未经抵押权人同意的。⑧不符合公安、环保、卫生等主管部门有关规定的。⑨有关法律、法规禁止出租的其他情形。

3. 房屋租赁合同的订立、变更、转让和终止

(1)含义。房屋租赁合同是指出租人在一定期限内将房屋转移给承租人占有、使用、收益的协议。签订、变更、转让和终止租赁合同的,房屋租赁当事人应当在租赁合同签订后30日内,持有关部门证明文件到市、县人民政府房产管理部门办理登记备案手续。

(2)房屋租赁合同条款。①当事人姓名或者名称及住所。②房屋的坐落、面积、结构、附属设施及设备状况。③租赁用途。④房屋交付日期。⑤租赁期限。⑥租金及支付方式和期限。⑦房屋的使用要求和修缮责任。⑧房屋返还时的状态。⑨违约责任。⑩当事人约定的其他条款。

（3）租赁合同的终止。租赁合同除依约定终止外，还可以依承租人的以下行为终止：①承租人私自将房屋转租、转借、转让。②承租人利用承租房屋进行非法活动。③承租人累计6个月不交付租金。

4. 房屋租赁登记备案

房屋租赁，出租人和承租人应当签订书面租赁合同，并在租赁合同签订后30日内向房产管理部门登记备案。

（1）登记备案应当提交的证明文件：①书面租赁合同。②《房屋所有权证书》。③当事人的合法身份证件。④市、县人民政府规定的其他文件。出租共有房屋，还须提交其他共有权人同意出租的证明。出租委托代管房屋，还须提交委托人授权出租的书面证明。

（2）登记备案包括审查的含义。①审查出租人与承租人是否具备相应的条件。②审查出租的房屋是不是法律、法规允许出租的房屋。③审查租赁行为是否符合国家及房屋所在地人民政府规定的租赁政策。

5. 房屋租金

房屋租金是承租人为取得一定期限内房屋的使用权而付给房屋所有权人的经济补偿。房屋租金可分为成本租金、商品租金、市场租金。成本租金是由折旧费、维修费、管理费、融资利息和税金五项组成的；商品租金是由成本租金加上保险费、地租和利润等八项因素构成的；市场租金是在商品租金的基础上，根据供求关系而形成的。

6. 房屋转租

房屋转租是指房屋承租人经出租人同意，可以依法将承租房屋转租，从转租中获得收益。房屋转租，应当订立转租合同，办理登记备案手续。转租合同除符合房屋租赁合同的有关部门规定外，还必须具备出租人同意转租证明。转租合同的终止日期不得超过原租赁合同的终止日期。转租期间，原租赁合同变更、解除或者终止，转租合同也随之变更、解除或者终止。

11.5.5 房地产抵押管理

1. 房地产抵押的概念及特征

（1）概念。房产抵押是指房产所有权人以房契为借款担保，向银行或其他资金拥有者取得借款建立借贷关系。房产抵押借贷关系一经确立，在房产抵押期间房产的所有权证明文件——房契，应由房产登记机关注明已经被抵押，但房屋仍由房产所有权人占有、使用或管理。抵押权人只能按期收息而无房屋的实际使用权和管理权。房产所有权人按期归还借款本息，抵押权人应及时到房产登记机关解除房产抵押，至此房产抵押即告终结。若房产所有权人不能按期偿还借款本息，抵押权人有权处分抵押的房产，并从其中优先享受偿还贷款。

（2）种类。房地产抵押分为：土地使用权抵押、建设工程抵押、预购商品房期权抵押、现房抵押。

（3）特征。房地产抵押不转移抵押财产的占有，抵押人对已设定抵押权的房地产可以继续开发、利用和经营。

2. 房地产作为抵押物的条件

依法取得的房屋所有权连同该房屋占用范围内的土地使用权，可以设定抵押权。以出让方式取得的土地使用权，可以设定抵押。下列房地产不得设定抵押权：①权属有争议的房地产。②用于教育、医疗、市政等公共福利事业的房地产。③列入文物保护的建筑物和有重要纪念意义的其他建筑物。④已依法公告列入拆迁范围的房地产。⑤被依法查封、扣押、监管或者以其他形式限制的房地产。⑥依法不得抵押的其他房地产。

3. 房地产抵押的一般规定

（1）房地产抵押，抵押人可以将几宗房地产一并抵押，也可以将一宗房地产分割抵押。

（2）以依法取得的国有土地上的房屋抵押的，该房屋占用范围内的国有土地使用权同时抵押。以出让方式取得的国有土地使用权抵押的，应当将该国有土地上的房屋同时抵押。

（3）以享受国家优惠政策购买的房地产抵押的，其抵押额以房地产权利人可以处分和收益的份额为限。

（4）国有企业、事业单位法人以国家授予其经营管理的房地产抵押的，应当符合国有资产管理的有关规定。

（5）以集体所有制企业的房地产抵押的，必须经集体所有制企业职工（代表）大会通过，并报其上级主管机关备案。

（6）以中外合资企业、合作经营企业和外商独资企业的房地产抵押的，必须经董事会通过，但企业章程另有约定的除外。

（7）以股份有限公司、有限责任公司的房地产抵押的，必须经董事会或者股东大会通过，但企业章程另有约定的除外。

（8）有经营期限的企业以其所有的房地产抵押的，所担保债务的履行期限不应当超过该企业的经营期限。

（9）以具有土地使用年限的房地产抵押的，所担保债务的履行期限不得超过土地使用权出让合同规定的使用年限减去已经使用年限后的剩余年限。

（10）以共有的房地产抵押的，抵押人应当事先征得其他共有人的书面同意。

（11）预购商品房贷款抵押的，商品房开发项目必须符合房地产转让条件并取得商品房预售许可证。

（12）以已出租的房地产抵押的，抵押人应当将租赁情况告知债权人，并将抵押情况告知承租人。原租赁合同继续有效。

（13）企、事业单位法人分立或合并后，原抵押合同继续有效。其权利与义务由拥有抵押物的企业享有和承担。抵押人死亡、依法被宣告死亡或者被宣告失踪时，其房地产合法继承人或者代管人应当继续履行原抵押合同。

（14）订立抵押合同时，不得在合同中约定在债务履行期届满抵押权人尚未受清偿时，抵押物的所有权转移为抵押权人所有的内容。

（15）抵押当事人约定对抵押房地产保险的，由抵押人为抵押的房地产投保，保险费由抵押人负担。抵押房地产投保的，抵押人应当将保险单移送抵押权人保管。在抵押期间，抵押权人为保险赔偿的第一受益人。

（16）学校、幼儿园、医院等以公益为目的的事业单位、社会团体，可以其教育设施、医疗卫生设施和其他社会公益设施以外的房地产为自身债务设定抵押。

（17）抵押物登记记载的内容与抵押合同约定的内容不一致的，以登记记载的内容为准。

（18）抵押人将已出租的房屋抵押的，抵押权实现后，租赁合同在有效期内对抵押物的受让人继续有效。

（19）抵押人将已抵押的房屋出租的，抵押权实现后，租赁合同对受让人不具有约束力。抵押人将已抵押的房屋出租时，如果抵押人未书面告知承租人该房屋已抵押的，抵押人对出租抵押物造成承租人的损失承担赔偿责任；如果抵押人已书面告知承租人该房屋已抵押的，抵押权实现造成承租人的损失，由承租人自己承担。

4. 房地产抵押的设立

房地产抵押时，抵押的房地产必须经抵押权人认可。抵押人提供抵押的房地产必须归其所有，具体情况见本节"3. 房地产抵押的一般规定"。

5. 房地产抵押合同

房地产抵押合同是抵押人与抵押权人为了保证债权债务的履行，明确双方权利与义务的协议，是债权债务合同的从合同。债权债务的主合同无效，抵押这一从合同也就自然无效。房地产抵押必须签订书面抵押合同。

6. 房地产抵押登记

（1）房地产抵押登记部门。以房、地合一的房地产抵押的，房地产管理部门为抵押登记机关；以地上无定着物的出让土地使用权抵押的，由核发土地使用权证书的土地管理部门办理抵押登记。

（2）房地产抵押登记要件。房地产当事人应在抵押合同签订后的 30 日内，持下列文件到房地产所在地的房地产管理部门办理房地产抵押登记：①抵押当事人的身份证明或法人资格证明。②抵押登记申请书。③抵押合同。④《国有土地使用证》《房屋所有权证》或《房地产权证》，共有的房屋还应提交《房屋共有权证》和其他共有人同意抵押的证明。⑤可以证明抵押人有权设定抵押权的文件与证明材料。⑥可以证明抵押房地产价值的资料，抵押当事人议定的抵押价值书面协议或者房地产估价机构出具的估价报告。⑦登记机关认为必要的其他文件。登记机关应当对申请人的申请进行审核，符合登记条件的应在法定期限内核准登记并颁发他项权利证书。

7. 房地产抵押权的效力

（1）含义。抵押权为价值权而非实体权。设定抵押权后，并不转移抵押权人对抵押物的占有。抵押权成立后，房地产的所有权仍然属于抵押人，抵押人仍可以对抵押物行使占有、使用、收益、处分的权利。抵押期间，抵押人转让已办理抵押登记的房地产的，应当通知抵押权人并告知受让人转让的房地产已经抵押的情况。抵押人未通知抵押权人或者未告知受让人的，转让行为无效。转让抵押物的价款明显低于其价值的，抵押权人可以要求抵押人提供相应的担保；抵押人不提供的，不得转让。抵押人转让抵押物时，转让所得的价款，应当向抵押权人提前清偿所担保的债权或者向与抵押权人约定的第三人提存，超过债权数额的部分，归抵押人所有，不足部分由债务人清偿。

（2）特殊情况。房地产抵押关系存续期间，房地产抵押人应当维护抵押房地产的安全完好，抵押权人发现抵押人的行为足以使抵押物价值减少的，有权要求抵押人停止其行为。抵押物价值减少时，抵押权人有权要求抵押人恢复抵押物的价值，或者提供与减少的价值相当的担保。抵押人对抵押物价值减少无过错的，抵押权人只能在抵押人因损害而得到的赔偿范围内要求提供担保。抵押物价值未减少的部分，仍作为债权的担保。

8. 房地产抵押权的实现

（1）债务人不履行到期债务或者发生当事人约定的实现抵押权的情形，抵押权人可以与抵押人协议以抵押房地产折价或者以拍卖、变卖该抵押房地产所得的价款优先受偿。抵押权人与抵押人未就抵押权实现方式达成协议的，抵押权人可以请求人民法院拍卖、变卖抵押房地产。抵押房地产折价或者变卖的，应当参照市场价格。

（2）同一房地产向两个以上债权人抵押的，拍卖、变卖抵押房地产所得的价款依照以下规定清偿：抵押权已登记的，按照登记的先后顺序清偿；顺序相同的，按照债权比例清偿；抵押权已登记的先于未登记的受偿；抵押权未登记的，按照债权比例清偿。

（3）抵押物折价或者拍卖、变卖后，其价款超过债权数额的部分归抵押人所有，不足部分由债务人清偿。抵押人未按合同规定履行偿还债务义务的，依照法律规定，房地产抵押权人有权解除抵押合同，拍卖抵押物，并用拍卖所得价款，优先得到补偿，而不使自己的权利受到侵害。

（4）对于设定房地产抵押权的土地使用权是以划拨方式取得的，依法拍卖该房地产后，应当从拍卖所得的价款中缴纳相当于应缴纳的土地使用权出让金的款额后，抵押权人方可优先受偿。房地产抵押合同签订后，土地上新增的房屋不属于抵押财产。

（5）抵押权因抵押物灭失而消灭。因灭失所得的赔偿金，应当作为抵押财产。抵押权人应当在主债权诉讼时效期内行使抵押权；未行使的，人民法院不予保护。

（6）对于被执行人所有的已经依法设定抵押的房屋，人民法院可以查封，并可以根据抵押权人的申请，依法拍卖、变卖或者抵债。但同时规定，人民法院对已经依法设定抵押的被执行人及其所扶养家属居住的房屋，在裁定拍卖、变卖或者抵债后，应当给予被执行人六个月的宽限期。被执行人属于低保对象且无法自行解决居住问题的，人民法院不应强制迁出。

11.6 房地产权属登记制度与政策

11.6.1 房地产权属登记概述

1. 房地产权属登记的含义和类型

（1）含义。房地产权属登记是指国家管理机关对房地产的权属状况进行持续的记录，并颁发权利证书的法律制度。由于房地产具有不可移动性的特征，所以房地产的流通仅仅表现为权利主体的变更和相关权利的设定、变更。房地产权属登记是一项行政法律制度，具有强行性，未经登记的权利，法律不予认可和保护。

（2）类型。房地产权属登记包括土地使用权登记和房屋所有权登记。一宗房地产要办理两个产权证书：一个是国有土地使用权证书，另一个是房屋所有权证书。

2. 房地产权属登记的目的和意义

房地产权属登记是房地产管理的基础工作，目的和意义体现在以下几点。

（1）权属登记可以保护房地产权利人的合法权益。

（2）权属登记能够保证交易安全，减少交易成本。

（3）权属登记为城市规划、建设、管理提供科学依据。

3. 房地产权属登记管理的任务

（1）做好房地产登记发证工作。它包括对房地产的初始取得的土地使用权、新建房屋所有权，房地产权属的转让、抵押、租赁等进行核实、确权、登记和发证工作，以及房地产的灭失、土地使用权年限届满、他项权利终止等的注销工作。

（2）做好房地产权属登记信息化工作。通过房地产权属登记信息化建设，将分散在各个管理环节中的商品房预售许可、预售合同登记备案、房屋权属登记、租赁合同登记备案等管理信息系统进行整合，建立房地产权属登记统一的信息平台。通过对数据加以整合、分析，向社会发布，引导市场理性投资和消费，引导房地产市场健康发展。

（3）做好房地产权属档案管理工作。①要做好现有权属档案资料的管理，要对资料的收集、整理、鉴定、立卷、归档、制定目录索引和保管等各个环节建立一整套制度，以便档案科学管理和方便查阅利用。②在初始档案的基础上，根据权属管理提供的权属转移、变更情况，对权属档案不断进行修正、补充和增籍、灭籍工作，以保持权属档案资料的完整、准确，使图、档、卡、册与实际情况保持一致。

（4）权属登记管理工作还要为征地、拆迁房屋、落实私房政策的房产审查和处理权属纠纷提供依据。

4. 房地产权属登记管理的原则

（1）权利主体一致的原则。房地产是一个有机的不可分割的整体，房屋所有权人和该房屋占用的土地使用权人，必须同属一人（包括法人和自然人），法律、法规另有规定的除外。

（2）属地管理原则。房地产是坐落在一定的自然地域上的不可移动的资产，房地产权属登记管理必须坚持属地管理原则，只能由市（县）房地产管理部门负责所辖区范围内的房地产产权管理工作，房地产权利人也只能到房屋所在地的市（县）房地产管理部门办理产权登记。

11.6.2 房地产权属登记管理

1. 房地产权属登记制度分类

房地产权属登记发证制度是权属管理的首要核心内容，根据权属登记的内容和方式的不同，各国房地产权属登记制度可分为契据登记制和产权登记制两大类型。我国采用产权登记制。

2. 我国的房地产权属登记制度的特点

（1）由不同登记机关分别登记。房地产权属登记一般是土地使用权和房屋所有权登记分别在土地管理机关和房地产管理机关进行。

（2）为房地产权利动态登记。当事人对房地产权利的取得、变更、丧失均须依法登记，不经登记，不具对抗第三人的效力。房地产权属登记，不仅登记房地产静态权利，而且也登记权利动态过程，使第三人可以就登记情况，推知该房地产权利状态。

（3）具有公信力。依法登记的房地产权利受国家法律保护，对抗善意第三人在法律上有绝对效力。

（4）实行及时登记制度。房地产权利初始登记后，涉及权利转移、设定、变更等，权利人必须在规定的期限内申请登记，若不登记，房地产权利便得不到法律的有效保护，且要承担相应的责任。

（5）颁发权利证书。按程序登记完毕后，给权利人颁发权属证书，为权利人的权利凭证，由权利人持有和保管。

3. 房地产权属登记发证管理体制、职责分工和工作程序

（1）房产权属登记的主管机关和具体颁发房屋权属证书的机关。国务院建设行政主管部门，负责全国的房屋权属登记管理工作；省、自治区人民政府建设行政主管部门负责本行政区域内的房屋权属登记管理工作；直辖市、市、县人民政府房地产行政主管部门负责本行政区域内的房屋权属登记管理工作。证书由市、县房地产主管部门颁发。在一个市（县）的行政区域内，只能有一个政府房地产管理部门颁发权属证书。我国规定了房地产权属登记中实行房屋所有权和与该房屋占有范围内的土地使用权权利主体一致的原则，尽管房地产权属登记一般是土地使用权和房屋所有权登记分别在土地管理机关和房地产管理机关进行。

（2）房屋权属证书的种类和制定的部门。房屋权属证书是权利人依法拥有房屋所有权并对房屋行使占有、使用、收益和处分权利的唯一合法凭证，受国家法律保护，包括《房屋所有权证》《房屋共有权证》《房屋他项权证》或者《房地产证》《房地产共有权证》《房地产他项权证》三种。证书式样由国务院建设行政主管部门统一制定。

（3）房地产权利实行动态，及时登记制度，颁发权利证书，具有公信力。房屋权利人是指依法享有房屋所有权和该房屋占用范围内的土地使用权、房地产他项权利的法人、其他组织和自然人。

（4）登记发证工作程序。权属登记的原则是产权来源清楚，证件齐全，手续完备，符合法律法规，没有矛盾纠纷。程序：受理登记申请→权属审核→公告→核准登记→颁发房屋权属证书。

4. 房屋权属登记的种类

（1）总登记。总登记是指县级以上人民政府根据需要，在一定期限内对本行政区域内的房屋进行统一的权属登记。

（2）初始登记。初始登记指新建房屋（竣工）或集体土地上的房屋转为国有土地上的房屋所进行的房屋所有权登记。

（3）转移登记。转移登记是指因房屋买卖、交换、赠与、继承、划拨、转让、分割、合并、裁决等原因致使其权属发生转移后所进行的房屋所有权登记。

（4）变更登记。变更登记是指权利人名称变更和房屋现状发生下列情形之一的所进行的房屋所有权登记：房屋坐落的街道、门牌号或者房屋名称发生变更的；房屋面积增加或者减少的；房屋翻建的；法律、法规规定的其他情形。

（5）他项权利登记。他项权利登记是指设定房屋抵押权、典权等他项权利所进行的房屋所有权登记。

（6）注销登记。注销登记是指因房屋灭失、土地使用年限届满、他项权利终止等进行的房屋权属登记。

5. 房屋权属登记的程序

（1）受理登记申请。申请人向房屋所在地的登记机关提出书面申请，填写统一的登记申请表，提交有关证件。如其手续完备，登记机关则受理登记。房屋所有权登记申请必须由房屋所有权人提出，房屋他项权利登记应由房屋所有人和他项权利人共同申请。对委托代理申请登记的，应收取委托书并查验代理人的身份证件。不能由其他人持申请人的身份证件申请登记。工作人员在查验各类证件、证明和申请表、墙界表各栏目内容后，接受申请人的登记申请，并按收取的各类书证，向申请人出具收件收据。登记机关自受理登记申请之日起7日内应当决定是否予以登记，对暂缓登记、不予登记的，应当书面通知权利人（申请人）。

（2）权属审核。权属审核主要是审核查阅产籍资料、申请人提交的各种证件，核实房屋现状即权属来源等。权属审核一般采用"三审定案"的方法，即采用初审、复审和审批的方法。

（3）公告。公告是对可能有产权异议的申请，采用布告、报纸等形式公开征询异议，以便确认产权。公告并不是房屋权属登记的必经程序，登记机关认为有必要时才进行公告。但房屋权属证书遗失的，权利人应当及时登报声明作废，并向登记机关申请补发，登记机关应当做出补发公告，经6个月无异议的方可予以补发房屋权属证书。

（4）核准登记、颁发房屋权属证书。①核准登记。经初审、复审、公告后的登记件，应进行终审，经终审批准后，该项登记即告成立，终审批准之日即是核准登记之日。②权属证书的制作，经终审核准登记的权利，可以制作全国统一权属证书。在缮证后都要由专人进行核对，核对各应填写项目是否完整、准确，附图与登记是否一致，房屋套内建筑面积、房屋分摊的共有建筑面积，附图上尺寸是否标注清楚、准确，相关的房屋所有权证、房屋他项权证和共有权证的记载是否完全一致。核对无误的权属证书就可编造清册，并在权属证书上加盖填发单位印章。③权属证书的颁发：通知权利人领取权属证书，告知权利人在规定时间携带收件收据、身份证件以及应缴纳的各项费用到指定地点领取；收取登记费用，包括登记费和权证工本费；发证，房屋权属证书应当发给权利人或权利人所委托的代理人。房屋他项权登记时房屋所有权证应发还给房屋所有权人，他项权证应发给他项权利人。

6. 土地权属登记的种类

土地权属登记包括土地所有权登记和土地使用权登记，具体包括国有土地使用权登记、集体土地所有权登记、集体土地建设用地使用权登记和他项权利登记。根据登记的阶段和内容不同，土地权属登记又可分为土地权属权的初始登记和变更登记。土地权属登记由县级以上人民政府土地管理部门负责。

7. 土地权属登记的程序

（1）土地权属的初始登记。土地权属的初始登记又称为土地总登记，是在一定时间内，对辖区全部土地，或者全部农村土地，或者全部城镇土地进行的普遍登记，并编制成图、档、卡、簿、册，作为土地产权、产籍管理的初始资料。土地权属的初始登记应按照以下程序进行：申报→地籍调查→权属审核→注册登记、颁发证书。

（2）土地权属的变更登记。土地权属的变更登记是指土地权属初始登记之后，因发生权利变动的情况而作的变更登记。土地的变更登记程序：申请→地籍调查→审核→登记→换证。

8. 申请房地产权属登记的条件及当事人申请登记的时限

（1）申请房地产权属登记的条件。①申请人或代理人具有申请资格。权利人为法人、其他组织的，应使用法定名称，由其法定代表人申请；权利人为自然人的，应使用其身份证件上的姓名。共有的房地产，由共有人共同申请。如权利人或申请人委托代理申请登记时，代理人应向登记机关交验代理人的有效证件，并提交权利人（申请人）的书面委托书。设定房地产他项权利登记，由相关权利人共同申请。②有明确具体的申请请求。③申请登记的房地产产权来源清楚、合法，证件齐全，没有纠纷，且不属于被限制转移或被查封以及违章建筑的房屋。④属受理登记的登记机关管辖。

（2）当事人申请房屋权属登记的时限。①总登记：申请人应当在地方人民政府公告的期限内申请。②初始登记：新建的房屋，申请人应当在房屋竣工后90日内向登记机关提出申请。③集体土地上的房屋因土地所有权变为国家土地，申请人应当自这一事实发生之日起30日内申请。④转移登记应当在事实发生之日起90日内提出申请，变更、注销登记和他项权利登记，都应当在事实发生之日起30日内提出申请。

9. 几种特殊情况下的房屋权属登记

（1）房改售房权属登记。①职工以成本价购买的住房，产权归个人所有，经登记核实后，发给《房屋所有权证》，产别为"私产"，注记："房改出售的成本价房，总价款：××元"。②职工以标准价购买住房，拥有部分产权，经登记核实后也发给《房屋所有权证》，产别为"私产（部分产权）"，注记："房改出售的标准价房，总价款：××元，售房单位××××，产权比例为××（个人）；××（单位）"。③以成本价或标准价购买的住房，产权来源为"房改售房"。④数人出资购房并要求核发《房屋共有权证》的，经登记核实后，可发给权利人《房屋共有权证》，并根据投资比例，注记每人所占份额。⑤对于集资建房、合作建房、单位补贴房、解困房等，都应明确房屋的产权分配。

（2）直接代为登记。①房地产行政主管部门直管的公房，由登记机关直接代为登记。②依法由房地产行政主管部门代管的房屋、无人主张权利的房屋以及法律、法规规定的其他情形，登记机关可依法直接代为登记。直接代为登记，应按正常的登记程序进行。由于这类房屋权属状态不明，不予颁发房屋所有权证。这类房屋权利状态确定后，再由房屋所有权人重新提出申请。

（3）商品房的初始登记。房地产开发企业在获得开发地块并建成房屋后，应当凭土地使用权证书向县级以上地方人民政府房产管理部门申请登记，由县级以上地方人民政府房产管理部门核实并颁发房屋所有权证书。与一般的初始登记的区别在于，在按正常的登记手续登记后不立即给开发企业发统一的权属证书，而是将每一处的房屋状况分为若干个单位（如按套）分别记录在案或输入计算机。然后允许购买商品房的客户凭购房合同和发票直接办理房产交易和转移登记手续。

（4）分割出售房屋的登记。一些房地产开发企业将房屋以 $1m^2$ 为单位进行销售的，实为融资。由于这种房屋所有权的客体不明确，没有明确的位置和权属界址，房屋所有权无法确认。住房和城乡建设部要求各地登记机关不得为"一平方米单位"出售的房屋办理权属登记手续。此外，《商品房销售管理办法》规定，商品住宅按套销售，不得分割拆零销售。

（5）在建工程和预售商品房抵押登记。①在建工程抵押。当事人应按《城市房地产抵押管理办法》第二十八条的规定，在抵押合同中载明有关内容。登记机关在办理登记时，要按这一内容进行审核。在建工程竣工时，如抵押权仍未消灭，抵押人在申请领取房屋权属证书时，当事人应重新办理房产抵押登记。②预购商品房抵押，也称为房屋期权抵押，购房者在签订购房合同时，双方只是产生了债的关系，购房者获得的仅仅是债权，尚不是房屋所有权。房屋权属登记机关受理预购商品房抵押登记时，应审核出售房屋一方是否获得商品房预售许可证。在房屋竣工交付使用时，对已办理预购商品房抵押登记的，应在领取房屋所有权证时同时办理房屋抵押登记。

10. 注销房屋权属证书

（1）注销房屋权属证书的情形。①申报不实的。②涂改房屋权属证书的。③房屋权利灭失，而权利人未在规定期限内办理房屋权属注销登记的。④因登记机关的工作人员工作失误造成房屋权属登记不实的。

（2）注销方法。注销房屋权属证书，登记机关应当做出书面决定，送达当事人，并收回原发放的房屋权属证书或者公告原房屋权属证书作废。另外，人民法院或者仲裁机构生效的法律文书确定房地产管理部门应当注销房屋权属证书的、原登记证明文件被有权机关依法撤销的和其他依法应当注销的，房地产管理部门应当按照《城市房屋权属登记管理办法》规定的程序注销房屋权属证书。

11.7 房地产中介服务管理制度与政策

11.7.1 房地产中介服务的行业管理

1. 房地产中介服务的概念及特征

（1）概念。房地产中介服务是指具有专业执业资格的人员在房地产投资、开发、销售、交易各个环节中，为当事人提供服务的经营活动，是房地产咨询、房地产价格评估、房地产经纪等活动的总称。

（2）特征。①人员特定。②委托服务。③服务有偿。

2. 房地产中介服务机构的设立

详见本书"2.2.1 房地产经纪机构的设立"中的"2. 房地产经纪机构设立的条件和程序"。

3. 房地产中介服务的内容

（1）房地产咨询。房地产咨询指为从事房地产活动的当事人提供法律、法规、政策、信息、技术等方面服务的经营活动。

（2）房地产估价。房地产估价指专业房地产估价人员根据特定的估价目的，遵循公认的估价原则，按照严谨的估价程序，运用科学的估价方法，在对影响房地产价值的因素进行综合分析的基础上，对房地产在特定时点的价值进行测算和判定的活动。

（3）房地产经纪。房地产经纪指以收取佣金为目的，为促成他人房地产交易而提供居间或者代理等专业服务的行为。

4. 房地产中介服务收费

房地产中介服务收费分为三类。

（1）房地产咨询收费。国家指导性参考价格为：普通咨询报告，每份收费300～1 000元；技术难度大、情况复杂、耗用人员和时间较多的咨询报告，可适当提高收费标准，但一般不超过咨询标的的0.5%。

（2）房地产估价收费。房地产估价采用差额定率累进计费，详见本书"7.5 房屋抵押、评估、中介服务、公证费等相关税费"。

（3）房地产经纪收费。根据代理项目的不同，房地产经纪收费实行不同的收费标准。房屋租赁代理收费，无论成交的租赁期限长短，均按半月至一月成交租金额标准，由双方协商一次性收取。

（4）上述收费为国家制定的标准。各地可根据当地实际情况，由省、自治区、直辖市价格部门会同房地产、土地管理部门制定当地具体执行的相应收费标准。对经济特区的收费标准可适当规定高一些，但最高不能超过上述标准的30%。

5. 房地产中介业务管理

（1）承办业务管理。房地产中介服务人员承办业务，应当由其所在房地产中介服务机构与委托人签订书面合同。中介服务人员不得以个人名义承揽业务，也不得个人与委托人签订委托合同。在承办业务时，中介服务人员若与委托人、相关当事人有利害关系，委托人有权要求其回避，中介服务人员应当回避。

（2）中介服务行为管理。房地产中介服务人员执行业务时，有权根据需要查阅委托人的有关资料和文件，查看业务现场和设施，委托人应当提供必要的协助。对委托人提供的资料、文件，中介服务机构和中介服务人员有为委托人保密的义务，未经委托人同意不得转借相关资料、文件。由于房地产中介服务人员过错给当事人造成经济损失的，由所在中介服务机构承担赔偿责任，所在机构可以对有关人员追偿。在中介服务活动中，中介服务人员不得有下列行为：①索取、收受委托合同以外的酬金或其他财物，或者利用工作之便，牟取其他不正当的利益。②允许他人以自己的名义从事房地产中介服务。③同时在两个或两个以上中介服务机构执行业务。④与一方当事人串通损害另一方当事人利益。⑤法律、法规禁止的其他行为。

（3）财务管理。房地产中介服务实行有偿服务，服务收费实行明码标价制度。房地产中介服务机构应当在其经营场所或交缴费用的地点的醒目位置公布其收费项目、服务内容、计费方法、收费标准等事项。中介服务费必须由中介服务机构统一收取，并给缴费人开具发票。

11.7.2 房地产中介服务行业信用档案

1. 建立房地产中介服务行业信用档案的意义

（1）必要性。建立房地产中介服务行业信用档案是规范房地产市场行为，维护消费者合法权益，进一步启动住宅消费，促进住宅与房地产业健康发展，拉动国民经济增长和保持社会稳定的客观需要。

（2）作用。通过建立房地产中介服务行业信用档案为各级政府部门和社会公众监督房地产中介服务行业及执（从）业人员市场行为提供依据，为社会公众查询企业和个人信用信息提供服务，为社会公众对房地产中介服务领域违法违规行为提供投诉途径的信息管理系统，减少或避免商业欺诈、弄虚作假、损害消费者合法利益等行为的发生，使失信者在扩大经营范围、拓展业务等方面受到限制。

2. 房地产中介服务行业信用档案体系

（1）房地产中介服务行业信用档案的构成。其包括房地产估价机构信用档案、注册房地产估价师信用档案、注册房地产经纪人信用档案等房地产中介服务机构及其执（从）业人员信用档案。

（2）房地产中介服务行业信用档案的内容。该档案应记录房地产中介服务机构（房地产估价机构、房地产经纪机构)和注册房地产估价师、注册房地产经纪人等执(从)业人员的信用信息。①房地产估价机构、房地产经纪机构信用档案的主要内容:机构基本情况、机构良好行为记录、机构不良行为记录、估价项目汇总、估价项目基本情况、股东(合伙人)情况、注册房地产估价师基本情况、机构资质年审情况、投诉情况等。房地产估价机构和注册房地产估价师的违法违规行为,被投诉举报处理、行政处罚等情况,作为其不良行为记入其信用档案。②注册房地产估价师、注册房地产经纪人信用档案的主要内容:个人基本情况、个人业绩汇总、继续教育情况、科研能力表现、良好行为记录、不良行为记录、投诉情况等。房地产估价机构的不良行为也作为该机构法定代表人或者执行合伙人的不良行为记入其信用档案。

(3)房地产中介服务行业信用档案的管理。房地产信用档案系统将逐步与有关政府部门(如银行、工商、税收、质检、社保等)的信息系统互联互通,从同业征信向联合征信过渡,实现信息共享,以便更加全面地反映房地产中介服务行业和执(从)业人员的信用状况。

11.8 房地产税收制度与政策

11.8.1 税收制度概述

1. 税收的概念及特征

(1)概念。税收是国家参与社会剩余产品分配的一种规范形式,其本质是国家凭借政治权力,按照法律规定程序和标准,无偿地取得财政收入的一种手段。

(2)特征。①强制性。根据法律的规定,国家以社会管理者的身份,对所有的纳税人强制性征税,纳税人不得以任何理由抗拒国家税收。②无偿性。国家取得税收,对具体纳税人既不需要直接偿还,也不支付任何形式的直接报酬。无偿性是税收的关键特征。③固定性,也称确定性。国家征税必须通过法律形式,事先规定纳税人、课税对象和课税额度。这是税收区别于其他财政收入形式的重要特征。

2. 中国现行房地产业税种

中国现行房地产业税种主要有土地增值税、营业税、城市维护建设税、教育附加费、企业所得税、个人所得税等。

11.8.2 房产税

房产税是以房屋为征税对象,按房屋的计税余值或租金收入为计税依据,向产权所有人征收的一种财产税。鉴于全国推行难度较大,试点将从个别城市开始。2011年1月,重庆首笔个人住房房产税在当地申报入库,其税款为6 154.83元。

1. 纳税人

凡是在中华人民共和国境内拥有房屋产权的单位和个人都是房产税的纳税人。房产税由产权所有人缴纳,产权所有人(经营管理单位、承典人、房产代管人或者使用人)

统称为纳税义务人，简称纳税人。①产权属国家所有的，由经营管理单位纳税；产权属集体和个人所有的，由集体单位和个人纳税。②产权出典的，由承典人纳税。③产权所有人、承典人不在房屋所在地的，由房产代管人或者使用人纳税。④产权未确定及租典纠纷未解决的，也由房产代管人或者使用人纳税。⑤纳税单位和个人无租使用房产管理部门、免税单位及纳税单位的房产，应由使用人代为缴纳房产税。

2. 课税对象

房产税在城市、县城、建制镇和工矿区征收，课税对象是房产。

3. 课税依据和税率

（1）课税依据。①从价计征，按照房产余值征税，房产税依照房产原值一次减除10%～30%后的余值计算缴纳。扣除比例由省、自治区、直辖市人民政府在税法规定的减除幅度内自行确定。没有房产原值作为依据的，由房产所在地税务机关参考同类房产核定。②从租计征，按照房产租金收入计征房产税。

（2）税率。①从价计征的计算，其公式为：应纳税额 = 应税房产原值 × （1- 扣除比例）× 年税率1.2%。②从租计征的计算，其公式为：应纳税额 = 租金收入 × 12%。

4. 纳税地点和纳税期限

房产税由房产所在地的税务机关按年征收，分期缴纳。纳税期限由省、自治区、直辖市人民政府规定。①纳税人将原有房产用于生产经营，从生产经营之月起，缴纳房产税。②纳税人自行新建房屋用于生产经营，从建成之次月起，缴纳房产税。③纳税人委托施工企业建设的房屋，从办理验收手续之次月起，缴纳房产税。④纳税人购置新建商品房，自房屋交付使用之次月起，缴纳房产税。⑤纳税人购置存量房，自办理房屋权属转移、变更登记手续，房地产权属登记机关签发房屋权属证书之次月起，缴纳房产税。⑥纳税人出租、出借房产，自交付出租、出借房产之次月起，缴纳房产税。⑦房地产开发企业自用、出租、出借本企业建造的商品房，自房屋使用或交付之次月起，缴纳房产税。

5. 优惠政策

（1）下列房产免纳房产税：①国家机关、人民团体、军队自用的房产。②由国家财政部门拨付事业经费的单位自用的房产。③宗教寺庙、公园、名胜古迹自用的房产。④个人所有非营业用的房产。⑤经财政部批准免税的其他房产。

（2）纳税人纳税确有困难的，可由省、自治区、直辖市人民政府确定，定期减征或者免征房产税。

11.8.3 城镇土地使用税

城镇土地使用税是以开征范围的土地为征税对象，以实际占用的土地面积为计税标准，按规定税额对拥有土地使用权的单位和个人征收的一种税。

1. 纳税人

凡在城市、县城、建制镇、工矿区范围内使用土地的单位和个人，为城镇土地使用税的纳税义务人。

2. 课税对象和课税依据

（1）课税对象。课税对象是城市、县城、建制镇和工矿区的土地，不包括农村集体所有的土地。

（2）课税依据。以纳税人实际占用的土地面积（平方米）为计税依据。①纳税人实际占用面积，以房地产管理部门核发的土地使用证书与确认的土地面积为准。②尚未核发土地使用证书的，由纳税人据实申报土地面积，据以纳税，待核发土地使用证书以后再做调整。

3. 适用税额

采用定额税率，即采用有幅度的差别税额，拉开档次，而且每个幅度税额的差距定为 20 倍。按大、中、小城市和县城、建制镇、工矿区分别规定每平方米土地使用税年应纳税额，具体标准规定如下：①大城市 1.5～30 元。②中等城市 1.2～24 元。③小城市 0.9～18 元。④县城、建制镇、工矿区 0.6～12 元。各省、自治区、直辖市人民政府可根据市政建设情况和经济繁荣程度在规定税额幅度内，确定所辖地区的适用税额幅度。最低税额标准有下限 30%，经济发达地区的适用税额标准可以适当提高，没有上限。

4. 纳税地点和纳税期限

（1）纳税地点。土地使用税由土地所在地的税务机关征收。

（2）纳税期限。土地使用税按年计算，分期缴纳。各省、自治区、直辖市可结合当地情况，分别确定按月、季或半年等不同的期限缴纳。

5. 优惠政策

（1）城镇土地使用税的免税项目有：①国家机关、人民团体、军队自用的土地。②由国家财政部门拨付事业经费的单位自用的土地。③宗教寺庙、公园、名胜古迹自用的土地。④市政街道、广场、绿化地带等公共用地。⑤直接用于农、林、牧、渔业的生产用地。⑥开山填海整治的土地。⑦由财政部另行规定免税的能源、交通、水利用地和其他用地。

（2）个人所有的居住房屋及院落用地，房产管理部门在房租调整改革前经租的居民住房用地，免税单位职工家属的宿舍用地，民政部门举办的安置残疾人占一定比例的福利工厂用地，集体和个人举办的各类学校、医院、托儿所、幼儿园用地等的征免税，由各省、自治区、直辖市税务局确定。

11.8.4 耕地占用税

耕地占用税是指国家对占用耕地建房或者从事其他非农业建设的单位和个人，依其占用耕地的面积征收的一种税。

1. 纳税人

占用耕地建房或者从事其他非农业建设的单位和个人，都是耕地占用税的纳税义务人。纳税人必须在经土地管理部门批准占用耕地之日起 30 日内缴纳耕地占用税。

2. 课税对象

耕地占用税的征税对象是占用耕地从事其他非农业建设的行为。耕地是指用于种植农作物的土地，占用前 3 年内用于种植农作物的土地，也视为耕地。

3. 适用税额

（1）以县为单位。①人均耕地在 1 亩[注]以下（含 1 亩）的地区，每平方米为 2～10 元。②人均耕地在 1～2 亩（含 2 亩）的地区，每平方米为 1.6～8 元。③人均耕地在 2～3 亩（含 3 亩）的地区，每平方米为 1.3～6.5 元。④人均耕地在 3 亩以上的地区，每平方米为 1～5 元。

（2）农村居民占用耕地新建住宅，按上述规定税额减半征收。

（3）经济特区、经济技术开发区和经济发达、人均耕地特别少的地区，适用税额可以适当提高，但是最高不得超过上述规定税额的 50%。

4. 课税依据

耕地占用税实行据实征收原则，以纳税人实际占用耕地面积为计税依据，按照规定税率一次性计算征收。

5. 优惠政策

（1）减税范围。①农村居民占用耕地新建住宅，按规定税额减半征收。②一部分农村革命烈士家属、革命残废军人、鳏寡孤独以及边远贫困山区生活困难的农户，在规定用地标准内，新建住宅纳税可酌情给予减免照顾，减免税额一般应控制在农村居民新建住宅用地计征税额总额的 10% 以内，少数省区贫困地区较多的，减免比例最高不得超过 15%。③对民政部门所办福利工厂，确属安置残疾人就业的，可按残疾人占工厂人员的比例，酌情给予减税照顾。④其他需要减税的特殊情况。

（2）免税范围。①部队军事设施用地。②铁路沿线、飞机场跑道和停机坪用地。③炸药库用地。④学校、幼儿园、敬老院、医院用地。

11.8.5 土地增值税

土地增值税是指转让国有土地使用权、地上的建筑物及其附着物并取得收入的单位和个人，以转让所取得的收入包括货币收入、实物收入和其他收入为计税依据向国家缴纳的一种税赋。

1. 纳税人

凡有偿转让国有耕地使用权、地上建筑物或其他附着物并取得收入的单位和个人为土地增值税的纳税人。

2. 征税范围

转让国有土地使用权、地上建筑物及其附着物并取得收入的行为，都是土地增值

[注] 1 亩 = 666.67 平方米。

税的征税范围。①土地增值税只对转让国有土地使用权的行为课税，对转让非国有土地和出让国有土地的行为均不征税。②土地增值税既对转让土地使用权课税，也对转让地上建筑物和其他附着物的产权征税。③土地增值税只对有偿转让的房地产征税，对以继承、赠与等方式无偿转让的房地产，不予征税。

3. 课税对象

土地增值税的征税对象是转让国有土地使用权、地上的建筑物及其附着物所取得的增值额。①增值额为纳税人转让房地产的收入减除《中华人民共和国土地增值税暂行条例实施细则》规定的扣除项目金额后的余额。②转让房地产的收入包括货币收入、实物收入和其他收入，即与转让房地产有关的经济收益。

4. 税率

（1）计算公式为：应纳税额＝增值额×适用税率－扣除项目金额×速算扣除系数

（2）税率。土地增值税是以转让房地产取得的收入，减除法定扣除项目金额后的增值额作为计税依据，并按照四级超率累进税率进行征收。①增值额未超过扣除项目金额50%部分，税率为30%。②增值额超过扣除项目金额50%，未超过扣除项目金额100%的部分，税率为40%，速算扣除系数为5%。③增值额超过扣除项目金额100%，未超过扣除项目金额200%的部分，税率为50%，速算扣除系数为15%。④增值额超过扣除项目金额200%的部分，税率为60%，速算扣除系数为35%。

5. 扣除项目

（1）能够提供购房发票的，可减除以下项目金额：①取得房地产时有效发票所载的金额。②按发票所载金额从购买年度起至转让年度止每年加计5%的金额。③按国家规定统一缴纳的与转让房地产有关的税金。④取得房地产时所缴纳的契税。

（2）不能够提供购房发票，但能够提供房地产评估机构按照重置成本评估法，评定的房屋及建筑物价格评估报告的，扣除项目金额按以下标准确认：①取得国有土地使用权时所支付的金额证明。②中介机构评定的房屋及建筑物价格（不包括土地评估价值），需经地方主管税务机关对评定的房屋及建筑物价格进行确认。③按国家规定统一缴纳的与转让房地产有关的税金和价格评估费用。

6. 减免规定

（1）普通标准住宅免税。纳税人建造普通标准住宅出售，增值额未超过税法规定的扣除项目金额之和20%的，免征土地增值税；增值额超过扣除项目金额之和20%的，应就其全部增值额按规定计税。普通住宅原则上应同时满足以下条件：住宅小区建筑容积率在1.0以上；单套建筑面积在120平方米以下；实际成交价格低于同级别土地上住房平均交易价格1.2倍以下。对于上述条件，各省、自治区、直辖市可根据实际情况，制定本地区享受优惠政策普通住房的具体标准，但单套建筑面积和价格标准向上浮动的比例不得超过上述标准的20%。

（2）国家依法征用、收回的房地产免税。

（3）开征时限之前免税规定。1994年1月1日以前已签订的房地产转让合同，不论其房地产在何时转让，均免征土地增值税。

（4）个人住房免税。个人之间互换自有居住用房地产的，经当地税务机关核实，可以免征土地增值税。对居民个人拥有的普通住宅，在其转让时暂免征收土地增值税。个人因工作调动或改善居住条件而转让原自用非普通住房，经向税务机关申报核准，凡居住满5年或5年以上的，免予征收土地增值税；居住满3年未满5年的，减半征收土地增值税；居住未满3年的，按规定计征土地增值税。

（5）企业特殊经营行为免税。对于以房地产进行投资、联营的，投资、联营的一方以土地（房地产）作价入股进行投资或作为联营条件，将房地产转让到所投资、联营的企业中时，暂免征收土地增值税。

11.8.6 契税

1. 纳税人

契税是土地、房屋权属转移时向其承受者征收的一种税收。在中华人民共和国土地境内转移土地、房屋权属的单位和个人为契约的纳税人。土地增值税是出让方缴纳，契税是承让方缴纳。

2. 课税对象

契税是以所有权发生转移变动的不动产为征税对象，向产权承受人征收的一种财产税。应缴税范围包括土地使用权出售、赠与和交换，房屋买卖、赠与和交换等。

3. 税率

目前，房产契税对个人购买家庭唯一住房（家庭成员范围包括购房人、配偶以及未成年子女，下同），面积为90平方米及以下的，减按1%的税率征收契税；面积为90平方米以上的，减按1.5%的税率征收契税。对个人购买家庭第二套改善性住房，面积为90平方米及以下的，减按1%的税率征收契税；面积为90平方米以上的，减按2%的税率征收契税。具体操作办法由各省、自治区、直辖市财政、税务、房地产主管部门共同制定。2020年8月11日，第十三届全国人民代表大会常务委员会第二十一次会议通过了《中华人民共和国契税法》，该法自2021年9月1日起施行，其中最受公众关注的是第三条：契税税率为百分之三至百分之五。

4. 计税依据

（1）依据。①按成交价格计算。成交价格经双方敲定，形成合同，税务机关以此为据，直接计税。②根据市场价格计算。土地、房屋价格绝不是一成不变的，土地使用权赠送、房屋赠送时，定价依据只能是市场价格，而不是土地或房屋原值。③依据土地、房屋交换差价定税。等额交换时，差额为零，交换双方均免缴契税。④按照土地收益定价。

（2）税额计算。①国有土地使用权出让、土地使用权出售、房屋买卖，以成交价格为计税依据。②土地使用权赠与、房屋赠与，参照土地使用权出售、房屋买卖的市场价格核定。③交换价格相等时，免征契税；交换价格不等时，由多交付货币、实物、无形资产或者其他经济利益的一方缴纳契税。

5. 纳税环节和纳税期限

（1）契税征管。要先交契税，才能办过户手续，即先契后证。

（2）纳税时间。纳税时间是纳税人签订土地、房屋权属转移合同的当天，或者纳税人取得其他具有土地、房屋权属转移合同性质凭证的当天。

6. 减免规定

（1）契税优惠的一般规定。①国家机关、事业单位、社会团体、军事单位承受土地、房屋用于办公、教学、医疗、科研和军事设施的，免征契税。②城镇职工按规定第一次购买公有住房，免征契税。③因不可抗力灭失住房而重新购买住房的，酌情减免。

（2）特殊规定。企业公司制改造、企业股权重组、企业合并、分立等，不征收契税。法定继承人继承土地、房屋权属，不征契税，非法定继承人应征收契税。其他特殊情况免征契税。

11.8.7　相关税收

1. 营业税、城市维护建设税和教育费附加

（1）营业税。①征税范围：在中华人民共和国境内提供应税劳务、转让无形资产、销售不动产。②营业税应纳税额＝营业额×税率。销售不动产税率，2010年征收标准为5%：不足5年的非普通住房转让，全额征收营业税；超过5年（含5年）的非普通住房或不足5年的普通住房转让，按其销售收入减去购买房屋的价款后的差额征营业税；超过5年（含5年）的普通住房对外销售的，免征营业税。③纳税地点。一般是纳税人应税劳务的发生地、土地和不动产的所在地。④纳税时间。一般为纳税人收讫营业收入款项或者取得索取营业收入款项凭据的当天。

（2）城市维护建设税。①纳税人是在征税范围内从事工商经营，并缴纳消费税、增值税、营业税的单位和个人。②没有独立的征税对象或税基，而是以增值税、消费税、营业税"三税"实际缴纳的税额之和为计税依据，随"三税"同时附征，本质上属于一种附加税。增值税、消费税、营业税在我国现行税制中属于主体税种。③根据城建规模设计税率分三档：7%、5%、1%。

（3）教育费附加。①它是以单位和个人缴纳的增值税、消费税、营业税税额为计算依据征收的一种附加费。②征收范围及计税依据：教育费附加对缴纳增值税、消费税、营业税的单位和个人征收，以其实际缴纳的增值税、消费税和营业税税额为计税依据。③计征比例：一律按3%计算。④教育费附加的减免税：进口不征；出口不退。

2. 企业所得税

凡在中华人民共和国境内设立的企业，除外商投资企业和外国企业外，应当就其生产、经营所得和其他所得，缴纳企业所得税。

（1）纳税人。企业所得税的纳税人是指实行经济独立核算的企业或者组织，主要包括国有企业、集体企业、私营企业、股份制企业、联营企业，有生产、经营所得和其他所得的其他组织。

（2）税率。企业所得税实行33%的比例税率。

（3）应纳税额计算。企业所得税以纳税人取得的生产、经营所得和其他所得为征税对象。①计算公式如下：应纳税额＝应纳税所得额×所得税税率。②应纳税所得额是纳税人每一纳税年度的收入总额减去准予扣除项目后的余额。③收入总额，包括生产、经营收入，财产转让收入，利息收入，租赁收入，特许权使用费收入，股息收入和其他收入。④准予扣除的项目是指与纳税人取得收入有关的成本、费用和损失。

（4）征税办法。按年计征、分期预缴。

3. 印花税

印花税是对因商事活动、产权转移、权利许可证照授受等行为而书立、领受的应税凭证征收的一种税。

（1）印花税的纳税人。印花税的纳税人为在中国境内书立、领受税法规定应税凭证的单位和个人。

（2）计税依据。根据应税凭证的种类，计税依据分别有以下几种：①合同或具有合同性质的凭证，以凭证所载金额作为计税依据。②营业账簿中记载资金的账簿，以固定资产原值和自有流动资金总额作为计税依据。③不记载金额的营业执照，专利证、专利许可证照，以及企业的日记账簿和各种明细分类账簿等辅助性账簿，按凭证或账簿的件数纳税。

（3）免征印花税情况：①财产所有人将财产捐赠给政府、社会福利单位、学校所书立的书据，免征印花税。②已纳印花税凭证的副本或抄本，免征印花税。③外国政府或者国际金融组织向我国政府及国家金融机构提供优惠贷款所立的合同，免征印花税。④有关部门根据国家政策需要发放的无息、贴息贷款合同，免征印花税。⑤经财政部批准免税的其他凭证。

（4）征收范围。各种商事和产权凭证：①购销、加工承揽、建设工程勘察设计、建设安装工程承包、财产租赁、货物运输、仓储保管、借款、财产保险、技术等合同或者具有合同性质的凭证。②产权转移书据。③营业账簿。④权利、许可证照。⑤经财政部确定征税的其他凭证。

（5）税率。我国采用比例税率和定额税率两种，对一些载有金额的凭证，如各类合同、资金账簿等，采用比例税率。税率共分5档：1‰、5‰、3‰、0.5‰、0.3‰。

11.8.8 有关住房税收的优惠政策

1. 个人出售、购买住房税收优惠政策

（1）个人自建自用住房销售时免征营业税。

（2）个人购买自用普通住宅，暂减半征收契税。

（3）个人拥有的普通住宅，在转让时暂免征收土地增值税。

（4）对个人转让自用达5年以上，并且是唯一家庭生活用房的所得，免征个人所得税。

（5）对出售自有住房并拟在现住房出售后1年内按市场价重新购房的纳税人，其购

房金额大于或等于原住房销售额的，免征个人所得税；购房金额小于原住房销售额的，按购房金额占原住房销售额的比例免征个人所得税。

2. 住房租赁税收优惠政策

2019年4月15日，财政部、国家税务总局联合发布公告，对公租房建设用地及建成后占地免征城镇土地使用税，同时免征公租房经营管理单位建造公租房涉及的印花税。公租房所取得的租金收入，免征营业税、房产税。执行期限为2019年1月1日至2020年12月31日。

11.9 住房公积金制度与政策

11.9.1 住房公积金概述

1. 住房公积金的性质和特点

（1）住房公积金的性质。住房公积金的本质属性是工资性，是住房分配货币化的重要形式。单位按职工工资的一定比例为职工缴存住房公积金，实质是以住房公积金的形式给职工增加了一部分住房工资，从而达到促进住房分配机制转换的目的。

（2）特点。①义务性。义务性也称强制性，指凡在职职工及其所在单位都应按规定的缴存基数、缴存比例建立并按月缴存住房公积金。②互助性。互助性指住房公积金具有储备和融通的特性，可集中全社会职工的力量，把个人较少的钱集中起来，形成规模效应，并且缴存住房公积金的人都具有使用住房公积金的权利，有房的人帮助无房的人，暂时不买房的人支持即期买房的人，通过所有职工互帮互助，达到提高或改善居住条件的目的。③保障性。保障性是指住房公积金定向用于职工住房，并可通过安全运作实现合理增值。

（3）作用。①住房公积金制度是改革住房分配制度，把住房实物分配转变为货币工资分配的重要手段之一，增加了职工工资当中住房消费含量，实现了分配体制的转换。②建立了职工的自助保障机制，增强了职工解决住房问题的能力，调整了职工消费结构，确保了职工住房消费支出，有利于扩大住房消费，增加住房有效需求。③住房公积金制度实行"低存低贷"原则，为缴存职工提供比商业贷款利率低的住房公积金个人住房委托贷款。住房公积金的部分增值收益用于城市廉租住房建设，为我国住房保障制度建设和完善政策性住房金融体系奠定了基础。

2. 住房公积金管理的基本原则

住房公积金管理的基本原则："住房公积金管理委员会决策、住房公积金管理中心运作、银行专户、财政监督。"

11.9.2 住房公积金归集、提取和使用

1. 住房公积金归集

（1）缴存住房公积金的对象。国家机关、国有企业、城镇集体企业、外商投资企

业、城镇私营企业及其他城镇企业、事业单位民办非企业单位和社会团体及其在职职工都应按月缴存住房公积金。有条件的地方，城镇单位聘用进城务工人员，单位和职工可缴存住房公积金，城镇个体、工商户、自由职业人员可申请缴存住房公积金。对新设立的单位应当自设立之日起30日内到住房公积金管理中心办理住房公积金缴存登记，并自登记之日起20日内持住房公积金中心的审核文件，到受委托银行为本单位职工办理住房公积金账户设立手续。

（2）缴存住房公积金的工资基数。缴存基数是职工本人上一年度的月平均工资，共由6部分组成：计时工资、计件工资、奖金、津贴和补贴、加班加点工资及特殊情况下支付的工资。缴存基数不得高于职工工作所在区城市统计部门公布的上一年度职工月平均工资的3倍。具体标准由各地根据实际情况确定。职工单位对职工缴存住房公积金的工资基数每年核定一次。

（3）缴存比例。缴存比例是指职工个人按月缴存住房公积金的数额占职工上一年度月平均工资的比例。单位和职工缴存比例不应低于5%，不高于12%。具体缴存比例由住房公积金管理委员会拟订，经本级政府审核后，报省、自治区、直辖市人民政府批准后执行。

（4）住房公积金月缴存额。月缴存额为职工本人上一年度月平均工资分别乘以职工和单位住房公积金缴存比例后的和。

2. 住房公积金的提取和使用

（1）提取和使用原则。①定向使用的原则。②安全运作的原则。③严格时限的效率原则。

（2）住房公积金的查询和对账。管理中心要为每一位缴存住房公积金的职工发放住房公积金的有效凭证。有效凭证是全面反映职工个人住房公积金账户内住房公积金资金的增减、变动和结存情况的证明。有效凭证形式有凭条、存折或磁卡等。职工个人可以直接到管理中心或商业银行查询个人住房公积金缴存情况，也可以通过住房公积金磁卡、电话、网络系统查询。每年6月30日为住房公积金结息日。结息后，管理中心要向单位和职工发送住房公积金对账单，与单位和职工对账，职工对缴存情况有异议的，可以向管理中心和受委托银行申请复议。

11.9.3 住房公积金利率与税收政策

1. 利率政策

住房公积金制度实行低存低贷的利率政策，最大限度支持职工贷款购房。住房公积金的存贷款利率由中国人民银行提出，经征求国务院建设行政主管部门的意见后，报国务院批准执行。

（1）个人存贷款利率。①存款利率。职工当年缴存的住房公积金按结息日挂牌公告的活期存款利率计息；上年结转的按结息日挂牌公告的3个月整存整取存款利率计息。职工住房公积金自存入职工住房公积金个人账户之日起计息，按年结息，本息逐年结转。每年 6 月 30 日为结息日。②贷款利率。个人住房公积金贷款利率实行一年一定，每年 1 月 1 日按相应档次利率确定下一年度利率水平。遇法定利率调整，贷款期限在 1 年以内的，实行合同利率，不分段计息；贷款期限在 1 年以上的，下年初开始，按相应利率档次执行新的利率规定。

（2）管理中心沉淀资金的利率。按单位存款相应期限档次利率计息。

2. 税收政策

住房公积金是政策性资金，实行免税政策。其收益也并入住房公积金实行封闭管理和使用，免予征收所得税和营业税。

11.10 物业管理制度与政策

11.10.1 物业管理概述

1. 物业与物业管理基本概念

（1）物业。物业是指已经建成并投入使用的各类房屋及其与之相配套的设备、设施和场地。物业有办公楼宇、商业大厦、住宅小区、别墅、工业园区、酒店、厂房仓库等多种形式。

（2）物业管理。物业管理是指业主通过选聘物业管理企业，由业主和物业管理企业按照物业服务合同约定，对房屋及配套的设施设备和相关场地进行维修、养护、管理，维护相关区域内的环境卫生和秩序的活动。

2. 物业管理的性质

（1）社会化。物业管理的服务对象和房屋内容决定了物业管理的社会化，是房地产行业的重要组成部分，也是服务业的重要组成部分。

（2）专业化。分工和专业化是物业管理发展的主要推动力之一。

（3）市场化。现代物业管理是一种市场化的行为，是房地产市场改革和发展的产物。

3. 物业管理的基本内容

物业管理的基本内容按服务的性质和提供的方式可分为：常规性的公共服务、针对性的专项服务和委托性的特约服务。

（1）常规性的公共服务：①房屋建筑主体的管理及住宅装修的日常监督。②房屋设备、设施的管理。③环境卫生的管理。④绿化管理。⑤配合公安和消防部门做好住宅区内公共秩序维护和安全防范工作。⑥车辆道路管理。⑦公众代办性质的服务。

（2）针对性的专项服务：①日常生活类。②商业服务类。③文化、教育、卫生、体育类。④金融服务类。⑤经纪代理中介服务。⑥社会福利类。

（3）委托性的特约服务。物业管理企业在实施物业管理时，有三大类工作要做，第一大类是最基本的工作，是必须做好的。同时，根据自身的能力和住用人的要求，确定第二、第三大类中的具体服务项目与内容，采取灵活多样的经营机制和服务方式，以人为核心做好物业管理的各项管理与服务工作，并不断拓展服务广度和深度。

4. 物业管理的主要环节

物业管理的策划阶段→前期准备阶段→启动阶段→日常运作阶段→中止阶段。

11.10.2 物业管理主体

1. 物业管理的实施原则

物业管理实施：以人为本、服务第一的原则；社会化原则和企业化、经营型原则。

2. 物业管理企业

物业管理企业是按合法程序，有相应资质条件并经营物业管理的企业型经济实体；是独立核算法人并经主管部门批准，有认可的章程，能独立承担民事和经济法律法规责任。

3. 业主、业主大会及业主委员会

（1）业主。业主一般指物业所有权人，包括房屋的所有权人和土地使用权人，是物业管理服务的对象。

（2）业主大会。物业管理区域内全体业主组成业主大会。

（3）业主委员会。业主委员会是业主大会的执行机构，由业主大会从全体业主中选举产生，实行业主自治和专业化管理相结合，是业主参与和实现民主管理的组织形式。

11.10.3 物业服务合同

1. 物业服务合同的性质

物业服务合同属于我国合同分类中的委托合同，委托合同是受托人以委托人的名义为委托人处理委托事务，委托人支付约定报酬的协议。物业服务合同既可以发生在法人之间，也可以发生在公民与法人之间。

2. 物业服务合同的内容

物业服务合同应当对物业管理服务事项、服务质量、服务费用、双方的权利义务、专项维修资金的管理与使用、物业管理用房、合同期限、违约责任等内容进行约定。物业管理企业应当按照物业服务合同的约定，提供质价相符的物业管理服务。

11.10.4 物业管理经费

1. 物业管理经费的来源

物业管理经费的来源主要有：①定期收取物业管理服务费。②小区维修养护专项基金。③一业为主，多种经营的收入。④依靠政府的政策和一定资金的扶持。⑤开发单位给予一定的支持。

2. 物业服务收费原则、定价形式和计费方式

（1）收费原则。物业服务收费应当遵循合理、公开及与物业产权人、使用人的承受

能力相适应的原则。

(2)定价形式。国家鼓励物业管理收费应当根据所提供服务的性质、特点等情况，分别实行政府定价、政府指导价和经营者定价。①实行政府定价、政府指导价。为物业产权人、使用人提供的公共卫生清洁、公用设施的维修保养和保安、绿化等具有公共性的服务以及代收代缴水电费、煤气费、有线电视费、电话费等公众代办性质的服务收费，实行政府定价或政府指导价。其中对普通住宅提供的公众代办性质的服务实行政府定价。如北京市规定对水、电、房租、煤气、卫生五费统收服务费标准为每月每户1元。对高级公寓、别墅区等高标准住宅小区提供的公众代办性服务实行政府指导价。实行政府指导价的物业管理企业可在政府指导价格规定幅度内确定具体收费标准。②实行经营者定价。凡属为物业产权人、使用人个别需求提供的特约服务，除政府物价部门规定有统一收费标准者外，服务收费实行经营者定价。收费标准由物业管理企业与小区业主委员会或产权人代表、使用人代表协商议定，并应将收费项目和收费标准向当地物价部门备案。

(3)收费标准。收费标准主要根据具体服务项目的不同而有所差异。一般而言，上述服务项目的收费标准大都由政府定价，当然不一定是逐项定价，大都是由物业管理企业根据其所提供的具体服务内容、标准、深度向政府物价部门提出物业管理费收取标准申请，经审查批准后确定出某一物业管理区域综合收费标准，物业管理企业一般就是按此标准向业主收取管理费。

3. 物业服务费的构成

物业服务费用由九个部分构成：①管理服务人员的工资和按规定提取的福利费。②房屋共用部位、共用设备、设施日常运行维修(小修)及保养费。③绿化管理费。④清洁卫生费。⑤保安费。⑥办公费。⑦物业管理单位固定资产折旧费。⑧法定税费。⑨合理利润。上述指房屋的共用部位和共用设施设备及公共环境范围内的管理服务费。当然，业主若需要个别的专项服务，应承担相应的管理服务费。

4. 维修基金

(1)含义。凡商品住房和公有住房出售后都应当建立住宅共用部位、共用设施设备维修基金，专项用于住宅共用部位、共用设施设备保修期满后的大修、更新、改造。

(2)维修基金来源。新房的购房者应当按购房款2%～3%的比例向售房单位缴纳维修基金。售房单位代为收取的维修基金属全体业主共同所有，不计入住宅销售收入。维修基金收取比例由省、自治区、直辖市人民政府房地产行政主管部门确定。公有住房售后的维修基金来源于两部分：①售房单位按照一定比例从售房款中提取，原则上多层住宅不低于售房款的20%，高层住宅不低于售房款的30%，该部分基金属售房单位所有。②购房者按购房款2%的比例向售房单位缴纳维修基金。售房单位代为收取的维修基金属全体业主共同所有，不计入住宅销售收入。公有住房售后维修基金管理与使用的具体办法，由市、县财政部门和房地产行政主管部门共同制定，经当地人民政府批准后实施。

思考题

1. 如何执行房地产开发建设经营管理制度与政策？
2. 如何执行房地产交易管理制度与政策？
3. 如何执行房地产权属登记制度与政策？
4. 如何执行房地产中介服务管理制度与政策？
5. 如何执行房地产税收制度与政策？

第 12 章

房地产经纪相关知识

⏰ 学习目标

1. 了解建筑物、测绘概念、城市和城市化、城市规划,保险的概念和种类、保险合同,金融的概念和职能,统计的基本概念、数据的搜集与整理,心理学和个性心理。

2. 熟悉建筑物分类、建筑构造、建筑材料、建设工程造价,地形图和房地产图、土地面积测算、城市用地评价、城市居住区规划布局,环境质量和污染,投资项目经济评价、房地产金融、房地产统计指标,心理压力及其应对。

3. 掌握房屋面积的种类、房屋面积测算的一般规定、房屋建筑面积的测算、成套房屋建筑面积的测算,房地产价格、价值、房地产估价市场法、成本法、收益法,房地产个人住房贷款、开发贷款、住房置业担保,以及房地产经纪人的人际交往和人际关系处理。

📖 技能要求

1. 在房地产经纪业务过程中自觉运用房地产经纪相关知识。
2. 利用房地产相关知识对客户进行置业咨询。

📖 案例 12-1

阳光与风去哪儿了

某购房 QQ 群在南京一个新建小区购买了第 8 栋楼的房子,而第 8 栋楼是 10 栋楼中价格最贵的,因为这栋楼推开窗户可以看见大草坪和网球场,而现在一切都没有了。原定要盖的两栋 11 层点式小高层现在被开发商改成了条式小高层(将建),底层的商业楼也由 2 层增至 3 层,东面的小高层更是增至 15 层的高层,像一堵墙似的挡在第 8 栋楼的前面,住户根本感受不到阳光与风了。原本承诺的楼间距 1∶1.2、50% 绿化面积(写在楼书上)根本无法兑现。该 QQ 群成员找了规划局,规划局的人认为他们的审批没有问题,这是 QQ 群成员与房产商之间的事。于是 QQ 群成员找到房产商,他们竟然说把楼间距 1∶1.2 写在合同上是工作人员的失误,将给予一定赔偿,但小高层仍将按新规划建造,并且桩已打好。QQ 群成员准备集体诉讼。请问这种情况下,QQ 群成员打官司的胜算几何?

分析:根据所述情形,开发商擅自改变小区平面布局,如果规范已经通过,只能与发展商交涉。要看购房合同是如何约定违约责任的,有无改变平面布局的违约约定,但应当还是可以一试的,即依据合同主张退房,因为开发商已严重违约,改变了小区布局,小区环境因此遭到破坏,购房已毫无意义。

资料来源:作者整理。

案例讨论

如果很多人都已装修或正在装修,已经投入大量财力与精力,要退房,损失怎么算?开发商会赔吗?

学习任务

把房地产经纪相关知识与房地产经纪业务结合起来,针对 10 个方面的知识举出 10 个事例。

12.1 建筑知识

1. 建筑物的概念

建筑物是人造的、相对于地面固定的、有一定存在时间的且是人们要么为了其形象要么为了其空间使用的物体,也叫"建筑"。对建筑物的基本要求:安全、适用、经济、美观。

2. 建筑物的分类

(1)按建筑物的使用性质分类。它分为居住建筑、公共建筑、工业建筑和农业建筑。

(2)按建筑物的层数或总高度分类。房屋层数是指房屋的自然层数,一般按室内地平正负 0 以上计算。采光窗在室外地平以上的半地下室,其室内层高在 2.20 米以上(不含 2.20 米)的,计算自然层数。假层、附层(夹层)、插层、阁楼、装饰性塔楼以及突出屋面的楼梯间、水箱间不计层数。房屋总层数为房屋地上层数与地下层数之和。公共建筑及综合性建筑,总高度超过 24 米为高层,但不包括总高度超过 24 米的单层建筑,建筑总高度超过 100 米的,不论是住宅还是公共建筑、综和性建筑均称为超高层建筑。住宅按层数分为:低层住宅(1~3 层)、多层住宅(4~6 层)、中高层住宅(7~9 层)、高层住宅(10 层及以上)。

(3)按建筑结构分类。它可分为:砖木结构、砖混结构、钢筋混凝土结构、钢结构和其他结构。

(4)按建筑施工方法分类。它可分为:现浇、现砌式建筑;预制、装配式建筑;部分现浇现砌、部分装配式建筑。

（5）按建筑物耐久等级分类。它可分为：一级耐久年限 100 年以上；二级耐久年限 50～100 年；三级耐久年限 25～50 年；四级耐久年限 15 年以下。

（6）按建筑物的耐火等级分类。它可分为：一级、二级、三级、四级。

（7）按完损等级分类。它可分为：完好房屋、基本完好房屋、一般损坏房屋、严重损坏和危险房屋。

3. 墙体和柱

（1）墙体。墙具有承重作用、维护作用、分隔作用、装饰作用。对墙体的要求：有足够的强度和稳定性，满足热工方面（保温，隔热，防止产生凝结水）的性能，具有一定的隔声性能、防火性能。墙体的类型按在建筑物中所处的位置分为外墙、内墙；按在建筑物中的方向分为纵墙、横墙，外横墙通常称为山墙；按受力情况分为承重墙（指直接承受梁、楼板、屋顶等传下来的荷载的墙）、非承重墙（不承受外来荷载的墙）。在非承重墙中，仅承受自身重量并将其传给基础的墙称为承自重墙；仅起分隔空间作用，自身重量由楼板或梁来承担的墙称为隔墙。在框架结构中，墙不承受外来荷载，其中，填充柱之间的墙称为填充墙，悬挂在外部的轻质墙板组成的墙称为幕墙。墙体按使用的材料，分为砖墙、石块墙、小型砌块墙、钢筋混凝土墙；按构造分为实体墙、空心墙（墙体内部中有空腔）、复合墙（用两种以上材料组合而成）。

（2）柱。柱是建筑物中直立的起支持作用的构件。它承担、传递梁和板两种构件传来的荷载。

4. 地面、楼板和梁

（1）地面。地面由面层、垫层和基层所构成。对有特殊要求的地坪，通常在面层与垫层之间增设一些附加层。常见的地面有以下几类：①整体类地面，包括水泥砂浆地面、细石混凝土地面和水磨石地面等。②块材类地面，包括普通黏土砖、水泥花砖、人造石板、天然石板以及木地面等。③卷材类地面，常见的有塑料地面、橡胶毡地面等。④涂料类地面。地面面层是人们直接接触的表面，要求坚固耐磨、平整、光洁、防滑、易清洁、不起尘。

（2）楼板。其作用是承受人、家具等荷载，并把这些荷载及自重传给承重墙或梁、柱、基础。楼板的基本构造是面层、结构层和顶棚。楼板面层的做法和要求与地面面层相同。结构层根据使用材料的不同，可分为木楼板、砖拱楼板、钢筋混凝土楼板等。顶棚可分为直接式顶棚和吊顶棚两类。吊顶棚简称吊顶，一般由龙骨和面层两部分组成。

（3）梁。梁是跨过空间的横向构件。根据所采用的材料，梁可分为钢梁、钢筋混凝土梁和木梁；根据传递力的方向，梁可分为主梁和次梁；根据梁与支撑的搭接状况，梁可分为简支梁、连续梁和悬臂梁。

5. 建筑给水系统

给水系统的作用是供应建筑物用水，满足建筑物对水量、水质、水压和水温的要求。

给水系统分为生活给水系统、生产给水系统、消防给水系统三种。

6. 建筑排水系统

排水系统组成：①卫生器具，包括洗脸盆、洗手盆、洗菜盆、拖布池、大便器、小便池、地漏等。②排水管道，包括器具排放管、横支管、立管、埋设地下总干管、室外排出管、通气管及其连接部件。

7. 建筑采暖系统

采暖方式包括集中采暖、局部采暖、区域供热。采暖是通过散热设备不断地向房间供给相应的热量，以补偿房间内的热耗，维持室内一定的环境温度。

8. 建筑通风系统

通风系统是创造良好空气环境的一种手段。按动力，通风系统分为自然通风和机械通风；按作用范围，分为全面通风和局部通风；按特征，分为进气式通风和排气式通风。

9. 建筑电气设备

（1）室内配电用的电压。最普通的为220V/380V三相四线制、50Hz交流电压。220V单相负载用于电灯照明或其他家用电器设备，380V三相负载多用于有电动机的设备。

（2）配电箱。配电箱是接受和分配电能的装置。配电箱，按用途可分为照明和动力配电箱；按安装形式，可分为明装（挂在墙上或柱上）、暗装和落地柜式。

（3）开关与电表。电开关包括刀开关和自动空气开关，开关系统中还应设置熔断器，主要用来保护电气设备免受过大负荷电流和短路电流的损害。电表用来计算用户的用电量，选用电表时要求额定电流大于最大负荷电流，并适当留有余地，考虑今后发展的可能。

（4）建筑物应有防雷装置，以避免遭受雷击。

10. 燃气供应系统及设备

燃气可分为天然气、人工煤气和液化石油气。

（1）城市燃气供应方式。城市燃气供应一般采用管道供应，由储备站、调压站等组成。

（2）室内燃气供应系统与设备。它由室内燃气管道、燃气表和燃气用具等组成。常用的燃气用具有燃气灶、燃气热水器、家庭燃气炉、燃气开水炉等。

11. 电梯

（1）电梯的类型。①按使用性质，电梯可分为客梯、货梯、消防电梯、观光电梯。②按行驶速度，电梯可分为高速电梯、中速电梯、低速电梯。消防电梯的常用速度大于2.5m/s，客梯速度随层数增加而提高。中速电梯的速度为1.5～2.5m/s，低速电梯的速度在1.5m/s之内。

（2）电梯的设置。一般一部电梯的服务人数在400人以上，服务面积为450～500m^2。在住宅中，设置电梯要求：①7层以上（含7层）的住宅或住户入口层楼面距室外设计地面的高度超过16m以上的住宅，必须设置电梯。②12层以上（含12

层）的住宅，设置电梯不应少于两台，其中宜配置一台可容纳担架的电梯。③高层住宅电梯宜每层设站，当住宅电梯非每层设站时，不设站的层数不应超过两层。塔式和通廊式高层住宅电梯宜成组集中布置。单元式高层住宅每单元只设一部电梯时，应采用联系廊联通。

（3）电梯厅的位置。电梯及电梯厅应适当集中，位置要适中，以便层和层间的服务半径均等。在建筑平面布置中，电梯厅与主要通道应分隔开，以免相互干扰。

12. 楼宇智能化

（1）楼宇智能化。楼宇智能化以综合布线系统为基础，综合利用现代 4c 技术（现代计算机技术、现代通信技术、现代控制技术、现代图形显示技术），由 3 部分组成：通信自动化（CA）、办公自动化（OA）、楼宇自动化（BA）。其基本功能：保安监视控制功能、消防灭火报警监控功能、公用设施监视控制功能。

（2）智能化住宅与智能化居住区。①智能化住宅的基本要求。智能化住宅要充分体现"以人为本"的原则，要求有：在卧室、客厅等房间要设置电线插座，在卧室、书房、客厅等房间应设置信息插座，要设置访客对讲和住宅出入口门锁控制装置，要在厨房内设置燃气报警装置，宜设置紧急呼叫求救按钮，宜设置水表、电表、燃气表、暖气的远传自动计量装置。②智能化居住区的基本要求。智能化居住区要设置安全防范系统、信息服务系统、物业管理系统。

13. 建筑材料的概念和种类

建筑材料是建造和装饰建筑物所用的各种材料的统称。

建筑材料的种类繁多，根据建筑材料的来源不同，可分为天然材料和人造材料。常用建筑材料有：水泥；木材；建筑钢材；气硬性胶凝材料，如石膏、石灰；砌墙砖；建筑砂浆；建筑砌块。

14. 建筑施工图

总平面图表示建筑物的位置，用平面图及剖面图表示建筑物的内部，用立面图及屋顶平面图表示建筑物的外部，用详图表示建筑物的细部做法。建筑施工图简称"建施"图。

（1）建筑总平面图。它是用来说明建筑场地内的建筑物、道路、绿化等的总体布置的平面图。其内容包括：①该建筑场地的位置、大小及形状。②新建建筑物在场地内的位置及与邻近建筑物的相对位置关系。③场地内的道路布置与绿化安排。④新建建筑物的方位。⑤新建建筑物首层室内地面与室外地坪及道路的绝对标高。⑥扩建建筑物的预留地。

（2）建筑平面图。单层以上的建筑物一般每层有一个单独的平面图。但对于中间几层平面布置完全相同的，通常只用一个平面图表示。一幢建筑物一般有以下几种建筑平面图：①底层平面图。②标准层平面图。③顶层平面图。④屋顶平面图。从建筑平面图中可以看出以下内容：①建筑物的平面形状。②建筑物及其组成房间的名称、尺寸、定位轴线和墙厚。③走廊、楼梯的位置及尺寸。④门、窗的位置、尺寸及编号。⑤台阶、阳台、雨篷、散水的位置及尺寸。⑥室内地面的高度。

（3）建筑立面图。建筑物有多个立面，通常把建筑物的主要出入口或反映建筑物外貌主要特征的立面图称为正立面图，从而确定背立面图和左、右侧立面图。建筑立面图的内容：①建筑物的外观特征及凹凸变化。②建筑物各主要部分的标高及高度关系。③建筑立面所选用的材料、色彩和施工要求等。

（4）建筑剖面图。它用以表示建筑物内部的结构或构造形式、分层情况和各部位的联系、材料及其高度等，是与平面图、立面图相互配合不可缺少的重要图样之一。建筑剖面图的主要内容有：①剖切到的各部位的位置、形状及图例。②未剖切到的可见部分。③外墙的定位轴线及其间距。④垂直方向的尺寸及标高。⑤施工说明。

（5）建筑详图。它是建筑细部的施工图，是建筑平面图、立面图、剖面图的补充。

15. 建设工程造价

建设工程造价是指有计划地进行某建设工程项目的固定资产再生产建设，形成相应的固定资产、无形资产和铺底流动资金的一次性投资费的总和。建设工程造价由建筑安装工程费用、设备和工器具购置费用、工程建设其他费用、预备费等组成。

（1）按项目所处的建设阶段不同，造价有不同的表现形式：①投资决策阶段－投资估算造价。②工程设计阶段－设计概算、设计预算。③招投标与签订承包合同阶段－投标报价－承包合同价。④工程实施阶段－工程结算价－工程竣工结算价。⑤竣工验收阶段－竣工决算。

（2）按造价的编制对象不同有如下几种形式：①单位工程造价。②工程建设其他费用。③单项工程造价。④建设项目总概算造价。

（3）按工程的专业性质不同有建筑工程造价、安装工程造价、市政工程造价、园林绿化工程造价等。

12.2 房地产测绘知识

1. 测绘和房地产测绘

测绘是测量和绘图的统称。测量是指用仪器测定地球表面各种自然物体和人造物体的位置、形状、大小等。绘图是指将测量所获取的地球表面各种自然物体和人造物体的位置、形状、大小等信息，按一定规则客观反映到图纸上。

房地产测绘是指调查和测定房地产的位置、界址、面积、权属、用途等，并按一定规则将其客观反映到图纸上的一种专业测绘。其中，最大量、最重要的是房地产权属证书（包括土地权属证书、房屋权属证书）附图的测绘。

2. 丘和幢

房屋用地调查与测绘是以丘为单元分户进行的。

丘是指地表上一块有界空间的地块。它是房屋权属用地单元的最小单位，同义名称有宗、地块等。根据丘内产权单元的情况，丘有独立丘和组合丘之分。一般以一个单位、一个门牌号或一处院落的房屋用地单元划分独立丘，当用地单元的权属混杂和面积过小时，则划为组合丘。

幢是指一座独立的，包括不同结构和不同层次的房屋。

3. 房地产图

房地产图是地籍图和房产图的统称。

（1）地籍图。地籍即土地的"户籍"，是记载土地及其上附着物的位置、界址、面积、质量、权属和用途等基本状况的簿册、数据和图纸等。地籍图是地籍测量绘制的图件，是一种详细划分土地权属（所有权或使用权）界限的大比例尺地图，用于说明或证明权属土地的位置和面积等。地籍图可分为基本地籍图和宗地图。①基本地籍图是全面反映土地及其上附着物的位置和权属等状况的基本图，是测绘宗地图的基础资料。②宗地图。宗地图是权属单位地籍图，即以宗地为单位绘制的地籍图。它是土地权属的基本单元。一宗地原则上由一个土地使用者使用。宗地图详尽、准确地表示了该宗地的地籍内容及该宗地周围的权属单位和四至，是核发土地权属证书和地籍档案的附图，比例尺为1∶500或大于1∶500，计量单位一般为m和m^2。宗地面积过大时可能以km和km^2为单位。

（2）房产图。按房产管理的需要，房产图分为房产分幅平面图、房产分丘平面图和房产分户平面图。先测绘房产分幅图，再测绘房产分丘图，然后测绘房产分户图。其中，测定房屋平面位置，绘制房产分幅图；测定房屋四至归属及丈量房屋边长，计算面积，绘制房产分丘图；测定权属单元产权面积，绘制房产分户图。

- 房产分幅图：全面反映房屋及其用地位置和权属等状况的基本图（1∶500）。
- 房产分丘图：分幅图的局部明细图（1∶100～1∶500）。
- 房产分户图：房屋权属范围内的细部图，是房屋所有权证的附图（1∶200）。

4. 房屋面积的种类

房屋面积主要有建筑面积、使用面积，成套房屋还有套内建筑面积、共有建筑面积、分摊的共有建筑面积，除此之外还有预售面积、竣工面积、产权面积。

5. 房屋面积测算的一般规定

（1）房屋面积测算是指水平投影面积测算。

（2）房屋面积测量的精度必须达到《房产测量规范》规定的房产面积的精度要求。

（3）房屋面积测量必须独立进行两次，其较差应在规定的限差以内，取平均数作为最后结果。

（4）量距应使用经检定合格的卷尺或其他能达到相应精度的仪器和工具。

（5）边长以m为单位，取至0.01m；面积以m^2为单位，取至$0.01m^2$。

6. 房屋建筑面积的测算

（1）计算建筑面积的一般规定。①计算建筑面积的房屋，应是永久性结构的房屋。②层高（高度）应在2.20m以上。③同一房屋如果结构、层数不相同时，应分别计算建筑面积。

（2）计算全部建筑面积的范围。①单层房屋，按一层计算建筑面积；二层以上（含二层，下同）的房屋，按各层建筑面积的总和计算建筑面积。②房屋内的夹层、插层、技术层及其楼梯间、电梯间等其高度在2.20m以上部位计算建筑面积。③穿过房屋的通道，房屋内的门厅、大厅，均按一层计算面积。门厅、大厅内的回廊部分，层高在2.20m以上的，按其水平投影面积计算。④楼梯间、电梯井、提物井、垃圾道、管道井等均按房屋自然层计算面积。⑤房屋天面上，属永久性建筑，层高在2.20m以上的楼梯间、水箱间、电梯机房及斜面结构屋顶高度在2.20m以上的部位，按其外围水平投影面积计算。⑥挑楼、全封闭的阳台，按其外围水平投影面积计算。属永久性结构有上盖的室外楼梯，按各层水平投影面积计算。与房屋相连的有柱走廊、两房屋间有上盖和柱的走廊，均按其柱的外围水平投影面积计算。房屋间永久性封闭的架空通廊，按外围水平投影面积计算。⑦地下室、半地下室及其相应出入口，层高在2.20m以上的，按其外墙（不包括采光井、防潮层及保护墙）外围水平投影面积计算。⑧有柱（不含独立柱、单排柱）或有围护结构的门廊、门斗，按其柱或围护结构的外围水平投影面积计算。⑨玻璃幕墙等作为房屋外墙的，按其外围水平投影面积计算。⑩属永久性建筑有柱的车棚、货棚等，按柱的外围水平投影面积计算。⑪依坡地建筑的房屋，利用吊脚做架空层，有围护结构的，按其高度在2.20m以上部位的外围水平投影面积计算。⑫有伸缩缝的房屋，如果其与室内相通的，伸缩缝计算建筑面积。

（3）计算一半建筑面积的范围。①与房屋相连有上盖无柱的走廊、檐廊，按其围护结构外围水平投影面积的一半计算。②独立柱、单排柱的门廊、车棚、货棚等属永久性建筑的，按其上盖水平投影面积的一半计算。③未封闭的阳台、挑廊，按其围护结构外围水平投影面积的一半计算。④无顶盖的室外楼梯按各层水平投影面积的一半计算。⑤有顶盖不封闭的永久性的架空通廊，按外围水平投影面积的一半计算。

（4）不计算建筑面积的范围。①层高在2.20m以下（不含2.20m）的夹层、插层、技术层和层高在2.20m以下的地下室和半地下室。②突出房屋墙面的构件、配件、装饰柱、装饰性的玻璃幕墙、垛、勒脚、台阶、无柱雨篷等。③房屋之间无上盖的架空通廊。④房屋的天面、挑台、天面上的花园、泳池。⑤建筑物内的操作平台、上料平台及利用建筑物的空间安置箱、罐的平台。⑥骑楼、骑街楼的底层用作道路街巷通行的部分。⑦利用引桥、高架路、高架桥、路面作为顶盖建造的房屋。⑧活动房屋、临时房屋、简易房屋。⑨独立烟囱，亭，塔，罐，池，地下人防干、支线。⑩与房屋室内不相通的房屋间的伸缩缝。

7. 成套房屋建筑面积的测算

（1）房屋建筑面积。房屋建筑面积包括分幢建筑面积、分层建筑面积、分单元建筑面积和分户（成套）建筑面积。

（2）成套房屋建筑面积＝套内建筑面积＋分摊共有建筑面积。

（3）套内建筑面积＝套内房屋使用面积＋套内墙体面积＋套内阳台建筑面积。

1）套内房屋使用面积的计算。房屋户内全部可供使用的空间面积,按房屋的内墙面水平投影计算,不包括墙、柱等结构构造和保温层的面积,也不包括阳台面积。

2）套内墙体面积的计算。套内墙体面积是指套内使用空间周围的维护或承重墙体或其他承重支撑体所占的面积。其中,各套之间的分隔墙和套与公共建筑空间的分隔墙以及外墙（包括山墙）等共有墙,均按水平投影面积的一半计入套内墙体面积,套内自有墙体按水平投影面积全部计入套内墙体面积。

3）套内阳台建筑面积的计算。套内阳台建筑面积的计算是指按阳台外围与房屋外墙之间的水平投影面积计算。其中,封闭的阳台按水平投影全部计算建筑面积,未封闭的阳台按水平投影的一半计算建筑面积。

（4）分摊的共有建筑面积的计算。

1）公用建筑面积:现行公用建筑面积由两部分组成:一是电梯井、楼梯间、垃圾道、变电室、设备间、公共门厅和过道、地下室、值班室、警卫室以及其他功能上为整幢建筑物服务的公共用房和管理用房建筑面积;二是套（单元）与公共建筑空间之间的分隔墙（包括山墙）,墙体按建筑平面图纸轴线以外的水平投影面积计算。此外,以下公用建筑不得分摊到本幢建筑物内:非本幢建筑物（如锅炉房、变电所、泵房等）;已作为独立使用空间的地下室、车库等;作为人防工程的地下室。

2）分摊公用建筑面积:

$$分摊的公用建筑面积 = 公用建筑面积公摊系数 \times 套内建筑面积$$
$$公用建筑面积分摊系数 = 公用建筑面积 / 套内建筑面积之和$$

8. 土地面积的概念和种类

土地面积主要是指与土地权属有关的土地面积。它主要有宗地面积和共有土地分摊面积。不计入宗地面积的范围有:①无明确使用权属的冷巷、巷道或间隙地。②市政管辖的道路、街道、巷道等公共用地。③公共使用的河滩、水沟、排污沟。④已征用、划拨或者属于原房地产证记载范围,经规划部门核定需要做市政建设的用地。⑤其他按规定不计入宗地面积的。共有土地分摊面积是指土地所有者或土地使用者在共有土地面积中所分摊的面积,一般是根据所拥有建筑面积的多少按比例分摊。

12.3 城市和城市规划知识

城市指以非农产业和非农业人口聚集为主要特征的居民点,包括按国家行政建制设立的市和镇。

1. 城市的类型

（1）按城市规模分类。大城市指市区和近郊区非农业人口50万以上的城市;中等城市指市区和近郊区非农业人口20万以上、不满50万的城市;小城市指市区和近郊区非农业人口不满20万的城市。习惯上将市区和近郊区非农业人口100万以上的城市称为特大城市。

（2）按城市职能分类。首先可将城市分为具有综合职能的城市和以某种职能为主的城市，然后还可进一步细分为各种各样职能的城市。在城市众多职能中，最突出的职能构成城市性质。

（3）按城市行政级别分类。直辖市，由国务院直接管辖相当于省级；地级市；县级市；建制镇。

2. 城市的地域范围

与城市地域范围有关的概念，主要有城市行政区、市区、郊区以及城市建成区和城市规划区。

3. 城市功能分区

常见的城市功能区及相关概念如下。

（1）中心商务区（CBD）。

（2）商业区：城市中市级或区级商业设施比较集中的地区。

（3）居住区：泛指不同居住人口规模的居住生活聚居地和特指城市干道或自然分界线所围合，并与居住人口规模（30 000～50 000人、10 000～16 000户）相对应，配套建设有一整套较完善的、能满足该区居民物质与文化生活所需的公共服务设施的居住生活聚居地。

（4）工业区：城市中工业企业比较集中的地区。

（5）仓储区：城市中为储藏城市生活或生产资料而比较集中布置仓库、储料棚或储存场地的独立地区或地段。

（6）文教区：城市中大专院校及科研机构比较集中的地区。

（7）风景区：城市范围内自然景物、人文景物比较集中，以自然景物为主体，环境优美，具有一定规模，可供人们浏览、休息的地区。

（8）综合区：城市中根据规划可以兼容多种不同使用功能的地区。

（9）卫星城（卫星城镇）：在大城市市区外围兴建的、与市区既有一定距离又相互间密切联系的城市。

（10）开发区：由国务院和省级人民政府确定设立的实行国家特定优惠政策的各类开发建设地区。

4. 城市土地利用类型

（1）居住用地：在城市中包括住宅及相当于居住小区及小区级以下的公共服务设施、道路和绿地等设施的建设用地。按市政公用设施齐全程度和环境质量等，居住用地可进一步分为一类居住用地、二类居住用地、三类居住用地和四类居住用地。

（2）公共设施用地：城市中为社会服务的行政、经济、文化教育、卫生、体育、科研及设计等机构或设施的建设用地。公共设施用地不包括居住用地中的公共服务设施用地。

（3）工业用地：城市中工矿企业的生产车间、库房、堆场、构筑物及其附属设施（包括其专用的铁路、码头和道路等）的建设用地。

（4）仓储用地：城市中仓储企业的库房、堆场和包装加工车间及其附属设施的建设用地。

（5）对外交通用地：城市对外联系的铁路、公路、管道运输设施、港口、机场及其附属设施的建设用地。

（6）道路广场用地：城市中道路、广场和公共停车场等设施的建设用地。

（7）市政公用设施用地：城市中为生活及生产服务的各项基础设施的建设用地。

（8）绿地：城市中专门用以改善生态、保护环境、为居民提供游憩场地和美化景观的绿化用地。

（9）特殊用地：一般指军事用地、外事用地及保安用地等特殊性质的用地。

（10）水域和其他用地：城市范围内包括耕地、园地、林地、牧草地、村镇建设用地、露天矿用地和弃置地，以及江、河、湖、海、水库、苇地、滩涂和渠道等常年有水或季节性有水的全部水域。

（11）保留地：城市中留待未来开发建设的或禁止开发的规划控制用地。

5. 城市人口分析

人口是决定住宅、商业等需求量或市场大小等的一个基本因素。城市人口分析包括城市人口数量、人口结构、人口分布、人口密度及其变化等方面的分析。

6. 城市化

人类生产和生活方式由乡村型向城市型转化的历史过程，表现为乡村人口向城市人口转化以及城市不断发展和完善的过程。城市化又称城镇化、都市化。城市化的类型：向心型城市化（集中型城市化），从农业社会向工业化社会发展的城市化类型；离心型城市化（分散型城市化），从工业化社会向后工业化社会发展的城市化类型。

7. 城市规划的概念、任务和作用

（1）概念。城市规划是对一定时期内城市的经济和社会发展、土地利用、空间布局以及各项建设的综合部署、具体安排和实施管理。

（2）任务。布置城市体系；确定城市性质、规模和布局；统一规划、合理利用城市土地；综合部署城市经济、文化、基础设施等各项建设，保证城市有秩序地、协调地发展，使城市建设获得良好的经济效益、社会效益和环境效益。城市规划的核心内容：土地使用的配置；城市空间的组合；交通运输网络的架构；城市政策的设计与实施。

（3）作用。城市规划是作为建设城市和管理城市的基本依据，是保证城市合理地进行建设和城市土地合理开发利用及正常经营活动的前提和基础，是实现城市社会经济发展目标的综合手段。城市规划可作为国家宏观调控的手段、作为政策形成和实施的工具、作为城市未来空间发展的架构。

8. 城市规划编制体系和编制阶段

（1）城市规划编制体系。该体系由以下三个层次组成：①城镇体系规划，包括全国、省（自治区）以及跨行政区域的城镇体系规划，市域、县域城镇体系规划在制定城市总

体规划时统一安排。②城市总体规划。③详细规划，包括控制性详细规划和修建性详细规划。

（2）城市规划编制阶段。它分为总体规划和详细规划两个阶段。大、中城市根据需要，可依法在总体规划的基础上组织编制分区规划。我国已经形成一套由"国土规划→城镇体系规划→城市总体规划→城市分区规划→城市详细规划"组成的空间规划系列。

9. 城市总体规划

城市总体规划是对一定时期内城市性质、发展目标、发展规模、土地利用、空间布局以及各项建设的综合部署和实施措施。总体规划期限一般为20年。同时对城市远景发展做出轮廓性的规划安排。近期建设规划是总体规划的一个组成部分，期限一般为五年。

城市总体规划的内容：市域城镇体系规划；确定城市性质和发展方向，划定城市规划区范围；提出规划期内城市人口及用地发展规模，确定城市建设与发展用地的空间布局、功能分区，以及市中心、区中心的位置；确定城市对外交通系统的布局以及车站、铁路枢纽、港口、机场等主要交通设施的规模、位置，确定城市主、次干道系统，确定主要广场、停车场的位置、容量；综合协调并确定城市供水、排水、供电、通信、燃气、供热、消防、环卫等设施的发展目标和总体布局；确定城市河湖水系的治理目标和总体布局；确定城市园林绿地系统的发展目标及总体布局；确定城市环境保护目标、提出防治污染措施；根据城市防灾要求，提出人防建设、抗震防灾规划目标和总体布局；确定需要保护的风景名胜、文物古迹、传统街区，划定保护和控制范围，提出保护措施；确定旧区改建、用地调整的原则、方法和步骤，提出改善旧城区生产、生活环境的要求和措施；综合协调市区与近郊区村庄、集镇的各项建设；进行综合技术经济论证，提出规划实施建议；编制近期建设规划。

10. 城市详细规划

城市详细规划是以城市总体规划或分区规划为依据，对一定时期内城市局部地区的土地利用、空间环境和各项建设用地所做的具体安排，是按城市总体规划要求，对城市局部地区近期需要建设的房屋建筑、市政工程、公用事业设施、园林绿化、城市人防工程和其他公共设施做出具体布置的规划。

详细规划包括如下两种类型。

（1）控制性详细规划。内容：①确定规划范围内各类不同使用性质的用地面积与用地界线。②规定各地块土地使用、建筑容量、建筑形态、配套设施及其他控制要求。③确定各级支路的红线位置，控制点坐标和标高。④根据规划容量，确定工程管线的走向、管径和工程设施的用地界线。⑤制定相应的土地使用及建筑管理规定。⑥控制性详细规划的用地是功能相对完整或地域比较独立的区域，规模一般在1平方公里。

（2）修建性详细规划。内容：①建设条件分析和综合技术经济论证。②建筑和绿地的空间布局、景观规划设计，布置总平面图。③道路系统规划设计。④绿地系统规划设计。⑤工程管线规划设计。⑥竖向规划设计。⑦估算工程量、拆迁量和总造价，分析投资效益。

我国实行规划许可制度即"一书两证"制度：《建设项目选址意见书》《建设用地规划许可证》《建设工程规划许可证》。

11. 城市居住区的规模与规划布局形式

（1）城市居住区规模。城市居住区规模通常以居住人口规模作为主要标志。居住区按居住户数或人数规模，分为居住区、居住小区、居住组团三级。居住区是特指城市干道或自然分界线所围合，并与居住人口规模（30 000～50 000人、10 000～16 000户）相对应的公共服务设施的居住生活聚居地。居住小区是指与居住人口规模（10 000～15 000人、3 000～5 000户）相对应的公共服务设施的居住生活聚居地。居住组团是指与居住人口规模（1 000～3 000人、300～1 000户）相对应的居住生活聚居地。

（2）居住区的规划布局形式。它包括：居住区－小区－组团、居住区－组团、小区－组团、独立式组团等多种类型。居住区－小区－组团这种规划布局形式，是一种三级结构，居住区由若干个小区组成，每个小区又由若干个组团组成。居住区－组团这种规划布局形式，是一种二级结构，居住区直接由若干个组团组成。小区－组团这种规划布局形式，也是一种二级结构，这种居住区仅为小区规模，它由若干个组团组成。

12. 城市居住区的组成要素与用地构成

（1）居住区的组成要素。居住区的组成要素主要有住宅、公共服务设施、道路和绿地。①住宅是供家庭居住使用的建筑，分为低层住宅、多层住宅、中高层住宅和高层住宅。高层住宅是指十层及以上的住宅。住宅还可分为独立式（独院式）住宅、双联式（联立式）住宅、联排式住宅、单元式住宅、外廊式住宅、内廊式住宅、跃廊式住宅、跃层式住宅、点式（集中式）住宅、塔式住宅等。②公共服务设施是居住区配套建设设施的总称，简称"公建"，包括以下8类：教育（幼儿园、小学、中学）、医疗卫生（医院、护理院）、文化体育（健身设施）、商业服务（便民店）、金融邮电（银行、邮电所）、社区服务、市政公用、行政管理及其他。③居住区内道路，分为居住区级道路、小区级道路、组团级道路和宅间小路四级。④居住区内绿地，有公共绿地、宅旁绿地、公共服务设施所属绿地和道路绿地，包括满足当地植树绿化覆土要求、方便居民出入的地下建筑或半地下建筑的屋顶绿地，不包括其他屋顶、晒台的人工绿地。

（2）居住区的用地构成。它包括居住区用地和其他用地两类。①居住区用地包括住宅用地、公共服务设施用地（也称公建用地）、道路用地和公共绿地四项。其中，住宅用地是指住宅建筑基底占地及其四周合理间距内的用地（含宅间绿地和宅间小路等）。公共服务设施用地是指与居住人口规模相对应配套建设的、为居民服务和使用的各类设施的用地，包括建筑基底占地及其所属场院、绿地和配套建设停车场等。道路用地是指居住区道路、小区道路、组团道路及非公建配套建设的居民汽车地面停放场地。公共绿地指由绿色植物所覆盖，适合于安排游憩活动设施，供居民共享的绿地，包括居住区公园、小游园和组团绿地及其他块状带状绿地等。②其他用地是指规划范围内除居住区用地以外的各种用地,包括非直接为本区居民配套建设的道路用地、其他单位用地、保留的自然村或不可建设用地等。

13. 城市居住区规划布局的有关内容

(1) 居住区住宅的规划布置。住宅应布置在居住区内环境条件优越的地段。面街布置的住宅,其出入口应避免直接开向城市道路和居住区(级)道路。住宅间距应以满足日照要求为基础。住宅平均层数反映了居住区空间形态与景观的特征,它是住宅总建筑面积与住宅基底总面积的比值(层)。居住区按住宅层数可分为低层居住区、多层居住区、高层居住区或各种层数混合的居住区。无电梯住宅不应超过6层。

(2) 居住区公共服务设施的规划布置。居住区公共服务设施是为满足居民物质和文化生活方面的需要而配套建设的。衡量居住区公共服务设施配套建设水平的指标,主要是人均公建面积(公共服务设施建筑面积)和人均公建用地面积。

(3) 居住区内道路的规划布置。居住区内道路担负着分隔地块和联系不同功能用地的双重职能。居住区级道路是居住区的主要道路,用以解决居住区内外的交通联系,路面宽20～30m;小区级路是居住区的次要道路,用以解决居住区内部的交通联系,路面宽6～9m;组团级路是居住区内的支路,用以解决住宅组群的内外联系,路面宽3～5m;宅间小路是通向各住宅入口的道路,路面宽2.5～3m。居住区内必须配套设置居民汽车(含通勤车)停车场、停车库,并应符合下列规定:居民汽车停车率(居住区内居民汽车的停车位数量与居住户数的比率)不应小于10%;居住区内地面停车率(居住区内居民汽车的地面停车位数量与居住户数的比率)不宜超过10%;居民停车场、库的布置应方便居民使用,服务半径不宜大于150m;居住停车场、库的布置应留有必要的发展余地。

(4) 居住区内绿地的规划布置。衡量居住区内绿地状况的指标,主要有绿地率和人均公共绿地面积。绿地率是指居住区用地内各类绿地面积的总和占居住区用地面积的比例(%),其中新区建设不应低于30%,旧区改建不宜低于25%。居住区人均公共绿地面积指标:组团绿地不小于每人$0.5m^2$,小区绿地不应小于每人$1m^2$,居住区绿地不应小于每人$1.5m^2$。

14. 城市居住区综合技术经济指标

(1) 居住户(套)数,指居住区内可以容纳的总户(套)数。居住人数指居住区内可容纳的总人数。户均人口指居住区内平均每住户的人口数量(人/户)。

(2) 高层住宅比例,指高层住宅总建筑面积与住宅总建筑面积的比率。中高层住宅比例指中高层住宅总建筑面积与住宅总建筑面积的比率(%)。

(3) 人口毛密度,指每公顷居住区用地上容纳的规划人口数量(人/hm^2)。人口净密度指每公顷住宅用地上容纳的规划人口量(人/hm^2)。

(4) 住宅建筑套密度(毛),指每公顷居住区用地上拥有的住宅建筑套数(套/hm^2)。

(5) 住宅建筑套密度(净),指每公顷住宅用地上拥有的住宅建筑套数(套/hm^2)。

(6) 住宅建筑面积毛密度,指每公顷居住区用地上拥有的住宅建筑面积(万m^2/hm^2)。

(7) 住宅建筑面积净密度，指每公顷住宅用地上拥有的住宅建筑面积（万 m^2/hm^2）。

(8) 居住区建筑面积毛密度（容积率），指每公顷居住区用地上拥有的各类建筑的建筑面积（万 m^2/hm^2）或以居住区总建筑面积（万 m^2）与居住区用地面积（万 m^2）的比值表示。

(9) 住宅建筑净密度，指住宅建筑基底总面积与住宅用地面积的比率（%）。

(10) 总建筑密度也称居住区建筑密度、建筑毛密度，指居住区用地内各类建筑的基底总面积与居住区用地面积的比率（%）。

(11) 拆建比，指拆除的原有建筑总面积与新建的建筑总面积的比值。

在居住区的技术经济指标中，建筑密度和绿地率是反映居住区环境质量的主要指标。与住宅环境最密切的是住宅周围的空地率，习惯上以住宅建筑净密度来反映，即以住宅用地为单位（100%），住宅周围的空地率 =100%- 住宅建筑净密度。居住区的空地率习惯上以总建筑密度来反映，即以居住区用地为单位（100%），居住区的空地率 =100% - 总建筑密度。住宅建筑净密度和总建筑密度越低，其对应的空地率就越高，为环境质量的提高提供了更多的用地条件。绿地率是反映居住区内可绿化的土地比例，它为搞好环境设计、提高环境质量创造了物质条件。此外，住宅建筑面积净密度和居住区建筑面积毛密度（容积率），习惯上也是控制居住区环境质量的重要指标。

12.4 环境知识

环境是指围绕着某一事物并会对该事物产生某些影响的所有外界事物，即事物周围的情况和条件。通常按环境的属性，将环境分为自然环境、人工环境和社会环境。

1. 与环境相关的几个概念

(1) 景观的概念。景观的含义与"风景""景致""景色"相近，是描述自然、人文以及它们共同构成的整体景象的一个总称，包括自然景观和人文景观。

(2) 生态的概念。生物与其生存环境相互间有着直接或间接的作用，生态是指生物与其生存环境之间的关系。

(3) 生态系统的概念。生态系统是指在一定的时间和空间内，生物和非生物成分之间，通过物质循环、能量流动和信息传递，而相互作用、相互依存所构成的统一体。生态系统也就是生命系统与环境系统在特定空间的组合。生态系统有 4 个基本组成部分：非生物环境要素、植物 – 生产者有机体、动物 – 消费者有机体、微生物 – 分解者有机体。生态系统的各个部分正是通过"食物链"（生物之间以营养为基础组成的链条）对物质和能量的输送传递，相互依存，相互制约，组成密切联系的有机整体。生态系统在一定条件下处于相对平衡状态，系统内物质和能量的输入与输出之间是协调的，不同动植物种类的数量比例是稳定的，在外来干扰下能通过自我调节恢复到原来的平衡状态。

2. 环境质量和环境污染概述

(1) 环境质量。它指一定范围内环境的总体或环境的某些要素对人类生存、生活和发展的适宜程度，包括自然环境质量和社会环境质量。

（2）环境污染。它指人类直接或间接地向环境排放超过其自净能力的物质或能量，从而使环境的质量降低，对人类的生存与发展、生态系统和财产造成不利影响的现象。环境污染的类型：按环境要素可分为大气污染、水体污染、土壤污染；按污染物的性质可分为物理污染、化学污染、生物污染；按污染物的形态可分为废气污染、废水污染、噪声污染、固体废物污染、辐射污染；按污染产生的原因可分为工业污染、交通污染、农业污染、生活污染；按污染的空间可分为室内污染、室外污染；按污染物分布的范围可分为全球性污染、局部性污染、区域性污染。

3. 大气污染

大气污染是指由于人类活动或自然过程引起某些物质进入大气中，呈现出足够的浓度，达到足够的时间，并因此危害了人体的舒适、健康和福利或环境污染的现象。大气污染源主要有：工厂排放、汽车尾气、农垦烧荒、森林失火、炊烟（包括路边烧烤）、尘土（包括建筑工地）等。

4. 环境噪声污染

环境噪声污染是指所产生的环境噪声超过国家规定的环境噪声排放标准，并干扰他人正常生活、工作和学习的现象。按产生的机理，环境噪声污染分为机械噪声、空气动力性噪声、电磁噪声和火焰噪声；按产生来源，环境噪声污染分为工业噪声、建筑噪声、交通噪声、社会生活噪声及自然界噪声；按其随时间的变化，环境噪声污染分为稳态噪声和非稳态噪声；按噪声的空间分布形式，环境噪声污染分为点声源、线声源和面声源。环境噪声污染源主要来自工业生产、建筑施工、交通运输、社会生活及自然界。

5. 水污染

水体因某种物质的介入，而导致其化学、物理、生物或者放射性等方面特征的改变，从而影响水的有效利用，危害人体健康或者破坏生态环境，造成水质恶化的现象称为水污染。水污染主要是由人类活动产生的污染物而造成的，它包括工业污染源、农业污染源和生活污染源三大部分。

6. 固体废物污染

固体废物污染指固体废物排入环境所引起的环境质量下降而有害于人类及其他生物的正常生存和发展的现象。固体废物大致可分为生活垃圾、一般工业固体废物和危险废物三种。此外，还有农业固体废物、建筑废料及弃土。固体废物如不加妥善收集、利用和处理处置将会污染大气、水体和土壤，危害人体健康。

7. 室内污染

室内污染指由于室内引入能释放有害物质的污染源或者室内环境通风不佳导致室内空气中有害物质无论数量还是种类上不断增加，引起人们的一系列不适应症状的现象。

室内污染的来源很多，有室外来源和室内来源两个方面。室外来源的污染物原来存在于室外环境中，但一旦遇到机会，可通过门窗、孔隙或其他管道缝隙等进入室内。有的房基地的地层中含有某些可逸出或可挥发出的有害物质,这些有害物质可通过地基的缝隙逸入室内。室内来源的污染物主要来自建筑材料。建筑材料一般都含有种类不同、数量不等的污染物。

12.5 房地产市场和投资知识

12.5.1 房地产市场

房地产市场是指交易房地产商品的市场,交易包括买卖、互换、租赁、抵押等。

$$房地产市场 = 人口 + 购买能力 + 购买动机$$

1. 房地产市场竞争

房地产市场竞争是指在房地产市场上交易双方为各自利益的最大化而进行的努力。根据买卖双方在市场上对价格影响力的强弱,通常将市场区分为卖方市场和买方市场。根据竞争程度的不同,市场结构可分为完全竞争、垄断竞争、寡头垄断、完全垄断四种类型。

1)完全竞争:市场竞争不受任何阻碍与干扰的市场结构。其特点是:商品具有同质性,市场分割均匀,市场信息完整,买卖双方可以自由进出市场,且无串通共谋行为,没有政府干预。

2)垄断竞争:既有垄断又有竞争,以竞争为主的市场结构。其特点是:买卖双方都比较多;产品存在差异;市场信息比较完全。

3)寡头垄断:少数几个生产者的产量和市场份额占该市场的绝大部分或者全部的一种市场结构。特点是:在寡头垄断市场上,生产者之间存在着竞争,但寡头生产者在竞争中往往倾向于非价格竞争。由于生产者数量少,生产者之间容易达成妥协。

4)完全垄断:市场由一个卖者或一个买者控制的市场结构。一般讲完全垄断是指卖方垄断。特点是:只有一个卖者,买者很多;产品无相近的替代,即垄断几乎享有完全的产品差异;新生产者不能进入市场,潜在竞争与实际竞争一样是不存在的。造成垄断的原因是:资源控制;政府许可控制;专利;规模经济等。

2. 房地产市场波动

房地产市场波动,指从长期看房地产市场会呈现出一种有规律的上升和下降的周期性变化。房地产市场周期大体有如下几个阶段。

(1)上升期。这一时期可描述为"消费需求夹杂着投资需求增加的时期"。主要特征有:租金和售价几乎同步上涨;二手房屋的价格上涨。在这一阶段的初期,房屋空置率略高于正常水平,随后,需求的不断增加使房屋空置率不断下降。到这一阶段后期,房屋空置率下降到正常水平。

(2)高峰期。需求继续增加,但增加的势头逐渐减弱,并在此阶段的后期,需求开始出现减少的势头。这一时期可描述为"投资需求夹杂着消费需求增加的时期"。主要特征有:售价以比租金快得多的速度上涨;新房换手快,交易量大;大批开发项目开工;

房屋空置率也经历了在上升期的基础上继续下降到该阶段后期开始上升的过程。

（3）衰退期。这一时期的主要特征有：新房销售困难，投资者纷纷设法将自己持有的房地产脱手，旧房交易量大；售价以比租金快得多的速度下降；房屋空置率上升。

（4）低谷期。需求继续减少，新的供给不再产生或很少产生。主要特征有：市场极为萧条，交易量很小；开发项目开工率低；消费需求依市场惯性减少，租金下降。

12.5.2 房地产供给与需求

1. 房地产需求

（1）概述。房地产需求是指消费者在某一特定的时间内，在每一价格水平下，对某种房地产所愿意并且能够购买（或承租）的数量。房地产市场需求是所有消费者需求的总和。需求种类：消费性需求、投资性需求、投机性需求、盲目性跟风需求。决定房地产需求量的因素主要有：①该种房地产的价格水平。②消费者的收入水平。③消费者的偏好。④相关房地产的价格水平。⑤消费者对未来的预期。

（2）泡沫。在房地产中，最容易出现"泡沫"的，第一是土地，第二是楼花（期房），第三是新建成的商品房。存量旧房一般难以出现"泡沫"。房地产"泡沫"的形成原因：一是群体的非理性预期，二是过度的投机炒作。其中，对房地产价格看涨的共同预期是形成房地产"泡沫"的基础。判断房地产是否有泡沫的方法，简单的衡量指标有房价与房租之比（又称"毛租金乘数""租售比价"）、入住率。从房价与房租之比来看，有一个合理的倍数，一般为 10 倍左右。如果房价与年房租之比大大高于这个倍数，则说明房价有泡沫。从入住率来看，只要有人住，泡沫的危险就不大，但如果没有人住，泡沫的危险就存在。泡沫表面上看起来是供不应求，实际上是供大于求。

2. 房地产供给

（1）概念。房地产供给是指房地产开发商和拥有者（卖者）在特定时间、以特定价格所愿意且能够出售的该种房地产的数量。

（2）决定房地产供给量的因素。决定房地产供给量的因素主要有：①该种房地产的价格水平，价格越高，开发该种房地产就越有利可图，供给量就会越多。②该种房地产的开发成本，开发成本上升会减少开发利润，从而会使供给减少。③该种房地产的开发技术水平，技术水平提高可以降低开发成本，加大供给。④开发商对未来的预期，预期看好，会使未来的供给增加。

3. 房地产供求平衡

在一定时间、一定区域内房地产的供给量等于需求量，叫作房地产供求平衡。这是一种理想的状态，在现实中是很难达到房地产供求平衡的，需要政策上适当调控。

4. 房地产供求弹性

弹性 = 作为因变量的经济变量的相对变化 / 作为自变量的经济变量的相对变化

（1）房地产的需求弹性。房地产的需求弹性主要有需求的价格弹性、需求的收入弹性、需求的人口弹性、需求的交叉价格弹性和需求的价格预期弹性。①房地产需求的价格弹性是房地产需求量变化的百分比与其价格变化的百分比之比,在通常情况下,需求的价格弹性是一个负数,即当价格上升时,需求量一般会下降,但通常直接把它写作正数。$E_d = [(Q_2 - Q_1)/(Q_1 + Q_2)/2]/[(P_2 - P_1)/(P_1 + P_2)/2]$。②房地产需求的收入弹性是房地产需求量变化的百分比与消费者收入量变化的百分比之比。③房地产需求的人口弹性是房地产需求量变化的百分比与人口数量变化的百分比之比。④房地产需求的交叉价格弹性是指某种房地产因另一种房地产或商品价格变化1%所引起的其需求量的百分比变化。⑤房地产需求的价格预期弹性,是房地产需求量变化的百分比与预期的其未来价格变化的百分比之比。

(2)房地产的供给弹性。房地产的供给弹性主要有供给的价格弹性和供给的要素成本弹性。其中,供给的价格弹性通常简称供给弹性。与房地产需求的价格弹性不同,房地产供给的价格弹性为正数,这是因为供给量与价格一般按照同方向变化。房地产供给的价格弹性是房地产供给量变化的百分比与其价格变化的百分比之比。

(3)弹性数值的类型。①弹性数值大于1的情况,称为富有弹性。②弹性数值小于1的情况,称为缺乏弹性。③弹性数值等于1的情况,称为单一弹性。④弹性数值为无穷大的情况,称为完全弹性。⑤弹性数值等于零的情况,称为完全无弹性。一种房地产需求的价格弹性取决于该种房地产有多少替代品。在有较接近的替代品存在的时候,价格的上涨会使消费者减少该种房地产的购买,而转向购买更多的替代品,这时需求的价格弹性较大;如果没有较接近的替代品,需求往往就缺乏价格弹性。由于房地产的开发周期较长,在影响房地产供给的价格弹性中,时间是一个很重要的因素。对于开发周期较短的房地产,开发商可以根据市场价格的变化较及时地调整开发量,供给弹性相应地就比较大;反之,开发周期较长的房地产,供给弹性相应地就比较小。

12.5.3 资金的时间价值

1. 资金时间价值的概念及存在原因

资金是运动的价值,资金的价值是随时间变化而变化的,是时间的函数,随时间的推移而增值,其增值的这部分资金就是原有资金的时间价值。其实质是资金作为生产要素,在扩大再生产及资金流通过程中,资金随时间的变化而产生增值。影响资金时间价值的因素主要有:资金的使用时间、资金数量的大小、资金投入和回收的特点、资金周转的速度。资金时间价值的表现形式是利息和利润。利息分单利和复利。

2. 单利和复利

(1)单利是指按照固定的本金计算的利息。特点:对已过计息日而不提取的利息不计利息。计算公式为:

$$C = P \times r \times n$$
$$S = P \times (1 + r \times n)$$

式中,C为利息额,P为本金,r为利息率,n为借贷期限,S为本金和利息之和(简称"本利和")。

（2）复利的计算是对本金及其产生的利息一并计算，也就是利上有利。复利计算的特点是：把上期末的本利和作为下一期的本金，每一期本金的数额是不同的。i 为利率，复利的计算公式为：

$$S = P(1+i)^n$$

复利终值是指本金在约定的期限内获得利息后，将利息加入本金再计利息，逐期滚算到约定期末的本金之和。

例如，本金为 50 000 元，利率或者投资回报率为 3%，投资年限为 30 年，那么，30 年后所获得的利息收入，按复利计算公式来计算就是：$50\,000 \times (1+3\%)^{30}$。

复利现值是指在计算复利的情况下，要达到未来某一特定的资金金额，现在必须投入的本金。

例如，30 年之后要筹措到 300 万元的养老金，假定平均的年回报率是 3%，那么现在必须投入的本金是：$3\,000\,000 \times 1/(1+3\%)^{30}$。

3. 名义利率和实际利率

（1）名义利率，是央行或其他提供资金借贷的机构所公布的未调整通货膨胀因素的利率，即利息（报酬）的货币额与本金的货币额的比率，即指包括补偿通货膨胀（包括通货紧缩）风险的利率。

例如，张某在银行存入 100 元的一年期存款，一年到期时获得 5 元利息，利率则为 5%，这个利率就是名义利率。

（2）实际利率，指物价水平不变，从而货币购买力不变条件下的利息率。名义利率与实际利率存在着下述关系：当计息周期为一年时，名义利率和实际利率相等，计息周期短于一年时，实际利率大于名义利率；名义利率不能完全反映资金的时间价值，实际利率才真实地反映了资金的时间价值；名义利率越大，周期越短，实际利率与名义利率的差值就越大。

实际利率与名义利率的区别：名义利率并不是投资者能够获得的真实收益，还与货币的购买力有关。如果发生通货膨胀，投资者所得的货币购买力会贬值，因此投资者所获得的真实收益必须剔除通货膨胀的影响，这就是实际利率。

4. 资金时间价值的换算

（1）资金时间价值换算中的符号及其含义如下：

P 表示现值。

F 表示将来值。

i 表示利率（或称折现率）。

n 表示计息的周期数。

A 表示等额年金，指一系列每年相等的金额。每季支付一次、每月支付一次或每周支付一次的一系列付款（或收款）都被视为年金。此外，每次支付的金额也未必是相等的，它可以按照某种规律递增或递减。

G 表示按一定数额递增的年金的逐年增加额，即年金第一年为 A_1，第二年为（A_1 +

G），第三年为（A_1+2G），依此类推，第 n 年为 [$A_1+(n-1)G$]。

s 表示按一定比率递增的年金的逐年增长率，即年金第一年为 A_1，第二年为 $A_1(1+s)$，第三年为 $A_1(1+s)^2$，依此类推，第 n 年为 $A_1(1+s)^{n-1}$。

（2）资金时间价值换算中的假设条件：资金时间价值换算中采用的是复利；利率的时间单位与计息周期一致，为年；本年的年末为下一年的年初；现值 P 是在当前年度开始时发生的；将来值 F 是在当前以后的第 n 年年末发生的；年金 A 是在每年年末发生的；第一个等差额 G 和增长率 s 是在第二年年末发生的。

（3）资金时间价值换算中的基本关系。

1）现值＋复利利息＝将来值

2）将来值－复利利息＝现值

3）将来值－现值＝复利利息

（4）资金时间价值换算的各种公式。

1）将现值转换为将来值的公式：

$$F=P(1+i)^n$$

式中的 $(1+i)^n$ 称为"一次支付终值系数"，通常用 $(F/P, i, n)$ 来表示。

2）将将来值转换为现值的公式：

$$P=F/(1+i)^n$$

3）将等额年金转换为将来值的公式：

$$F=A\times[(1+i)^n-1]/i$$

4）将将来值转换为等额年金的公式：

$$A=F\times i/(1+i)^n-1$$

5）将等额年金转换为现值的公式：

$$P=A[(1+i)^n-1]/i(1+i)^n$$

6）将现值转换为等额年金的公式：

$$A=P_i(1+i)^n/(1+i)^n-1$$

12.5.4 房地产投资分析

房地产投资是指以房地产为对象的投资，是借助于房地产来获取收益的投资行为。房地产投资具有四个阶段：寻找投资机会，评价投资机会，选择投资方案，实施投资方案。

1. 房地产投资项目经济评价概述

任何一项投资都包含着收益和风险，可归纳为 3 个方面：预期收益的大小；预期收益的持续时间；预期收益获取的可靠性（又称安全性、确定性、可能性、稳定性等）。风险分析包括风险发生的可能性和它所产生的后果大小两个方面。根据风险偏好，可将投资者分为投机型的投资者、保守型的投资者、普通投资者。房地产投资项目经济评价，就是要对这种投入的"失"与产出的"得"进行衡量，做出是否"值得"的结论。房地产投资项目的经济评价方法通常包含下列3个步骤：估计相关的现金流量；计算有关的评价指标；将评价指标与可接受的标准进行比较，得出评价结论。

2. 现金流量分析技术

（1）现金流量。现金流量是指一个项目（方案或企业）在某一特定时期内收入或支出的资金数额。从房地产投资项目经济评价的角度来看，现金流量是指由于房地产投资项目实施而引起的资金收支的改变量。现金流量分为现金流入量、现金流出量和净现金流量。净现金流量是指某一时点上的正现金流量与负现金流量的代数和，即净现金流量＝现金流入量－现金流出量。

（2）现金流量图。通常将现金流入、现金流出及其量值的大小、发生的时点用图形描绘出来，该图即现金流量图。现金流量图的习惯表示方法是：用一水平线表示时间，划分了时间间隔后的水平线，表示一个从0开始到n结束的时间序列，时间的推移是自左向右，即左边为过去，右边为未来；用带箭头的垂直线段代表现金流量，箭头向上表示现金流入，箭头向下表示现金流出，以垂直线的长短来表示现金流量的绝对值大小，即现金流量越大，垂直线越长。

（3）现金流量表。现金流量表是将现金流量用表格的形式表现出来。现金收支按发生的时间列入相应的时期。

3. 房地产投资项目经济评价指标和方法

房地产投资项目经济评价的指标和方法很多，如静态投资回收期、投资利润率等。这里仅对其中最主要、最常用的净现值、内部收益率和动态投资回收期做简要介绍。

（1）净现值。净现值（NPV）又称财务净现值，是指按投资者可接受的最低收益率，将项目各期的净现金流量折算到项目起始点时的现值之和。

计算净现值具体有两种方式：一是先分别计算现金流入量的现值和现金流出量的现值，然后由现金流入量的现值减去现金流出量的现值，即得出净现值。二是先计算净现金流量，然后计算净现金流量的现值，即得出净现值。一般来说，第二种方式要简便一些。

投资者可接受的最低收益率，也称为投资者所要求的最低收益率、投资者的最低满意收益率、投资者的最低期望收益率，或投资者设定的目标收益率，一般取行业的基准收益率，通常应高于银行贷款利率。计算出了净现值NPV后，判断项目是否可行如下：

- 如果$NPV \geq 0$，则说明项目的获利能力等于或超过了所要求的收益率，因而是可以接受的。
- 如果$NPV < 0$，则说明项目的获利能力未达到所要求的收益率，因而是不可以接受的，应被淘汰。

（2）内部收益率。内部收益率（IRR）又称财务内部收益率，是指使项目各期的净现金流量的现值之和等于零时的折现率。

为了求取IRR，是先采用试错法，计算到一定精度后再采用线性内插法，即IRR是通过试错法与线性内插法相结合的方法来求取。

求出内部收益率 IRR 后,将其与基准收益率 IC 相比较,判断项目是否可行如下:

如果 $IRR \geq IC$,则说明项目的获利能力等于或超过了所要求的收益率,因而是可以接受的。

如果 $IRR < IC$,则说明项目的获利能力未达到所要求的收益率,因而是不可接受的,应被淘汰。

内部收益率法与净现值法的主要区别:净现值是一个数额,内部收益率是一个比率,内部收益率比净现值有更直观的吸引力;净现值法需要预先确定一个折现率,而这个折现率在事先往往是很难确定的,内部收益率法则不需要预先确定一个折现率。

(3)动态投资回收期。投资回收期是指以项目的净收益抵偿全部初始投资所需要的时间。用于衡量投资项目初始投资回收速度的评价指标称为投资回收期(PT)。

动态投资回收期通常以年表示,其详细计算公式为:

动态投资回收期 =(累计净现金流量折现量开始出现正值的年数 −1)+ 上年累计净现金流量折现值的绝对值 ÷ 当年净现金流量的折现值

求出投资回收期后,判断项目是否可以接受的标准通常有下列 3 种:认为投资回收期越短越好;投资回收期短于项目的寿命期即可以接受;投资回收期短于基准投资回收期 PC 即可以接受:

- 如果 $PT \leq PC$,则说明项目的获利能力等于或超过了所要求的收益率,因而是可以接受的。
- 如果 $PT > PC$,则说明项目的获利能力未达到所要求的收益率,因而是不可以接受的,应被淘汰。

12.6 房地产价格和估价知识

12.6.1 房地产价格概述

1. 房地产价格的概念和形成条件

(1)房地产价格的概念。房地产价格是和平地获得他人的房地产所必须付出的代价,通常用货币来表示。

(2)房地产价格的形成条件。房地产价格形成需要具备3个条件:①有用性。②稀缺性。③有效需求。房地产价格通常由 7 大项构成:①土地取得成本。②开发成本。③管理费用。④投资利息。⑤销售费用。⑥销售税费。⑦开发利润。

2. 房地产价格的特征

(1)房地产价格受区位的影响很大。除了其地理坐标位置,还包括它与重要场所如市中心、机场、港口、车站、政府机关、同行业等的距离,从其他地方到达该宗房地产的可及性,从该宗房地产去往其他地方的便捷性,该宗房地产的周围环境、景观等。其中,最简单和最常见的是用距离来衡量区位的好坏,人们最重视交通时间距离。

(2)房地产价格实质上是房地产权益的价格。房地产由于不可移动,在交易中可以转移的不是其实物，而是其所有权、使用权或其他权利。

（3）房地产价格形成的时间较长。因为房地产具有独一无二的特性，相互之间难以比较，加上价值量大，人们在房地产交易时一般是十分谨慎的，所以房地产交易价格通常难以在短期内达成。

（4）房地产价格容易受交易者的个别情况的影响。要认识房地产，只有亲自到实地察看，相似的房地产一般只有少数几个买者和卖者，有的房地产甚至只有一个买者和一个卖者。所以，房地产价格通常随交易的需要而个别形成，并容易受买卖双方的个别情况（如偏好、讨价还价能力、感情冲动）的影响。

（5）房地产价格既有交换代价的价格，又有使用代价的租金。房地产同时存在着买卖和租赁两种交易方式、两个市场。因此，房地产同时有两个价格：一是其本身有一个价格，即买卖价格，通常简称价格；二是使用它一定时间的价格，即租赁价格，通常简称租金，又称服务价格。而一般的物品主要有买卖价格，很少有租赁价格。房地产的价格与租金的关系，类似于本金与利息的关系。

12.6.2　房地产价值和价格的种类

1. 投资价值和市场价值

房地产的投资价值是指该房地产对于某个具体的投资者的经济价值，是该投资者基于个人的需要或意愿，对该房地产所估计的价值。房地产的市场价值是指该房地产对于一个典型的投资者（他代表了市场上大多数人的观点）的经济价值。市场价值是客观的、非个人的价值，而投资价值是建立在主观的、个人的因素基础上的价值。在某一时点，市场价值是唯一的，而投资价值因投资者的不同而不同。投资者评估的房地产的投资价值大于或等于该房地产的市场价格是其投资行为能够实现的基本条件。

2. 成交价格、市场价格和理论价格

（1）成交价格，简称成交价，是交易双方实际达成交易的价格。只有当买者所愿意支付的最高价格，高于或等于卖者所愿意接受的最低价格时，交易才可能成功。

（2）市场价格是指某种房地产在市场上的一般、平均水平价格，是该类房地产大量成交价格的抽象结果。

（3）理论价格是真实需求与真实供给相等的条件下形成的价格。

3. 总价格、单位价格和楼面地价

（1）总价格简称总价，是指某一宗或某一区域范围内的房地产整体的价格。房地产的总价格一般不能反映房地产价格水平的高低。

（2）单位价格简称单价，对于土地来说，具体是指单位土地面积的土地价格；土地与建筑物和在一起的房地产单价通常是指单位建筑物面积的价格。房地产的单位价格一般可以反映房地产价格水平的高低。价格单位由货币和面积两方面构成。

（3）楼面地价又称单位建筑面积地价，是平均到每单位建筑面积上的土地价格。

单位价格简称单价，其中，土地单价是指单位土地面积的土地价格，建筑物单价通常是指单位建筑物面积的建筑物价格,房地单价通常是指单位建筑物面积的房地价格。房地产的单位价格一般可以反映房地产价格水平的高低。

4. 实际价格和名义价格

(1)实际价格是指在成交日期时一次付清的价格,或者将不是在成交日期时一次付清的价格折现到成交日期时的价格。

(2)名义价格是指在成交日期时讲明,但不是在成交日期时一次付清的价格。例如,一套建筑面积100m^2的住房,总价为30万元,其在实际交易中的付款方式可能有下列几种:①要求在成交日期时一次付清。②如果在成交日期时一次付清,则给予折扣,如优惠5%。③从成交日期时起分期付清,如首付10万元,余款在一年内分两期支付,如每隔半年支付10万元。上述第一种情况:实际总价为30万元,不存在名义价格;第二种情况:实际总价为28.5万元,名义总价为30万元;第三种情况:实际总价为29.282 8万元(假定年折现率为5%),名义总价为30万元。

5. 现房价格和期房价格

①现房价格是指以现状房地产为交易标的的价格。无论是现货交易还是期货交易,付款方式又分为在交易达成后立刻或在短期内一次付清、按约定在未来某个日期一次付清和分期付清等,因此形成了多种组合形式。②期房价格是指以目前尚未建成而在将来建成的房屋为交易标的的价格。期房价格通常低于现房价格。

$$期房价格 = 现房价格 - 预计从期房达到现房期间现房出租的净收益的折现值 - 风险补偿$$

上述关系是期房与现房同品质(包括工程质量、功能、户型、环境和物业管理服务等)下的关系。

6. 起价、标价、成交价和均价

(1)起价是指所销售的商品房的最低价格。这个价格通常是最差的楼层、朝向、户型的商品房价格,甚至这种价格的商品房不存在,仅是为了广告作用,吸引人们对所销售商品房的关注而虚设的价格。所以,起价通常不能反映所销售商品房的真实价格水平。

(2)标价又称报价、表格价,是商品房出售者在其"价目表"上标注的不同楼层、朝向、户型的商品房的出售价格。

(3)成交价是商品房买卖双方的实际交易价格。商品房买卖合同中写明的价格一般就是这个价格。

(4)均价是所销售商品房的平均价格,具体分为标价的平均价格和成交价的平均价格。这个价格一般可以反映所销售商品房的整体价格水平。

7. 评估价、保留价、起拍价、应价和成交价

(1)评估价是对拟拍卖的房地产的公开市场价值进行测算和判定的结果。

(2)保留价又称拍卖底价,是在拍卖前确定的拍卖标的可售的最低价格。拍卖分为

无保留价拍卖和有保留价拍卖。

（3）起拍价又称开叫价格、起叫价，是拍卖师在拍卖时首次报出的拍卖标的价格。拍卖分为增价拍卖和减价拍卖。

（4）应价是竞买人对拍卖师报出的价格的应允，或是竞买人自己报出的购买价格。

（5）成交价是经拍卖师落槌或者以其他公开表示买定的方式确认后的竞买人的最高应价。在有保留价拍卖中，最高应价不一定成为成交价。

8. 买卖价格、租赁价格、抵押价值、典价、保险价值、课税价值和征收价值

（1）买卖价格是以买卖方式支付或收取的货币额、商品或其他有价物，简称买卖价。

（2）租赁价格常称租金，在土地场合称为地租，在房地混合场合称为房租。房租有按使用面积计的，有按建筑面积计的，也有按套计的。房租也有天租金、月租金和年租金之别。

（3）抵押价值是以抵押方式将房地产作为债权担保时的价值。在抵押过程中，一边是未偿还的贷款余额，一边是抵押房地产的价值。所以，抵押价值的实质是当抵押人不履行债务，抵押权人依法将抵押人提供担保的房地产折价或者拍卖、变卖时，该房地产所能实现的客观合理价格或价值折算到设定抵押权时的价值。

（4）典价是在设定典权时，由典权人支付给出典人的金额。典价往往低于房地产的实际价值。

（5）保险价值是将房地产投保时，为确定其保险金额提供参考依据而评估的价值。

（6）课税价值是为课税的需要，由估价人员评估的作为计税依据的价值。

（7）征收价值是政府强制征用房地产时给予的补偿金额。

9. 基准地价、标定地价和房屋重置价格

基准地价、标定地价和房屋重置价格都是一种评估出来的，并经政府确定和公布的价格。

（1）基准地价就是以一个城市为对象，在该城市一定区域范围内，根据用途相似、地块相连、地价相近的原则划分地价区段，调查评估出的各地价区段在某一时点的平均价格。基准地价是区域平均地价。

（2）标定地价是一定时期和一定条件下，能代表不同区位、不同用途地价水平的标志性的价格。它是该类土地在该区域的标准指导价格。我国实行标定地价的定期公布制度。

（3）房屋重置价格是在某一基准日期按照估价时点的价格水平，重建房屋所需要的一切合理、必要的费用、税金，再加上应得的利润所构成的房屋价格。

10. 补地价

补地价是指国有土地使用者因改变土地用途等而向国家补交的地价或土地使用权出让金、土地收益。需要补地价的情形主要有：①改变土地用途、容积率、建筑高度等城市规划限制条件。②延长土地使用年限（包括出让土地使用权期满后续期）。③转让、出租、抵押划拨土地使用权的房地产（要求补办土地使用权出让手续，补交土地使用权出让金等)。

$$补地价 = 改变后的地价 - 改变前的地价$$

11. 市场调节价、政府指导价和政府定价

(1) 市场调节价是指由经营者自主制定,通过市场竞争形成的价格。

(2) 政府指导价是指由政府价格主管部门或者其他有关部门,按照定价权限和范围规定基准价及其浮动幅度,指导经营者制定的价格。

(3) 政府定价是指由政府价格主管部门或者其他有关部门,按照定价权限和范围制定的价格。政府对价格的干预,还有最高限价和最低限价。

【例题】房地产的市场调节价是指由经营者自主制定,通过( )形成的价格。
A. 基准价格修正　B. 市场供求状况调查　C. 征求专业人士意见　D. 市场竞争
答案:D。

12. 原始价值、账面价值和市场价值

(1) 原始价值简称原值、原价,也称历史成本、原始购置成本,是一项资产在当初购置时的价格或发生的支出。

(2) 账面价值又称账面净值、折余价值,是该资产的原始价值减去已计提会计折旧后的余额。会计上的历史成本原则,要求资产按原始价值入账和计算折旧额。

(3) 市场价值是该资产现时在市场上实际所值的价格。

原始价值是始终不变的;账面价值是随着时间的推移而减少的;市场价值是随着时间的推移而变化的,有时高,有时低。市场价值很少等于账面价值。

12.6.3 房地产价格影响因素

1. 房地产价格的影响因素概述

房地产价格水平及其变动是由众多房地产价格影响因素对房地产价格综合作用的结果。

(1) 影响房地产价格的因素。①一般因素,主要包括经济因素、社会因素、行政因素和心理因素等。②区域因素,主要有商服繁华因素、道路通达因素、交通便捷因素、城市设施状况因素、环境状况因素。③个别因素,分为土地的个别因素(区位因素、面积因素、形状因素、容积率因素、用途因素、使用年期因素);建筑物的个别因素(面积、结构、材料、设计、设备、施工质量、是否与周围环境协调)。一般因素导致城市与城市之间的价格差异;区域因素导致城市内部不同地区之间的价格差异;个别因素导致相同地区之间的价格差异。

(2) 价格偏差的特殊因素有以下几种:①有一定的特殊利害关系的交易主体之间的房地产交易。②有特别动机的房地产交易。③交易双方信息不对称。④其他特殊的交易情形。

2. 人口因素

房地产的需求主体是人,人口因素对房地产价格有很大影响。

（1）人口数量。房地产价格与人口数量的关系非常密切。当人口数量增加时，对房地产的需求就会增加，房地产价格也就会上涨；反之，房地产价格就会下落。人口数量还可以分为常住人口、暂住人口和流动人口，以及日间人口和夜间人口，这些都会对不同类型房地产的价格产生影响。在人口数量因素中，反映人口数量的相对指标是人口密度。人口密度从两方面影响房地产价格：一方面，人口高密度地区，房地产的价格趋高；另一方面，人口密度过高会导致生活环境恶化，从而有可能降低房地产价格，特别是在大量低收入者涌入某一地区的情况下会出现这种现象。

（2）人口素质。人们的文化教育水平、生活质量和文明程度，可以引起房地产价格的变化。

（3）家庭人口规模。家庭人口规模发生变化，即使人口总量不变，也将引起居住单位数的变动。一般来说，随着家庭人口规模小型化，即家庭平均人口数的下降，家庭数量增多，所需要的住房总量将增加，房地产价格有上涨的趋势。

3. 居民收入因素

居民收入水平直接决定了该城市市民对住宅及其相关配套服务设施的市场需求。由于房地产耗资巨大，没有足够的收入是买不起房的。

（1）居民平均收入水平影响房屋价格，平均收入水平越高的城市，住宅的价格往往也越高。三大都市圈是全国市民收入最高的地区，也是全国住宅价格最高的地区。

（2）贫富差异影响房屋档次结构，即使平均收入一样，收入的贫富差异程度越大，房地产价格的变动区间就越大。

4. 物价因素

物价会影响房地产市场供给。物价走高，将加重开发商成本，从而将抑制房地产项目开发的供给，价格会上涨，而且物价上涨可能出现通货膨胀，人们会选择投资房地产保值，也会刺激价格上涨；反之，物价走低，将降低开发商成本，房地产价格会下降或涨幅减小。

5. 利率因素

利率会影响房地产市场供给与需求。利率是资金的成本，利率走高，将加重开发商和购房贷款者的财务负担，从而将抑制房地产项目开发的供给与需求，价格会下降或涨幅减小；反之，利率降低，将减轻开发商和购房贷款者的财务负担，从而将激发房地产项目开发的供给与需求，房地产价格会上涨。

6. 汇率因素

汇率的短期波动对房地产价格也会产生显著的影响，汇率变化对房地产价格的影响持续力度大、持续时间长。一般而言，汇率调整主要表现为境外资金对东道国房地产市场的投机活动，如果投资者预期东道国货币会升值，他们就会在东道国的房地产市场投入更多的资金，刺激房地产市场需求。现阶段要确保货币政策的独立性，并采取有效措施防止国际游资在我国房地产市场的投机行为。

7. 房地产税收因素

税费也在相当程度上影响房地产价格。目前在中国，可列入商品房成本进入房地产销售价格的税种主要有营业税、城乡维护建设税、教育费附加和固定资产投资方向调节税。当政府觉得房地产已经过热时，往往就会通过提高房地产税费的征收标准，抑制过热的房地产市场。而当政府觉得房地产市场持续低迷时，往往就会通过降低房地产税费的征收标准激活房地产市场。

8. 城市规划因素

城市规划会确定房地产所在区域的商服中心、道路、交通、城市设施和环境状况，这些因素都会影响当地房地产价格，如规划中的地铁会造成沿线所有房价上涨。

9. 交通管制因素

交通管制会改变房地产道路通达因素、交通便捷因素，当交通管制改善了房地产的道路通达状况，使交通更加便捷时，则会刺激房价上涨；反之，房价可能会下跌。

10. 心理因素

主要是对房价的心理预期会影响房地产价格。当心理预期房价会上涨，则会选择购买房地产，从而可能真正造成房价上涨；反之，则会选择不买房或售房，从而可能真正造成房价下跌。

12.6.4 房地产估价基本方法

房地产估价是为了特定的目的，对特定的房地产或特定的房地产权益，在特定的时点的价值进行测算和判定。基于该宗房地产的预期未来收益来衡量其价值，在房地产估价上产生了三大基本方法，即市场法、成本法、收益法。每种估价方法都有其特定的适用对象和条件，可以同时运用，以相互验证、相互补充，但不应相互替代。在评估一宗房地产的价值时，一般要求同时采用两种以上（含两种）估价方法。

1. 市场法

市场法又称市场比较法、比较法，是将估价对象与在估价时点的近期发生过交易的类似房地产进行比较，将这些类似房地产的成交价格做适当的处理，来求取估价对象价值的方法。估价时点是指需要评估的价值所对应的时间；类似房地产是指与估价对象相同或者相当的房地产。市场法的理论依据是房地产价格形成的替代原理。市场法适用对象是具有交易性的房地产，如普通商品住宅、写字楼、商铺等，而那些很少发生交易的房地产，如特殊厂房、学校等，则难以采用市场法估价。

2. 成本法

成本法是求取估价对象在估价时点的重新购建价格，然后扣除折旧，以此求取估价对象的客观合理价格或价值的方法。成本法的本质是以房地产的开发建设成本为导向求取估价对象的价值。成本法这个概念中的"成本"，并不是通常意义上的成本，而是指价格。成本法的理论依据是生产费用价值论——商品的价格是依据其生产所必要的费用而决定的。估价人员便可以根据开发建设估价对象所需的正常费用、税金和利润之和来测算其价格。成本法特别适用于估价那些既无收益又很少发生交易的房地产，也适用于估价市场不完善或狭小市场上无法运用市场法估价的房地产。积累价格＝重新购建价格－折旧。

3. 收益法

收益法也称为收益资本化法、收益还原法，是预测估价对象的未来收益，然后将其转换为价值来求取估价对象价值的方法。用收益法求得的价格称为收益价格。将预测的未来收益转换为价值，类似于根据利息倒推出本金，被称为资本化。收益法分为直接资本化法和报酬资本化法。收益法的本质是以房地产的预期未来收益为导向来求取房地产的价值。通常我们把收益法测算出的价值简称为收益价格。收益法的雏形是用若干年（或若干倍）的年地租（或年收益）来表示土地价值的早期购买年法，即地价＝年地租×购买年；地租资本化法，即地价＝地租／利息率。收益法以预期原理、资本化原理为基础。收益法适用的估价对象是有经济收益或有潜在经济收益的房地产。房地产价格＝房地产净收益×收益倍数。

12.7　金融知识

1. 房地产金融的概念和特点

（1）概念。房地产金融指在国家政策允许的范围内办理与房地产有关的资金筹集、融通和结算等信用活动，包括房地产产业金融和房地产担保金融两方面。房地产产业金融是指为房地产业及其相关部门筹集、融通资金，并提供相应服务的金融活动。房地产担保金融是指金融机构以房地产为信用条件，为房地产持有者或第三人融通资金的行为。政策性房地产金融中，目前与住房制度改革有关的金融业务包括住房公积金存款、住房公积金贷款、合作建房贷款、经济适用住房贷款等。房地产企业发行的债券、土地债券，属于直接房地产金融。

（2）特点。房地产金融的特点：①集中性，必须有巨额的资金投入。②资金周转期长。③资金运动固定性。④资金增值性。⑤风险性，有政策风险、决策风险、自然风险和财务风险。

2. 金融机构

金融机构是指专门从事货币信用活动的中介组织。我国的金融机构，按地位和功能可分为四大类：①中央银行，即中国人民银行。②银行，包括政策性银行、商业银行。③非银行金融机构，主要包括国有及股份制的保险公司、城市信用合作社、证券公司（投资银行）、财务公司等。④在境内开办的外资、侨资、中外合资金融机构。以上各种金融机构相互补充，构成了一个完整的金融机构体系：中国人民银行、政策性银行、商业银行、保险公司、信托投资公司、证券机构、财务公司、信用合作组织和其他金融机构。

3. 汇率

汇率也称"外汇行市"或"汇价",是一国货币兑换另一国货币的比率,是以一种货币表示另一种货币的价格。由于世界各国货币的名称不同,币值不一,所以一国货币对其他国家的货币要规定一个兑换率,即汇率。影响汇率的变动因素:一国经济发展状况、国际收支状况、通货膨胀、利率水平、货币当局的干预、国际政治局势和外汇市场投机活动。

4. 信用

(1) 信用主要是指参与社会和经济活动的当事人之间所建立起来的、以诚实守信为道德基础的"践约"行为。信用是能够履行诺言而取得的信任,是长时间积累的信任和诚信度,是过去履行承诺的正面记录。

(2) 信用的本质。信用是以偿还和付息为条件的借贷行为;信用是价值单方面的让渡;信用关系是债权债务关系。

(3) 信用的基本特征。流动性(暂时性)、偿还性、收益性、风险性。

5. 利率

(1) 含义。利率又称利息率,表示一定时期内利息量与本金的比率,通常用百分比表示,按年计算则称为年利率,计算公式为:

$$利率 = 利息量 \div 本金 \div 时间 \times 100\%$$

基准利率是人民银行公布的商业银行存款、贷款、贴现等业务的指导性利率,存款利率暂时不能上、下浮动,贷款利率可以在基准利率基础上下浮10%至上浮70%。

(2) 种类:存款利率和贷款利率;单利利率和复利利率;市场利率、法定利率和公定利率;固定利率和浮动利率;名义利率和实际利率;短期利率和长期利率;一般利率和优惠利率。

(3) 决定利率水平的因素:平均利润率、资金供求情况、预期通货膨胀率、国家经济政策、国家利率水平、国家收支状况。

6. 房地产贷款

(1) 定义。房地产贷款是指与房产或地产的开发、经营、消费活动有关的贷款。贷款的用途是房地产或以房地产做担保进行贷款。典型的房地产贷款是两者兼而有之的贷款,即这种贷款既用于房地产,又以房地产作担保。

(2) 房地产贷款的种类。①按贷款对象及用途,可分为土地储备贷款、房地产开发贷款、个人住房贷款、商业用房贷款。②按贷款保证方式,可分为信用贷款和担保贷款。③按贷款利率是否变化,可分为固定利率贷款和浮动利率贷款。④按贷款期限长短,可分为短期贷款、中期贷款和长期贷款。⑤按贷款风险的承受对象,可分自营性贷款和委托性贷款。

7. 个人住房贷款

(1) 个人住房贷款的种类。①按资金来源,个人住房贷款可分为商业性贷款、公积金贷款和组合贷款。②按贷款偿还方式，个人住房贷款可以分为到期一次还本付息的贷款和分期还款的贷款。分期还款方式有等额本息还款方式（简称等额还款方式）、等额本金还款方式、等比累进还款方式、等额累进还款方式等多种。借款人虽然可根据需要选择还款方式，但一笔借款通常只能选择一种还款方式，借款合同签订后一般不得更改。③按住房交易形态，个人住房贷款可分为首次住房贷款和再交易住房贷款。④按贷款用途，个人住房贷款可分为个人购房贷款、个人自建住房贷款、个人大修住房贷款等。个人购房贷款按购房类型，又可分为个人购买经济适用住房贷款、个人购买商品住房贷款等。⑤按借款人类型，个人住房贷款可分为本地人士贷款、外地人士贷款、港澳台和外籍人士贷款。⑥按贷款方式的不同，个人住房贷款可分为保证贷款、抵押贷款、质押贷款、信用贷款。

（2）个人住房贷款的特点。①长期性。个人住房贷款期限多为十几年、二十几年，最长期限可达30年。②零售性。③分期偿还。

（3）个人住房贷款中的几个主要术语。

1）首期付款与首付款比率。首期付款简称首付款，是指购买住房时的首次付款金额。首付款比率指首期付款占所购住房总价的比率。一般有最低首付款比率的规定，如最低首付款比率为20%。

2）贷款金额。贷款金额简称贷款额，是指借款人向贷款人借款的数额，一般为所购住房总价减去首期付款后的余额。贷款成数（指贷款金额占抵押房地产价值的比率）最高不得超过抵押房地产价值的80%。

3）贷款期限。贷款期限是指借款人应还清全部贷款本息的期限。

4）贷款利率。贷款利率是指借款合同中所规定的贷款利率，分为固定利率和浮动利率。

5）分期偿还额。分期偿还额是指在分期还款的贷款中借款人每期应偿还贷款的数额。

6）偿还比率。偿还比率又称收入还贷比，是指借款人分期偿还额占其同期收入的比率。在发放贷款时，通常将偿还比率作为衡量贷款申请人偿债能力的一个指标，并规定一个最高比率，如将这一比率控制在30%以内，即给予借款人的最高贷款金额不使其月偿还额超过其家庭月收入的30%。

7）月所有债务支出与收入比。中国银行保险监督管理委员会要求应将借款人住房贷款的月房产支出与收入比控制在50%以下（含50%），月所有债务支出与收入比控制在55%以下（含55%）。

8）贷款额度。贷款额度又称贷款限额。贷款人一般会用不同的指标对借款人的贷款金额做出限制性规定，如：贷款金额不得超过最高金额；贷款金额不得超过按照最高贷款成数计算出的金额；贷款金额不得超过按照最高偿还比率计算出的金额。当借款人的申请金额不超过以上所有限额时，以申请金额作为贷款金额；当申请金额超过以上任一限额时，以其中的最低限额作为贷款金额。

9）贷款余额。贷款余额是指分期付款的贷款，在经过一段时期的偿还之后，尚未偿还的贷款本金数额。

8. 房地产开发贷款

（1）房地产开发贷款是指向借款人发放的用于开发、建造向市场销售、出租等用途的房地产项目的贷款。房地产开发贷款有三类：土地购置贷款、土地开发贷款和建设贷款。其中，建设贷款是房地产开发贷款中的主要内容。建设贷款被用于偿还土地购置贷款和土地开发贷款，支付建设阶段的人工、材料、设备、管理费和其他相关成本。开发建设中的房地产项目是这种贷款的主要抵押物。金融机构有时候还要求借款人提供别的担保，如用其他房地产做抵押，或者提供质押或者第三方保证。建设贷款的还款资金来源，通常是租售收入（包括预售、预租收入）或长期抵押贷款。按用途，房地产开发贷款可分为住宅开发贷款、商业用房开发贷款和其他房地产开发贷款等。

（2）房地产开发贷款有下列几个特点：按开发项目贷款、贷款金额较大、贷款占用时间较长、贷款风险较大。

（3）申请房地产开发贷款的条件：①具有独立的法人资格，取得法人登记证。②实行独立核算，有健全的管理机构和经营管理制度，财务状况良好，高层管理人员素质较高。③信用良好，具有按期偿还贷款本息的意愿和能力。④按规定办理各类证件的年检手续，并持有年审合格的《贷款卡》或《贷款证》。⑤在贷款银行开立基本结算户或一般存款户，办理全部或部分结算业务。⑥开发项目经过可行性论证，符合当地房地产市场需求，销售前景良好。⑦开发项目的基础设施、公共设施建设配套，项目建成后能及时投入正常使用。⑧银行贷款前，借款人投入贷款项目的自有资金不少于总投资的一定比例。⑨有贷款银行认可的足值有效的抵押物、质物或具有符合条件的第三人提供贷款担保。⑩贷款银行规定的其他条件。

（4）申请房地产开发贷款所需提供的资料：借款申请报告，所在单位为有限责任公司和股份有限公司的，应同时出具董事会借款决议；企（事）业法人营业执照、法人代码证；法定代表人或其授权代理人的证明文件；公司或单位简介，公司成立批文、合同、公司章程；财政部门或会计、审计机构核准或年审通过的申请借款前三个年度的财务会计报告和上一个月的会计报表；税务部门核准的税务登记证及上年度利税清算表；所有开户银行名称及存、贷款余额情况；中国人民银行颁发的《贷款卡》或《贷款证》；自有资金落实的证明文件、资料；房地产开发企业的资质证明文件；申请贷款项目的有关材料，主要包括项目建议书、可行性研究报告及批准文件，项目年度投资计划、扩充设计以及批准文件；项目《建设用地规划许可证》《建设工程规划许可证》《房屋拆迁许可证》《建筑工程施工许可证》《商品房预售许可证》等；担保人出具的担保意向书，所在单位为有限责任公司、股份有限公司、合资合作企业的，需由董事会出具担保意向书；担保人的有关文件；抵押物、质物的权属证明及有处分权人同意抵押、质押的书面文件；贷款银行要求提供的其他文件或资料。

9. 房地产贷款程序

借款申请→受理申请→签订合同（贷款人审查同意贷款后，借款人与贷款人签订《借款合同》，并根据担保方式的不同，借款人与贷款人签订《抵押合同》或《质押合同》，或第三方保证人、抵押人、质押人与贷款人签订《保证合同》《抵押合同》或《质押合同》，如果采取抵押担保，还应依法办理抵押登记)→发放贷款(贷款人按借款合同约定按时发放贷款)→归还贷款(借款人按借款合同约定按时偿还贷款本息)→合同变更→结清贷款。

10. 住房置业担保

住房置业担保是指依照《住房置业担保管理试行办法》设立的住房置业担保公司，在借款人无法满足贷款人要求提供担保的情况下，为借款人申请个人住房贷款而与贷款人签订保证合同，提供连带责任保证担保的行为。①住房置业担保公司提供的住房置业担保，是个人住房贷款担保方式的一种补充。除了住房置业担保外，还有抵押、质押及其他保证担保等担保方式。②它是特定的专业性担保机构提供的保证担保，以区别于其他形式住房保证担保行为。③它规定了保证方式和反担保方式，住房置业担保提供的保证方式是连带责任保证，同时要求借款人应当将其本人或者第三人的合法房屋依法向担保公司进行抵押反担保。担保公司有权就代为清偿的部分向借款人进行追偿，并要求行使房屋抵押权，处置抵押物。

12.8 保险知识

1. 保险与房地产贷款保险

保险是："投保人根据合同约定，向保险人支付保险费，保险人对于合同约定的可能发生的事故因其发生所造成的财产损失承担赔偿保险金责任，或者当被保险人死亡、伤残、疾病或者达到合同约定的年龄、期限时承担给付保险金责任的商业保险行为。"保险是分散风险、消化损失的一种经济制度，是一种契约或是由契约而产生的权利义务关系。

房地产贷款保险是通过借款人的人身保险、抵押房地产的财产损失保险、借款人购买保证保险、贷款人购买信用保险等方式，来分散房地产贷款的有关风险的一种经济制度。在房地产贷款保险中，大量的是个人住房贷款保险。房地产贷款保险是为了分散房地产贷款的有关风险而设立的保险，凡是与房地产贷款有关的保险都可以包含在内，既有财产保险又有人身保险。

2. 房地产贷款保险的种类

（1）抵押房地产的财产损失保险。抵押房地产的财产损失保险是以补偿抵押房地产的损失为目的的保险，是为了防范房地产抵押以后可能出现毁损、灭失等给贷款人行使抵押权造成的风险。抵押房地产的财产损失保险主要是房屋的损失保险，其中最典型的是房屋火灾保险。火灾保险的责任范围通常包括：由于火灾及延烧所致的损失；由于雷电、地震、地陷、崖崩所致的损失；由于爆炸所致的损失；由于防止灾害蔓延而破坏保险财产或因施救、抢救以致保险财产所遭受的损失；在发生责任范围内的灾害事故中，遭遇盗窃所致的损失；发生在责任范围内的灾害或事故，因施救、抢救或保险财产所支出的合理费用以及被保险人根据保险人建议所支出的救护费用。抵押房地产的财产损失保险条款规定的除外责任通常有：由于战争或军事行动而直接或间接所致的损失不在保险责任范围之内，但被保险人能证明其所受损失与战争或军事行动无关系的不在此限；由于政府命令破坏所致的损失不在保险责任之内，但因防止责任范围内的灾害蔓延而命令破坏的不在此限。

（2）借款人的人身保险。它具有如下特点：以借款人的死亡、残疾、丧失劳动能力等为保险事故；保险金额与贷款金额相匹配，可以随着贷款的偿还情况而相应地减少，如在分期偿还的住房贷款中，贷款余额是不断下降的；以贷款期限为保险期间；发放贷款的银行是保险单的持有人和受益人。

（3）房地产贷款信用保险。房地产贷款保证保险是借款人以自己的信用向保险人投保（借款人既是投保人又是被保险人），因非自己主观意愿的原因（如失业）而不能如期偿还贷款时，由保险人代为偿还。特别是在购房贷款中，购房人在借款时向保险公司缴纳一定数额的保险费，保险公司做偿还贷款的保证，银行则相应地给予购房人贷款。由于贷款的偿还有了较大的保证，银行可以在借款条件等方面给予购房人一定的优惠。在贷款期限内，如果购房人因发生意外情况不能如期偿还贷款，则由保险公司偿还，赔付银行的贷款损失。

（4）房地产贷款保证保险。它是贷款人以借款人的信用向保险人投保，当借款人不为清偿或不能清偿债务时（如借款人失信不履行义务），由保险人代为补偿。

12.9 统计知识

统计是指对某一现象有关的数据的搜集、整理、计算、分析和解释等。统计的基本作用是反映作用，即提供信息。此外，统计还有决策作用、控制作用和监督作用。

1. 统计数据

统计数据是对客观现象进行计量的结果。根据对事物计量的精确程度和结果来看，可将统计数据分为分类的数据、顺序的数据和数值型数据。分类的数据是对事物进行分类的结果，该类数据表现为类别。有些现象的计量不仅可以将事物分为不同的类别，还可以确定这些类别的优劣或顺序，如可将产品分为一等品、二等品等。有些事物可以使用自然或度量衡单位进行计量，其结果表现为具体的数值，即数值型数据。统计数据的来源：一是直接的调查或试验，这是统计数据的直接来源，简称一手数据或直接数据；二是别人调查或试验的数据，简称二手数据或间接数据。

2. 统计指标的概念和分类

统计指标是用于说明总体数量的特征，它是统计的基本单元，存在于统计活动的各个环节，统计的各种作用最终也要通过统计指标来实现。统计指标的分类，如表12-1所示。

表 12-1 统计指标的分类

分类标准	类别
按说明总体的内容分类	数量指标、质量指标
按形成的依据分类	客观指标、主观指标

(续)

分类标准	类别
按在认识中的作用分类	基础指标、分析指标
按表现形式分类	总量指标、相对指标、平均指标
按功能和用途分类	描述性指标、分析性指标、决策性指标

3. 房地产的主要统计指标

(1) 反映房屋状况的主要统计指标。①实有房屋建筑面积：报告期末已建成并达到入住和使用条件的、含自有（私有）房屋在内的各类房屋建筑面积之和。②实有住宅使用面积：报告期末全部住宅中以户（套）为单位的分户（套）门内全部可供使用的空间面积。③实有住宅套数：报告期末按设计要求已建成并达到入住和使用条件的成套住宅的套数。④成套住宅建筑面积：报告期末成套住宅的建筑面积之和。⑤房屋减少建筑面积：报告期内由于拆除、倒塌和因各种灾害等原因实际减少的房屋建筑面积（包括私有房屋）。⑥住宅减少建筑面积：报告期内减少的住宅建筑面积。

(2) 反映居住状况的主要统计指标。①居住人口：报告期末与住宅统计范围一致的居住人口，以公安局的统计数据为准。②居住户数：报告期末与居住人口相应的户数。③人均住宅建筑面积：报告期末按居住人口计算的平均每人拥有的住宅建筑面积。④人均住宅使用面积：报告期末按居住人口计算的平均每人拥有的住宅使用面积。⑤户均住宅套数：报告期末按居住户数计算的平均每户拥有的住宅套数。⑥住宅自有（私有）率：报告期末自有（私人私有）的住宅建筑面积与实有住宅建筑面积的比例。

(3) 反映房屋建设状况的主要统计指标。①房屋施工面积：报告期内施工的房屋建筑面积，包括本期新开工面积和上年开发跨入本期继续施工的房屋面积，以及上期已停建在本期复工的房屋面积。②房屋新开工面积：报告期内新开工建设的房屋建筑面积，不包括上期跨入报告期继续施工的房屋面积和上期停缓建而在本期恢复施工的房屋面积。③竣工房屋面积：报告期内房屋按照设计要求已全部完工，达到入住和使用条件，经验收鉴定合格（或达到竣工验收标准），可正式移交使用的房屋建筑面积的总和。

12.10 心理学知识

心理学是研究心理现象发生、发展规律的科学。心理学既研究人的心理，也研究动物心理，而以人的心理为主要研究对象。

1. 人际交往

人际交往是指人与人的相互作用与相互影响，具体地讲就是人与人相互提供产品或服务。人际交往总是以双方的成本价值为基础，实现等价交换。

2. 人际交往的构成要素

人际交往的构成要素主要有：①信息发送者。②信息接收者。③信息传递通道。成功的人际交往要素有：①发送者和接收者双方对交往信息有一致理解。②交往过程中有及时的信息反馈。③适当的传播通道或传播网络。④一定的交往技能和交往愿望。⑤对对方时刻保持尊重。

3. 人际交往的方式

（1）人际交往的方式主要是等价方式。它包括正值等价与负值等价，负值等价是对方如果使自己遭受了价值损失，自己将会设法使对方遭受同样程度的价值损失。人际交往等价过程的特点如下所述。①多次交往的累积等价。只要持之以恒，最终会"善有善报"或"恶有恶报"。有时也存在"以怨报德"和"以德报怨"的情况，但这是个别的、暂时的。②多内容的累积等价。人际交往经过多种不同形式的使用价值交换才逐渐实现其等价。例如，如果你救过我的命，那我就会在以后的生活中千方百计地为你做些力所能及的事情，逐渐来偿还所欠的这份"人情债"。③长时间的累积等价。报仇（或报恩）过程也是人际交往实现负值等价（或正值等价）的过程。"君子报仇，十年不晚"就是说高层次的人可以经历相当长的时间来实现人际交往的负值等价。④多层次的累积等价。例如，如果你在物质上帮助了我，那我就会设法在精神上帮助你；如果你在经济上关心了我，那我就会设法提高或维护你的社会声誉。由此可见，人际交往的等价过程通常是一个大范围、大跨度、多形式、多层次、多方位的等价过程。一般的人际交往虽然在局部意义上不等价，但在全局意义上可能等价；在暂时意义上不等价，但在长期意义上可能等价；在单次意义上不等价，但在多次意义上可能等价；在物质交往意义上不等价，但在精神与物质的总体意义上可能等价。

（2）交往技巧。①交谈的技巧。一次成功的交谈不仅取决于交谈的内容，而更多地取决于交谈者的神态、语气和动作等。同样的一句话，用不同的语调说出会有不同的效果。所以我们在交谈的时候要表示自己的友善之心，不要盛气凌人。同时，不要没完没了地说个不停，应给别人说话的机会。不能随便打断别人的谈话，忽视别人的感觉。②聆听的技巧。聆听需要我们耐心地倾听，同时要做出适当的反应。这时应当注意集中精神、表情自然，经常与对方交流目光，适当地、用嘉许的目光看着对方点头，或是用微笑来表示你很乐意倾听。这样，别人才会更有信心地继续讲下去。如有疑问，我们也可以提出一些富有启发性的问题，这样，对方会感到你对他的话很重视。

4. 人际关系

（1）人际关系是指人们在交往过程中，由于相互认识和相互体验而建立和发展起来的人与人之间的心理关系。人际关系是由认识、情感和行为三个相互联系的成分组成的。人际关系建立的一般过程：

定向阶段（包括对交往对象的注意、选择和初步的交流等）→情感探索阶段（开始思考并寻求共同点）→情感交流阶段→稳定交流阶段。

（2）人际关系的类型。①从人际关系的基础看，人际关系可分为以感情为基础的人际关系和以利害为基础的人际关系。这类人际关系又可按感情性质的不同分为亲情关系和友爱关系。当事人对利害的认知主要是经济上的利益，此外还有社会的、权力的、政治的各方面的利害得失。②从人际关系的性质看，人际关系可分为良好的人际关系和不良的人际关系。良好的人际关系会使人们心情舒畅，齐心协力，提高活动的效率，促进群体目标的实现与个性的和谐发展。

（3）影响人际关系建立和发展的因素。①兴趣、理想、信念、价值观等方面的一致性。②距离的远近。③交往的频率，它是指人们相互接触次数的多少。④需要的互补。⑤仪表的魅力。

（4）建立良好人际关系的原则。①尊重原则。自尊和尊重他人。自尊就是在各种场合都要尊重自己，维护自己的尊严，不要自暴自弃；尊重他人就是要尊重别人的生活习惯、兴趣爱好、人格和价值。②真诚原则。③宽容原则。宽容别人，不斤斤计较，退一步海阔天空。④互利合作原则。双方应互相关心、互相爱护，既要考虑双方的共同利益，又要深化感情。⑤理解原则。善解人意的人，永远受人欢迎。⑥平等原则。一视同仁，不要爱富嫌贫，不能盛气凌人，不能太嚣张。平等待人就是要学会将心比心，学会换位思考，只有平等待人，才能得到别人的平等对待。

5. 房地产经纪人的人际交往和人际关系

房地产经纪是与人打交道较多的职业，没有良好的人际交往技巧和丰富良好的人际关系，是难以打开工作局面的。房地产经纪人在人际交往和人际关系方面的素质主要包括以下几点：①具有一定的面谈技巧。②关心客户、满足客户的兴趣和需要。③说服别人的能力。④良好的判断力。⑤幽默感。⑥丰富的社会关系，社会关系俗称关系网，是房地产经纪人的隐形财富。

思考题

1. 如何把建筑知识、房屋面积测算方法等相关知识用到房地产经纪业务中？
2. 如何给客户进行房地产投资分析？
3. 城市居住区规划设计要点包括哪些？

参考文献

[1] 陈林杰，梁慷，张雪梅. 房地产经纪实务 [M].3 版. 北京：机械工业出版社，2017.

[2] 陈林杰，张家颖，王园园. 房地产营销与策划实务 [M].2 版. 北京：机械工业出版社，2017.

[3] 陈林杰，樊群，蒋丽. 房地产开发与经营实务 [M].4 版. 北京：机械工业出版社，2017.

[4] 陈林杰，汪燕，吴涛，吴洋滨，刘雅婧. 房地产经纪综合实训 [M].2 版. 北京：中国建筑工业出版社，2017.

[5] 陈林杰，周正辉，吕正辉，蒋英，康媛媛. 房地产营销综合实训 [M].2 版. 北京：中国建筑工业出版社，2017.

[6] 陈林杰，贾忠革，朱其伟，易忠诚，王永洁. 房地产开发综合实训 [M].2 版. 北京：中国建筑工业出版社，2017.

[7] 胡平. 房地产经纪实务 [M]. 北京：机械工业出版社，2011.

[8] 熊帅梁. 房地产经纪实务 [M]. 沈阳：东北财经大学出版社，2009.

[9] 薛姝，周云. 房地产经纪 [M]. 北京：人民交通出版社，2008.

[10] 王德起. 房地产经纪 [M]. 重庆：重庆大学出版社，2008.

[11] 执业资格考试命题研究中心. 房地产经纪实务 [M]. 北京：江苏人民出版社，2012.

[12] 刘薇. 房地产经纪 [M]. 北京：化学工业出版社，2010.

[13] 高荣，周云. 房地产经纪概论 [M]. 南京：东南大学出版社，2004.

[14] 谭继存，陈保启. 房地产经纪 [M]. 北京：化学工业出版社，2005.

[15] 中国房地产估价师与房地产经纪人学会. 房地产基本制度与政策 [M].5 版. 北京：中国建筑工业出版社，2010.

[16] 中国房地产估价师与房地产经纪人学会. 房地产经纪概论 [M].5 版. 北京：中国建筑工业出版社，2010.

[17] 中国房地产估价师与房地产经纪人学会. 房地产经纪实务 [M].5 版. 北京：中国建筑工业出版社，2010.

[18] 中国房地产估价师与房地产经纪人学会. 房地产经纪相关知识 [M].5 版. 北京：中国建筑工业出版社，2010.

[19] 中华人民共和国住房和城乡建设部. 全国房地产经纪人资格考试大纲 [M].5 版. 北京：中国建筑工业出版社，2010.

[20] 陈林杰. 房地产专业实践育人创新创业载体和平台建设研究 [J]. 基建管理优化，2018（1）.

[21] 谢海生，张有坤. 房地产新领域开拓与服务升级研究 [J]. 建筑经济，2019（9）.

[22] 谢海生，王艳飞，李怡晴. 我国房地产产品升级路径研究 [J]. 建筑经济，2019（4）.

[23] 陈林杰，周正辉，曾健如，樊群. 全国房地产业务技能大赛的设计与实践 [J]. 建筑经济，2014（12）.

[24] 陈林杰. 我国房地产专业人员的职业分类与分级管理 [J]. 产业与科技论坛，2014（18）.

[25] 陈林杰，徐治理. 我国房地产营销师职业标准研究 [J]. 中外企业家，2015（27）.

[26] 陈林杰，韩俊. 我国房地产经纪人职业标准研究 [J]. 中外企业家，2015（28）.

[27] 陈林杰，樊群，梁慷，张家颖，陈险峰. 我国房地产置业顾问职业标准研究 [J]. 基建管理优化，2016（2）.

[28] 陈林杰，梁慷. 验房师职业标准研制与职业能力评价 [J]. 建筑经济，2016（1）.

[29] 陈林杰，曾健如，周正辉，李涛. 房地产经营与估价人才专科教育现状与发展对策 [J]. 建筑经济，2014（8）.

[30] 陈林杰. 房地产业务技能大赛引领下的专业教学改革与实践 [J]. 科技视界，2014（27）.

[31] 陈林杰. 房地产专业教学做赛一体化教学方法改革与实践 [J]. 中外企业家，2014（28）.

[32] 陈林杰. 聚焦职业标准打造房地产专业技能核心课程群的改革与实践 [J]. 产业与科技论坛，2014（16）.

[33] 陈林杰. 房地产专业"全渗透"校企合作办学模式的探索与实践 [J]. 中外企业家，2014（25）.

[34] 陈林杰. 房地产专业订单式培养的课程与教学内容体系改革的探索与实践 [J]. 科技信息，2012（27）.

[35] 陈林杰. 我国房地产行业发展进入新常态分析 [J]. 基建管理优化，2015（1）.

[36] 陈林杰，郭井立. 中国新兴地产现状及其发展前景 [J]. 基建管理优化，2015（4）.

[37] 陈林杰，郭井立. 中国新兴商业地产运作策略 [J]. 基建管理优化，2016（1）.

[38] 陈林杰. 新兴农业地产内涵与农业社区开发模式分析 [J]. 基建管理优化，2016（2）.

[39] 陈林杰. 商业地产项目运营模式与运作技巧 [J]. 基建管理优化，2012（3）.

[40] 陈林杰. 统筹城乡发展背景下居住区规划设计研究 [J]. 基建管理优化，2009（2）.

[41] 陈林杰. 房地产网络营销的特点及方法分析 [J]. 基建管理优化，2016（3）.

[42] 陈林杰. 房地产电商的类型特点及应用探索 [J]. 产业与科技论坛，2015（11）.

[43] 陈林杰. 房地产项目一二手联动营销方法及其发展分析 [J]. 基建管理优化，2015（3）.

[44] 陈林杰. 成本上升背景下我国房地产业发展的战略研究 [J]. 建筑经济，2008（7）.

[45] 陈林杰. 金融危机背景下我国房地产业的发展战略 [J]. 建筑经济，2009（8）.

[46] 陈林杰. 我国中小房地产企业发展问题与对策 [J]. 建筑经济，2007（5）.

[47] 陈林杰. 房地产企业成长能力的识别与评价研究 [J]. 改革与战略，2010（11）.

[48] 陈林杰. 中国产业自主创新能力评价模型的研究与实证分析 [J]. 改革与战略，2008（11）.

[49] 陈林杰. 政府在住房保障制度实施中的行为分析 [J]. 上海房地，2011（7）.

[50] 陈林杰. 房地产企业实施专业化发展战略 [J]. 上海房地，2011（1）.

[51] 陈林杰. 房地产业发展形势与多种战略选择 [J]. 上海房地，2010（6）.

[52] 陈林杰. 金融危机背景下房地产业现状与机遇分析 [J]. 上海房地，2009（4）.

[53] 陈林杰. 统筹城乡发展应规划设计居住区 [J]. 上海房地，2008（12）.

[54] 陈林杰. 金融危机的影响机理与房地产企业应对战略 [J]. 南京工业职业技术学院学报，2010（1）.

[55] 陈林杰. 房地产开发中的人文关怀 [J]. 南京工业职业技术学院学报，2005（1）.

[56] 陈林杰. 创新型房地产业及其经济增长发展模式研究 [J]. 南京工业职业技术学院学报, 2009（1）.

[57] 陈林杰. 房地产企业实施多元化战略的方法研究 [J]. 基建管理优化, 2011（2）.

[58] 陈林杰. 房地产企业战略调整的影响因素与调整方向研究 [J]. 基建管理优化, 2010（1）.

[59] 陈林杰, 梁慷. 验房师是守护房地产项目质量的第三方力量 [J]. 产业与科技论坛, 2015（12）.

[60] 陈林杰. 调控住房价格是一项系统工程 [J]. 商场现代化, 2007（5）.

[61] 陈林杰. 中国房地产业自主创新能力评价研究 [J]. 科技与产业, 2007（12）.

[62] 张莹. 房地产行业现状、趋势分析与建议 [J]. 天津经济, 2013（3）.

[63] 韩彦峰, 苏瑞. 我国房地产业融资现状研究 [J]. 特区经济, 2011（1）.

[64] 张新生. 构建我国供需平衡房地产市场的思考 [J]. 商业时代, 2013（29）.

[65] 宋春华. 品质人居的绿色支撑 [J]. 建筑学报, 2007（12）.

[66] 王凡. 房地产企业整合营销战略研究 [J]. 北方经济, 2008（1）.

[67] 郝婷. 房地产品牌战略实施策略探讨 [J]. 科技与管理, 2007（3）.

[68] 商国祥. 房地产企业实施品牌战略需关注的问题 [J]. 上海房地, 2007（3）.

[69] 周巍. 我国房地产品牌战略实施路径 [J]. 山西财经大学, 2008（1）.

参 考 网 站

[1] 中国房地产协会网 [OL]. http://www.fangchan.com/.
[2] 中国建筑经济网 [OL]. http://www.coneco.com.cn/.
[3] 中国房地产门户网站——搜房地产网 [OL]. http://www.soufun.com/.
[4] 房地产门户——焦点房产网 [OL]. http://house.focus.cn/.
[5] 南京房地产家居门户网站——365地产家居网 [OL]. http://www.house365.com/.
[6] 南京网上房地产 [OL]. http://www.njhouse.com.cn/.
[7] 房产新华网 [OL]. http://www.xinhuanet.com/house/.
[8] 安居客 [OL]. http:// www.anjuke.com/.
[9] 网易房产 [OL]. http://house.163.com/.
[10] 腾讯房产 [OL]. http://house.qq.com/.
[11] 贝壳网 [OL]. https://nj.ke.com/.
[12] 链家网 [OL]. https://www.lianjia.com/.
[13] 房地产经营与管理专业国家教学资源库：https://www.icve.com.cn/njfdcjy.
[14] 房地产经纪网上课程：https://www.icve.com.cn/portal/courseinfo?courseid=lgn1aeqqq5xkdo1yetttwa.
[15] 房地产经纪综合实训网上课程：https://www.icve.com.cn/portal/courseinfo?courseid=lbyzaemqkqtn44n9zkjsq.